U0491926

国家社科基金
后期资助项目

元代文献探研

Research on the Texts in Yuan Dynasty

邱居里 著

北京师范大学出版集团
BEIJING NORMAL UNIVERSITY PUBLISHING GROUP
北京师范大学出版社

图书在版编目(CIP)数据

元代文献探研／邱居里著.—北京：北京师范大学出版社，2014.3

（国家社科基金后期资助项目）
ISBN 978-7-303-11889-2

Ⅰ.①元… Ⅱ.①邱… Ⅲ.①古文献学－研究－中国－元代　Ⅳ.①G256.1

中国版本图书馆CIP数据核字(2014)第013817号

营销中心电话　010-58802181 58805532
北师大出版社高等教育分社网　http://gaojiao.bnup.com
电子信箱　gaojiao@bnupg.com

YUANDAI WENXIAN TANYAN

出版发行：北京师范大学出版社 www.bnup.com
　　　　　北京新街口外大街19号
　　　　　邮政编码：100875

印　　刷：	北京京师印务有限公司
经　　销：	全国新华书店
开　　本：	165 mm × 238 mm
印　　张：	20
字　　数：	310千字
版　　次：	2014年3月第1版
印　　次：	2014年3月第1次印刷
定　　价：	58.00元

策划编辑：刘松弢　刘东明　　责任编辑：刘松弢　谭徐锋
美术编辑：王齐云　　　　　　装帧设计：王齐云
责任校对：李　菌　　　　　　责任印制：孙文凯

版权所有　侵权必究
反盗版、侵权举报电话：010-58800697
北京读者服务部电话：010-58808104
外埠邮购电话：010-58808083
本书如有印装质量问题，请与印制管理部联系调换。
印制管理部电话：010-58800825

国家社科基金后期资助项目
出版说明

后期资助项目是国家社科基金设立的一类重要项目，旨在鼓励广大社科研究者潜心治学，支持基础研究多出优秀成果。它是经过严格评审，从接近完成的科研成果中遴选立项的。为扩大后期资助项目的影响，更好地推动学术发展，促进成果转化，全国哲学社会科学规划办公室按照"统一设计、统一标识、统一版式、形成系列"的总体要求，组织出版国家社科基金后期资助项目成果。

全国哲学社会科学规划办公室

序

本书以研究元代文献为宗旨，是笔者在文献整理的基础上，对一些具有重要价值却未曾受到应有关注的元代文献进行的系列研究，十余年积攒下来，亦不过三十万字，今蒙国家社科基金后期资助项目资助出版，感慨非一言可尽，要之甘苦自尝，无愧于心足矣。

元朝是中国历史上第一个少数族建立的统一王朝，有其特殊的历史地位。毋庸讳言，元代社会落后腐朽，民族等级制度森严。但其政治统治疏阔，文化宗教政策兼容并包，多民族相互融合，对外交流广泛，所有这一切，使得元代文化非常繁荣，文学、史学等诸多领域都有很高成就，著述丰富，作者辈出，传世文献尚有二千多种。近年来，元代文献的整理有很大的发展，《全元文》早已面世，《全元诗》即将出版，元代别集和其他文献亦陆续整理行世。与之相应，元代文献的研究也日渐受到重视。以往对元代文献的研究，多附属于学者或学术思想的研究，即以人物或学术的代表性著作为中心，由此涉及相关文献，文献的研究实处于从属的地位。这种治学取径虽有其合理性，却不足以反映元代文献的丰富多彩。立足于文献本身的研究，尚有待于发展。

自20世纪90年代初开始，笔者长期从事元代文献整理，翻阅了较多的元人著述，校点了十多部元代别集。文献整理推进了对这些作者生平交游、思想学术的探讨，文献的编撰刊刻、版本流传、学术内涵、文献价值也更为清晰。本书的主旨，即是立足于对元代文献本身的检讨，并由文献关注的焦点及与社会现实问题的深层关联，展开对元代学术文化的进一步探索，期望能为元代文献研究注入一些新内容。

本书的元代文献研究，主要围绕以下三个问题展开：

第一，元代文献与理学北传。

金元之际的理学北传，是学术史上的重要问题。它意味着理学从江南半壁向北方广大地区的传布，从而影响到元代儒学思潮的演进，延祐科举程式的转变，甚至明初统治思想的确立。赵复是理学北传的关键人物，他有理学著述四种，遗稿、文集在元代亦有流传。但是他的著述散佚无存，有幸传世的散篇诗文，淹没在浩如烟海的文献之中，难以寻检。

至于他的生平，除《元史》本传之外，其余资料亦散存于文集、笔记、史著、碑志之中，勾稽不易。以往的研究，受限于著述资料的散失，不仅推断赵复生卒年代有误，对其传布理学的活动亦语焉不详。至于理学北传的影响，清代以来的学者，多论及许衡对元朝廷与国子学的熏染，刘因传学于民间的作用。然而许衡、刘因都是由阅读赵复北传的理学著作逐渐接受程朱思想，未能向赵复直接问学，文集中亦较少对理学问题的直接讨论。由于缺乏对代表性学者理学著述的个案分析，因而难以透视北方儒士对理学的接受与理解。

本书主要从两方面突破前人的研究：其一，全面考察赵复遗著与相关文献，推进理学北传的研究；其二，以郝经《陵川文集》和《续后汉书》为例，展示理学流布对北方学者文集和史著的重要影响。第一章《赵复遗著与理学北传》，通过广泛辑录赵复传世诗文，搜寻现存赵复的全部记载，全面把握相关文献，从而较为合理地推定他的生卒和存世时间，详细追寻其主教燕京太极书院及南游讲学等活动，准确分析他的交游和对蒙古政权态度，了解其北传理学的广泛影响。如赵复北传理学的活动，以往所知只是他主教燕京太极书院，笔者据赵复遗诗，当时学者郝经、杨弘道诗文，首次细致讨论了赵复南游的情况，提出其载书南游讲学，推动了理学在黄河流域的广泛传播。赵复的交游，以往所知只是他与元好问的交往，笔者则据赵复诗文，首次展示他与杨奂的交往，对比他与元、杨交游不同的思想基础，进一步证实赵复仅以传学为己任、不与蒙古政权合作的南宋遗民心态。笔者还据郝经论道学书、论性书，追溯了这位年轻学者由否定质疑南宋道学，到接受赞扬理学的思想转变，直接有力地证明了赵复传授理学对当时北方儒士的重要影响。一位元史专家感叹，由于收集资料"竭泽而渔"，研究的结论自然更具合理性。

郝经是金末元初北方的著名学者，他既濡染郝氏家学朴素的经学传统，又受赵复北传理学的思想影响。赵复南游讲学寓居保定时，他以东道主的身份向赵复直接问学，并有多篇诗文与赵复唱和、赠别。郝经追求"有用之学"，摒弃民族畛域，积极参与蒙古政权，希求在政治上施展抱负。蒙哥汗战死，他力劝忽必烈与宋和解，北上与阿里不哥争夺天下。元世祖即位，郝经受元朝委派以国信大使赴南宋议和，不幸被宋权相贾似道拘留于仪真十六年，直至元军大举伐宋，才得以返回燕京。羁禁期间，郝经潜心学术，留下各类著述十二种数百卷，传世者仅有《陵川文集》和《续后汉书》两部。《陵川文集》是郝经一生的诗文结集，前人的研究，多偏重于郝经的政论和诗文成就，对其理学著述则关注不足。实际上，《陵川文集》包含着数量颇多的理学篇章，既有直接向赵复、王粹论性论学的书信，也有记述理学北传与影响的序文碑记，尤其是讨论理学基本范畴和图式的论说图赞。这些自成系统的理学论述，在元初北方学者的文集中非常少见。即便是对忽必烈确立汉制和元代儒学发展具有重要影响的许衡、刘因两位大儒，其传世著作《鲁斋遗书》和《静修先生文集》中，类似对理学问题的直接讨论也不多见。本书第二章归纳《陵川文集》的理学文献，既由郝氏家学特点，剖析北方儒学的朴素传统；又以他对理学态度的转变，阐述赵复传布理学对北方学者的转折性影响；更透过道、气、命、性、心、情等理学基本范畴的细致辨析，说明郝经理学体系的内涵、特点和缺陷，反映了北方理学的过渡形态，以及当时南北学术的差异与相互渗透融合的实际进程。

《续后汉书》是郝经的另一部重要文献。尽管该书在流传过程中曾经散佚，未能完整传世，但是经过四库馆臣的辑录整理，不仅恢复了全书的基本构架，而且保存下绝大部分郝经的序文议赞和大部分史文记载。《续后汉书》是在朱熹《资治通鉴纲目》理学思想影响下改编的纪传体三国史，主旨在"更正统纪"，以蜀汉为正统。然而，朱熹《纲目》为编年体史纲，意在通过设定义例以褒贬历史。如何在纪传体史书中体现其宗旨，则需要合宜的体裁构架，重新编排史料，并赋予作者独特的序文议赞和史学思想。第三章《郝经与〈续后汉书〉》，通过编纂宗旨与体裁结构的对应考察，阐述郝经如何以表、纪、传、录结合的体裁构架，序、文、议、赞分述的记载笔法，史文与自注互补的编纂形式，融三国史事于一书，充分体现朱熹确立蜀汉正统的宗旨，探讨了理学思想对北方学者史著的影响。

第二，元代文献与科举、国子学制度。

策问和对策，是策试的试题与答卷，根据考试的不同类型，在元代分属科举文献和学校文献。传世的元代策问和对策，由于没有专门的文献载体，而是散见于元人别集、总集、科举题名录和地方志中，迄今为止，尚未受到学术界的重视，既缺乏清理，更无专题研究。实际上，策问关注朝廷时务及与之相关的经史问题，元朝的统治体制、大政方针、制度设施及诸多社会问题，在策问与对策中都有反映，是非常珍贵的历史文献。尤其是科举程式与国子学制度，作为元朝选拔和储养人才的根本性制度，更与策问的发展和特点有着直接的联系。

笔者首先辑录传世资料，陆续收存元代策问207首，对策32篇，将近15万字。在全面考察该类文献的基础上，采取宏观探讨与个案分析相结合的方式进行研究。第四章《元代策问的发展与特点》，先从考试类别上对现存全部策问、对策进行分类归纳，分析作者的身份、人等，把握该类文献的整体状况。同时，剖析元朝科举制度对于策问发展的重要影响，确定元代策问的发展阶段。笔者重点探讨了元代策问的特点，指出延祐科举程式的等级规定，是元朝特有的四等人制在科举制度中的体现，在策试中则表现为时务策与经史时务策的分立。前者对蒙古人、色目人，后者对汉人、南人，二者在命题范围和答卷要求上有着严格的等级规定。这是元代策问的突出特点，反映当时蒙古人、色目人特殊的社会地位，却与策试发展的历史趋向不尽吻合。笔者透过元代策问、对策中，对时务策、经史时务策分立的诸多质疑，经史与时务关系的大量讨论，审视当时儒家学者的思考与主张，在策试发展的历史趋势中，把握元代策问的主要特点。

第五章《乡试策问与对策》，主要考察元代的科举策问。乡试是元朝科举三级考试的第一级，也是其中惟一的地方考试，由于乡试属于地方选举，各考区自行命题，故乡试策问带有很浓的地方色彩，既要应对不同的地方事务，又需关照本地区的主要考生群体。同时，乡试作为国家抡选人才的初级考试，又应与会试、廷试相接续，要求士子关注朝廷的大政方针、当务之急和学术动向。故而，乡试策问与对策视野开阔，题材丰富，问题尖锐，特色鲜明，能够更全面地反映当时的政治社会、文化学术状况，也更适宜各地儒家学者发挥其远见卓识，是考察元代科举策问的典型资料。因此，笔者选取最富特色也最具价值的乡试策问和对策为范例，辨析元代乡试制度下的策问、对策及作者情况，论证其代表性。又以蒙古、色目考生集中的大都路和南士为主的江浙行省为代表，通过两考区策问、对策的比较分析，具体说明乡试策问的地方特色。再由探讨当朝急务、注重士风经学、咨询制度政事三方面，展示乡试策问与元朝政治文化的密切联系。

元代的学校策问，包括国学策问和地方学校策问两部分，而以国学策问传世最多，也最有系统。国学策问的作者，都是曾任国子监或国子学官员的著名学者，如吴澄、姚登孙、蒲道源、柳贯、黄溍、吴师道等。他们的策问，多借诗文集得以保存和流传，其中又以黄溍《文献集》和吴师道《礼部集》存录的策问数量较多，也自成体系。第六章的研究，就选择至正初年国子博士吴师道的四十道《国学策问》为例，考察元代的学校策问。笔者将《国学策问》置于元代国子学与科举制的历史背景下，说明它作为国子学的策试题，与国学的生员构成、学业设置、考试制度有着紧密联系，但是其命题方式、考试范围、答卷要求，尤其是时务策与经史时务策分立，却与科举策问并无二致。笔者细致剖析各道策问的主题，揭示策问涉猎的诸多领域与丰富内涵，并由变通礼乐制度、厘清科举铨选、辨明古今学术三个专题，深入讨论《国学策问》与元朝政治改革之关系，展示吴师道等当朝儒士经世致用的深刻思想。

第三，元人别集与作者生平学术。

文献的内涵与价值，往往取决于作者的阅历和思想。因而，著述与作者的关系，也是文献研究的重要途径。本书对《礼部集》《云林集》《玩斋集》《南湖集》《夷白斋稿》等元人别集的研究，就是沿袭知人论世的古代传统，以探寻作者生平学术的路径展开。

金华在宋元称婺州，学术传统源远流长。南宋吕祖谦开启东莱婺学，注重史学与文献之传；而朱熹高弟黄榦下传的北山朱学，则成为宋元之际朱熹理学的重要流派。吴师道是元代婺州的重要学者，至治元年进士，官至国子博士。他历仕地方州县近二十年，在任敢于作为，卓有政绩，对当时的社会与政治，有着深入的观察和思考。他用书信向许谦问学，成为白云学侣，以道义交约三十年，共同商榷经学，探讨义理，唱和诗文，受到金华朱学的深刻影响。第七章《金华学术与〈吴礼部集〉》，即从吴师道与金华学术的关系着手，重点剖析他为表彰传播北山朱学和重视史学与乡邦文献两方面对金华学术传统的继承。一方面，他请求设立北山书院和金履祥祠堂，表彰尊崇北山学者；申请刊刻何基《近思录发挥》、许谦《读四书丛说》《诗集传名物钞》等著述，请求在国学传习许谦等标点的《四书章句集注》等经典，促进金华朱学的广泛传播；他还撰写长文《节录何王二先生行实寄史局诸公》，呈送史局，总结何基、王柏的生平学术，成为《宋史·道学传》和《宋元学案》中二人传记、学案的蓝本，具有重要的学术史价值。另一方面，吴师道作《战国策校注》，补正鲍彪的注释，成为最精审的《战国策》注本；辑录整理乡贤文献为《敬乡录》，于乡邦文献留存与史事考订均有裨益。吴师道的经学著述未能传世，仅存《吴礼部文集》20卷，汇集一生的诗文创作，是其学术思想、人生交际和文学成就的真实总结。笔者亦由编纂刊刻、版本流传等文献学考察，说明《礼部集》的重要价值，肯定吴师道在元代学术史上的地位与影响。

第八章探讨的宣城贡氏家族，是元朝的仕宦之家，鼎盛时一门五世，青紫相映，乡里荣之。贡氏又代有学人，元代有诗文集传世者，就有贡奎、贡师泰、贡性之三位学者。贡奎是家族中供职元中央朝廷并有诗集传世的第一人。大德、天历间，历任齐山书院山长、太常奉礼郎、翰林应奉、江西儒学提举、翰林待制，官至集贤直学士，以文学侍从元朝。他通晓礼学，多次担任礼官，对元朝的礼制建设有所助益。不过他的主要成就还是诗文创作，一生著述颇丰，有诗文集七部，一百二十卷。贡奎次子师泰尤为杰出。他扬历中外，官至户部尚书，是元世祖之后首位出任中书省和御史台官员的南士，所至政绩卓著。他很早即以文学知名，著作繁富，生前就有多部诗文集流传，在家族成员中职任最高、影响最大，遗存著作也较多。师泰族侄贡性之，在元末北游京师、上都，以国子生除主簿、县尉，后补福建行省理官，入明隐居不仕，以遗民自处。性之工于诗歌，多抒发其遗民情结，成为与诗画家王冕齐名的著名诗人。由于元末战乱和长期流散，贡氏家族的诗文集残佚严重，仅存贡奎《云林诗集》、师泰《玩斋集》、性之《南湖集》三部，却仍是了解贡氏家族在元代的发展、作者的生平思想以及他们所处时代与社会的珍贵文献。笔者追寻三位学者的生平仕历与处世态度，更重视以诗文名家的家族传统，阐发其诗文集的成就与价值。

陈基是元末著名诗文家，他曾三上京师，力求在仕途上有所遇合。然而，方经荐任经筵检讨，即因为人草拟谏章，力陈顺帝并立皇后之失而几遭不测，不得不弃职避祸，隐居教授于平江路。元末战乱，张士诚占据平江为都，陈基不得已出仕张氏政权。尽管他以文章受知，超迁内史、学士院学士，凡文书、碑铭、传记多出其手，却因谏止张士诚称王而险遭杀害。朱元璋平吴，张士诚部下官员、家属二十余万被执送建康，陈基即在其中。洪武三年（1370），他忧病辞世，仅有诗文集《夷白斋稿》传世。陈基一生仕途坎坷，经历曲折，却能坚持诗文创作，并在元末战乱中，努力推动当政表彰民族英雄岳飞，修复杭州西湖书院经史书板，明初又参与《元史》修纂，为传统文化的延续与古代典籍的保存尽力。陈基以诗文著名，在元末享有文誉，且文集中保存了部分张士诚政权的文书资料和相关记载，在文学和史学上都有价值。不过，陈基集编于作者生前，收录诗文极不完备。第九章的研究仍始于整理《夷白斋稿》，在前人收罗的基础上，又辑补集外诗文170多首，更加完整地反映了作者的思想风貌。借助文集的丰富资料，及与其他文献相印证，笔者着重考察陈基的生平、处世与思想，剖析他对元朝、张士诚、朱元璋政权的不同态度，细致生动地呈现出元明之际身处多个政权之间的东南士人的艰难处境和人生抉择，也充分肯定陈基的文学成就和《夷白斋稿》的文献价值。

除对元代文献的研究之外，本书还关注元代文献的整理。2004年出版的《全元文》六十册，是古代文献整理的一项重要成果。《全元文》是有元一代全部汉文文章的结集，力求完整反映元代文章之全貌，为文献的保存和流传提供便利。《全元文》的资料来源有二：一是采自元人别集；二是从各种文章总集、类书、地方志、碑刻集等典籍中辑录的散篇。其中元人别集无疑是元代文章最主要最基本的载体，因此，《全元文》的编纂，首先意味着对元人别集的全面清理和总结。通过对文集作者的鉴别、代表性文集的选择、文集版本的确定三个互相衔接的工作环节，《全元文》共收录元代文集作者182人，文集203部，集内文章近25000篇，成为这部元代文章总集的主要内容。第十章《元人文集的整理与总结》，对《全元文》收录元代学者和别集的情况进行了整体归纳，通过分析跨朝代作者、僧道作者、家族合集与别集附录中的元代作者、稀见文集作者、高丽作者等五种类型，说明《全元文》鉴别元代文集作者的若干特点。又借择取全本文集、综合多部文集、收存辑补文集三方面，考察《全元文》收录元代作者文集的基本原则。最后分类说明《全元文》对于始刊本与早期刻本、影印元明善本、抄本、精校本等各种元人文集版本的利用。尤其是对《全元文》选录较多的《四库全书》本，更分五种情况，细致分析使用的合理性，也客观说明工作中的困难与失误。这是笔者在全程参与《全元文》编纂之后，对这项大型断代文献整理工作的反思和尝试性总结。

本书曾有部分章节陆续发表于《北京师范大学学报》专刊、《历史文献研究》等期刊或会议论文集，这次出版时多有增补修改。全书最后还附录了若干表格，或总结学者遗著，或说明研究对象，或提示版本分卷，以与有关章节的论述相印证。至于《〈全元文〉收录元人文集表》，则展示该书收存182位作者的203部文集及其版本情况，以便利读者，开卷朗然。

立足于文献整理基础上的研究，是本书的特点。这些文献又分两种情况：一是以成书形式传世的元代文献，如《陵川集》《礼部集》等及《全元文》收录的众多元人别集；也包括曾经散佚，但经前人辑录整理，又以成书形式重新流传的著述，如《续后汉书》。对于这类文献，笔者大多是由文献的整理、思考，逐步熟悉作者的生平学术，了解文献的编刊流传，进而讨论其学术内涵与文献价值，水到渠成地形成研究。二是以散篇形式流传的元代文献。如赵复遗作与相关文献，元代策问与对策等。这些文献，由于缺乏辑录整理，没有专门的文献载体，以往难以得到学者的关注和研究，却有关乎文献史或学术史的重要问题，具有珍贵的价值。对此类文献，笔者是通过检索辑录，先整理成专门文献，在总体把握该类文献的基础上，再从事重点研究。

从学术史和文献学的视角解读元代文献，也是本书的特点。如文献与理学北传，本身就是学术史的重点问题。笔者主要是汇集前人难以寻觅的赵复文献，利用学者关注不足的郝经文集和史著，追寻当时文献的真实记录，推动研究的合理深入。本书对科举、学校文献的讨论，关涉到元朝科举程式的特点、学校制度的演变，也是学术史研究重视的传统命题。笔者通过发掘策问和对策这些前人未曾利用的文献，开辟新的视域，以推进传统问题的研究。同时，由于本书的研究多根基于文献整理，必然要首先考察编刻辑补、版本源流等文献的基本情况。而这些问题的解决，又有助于了解作者生平和文献价值。如追索贡师泰诗文在元代的编集情况，就有益于理解他在人生不同阶段的处世心态。至于对《全元文》收录元代学者和文集情况的归纳总结，也是期望为古代文献的编纂整理提供经验与借鉴。

　　元代文化繁盛，著述丰富，传世文献亦有二千多种。本书的研究，主要集中于别集类文献，且多限于亲自整理或熟悉的著述，不过是冰山之一角，实未有反映元代文献全貌的能力和奢求。同时，研究始于文献，也多囿于文献，辨析议论的成分相对薄弱，研究的视角亦不够宽阔。这是笔者的学力和工作所限，也是笔者的遗憾。然而，紧紧植根于文献的研究路数，始终是笔者的兴趣所在。若能有一愚之得，仍得力于文献整理。这也多少为今后的探索增添一点信心，以期将来能逐步进入元代文献更深层面的探讨。至于书中的问题与失误，衷心期待专家、读者批评指正。

　　非常感谢国家社科基金给予本书的肯定与资助，更感谢各位评审专家提出的宝贵意见，不仅为全书的修改和完善提出了重要的建议，也为笔者今后的研究指出了很好的方向。非常感谢北京师范大学出版社刘东明、刘松弢二位先生，既督促、帮助申报项目资助，又为编辑出版付出了辛勤的劳动，是他们的共同努力，使本书得以面世，谨致以最诚挚的谢意。

邱居里

目 录

第一章　赵复遗著与理学北传 …………………………………（ 1 ）
第一节　赵复遗著及其生卒 …………………………………（ 1 ）
第二节　赵复北传理学的活动 ………………………………（ 11 ）
第三节　赵复的交游与北传理学的影响 ……………………（ 21 ）

第二章　《陵川文集》的理学篇章 ……………………………（ 32 ）
第一节　郝经生平与理学著述 ………………………………（ 32 ）
第二节　郝经的家学特色与思想转变 ………………………（ 39 ）
第三节　郝经的理学论说 ……………………………………（ 48 ）

第三章　郝经与《续后汉书》 …………………………………（ 62 ）
第一节　《续后汉书》的修撰与流传 ………………………（ 62 ）
第二节　《续后汉书》的体裁与宗旨 ………………………（ 72 ）
第三节　别具特色的传记体系 ………………………………（ 77 ）
第四节　八录的设置与变通 …………………………………（ 88 ）
第五节　《续后汉书》的注释与成就 ………………………（ 93 ）

第四章　元代策问的发展与特点 ………………………………（104）
第一节　传世策问与对策 ……………………………………（104）
第二节　元代策问的发展阶段 ………………………………（107）
第三节　元代策问的主要特点 ………………………………（113）

第五章　乡试策问与对策 ………………………………………（126）
第一节　元代的乡试与乡试策问 ……………………………（126）
第二节　乡试策问的地方特色 ………………………………（127）
第三节　乡试策问与朝廷时政 ………………………………（135）

第六章　吴师道的《国学策问》 ………………………………（151）
第一节　国子学与《国学策问》 ……………………………（151）
第二节　变通礼乐制度 ………………………………………（154）

第三节　厘清科举铨选 …………………………………………（165）
　　第四节　辨明古今学术 …………………………………………（169）
第七章　金华学术与《吴礼部集》…………………………………（176）
　　第一节　吴师道与金华学术 ……………………………………（176）
　　第二节　《礼部集》的价值与版本 ………………………………（183）
第八章　宣城贡氏及其诗文集 ……………………………………（188）
　　第一节　贡奎与《云林集》…………………………………………（189）
　　第二节　贡师泰与《玩斋集》………………………………………（197）
　　第三节　贡性之与《南湖集》………………………………………（213）
第九章　陈基与《夷白斋稿》………………………………………（221）
　　第一节　陈基的生平 ……………………………………………（221）
　　第二节　《夷白斋稿》的价值与流传 ……………………………（228）
第十章　元人文集的整理与总结——《全元文》编纂特点及得失 …（232）
　　第一节　文集作者的鉴别 ………………………………………（233）
　　第二节　代表性文集的选取 ……………………………………（246）
　　第三节　文集版本的确定 ………………………………………（253）
附　录 ………………………………………………………………（270）
主要参考文献 ………………………………………………………（289）
索　引 ………………………………………………………………（299）

第一章　赵复遗著与理学北传

靖康之变，宋室南渡，北宋兴起的理学在南宋得到繁荣兴盛。然而，在金朝与蒙古国统治的北方，仍遵循传统儒学的轨辙，理学发展相对停滞。直至元太宗七年乙未（1235），蒙古军攻陷德安，南宋乡贡进士赵复被俘，随姚枢北上燕京，始传理学于北方。

第一节　赵复遗著及其生卒

作为金元之际理学北传的关键人物，关于赵复的存世资料极为有限，非但他的生卒不为后世所知，即便其在北方传播理学的活动亦语焉不详。因而，关于赵复的一切研究，不得不从辑录他的遗著和相关文献入手。

一、赵复遗著与相关文献

赵复，字仁甫，号江汉，学者称江汉先生。德安府云梦县（湖北云梦）人。明修《元史》，将赵复列为《儒学列传》的第一位学者，明确指出"北方知有程、朱之学，自赵复始"。[1]《宋元学案》收录赵复于六篇元代学案之首的《鲁斋学案》，且作为北方理学之源而列于案主许衡前，并加按语云："河北之学，传自江汉先生，曰姚枢、曰窦默、曰郝经，而鲁斋其大宗也，元时实赖之。"《静修学案》亦曰："静修先生（刘因）亦出江汉之传，又为别一派。"[2]充分肯定了赵复北传理学对元代的巨大影响。

然而，这位金元之际开北方理学风气之先的重要人物，传世的文献资料却非常有限。据《元史》记载，赵复到燕京后，曾编撰传道图、条列书目、《伊洛发挥》《朱子门人师友图》《希贤录》等四种著述，向北方学者介绍理学道统论及程朱学派的宗旨与学传。同时，赵复诗文在元代多有流传。如元前期翰林学士承旨刘敏中，因拜读赵复《最乐堂记》一文，而

---

[1] 宋濂等：《元史》卷189《儒学列传一·赵复传》，第14册，北京，中华书局，1976，第4313～4315页。
[2] 黄宗羲、全祖望：《宋元学案》卷90《鲁斋学案》全祖望按语、卷91《静修学案》全祖望按语，第4册，北京，中华书局，1986，第2994、3020页。

作诗以记之。① 元中期苏天爵编辑《国朝文类》，收录赵复诗文各一篇。至正前期任国子助教、翰林应奉的林希元，品评"国朝群公之文"，首列赵复，并高度赞誉："赵江汉如星斗著天，行列森罗，而光气焕发。"② 吴莱诗作言及"安陆（赵复）遗稿"，曾被姚枢门人崔仲德收存。③ 元末熊梦祥《析津志》，更明载赵复"有文集行于世"。④ 遗憾的是，赵复的上述理学著作均未能保存，其遗稿、文集，明清书目亦全无著录，当早已散佚无存。有幸传世的散篇诗文，淹没在浩如烟海的文献之中，难以寻检。至于赵复生平，除《元史·儒学列传》有一篇七百字的简要传记外，其余亦散见于元人文集、笔记和史著。由于资料的散失，不仅赵复在南宋的家世、学传无从知晓，甚至他到北方后的经历、交游和传播理学情况亦难以说明。

　　清后期，安陆学者陈廷钧辑录赵复相关资料，加以按断说明，成《先儒赵子言行录》上下卷，于咸丰六年（1856）首次刊行。同治九年（1870），陈氏增补赵复《赎唐仲明疏》、郝经赠赵复诗文等七篇文献，于楚北崇文书局再次刊刻。《言行录》载有周敦颐、程颢、程颐、张载、杨时、游酢、朱熹等理学大师的传记及《条列书目》，《师友图并位次》及《朱门弟子五十三人列传》，《希贤录》和《伊洛发挥》诸篇文献，试图替代赵复《传道图》《朱子门人师友图》《希贤录》《伊洛发挥》等四种著述。然而，这些篇章都是陈氏依据《元史·赵复传》记述的模拟之作，并非赵复原著，故无参考价值。赵复诗文，陈氏仅据《国朝文类》《困学斋杂录》《元诗选》三书，辑录到文一篇、诗八首。至于元人对赵复的相关记载，即便是同治九年增补本，收罗得仍极不完备，且不出现今存世的元人文集、笔记、《元史》和清代地方志之外。因此，该书卷上《宋乡贡进士赵江汉先生事迹岁考

---

① 刘敏中：《题最乐堂卷后》诗序云："最乐堂，李鹤鸣名俊民、赵江汉名复各有记，元遗山有铭，因为之诗。"《中庵集》卷5，台北，台湾"商务印书馆"影印清乾隆文渊阁《四库全书》本，1986，第1206册，第39页。

② 谢肃：《长林先生文集序》引林希元论议，《密庵文稿》辛卷，上海，商务印书馆《四部丛刊三编》影印明洪武刊本，1935，第11页。

③ 吴莱：《题姚文公书杜少陵诗手轴崔仲德所藏》云："大兵昔者溃汉鄂，南士何处潜茅篁。北风被发亟死水，明日跨马劳追亡。程朱学术此萌蘖，姚许论次极审详。"追溯姚枢在德安劝救赵复事，以为元代理学之发端。又云："崔君妙年幸侍坐，安陆遗稿曾取将。"侍坐并取将安陆遗稿的崔君，即收藏手轴的崔仲德；见《渊颖吴先生集》卷2，上海，商务印书馆《四部丛刊》影印元至正刊本，1929，第9页。据谢应芳：《送崔仲德序》《简崔征君》《送崔仲德归钱塘》，崔氏为姚枢门人，及壮，侍亲宦游江浙，不就荐辟，后仕吕城监税，晚居钱塘；《龟巢稿》卷14、卷2，上海，商务印书馆《四部丛刊三编》影印双鉴楼藏抄本，1935，第9、22、26页。

④ 熊梦祥：《析津志辑佚·名宦》，北京，北京古籍出版社，1983，第145页。

略》一文，是陈廷钧撰著考订的赵复生平，却叙述简略粗疏，年代史实考证多误，文献依据欠缺。如赵复在南宋及中乡贡进士情况，陈氏杂糅地方志零星资料和《元史·赵复传》，加以主观臆说，缺乏文献佐证。太极书院创立、姚枢归隐苏门、郝经诗赠赵复还燕的年代，《岁考略》记载皆误。又承清初大儒孙奇逢《元儒赵江汉太极书院考》之误，云姚枢曾聘赵复主讲苏门，且以赵氏居留燕京的《蓟门杂兴》《蓟门闻笛》诸诗，误作"苏门诸咏"。根据姚燧《中书左丞姚文献公神道碑》及姚燧文集等相关资料，实际上并无其事。而断言赵复晚年归隐德安，仅据郝经《南楼书怀》一诗，文献依据明显不足，亦难以据信。①

文献的阙失分散，制约了赵复与理学北传的研究。20世纪80年代初，中国社会科学院历史研究所唐宇元先生在《宋明理学史》中，为赵复的研究作了开拓性工作，对其思想特点和经学片断的分析十分精辟，给人以启迪。但是因作者于赵复诗文仅见到《国朝文类》所载一诗一文，相关文献亦参考有限，因此将赵复《杨紫阳文集序》的写作时间迟推了一个甲子，致使赵复生平时间定位失当，其北传理学活动亦难以详明。② 20世纪90年代初，近代史研究所周良霄先生发现了唐先生对赵复卒年的推证失误，著《赵复小考》一文重加考订，但对赵复序文写作时间的推断，仍因缺乏文献佐证而存在疑问。③

为编纂《全元文》展开的大规模资料普查，使元代文献大量汇集，笔者亦借工作之便，对赵复遗著和相关资料作了辑录整理。首先是赵复遗著的搜求。如从元人苏天爵《国朝文类》、杨奂《还山遗稿》附录、李道谦《甘水仙源录》中，找寻到《杨紫阳文集序》《程夫人墓碑》《燕京创建玉清观碑》等赵复遗文三篇，又自鲜于枢《困学斋杂录》、顾嗣立《元诗选·癸集》、书画、碑刻甚至《道藏》中，搜集到《覃怀春日》等诗十一首。传世的赵复诗文虽篇目无多，却是研究其在北方经历、思想最为真切的第一手资料，弥足珍贵。④其次，辑录有关赵复的生平资料。如金元之际北方士人元好问、杨弘道、郝经等与赵复唱和、赠别、问学的诗文，郝经关于太极书院和周子祠堂的碑记，元代学者姚燧、吴莱、鲜于枢、苏天爵、王恽、刘因、袁桷、虞集、欧阳玄、许有壬等对赵复事迹的记述，以及《元史》《宋元学案》、地方志中

---

① 陈廷钧：《先儒赵子言行录》，清咸丰刊本、同治楚北崇文书局增刊本，1856、1870。
② 唐宇元：《北方理学的传授者——赵复及其思想》，见侯外庐等：《宋明理学史》上卷，北京，人民出版社，1984，第683~692页。
③ 周良霄：《赵复小考》，见中国元史研究会：《元史论丛》第五辑，北京，中国社会科学出版社，1993，第190~198页。
④ 详见本书附录一《赵复著述表》。

的相关传记。这些散见于文集、笔记、史著、碑志、《道藏》的资料，经过汇集整理，虽无法完整还原赵复的人生，却为推断他的生卒，追溯其主教燕京太极书院与南游讲学等重要活动，分析他的交游及对蒙古政权的态度，探讨其北传理学的巨大影响，奠定了切实可信的文献基础。

二、赵复的生卒

赵复的生卒年，史无记载。唐宇元先生据赵复为杨奂作《杨紫阳文集序》末有"丙午嘉平节"一语，推断"他大约生于南宋宁宗嘉定八年（公元1215年），而卒年则在元大德十年（公元1306年）以后，享年在八十岁以上"，并考证如下：

> 查元代丙午有二：一为1246年，一为1306年，赵作序在哪一个丙午？遽难肯定。但据《元史·杨奂传》，杨为金末进士，死于乙卯（公元1255年），年七十。而从赵序中知赵是在杨死后见其遗编始作序。显然，这序是在1255年之后。而1255年之后的丙午，则为元大德十年（公元1306年），这是可以肯定的。又，赵于乙未（公元1235年）被俘，至1306年丙午作序，其间就有61年。而赵在被俘前已为南宋"乡贡进士"，在被俘那年，据姚燧《序江汉先生死生》，谓姚枢见赵乃一亨亨儒士，且有家小，云云。可见，赵从其生年到被俘这一段时间，哪怕就是二十岁，则从被俘到作序，前后加起来，其年岁在八十一以上，故说他"年寿较长，估计在八十岁以上"。①

上述推论虽有所依据，却存在三点疑问：

其一，从赵复1235年被俘，到1306年丙午，凡71年，而非61年。据上推算，则赵复享年应是九十一以上，而非八十一以上。

其二，唐先生推测赵复大约生于1215年，到1235年被俘，在二十岁左右。据姚燧《三贤堂记》，姚枢生于辛酉年（1201），到1235年已有三十五岁。② 赵复被俘前已是南宋乡贡进士，满腹经纶，被姚枢视为"奇士"。又，吴莱《观姚文公集记赵江汉旧事》诗云："赵公本儒士，皓首困

---

① 唐宇元：《北方理学的传授者——赵复及其思想》，见侯外庐等：《宋明理学史》上卷，北京，人民出版社，1984，第683~684页。
② 姚燧：《三贤堂记》，见《姚燧集》卷7，北京，中华书局，2011，第114页。

挽枪。老身念未死，势肯举降旗。"①则赵复被俘时似已为皓首老儒。郝经在1247年赵复南游前后，曾作诗称之为"赵丈仁甫"，②若赵复被俘时是二十岁，到1247年也不过三十二岁，无论如何不能被称为"丈"。由上可见，赵复1235年被俘时，恐怕不会年仅二十。

其三，赵复1259年以前在北方活动的材料较为多见，如主讲太极书院、与杨奂、元好问等北方士人交往、南游讲学等等。而1259年郝经作《南楼书怀》诗赠赵复后，③他的情况就阙然无闻。如赵复活到1306年丙午为杨奂文集作序，其间近半个世纪，他的事迹怎么可能全然无闻？对此，唐先生的解释是："至于赵复活到元中期而无人道及的问题，只是因为他晚年不愿仕元，成了'隐君'（全祖望语），故泊然无闻，不知踪迹。"④但笔者根据现有资料分析，赵复根本不可能生活到1306年，姚燧《序江汉先生死生》一文即可为证。

文章云："燧生也后，不及拜其屦前，获识其子卿月者七年矣。凡再见之。初以府僚见之洛阳，虽尝以好兄余，犹未语此。今以宪属来邓，始及之，且德先公不忘也……卿月归，序所与言者赠之。"⑤这段文字非常值得分析：

首先，文中云"燧生也后，不及拜其屦前"，即姚燧恨己晚生，不及亲炙于赵复之门。据《姚文献公神道碑》及《姚燧年谱》，燧生于太宗十年戊戌（1238），三岁时父亲姚格去世，遂就养于伯父姚枢。太宗十三年辛丑（1241），姚枢因与燕京行台长官牙老瓦赤不合，弃官隐居辉州苏门，潜心理学，督教姚燧甚急。庚戌年（1250），许衡迁居苏门，与姚枢、窦默相与讲习，时姚燧十三岁，初次见到许衡。直到宪宗五年乙卯（1255），姚燧十八岁时，始在长安入许衡门下为弟子。⑥如果赵复活到1306年以后，姚燧已有六十九岁，则决不能说"燧生也后，不及拜其屦前"。

---

① 吴莱：《观姚文公集记赵江汉旧事》，见《渊颖吴先生集》卷3，上海，商务印书馆《四部丛刊》影印元至正刊本，1929，第22页。
② 郝经：《听角行赠汉上赵丈仁甫》《送仁甫丈还燕》，见《郝文忠公陵川文集》，明正德李瀚刊本，1507，卷8，第7页；卷13，第3页。
③ 郝经：《南楼书怀赠赵丈仁甫》，见《郝文忠公陵川文集》卷13，明正德李瀚刊本，1507，第3页。
④ 唐宇元：《北方理学的传授者——赵复及其思想》，见侯外庐等：《宋明理学史》上卷，北京，人民出版社，1984，第684页。
⑤ 姚燧：《序江汉先生死生》，见苏天爵：《国朝文类》卷34，上海，商务印书馆《四部丛刊》影印元至正西湖书院刊本，1929，第4~5页；又名《序江汉先生事实》，见《姚燧集》卷4，北京，中华书局，2011，第63~64页。
⑥ 姚燧：《中书左丞姚文献公神道碑》，见《姚燧集》卷15，第214~225页；刘致：《姚燧年谱》，见《姚燧集》附录四，北京，中华书局，2011，第682~697页。

其次，姚赵二氏交谊颇深。德安之役，姚枢劝救赵复随其北上。到燕京后，赵复"尽出程、朱二子性理之书付"姚枢，并授徒讲学，"学徒从者百人"。① 其后，姚枢又与杨惟中谋划创建太极书院、周子祠堂，请赵复讲学其中。虽姚枢不久就退隐苏门，仍与杨惟中等相约刊刻《小学》《四书》等程朱学派的经学著述于燕京，以传布理学思想。而姚燧自三岁丧父，就归依姚枢。中年以后又与赵复子卿月相友善，卿月尊其为兄。如果赵复活到1306年以后，即便隐居深山，姚燧也绝无不知之理，而说出"燧生也后，不及拜其屦前"之语。

姚燧此文，是为纪念伯父姚枢与赵复在德安的生死之交而作。据姚燧《三贤堂记》，姚枢去世于至元十五年（1278），到此时已有十年，与文中称枢为"先公"相符。文中又称赵复为"故江汉先生"，显然，到姚燧作序时，赵复应已经去世。那么，姚燧此序究竟作于何时？文中虽未明言，刘致《姚燧年谱》也未加著录，却仍有线索可寻。姚燧在序中清楚地记述了与赵卿月的两次交往：第一次在七年前，赵卿月以河南府路属官见姚燧于洛阳，曾尊燧为兄；第二次，卿月以提刑按察司属官来邓州，始与姚燧谈及姚枢在德安劝救赵复之事。至卿月归，姚燧遂作序赠之。考《姚燧年谱》，燧定居邓州，在至元二十五至三十年间，然其间二十七至二十八年曾东游会稽，二十九年又寓居武昌，三十年即自邓移居郢州，故其居邓州主要在至元二十五六年（1288～1289）。而姚燧《别丁编修序》云："至元十九年，余辞秦宪，而归东周。明年，复受命贰荆宪。"② 则姚燧至元十九年（1282）曾到过洛阳，下距1289年居邓，正好是七年。据此，推断姚燧《序江汉先生死生》作于至元二十六年（1289），似无疑问。既然赵复在姚燧1289年作序时已经去世，又怎么可能活到1306年呢？

另一证据是，苏天爵《题国子司业砚公遗墨》云："昔者国家灭金之初，王师狗地汉上，悉俘其人以归。故江汉先生赵公、郧城先生砚公，皆相继至北方。于是赵公居燕，出其橐中伊洛诸书，传授学徒，而中原名公巨卿，亦始得因其说以求圣贤之学。郧城先生流落云中，久之始达真定而居焉，亦以经术为训，郡人翕然从之，往往以儒著名。世祖皇帝勤于求治，广于求材，先生由布衣起家，教授真定。及建成均，即遣使赐五品服，征拜司业，而赵公不幸已卒矣。"③ 又据苏氏《砚公墓碑》："至

---

① 姚燧：《中书左丞姚文献公神道碑》，见《姚燧集》卷15，北京，中华书局，2011，第216页。
② 姚燧：《别丁编修序》，见《姚燧集》卷4，北京，中华书局，2011，第64页。
③ 苏天爵：《题国子司业砚公遗墨》，见《滋溪文稿》卷29，北京，中华书局，1997，第489页。

元二十四年，始置国子监、学，设官以司教载。特召真定府学教授砚公为国子司业……士论翕然推重。"①确证赵复至少于至元二十四年（1287）元朝正式设立国子监、学之前，已然辞世。②

问题的关键在于，赵复为杨奂文集作序，究竟是1246年丙午，还是1306年丙午？按《杨紫阳文集序》云："门人员择早侍函丈，遍得紫阳之道，捃摭遗稿，厘为八十，将攻梓以惠后学。自洛抵燕，千里介书，俾不肖为说以冠其首。"③唐先生据"遗稿"二字认为，赵复"是在杨死后见其遗编始作序"，而杨奂死于1255年，故作序必然在杨奂死后的1306年丙午。然细读赵复之序，并未提及杨奂去世之事，且"遗稿"一词，可以是死后所留文稿，也可以指历年遗存下来的文稿。

事实也确乎如此。据元好问《杨君神道之碑》及明宋廷佐《杨文宪公考岁略》，杨奂自己亥至庚戌（1239～1250）十二年中，一直在洛阳任河南路征收课税所长官兼廉访使，④正与《杨紫阳文集序》所云杨奂门人员择"自洛抵燕，千里介书，俾不肖为说以冠其首"相合。更重要的是，杨奂本人在甲寅年（1254）所作的《臂僮记》中提到："平生著述外无他嗜好，其所以自得者，亦足以自乐也。兵火流离中，仅存《还山前集》八十一卷、《后集》二十卷、《近鉴》三十卷。"⑤显然，杨奂生前已经两次编定过自己的文集，其中"《还山前集》八十一卷"，就是"厘为八十，将攻梓以惠后学"，并请赵复作序的《杨紫阳文集》，而序中"遗稿"一词，指的也正是在"兵火流离中"遗存下来的杨奂文稿。还有一点值得注意，杨奂生于1186年丙午，1246年正值他的六十寿辰，《杨紫阳文集》大约就是为其祝寿而编。这说明赵复作序的丙午年，只能是1246年丙午，而绝非1306年丙午。

赵复作序的年代既已确定，其生卒也就可以重新考订。按诸载籍，赵复到北方后，与之交往的北方士人，有姚枢、杨惟中、王粹、杨奂、元好问、李冶、郝经、杨弘道等人，现将其生年列表如下：

---

① 苏天爵：《元故国子司业砚公墓碑》，见《滋溪文稿》卷7，北京，中华书局，1997，第106页。
② 此证见周良霄：《赵复小考》，见《元史论丛》第五辑，北京，中国社会科学出版社，1993，第197页。
③ 赵复：《杨紫阳文集序》，见苏天爵：《国朝文类》卷32，上海，商务印书馆《四部丛刊》影印元至正西湖书院刊本，1929，第13页；又见杨奂：《还山遗稿》附录，明嘉靖宋廷佐刊本，1522，第20页。
④ 元好问：《故河南路课税所长官兼廉访使杨君神道之碑》，见《元好问全集》卷23，上册，太原，山西古籍出版社，2004，第510～511页；宋廷佐：《杨文宪公考岁略》，见杨奂：《还山遗稿》卷首，明嘉靖宋廷佐刊本，1522，第4页。
⑤ 杨奂：《臂僮记》，见《还山遗稿》卷上，明嘉靖宋廷佐刊本，1522，第1页。

表 1-1　赵复交游生年表

姓　名	生　年	出　　处
杨　奂	金大定二十六年(1186)	元好问《杨奂神道之碑》,《元好问全集》卷 23
杨弘道	金大定二十九年(1189)	杨弘道《己酉年门帖子》,《小亨集》卷 5
元好问	金明昌元年(1190)	郝　经《遗山先生墓铭》,《陵川文集》卷 35
李　冶	金明昌三年(1192)	苏天爵《元朝名臣事略》卷 13
姚　枢	金泰和元年(1201)	姚　燧《三贤堂记》,《牧庵集》卷 7
王　粹	约金泰和三年(1203)	元好问《中州集》卷 7
杨惟中	金泰和五年(1205)	郝　经《杨惟中神道碑铭》,《陵川文集》卷 35
郝　经	金元光二年(1223)	郝　经《甲子集序》,《陵川文集》卷 29

以上诸人,若按出生年代划分,可分为三组:杨奂、杨弘道、元好问、李冶为第一代;姚枢、王粹、杨惟中为第二代;郝经为第三代。分析赵复与诸位的交往,可知他与杨奂等人大致是平辈论交。元好问与杨弘道在诗文中,均直称赵复为赵仁甫或赵君仁甫。如元好问 1243 年南归家乡,曾有诗《赠答赵仁甫》。① 杨弘道在 1248 年赵复出游到达济南时,亦作《送赵仁甫序》。② 苏天爵《元朝名臣事略》引《静庵笔录》云:"赵仁甫本宋人,被俘居燕,其经学文章,虽李敬斋、元遗山亦推让焉。"③ 将赵复与李冶、元好问相提并论。苟宗道《郝经行状》,亦将元好问与赵复对郝经的夸赞并举。④ 杨奂分别请元好问和赵复,为自己的父母作墓碑,也是对二人同视并重的。而且杨奂生前请赵复为自己的文集作序,固然是因为赵复当时以经学文章名动北方,但如果赵复年辈低于自己,杨奂恐怕也不会降格以求。在第二代中,姚枢目赵复为"奇士",并以自己的文章向之请教,王粹则是赵复在太极书院的辅佐,二人年辈上应晚于赵复。至于第三代郝经,在 1247 年赵复南游前后,作诗均称其为"赵丈仁甫"或"仁甫丈",其时郝经年仅二十五岁,二人明显是晚辈与前辈之交。

由此推测,赵复的生年大约与杨奂、元好问等人相近,在 1186~1190 年前后。下至 1235 年德安之役,赵复约在四十五至五十岁之间,

---

① 元好问:《赠答赵仁甫》,见《元好问全集》卷 5,上册,太原,山西古籍出版社,2004,第 112~113 页。
② 杨弘道:《送赵仁甫序》,见《小亨集》卷 6,台北,台湾"商务印书馆"影印清乾隆文渊阁《四库全书》本,1986,第 1198 册,第 210 页。
③ 苏天爵:《元朝名臣事略》卷 8《左丞姚文献公》,北京,中华书局,1996,第 156 页。
④ 苟宗道:《故翰林侍读学士国信使郝公行状》,见郝经:《郝文忠公陵川文集》卷首,明正德李瀚刊本,1507,第 16~17 页。

与吴莱诗云"皓首""老身"相合。再迟至1247年南游,赵复年龄在六十上下,亦与郝经称之"赵丈仁甫"相符。

据郝经《送仁甫丈还燕》诗,赵复南游后,又返回燕京。① 其《程夫人墓碑》云:"夫人姓程氏……今河南路征收课税所长官(杨)奂之母也……今年岁辛亥,春正月,奂自洛舆疾入燕,还印政府,归秦寻医……秋八月既望,投檄西上。感迁徙靡常,故再三以请,将卒其夙心焉……夫人卒于承安二年四月三日,年三十有二,盖五十五年始克铭之。"② 由文可知,直至辛亥年(1251)秋,赵复仍留居燕京,故杨奂入京辞官之时,求赵复为其母亲作墓碑。而金承安二年(1197)至辛亥年,又恰好是五十五年,说明赵复承杨奂之请,即于当年撰写了碑文。然而杨奂归秦后为母亲立碑,却是在三年之后的甲寅年(1254)。至于碑文中所云甲寅年杨奂过继侍子之事,当是立碑时杨氏自己增补,而非出于赵复之手。又据王恽《义士姜侯歌》序,辛亥(1251)秋,燕人姜迪禄冒死为友人燕京留守府刘参谋之子申理冤情,"义烈闻燕、赵间。后折节从赵云梦学,非其义一介不取诸人"。③ 也证明赵复1251年以后仍讲学于燕京。

在已知写作时间的赵复诗文中,以《追悼无欲真人》诗最为晚出。据何道宁《无欲观妙真人李先生碑》,真人李志远为陕西终南山重阳万寿宫提点,甲寅(1254)春因祝醮事召致朝廷,夏六月即病卒于燕。赵复作诗追悼,说明他1254年还留居燕京。④

宪宗九年己未(1259),蒙古两路大军南下攻宋,郝经以江淮荆湖等路宣抚副使,随忽必烈进攻江淮。秋九月,元军渡过长江,顿兵鄂州城下。郝经作《南楼书怀赠赵丈仁甫》,诗云:"惨淡风云鹦鹉洲,蹉跎岁月仲宣楼。从渠得失两端了,不愧乾坤万事休。往行前言只自省,乐天知

---

① 郝经:《送仁甫丈还燕》,见《郝文忠公陵川文集》卷13,明正德李瀚刊本,1507,第3页。
② 赵复:《程夫人墓碑》,见杨奂:《还山遗稿》附录,明嘉靖宋廷佐刊本,1522,第6~10页。
③ 王恽:《义士姜侯歌》,见《秋涧先生大全集》卷8,上海,商务印书馆《四部丛刊》影印明弘治十年马龙刊本,1929,第5页。参见周良霄《赵复小考》,见《元史论丛》第五辑,北京,中国社会科学出版社,1993,第194页。
④ 赵复:《追悼无欲真人》,见何道宁:《终南山重阳万寿宫无欲观妙真人李先生碑》碑阴,《北京图书馆藏中国历代石刻拓本汇编》,郑州,中州古籍出版社,1990,第48册,第22页。何道宁碑文,又名《终南山重阳万寿宫无欲观妙真人李公本行碑》,见李道谦:《甘水仙源录》卷6,台北,新文丰出版公司影印明正统《道藏》本,1995,第33册,第186~189页。此诗据魏崇武《赵复事迹编年》补录,《北京师范大学学报》(哲学社会科学版),1995年文史论考专刊,第91页。

命复何忧？此身难著人间世，只合长歌老饭牛。"①南楼又称玩月楼，在鄂州城南，是东晋太尉庾亮秋夜登临理咏之所。同年，郝经又应杨惟中之请，撰写《太极书院记》与《周子祠堂碑》二文，②记载太极书院创建，聘请赵复为师儒讲学事，亦未言及其辞世。这是赵复1259年依然存世的确证，也是现存史料中有关赵复生平的最后记载。

　　至于赵复究竟卒于何时，文献阙载，今已无从知晓。鲜于枢《困学斋杂录》收录赵复《自遣》一诗云："乘云曾到玉皇家，彩笔云笺赋落霞。老去空山春寂寞，自锄明月种梅花。"③诗人借王勃《滕王阁序》之典，比喻自己在南宋少年得志，经由地方选举赴京会试之事，并透过对前半生的描述，强烈反衬出晚年流落北方、家国难还的孤寂落寞心情。从诗意看，赵复晚年似曾屏迹山野，成为隐君。清人陈廷钧以郝经《南楼书怀》诗，"为江汉先生倦游河朔、归老汉上之证"。④ 然而，周良霄先生《赵复小考》，以其诗首联用汉末王粲《登楼赋》典故，疑诗"为赵复尚未得归故土而发"。因为赋中"虽信美而非吾土兮，曾何足以少留"，"人情同于怀土兮，岂穷达而异心"，⑤正与赵复在北方的情怀相合。无论如何，至迟到元世祖至元七年（1270），赵复已不在燕京。是年，许衡以集贤馆大学士、国学祭酒教授贵胄子弟，奏召弟子十二人为国子伴读，姚燧亦由河内招致燕京，⑥却未曾见到赵复。其时上距前文推测的赵复生年（约1186~1190），已经过去八十余年，故周文推论赵复"有可能已经死去"，⑦是合乎情理的。

---

① 郝经：《南楼书怀赠赵丈仁甫》，见《郝文忠公陵川文集》卷13，明正德李瀚刊本，1507，第3页。

② 郝经：《太极书院记》《周子祠堂碑》，见《郝文忠公陵川文集》卷26，明正德李瀚刊本，1507，卷26，第13~14页；卷34，第8~11页。

③ 鲜于枢：《困学斋杂录》，清道光长塘鲍氏《知不足斋丛书》刊本，1823。该诗在《杂录》中凡两载，此据第19页记载；第5页诗句略有不同，首句作"醉乘鸾驭到仙家"，第三句"春"作"秋"。

④ 陈廷钧：《赵子言行录》卷下补刻《南楼书怀》诗附陈氏按语，清同沿楚北崇文书局增刊本，1870；又见陈廷钧：《安陆县志补正》卷上《艺文》，清同治刊本，1872，第77页。

⑤ 王粲：《登楼赋》，见萧统《文选》卷11，上海，上海古籍出版社，1986，第2册，第490~491页。

⑥ 参见刘致：《姚燧年谱》，见《姚燧集》附录四，第685页；姚燧：《河南劝农道副使白公墓碣》，见《姚燧集》卷26，北京，中华书局，2011，第406页。

⑦ 以上资料、考证见周良霄：《赵复小考》，见《元史论丛》第五辑，北京，中国社会科学出版社，1993，第197页。

第二节　赵复北传理学的活动

主教燕京太极书院与南游讲学，是赵复北传理学的主要活动，然而，这一切却始自1235年德安之役，姚枢劝救赵复北上。

一、姚枢与赵复北上

现存的赵复资料，绝大部分从德安之役开始，① 关于他在南宋的前半生，所知寥寥。赵复诗文自署"江汉"、"云梦"、"安陆"，且知其为南宋"乡贡进士"。② 江汉是其自号，云梦是其原籍，安陆则为居所。据《安陆县志补正》陈廷钧按："赵江汉先生先世本云梦籍，后迁郡城之南八里，聚族而居，《旧志》所谓赵家洲是也。故其自署与一时各传记，或称云梦人，或称德安人，或称安陆人，迄无一定。"③陈氏《宋乡贡进士赵江汉先生事迹岁考略》又云："理宗宝庆、绍定间（1225～1233），先生举乡贡进士，预廷试，未及仕，以所闻濂洛关闽之学教授于城南文笔峰下。"④讲学之地，实据康熙《安陆县志》："江汉书院，城南文笔峰下，元儒赵复讲学于此，今废。"⑤而中举时间，不见史料依据，似是陈氏据赵复被俘时间与年龄所作的推测之词。

元太宗七年乙未（1235），即金朝覆亡后的第二年，蒙古分兵两路进攻南宋。皇子阔出统兵攻掠荆襄地区，掳人民牛马数万北还，赵复亦在其中。

赵复在德安被俘时的情况，姚燧《序江汉先生死生》与《姚文献公神道碑》皆有生动记载，前文云：

---

① 关于德安之役，周良霄：《赵复小考》有详细考证，可参考：《元史论丛》第五辑，北京，中国社会科学出版社，1993，第190～192页。
② 如赵复：《题宋马和之袁安卧雪图》署"江汉"（见弘历：《石渠宝笈》卷32，台北，台湾"商务印书馆"影印清乾隆文渊阁《四库全书》本，1986，第825册，第298页），《杨紫阳文集序》《追悼无欲真人》《题僧花光梅》署"云梦"（见王恽：《跋僧花光梅后语》，《玉堂嘉话》卷1，北京，中华书局，2006，第50页），《程夫人墓碑》《赎唐仲明疏》署"安陆"（见郝经：《蜀亡叹赠眉山唐仲明》，《郝文忠公陵川文集》卷8，明正德李瀚刊本，1507，第8页）。
③ 陈廷钧：《安陆县志补正》卷下《杂录》，清同治刊本，1872，第82～83页。
④ 陈廷钧：《宋乡贡进士赵江汉先生事迹岁考略》，《赵子言行录》卷上，清同沿楚北崇文书局增刊本，1870，第4页。
⑤ 沈会霖：《德安安陆郡县志》卷2《书院》，清康熙刊本，1666，第12页。

其岁乙未，王师徇地汉上。军法，凡城邑以兵得者悉坑之。德安由尝逆战，其斩刈首馘动以十亿计。先公（姚枢）受诏，凡儒服挂俘籍者皆出之，得故江汉先生。见公戎服而髯，不以华人士子遇之。至帐中，见陈琴书，愕然曰："回纥亦知事此耶！"公为之一莞。与之言，信奇士，即出所为文若干篇。以九族殚残，不欲北，因与公诀，蕲死。公止共宿，实羁戒之。既觉，月色烂然，惟寝衣留故所。公据鞍马，周号积尸间，无有也。行及水涯，见已被发脱履，仰天而祝，盖少须臾蹈水，未入也。公曰："果天不生君，与众已同祸矣。其全之，则上承千百年之祀，下垂千百世之绪者，将不在是身耶！徒死无义，可保吾而北，无他也。"至燕，名益大著，北方经学实赖鸣之。①

然而，《姚文献公神道碑》记述姚枢劝说赵复之语却有所不同："公晓以徒死无益，汝存则子孙或可传绪百世，吾保而北，无他也。"②《元史·赵复传》及明冯从吾《元儒考略》亦均取此说，似乎姚枢仅以个人保全性命、传衍宗脉劝说赵复北上，恐不尽然。

12世纪至13世纪前期，宋、金两个政权一直处于尖锐对峙状态。严峻的民族危机不能不对南宋士人产生深刻影响。南宋初年，著名理学家胡安国借作《春秋传》，大讲"谨于华夷之辨""重夷夏之大防"的《春秋》"大义"，并将华夷之辨与君臣父子之义等纲常名教相联系，大力提倡尊王攘夷，以此作为挽救民族危亡的思想武器。南宋一代士人，无不深受影响。而长期生活于少数民族政权统治下的北方士人，在思想上与南宋儒士颇有不同。他们提倡"以夏变夷"，希图用汉族儒家思想文化，来影响少数民族政权的统治者，以此维系汉族文化传统，并谋求自身出路。

南北士人的思想差异，在赵复与姚枢身上得到鲜明体现。家乡陷落、九族俱残、身为囚俘的惨境，使赵复欲以自溺来表示对蒙古军肆行屠戮的抗议，保全自己对南宋王朝与九族宗亲的忠孝名节。姚枢则完全不同。姚枢（1201~1278），字公茂，号雪斋、敬斋，河南府洛阳（河南洛阳）人。少力学，负王佐之才。1232年蒙古军破许州，姚枢至燕京依杨惟中，与

---

① 姚燧：《序江汉先生死生》，见苏天爵：《国朝文类》卷34，上海，商务印书馆《四部丛刊》影印元至正西湖书院刊本，1929，第3~4页；又见《姚燧集》卷4，北京，中华书局，2011，第63页。
② 姚燧：《中书左丞姚文献公神道碑》，见《姚燧集》卷15，北京，中华书局，2011，第216页。

之相偕北觐太宗窝阔台于龙庭,是最早归依蒙古政权的汉族士人之一。德安之役,太宗命杨惟中于军前行中书省事,姚枢随之在军中访求儒、道、释、医、卜、酒工、乐人等人才。姚枢在与赵复交谈中,确信他是才学出众的"奇士"。因此,当姚枢发现赵复欲投水自溺时,就力劝赵复随自己北上,并保证他无性命之虞。

既然双方有较大的思想差异,为何赵复会接受姚枢劝说呢?应该说,赵复并非没有传衍宗脉的思想,这从他到燕京后重新娶妻生子可见。但更为重要的是,姚枢用上承儒家千百年之统、下传儒学千百世之绪的思想打动了赵复。这从姚燧解释姚枢劝救赵复的原因中亦可证明:"自先公言之,夫既受诏出之军中,而使之死不以命,非善其职。且儒同出者将千数,才得如先生一人,而使之泯没无闻,非崇其道。此公所惧而必生之也。"说明姚枢之救赵复,并不仅仅是为了执行元太宗的诏命,更重要的是希望赵复推崇儒家之道于北方。而赵复肯听从姚枢的劝解,也正是由于姚枢的"知己"。① 长期的分裂割据,虽使南北思想文化的发展有了较大差异,但是,汉族儒家思想文化的传统,是南北士人的基本思想内涵。

然而,思想内涵的一致,并不能弥合南北士人思想上的差异。这就决定了赵复到北方后,不可能像姚枢等北方士人那样积极参与蒙古政权的活动,而是仅以师儒自处,以传播理学为己任,终不事奉蒙古;决定了赵复学以为己、鄙薄事功的传学宗旨,并以胡安国《春秋传》教授门生,借此在北方倡导华夷之辨的思想;② 也决定了赵复在与北方士人交往中所持的态度。

在经历了痛苦的生死抉择之后,赵复随姚枢踏上了北上燕京的长途。《困学斋杂录》载:"赵先生复初被虏时,有《寄皇甫庭》诗:'寄语江南皇

---

① 姚燧:《序江汉先生死生》,见苏天爵:《国朝文类》卷 34,上海,商务印书馆《四部丛刊》影印元至正西湖书院刊本,1929,第 4 页;又见《姚燧集》卷 4,北京,中华书局,2011,第 64 页。
② 吴莱:《春秋通旨后题》云:"自宋季德安之溃,有赵先生者北至燕,燕赵之间,学徒从者殆百人。尝手出一二经传及《春秋胡氏传》,故今胡氏之说特盛行。"见《渊颖吴先生集》卷 12,上海,商务印书馆《四部丛刊》影印元至正刊本,1929,第 15 页。参见唐宇元:《北方理学的传授者——赵复及其思想》,侯外庐等:《宋明理学史》上卷,北京,人民出版社,1984,第 686~689 页。

甫庭，此行无虑隔生平。眼前漫有千行泪，水自东流月自明。"①《元诗选·癸集》亦有赵复《锦瑟词》一首，云"歌珠檀板楚王宫，半醉花间拾落红。铁马北来人事改，不知随水定随风"。② 诗文真切地流露出赵复被迫北上从此家国难还的痛苦心情，以及对前途无可把凭的忧虑。

二、主教燕京太极书院

1236 年，赵复到达燕京，其后久居于此。他一面"以所记程、朱所著诸经传注，尽录以付（姚）枢"，一面亲自讲学，"学子从者百余人"。"（杨）惟中闻复论议，始嗜其学，乃与枢谋建太极书院"。③

太极书院创建的时间，清孙承泽《元朝典故编年考》记为元太宗八年（1236），④ 不知何据。唐先生亦云："赵复在太极书院讲学，是在元太宗八年（公元 1236 年）十月，次年即离开太极书院。"⑤实际上，太极书院建立的时间，当时人郝经有确切的记载：

> 庚子、辛丑（1240～1241）间，中（书）令杨公当国，议所以传继道学之绪，必求人而为之师，聚书以求其学，如岳麓、白鹿，建为书院，以为天下标准，使学者归往，相与讲明，庶乎其可。乃于燕都筑院，贮江淮书，立周子祠，刻《太极图》及《通书》《西铭》等于壁，请云梦赵复为师儒，右北平王粹佐之，选俊秀之有识度者为道学生。推本谨始，以太极为名，于是伊洛之学遍天下矣。⑥

又，郝经《哀王子正》诗云："鹿去中州道不行，先生今日死犹生。长鲸万

---

① 该诗在鲜于枢：《困学斋杂录》中凡两载，作诗时间不同。第 5 页云："江汉先生赵复，字仁甫。武昌之役，始初渡江时，《寄皇甫庭》云"，以诗作于元宪宗九年（1259）忽必烈攻南宋的武昌之役；第 19 页载，以诗作于元太宗七年（1235）德安之役赵复初被俘北上时。详其诗意，以后文记载为是。
② 赵复：《锦瑟词》，见顾嗣立等：《元诗选·癸集甲》，上册，北京，中华书局，2001，第 8 页。
③ 宋濂等：《元史》卷 189《儒学列传一·赵复传》，北京，中华书局，1976，第 14 册，第 4314 页。
④ 孙承泽：《元朝典故编年考》卷 1《太宗朝·燕京书院》，台北，台湾"商务印书馆"影印清乾隆文渊阁《四库全书》本，1986，第 645 册，第 691 页。
⑤ 唐宇元：《北方理学的传授者——赵复及其思想》，见侯外庐等：《宋明理学史》上卷，北京，人民出版社，1984，第 685 页。
⑥ 郝经：《太极书院记》，见《郝文忠公陵川文集》卷 26，明正德李瀚刊本，1507，第 13～14 页。

里朔风急,独鹤一天秋月明。拟见斯文还太极(时方作太极书院未毕),遽收浩气反之精。世无程邵知音少,云黯燕山恨不平。"①王子正,就是太极书院的辅佐王粹。据《中州集·王元粹传》及《恕斋王先生事迹》,王粹去世于癸卯年(1243)九月。② 可见,太极书院的创建,并非在1236年,而是在1240~1241年杨惟中任中书令之时。而且直到1243年王粹去世,书院尚未完全建成。

太极书院当时又称为太极道院,元好问《中州集》卷7,即云王粹"高举主太极道院"。

为帮助北方学者领受理学,赵复亲自编写了《传道图》及条列书目、《伊洛发挥》《师友图》和《希贤录》四种书,集中介绍程朱理学的基本典籍、思想宗旨、学派概况及修养方法,作为太极书院的启蒙教材。遗憾的是,这四种书都未能流传,使我们无法更细致地了解赵复的理学思想,及其在太极书院讲学的具体内容。

太极书院"选俊秀之有识度者为道学生","燕赵之间,学徒从者殆百人"。③ 这在当时动荡不安的北方,已经颇具规模、影响可观。见诸记载的太极书院学生,有赵彧、梁枢等人。赵彧,洺州广平(河南广平)人。父赵珪,金末侨居洺州,曾为太仓监。"金无经学。吾元徇地汉上,得江汉先生赵复于云梦,至燕,而经生始集。彧从之游,有善学誉,与耆宿友。年二十四……卒。"④"梁枢,宣德州(河北宣化)人。初习词赋,辄弃去。已闻京师建太极书院,德安赵复讲学其中,徒步往从之。既见,得复所书《希贤录》读之,叹曰:'伊尹、颜回,心同道同,希之当在我也。'久之,辞归,从学者众。晚嗜《易》,以观象名轩,学者称象轩先生。"⑤赵彧虽有善学誉,却不幸早夭,无所成就。梁枢则深受赵复思想影响。他回乡后不图仕进,而以希贤为志,以传学民间为己任,深得赵复学贵

---

① 郝经:《哀王子正》,见《郝文忠公陵川文集》卷13,明正德李瀚刊本,1507,第3页。
② 元好问:《中州集》卷7,上海,商务印书馆《四部丛刊》影印武进董氏诵芬室影元刊本,1929,第25页;《恕斋王先生事迹》,见李道谦《甘水仙源录》卷7,台北,新文丰出版公司影印明正统《道藏》本,1995,第33册,第212页。
③ 吴莱:《春秋通旨后题》,见《渊颖吴先生集》卷12,上海,商务印书馆《四部丛刊》影印元至正刊本,1929,第16页。
④ 姚燧:《太仓监赵君神道碣》,见《姚燧集》卷25,北京,中华书局,2011,第397页。参见唐宇元:《北方理学的传授者——赵复及其思想》,见侯外庐等:《宋明理学史》上卷,北京,人民出版社,1984,第688页。
⑤ 田易等:《畿辅通志》卷78《儒学·保定府》,台北,台湾"商务印书馆"影印清乾隆文渊阁《四库全书》本,1986,第505册,第875页。参见唐宇元:《北方理学的传授者——赵复及其思想》,见侯外庐等:《宋明理学史》上卷,北京,人民出版社,1984,第688页。

自得而非以用世的宗旨。

　　赵复久居燕京讲学，1247年却离开燕京，载书出游。他为何要在这一年离开太极书院？恐怕与杨惟中、姚枢二人的仕途变迁有关。太极书院是杨惟中、姚枢等汉族官员共同谋划创建的，并未得到蒙古统治者的任何支持。当时蒙古政权入主中原未久，"朝廷草创，未遑润色之文"，"武功迭兴，文治多缺"，① 尚无暇顾及一所为传授汉族儒学创办的书院，更不可能像元朝统一以后对各地书院那样，由国家统一选任学官，并给予固定经费和薪俸，以维持其存在。而且，据郝经《太极书院记》，书院创办之初，亦未见设置学田等，作为书院的固定产业。因此它的存在，只能依赖创办者的权力和财物支持才能维系。

　　书院创建之初，杨惟中与姚枢都在燕京。姚枢于辛丑年（1241）出任燕京行台郎中，但当年十月，就因与行台长官牙老瓦赤不合，辞官退居苏门。直到庚戌年（1250）忽必烈遣使征召，姚枢方复出为其谋士。② 杨惟中在太宗末年，继耶律楚材出任中书令。在乃马真后称制期间（1242～1246），独以"一相负任天下"。③ 因此，姚枢的辞官隐居，尚未影响到太极书院。但丙午年（1246）定宗贵由继位后，出杨惟中为平阳道宣慰使，宪宗二年（1252），又调任河南道经略使，未曾再回燕京任职。杨惟中的离去，不可避免地影响到太极书院的前途。1247年赵复离开燕京出游，或许就是因为书院已难以为继。宪宗九年（1259），杨惟中出任江淮荆湖南北等路宣抚大使，随忽必烈进攻南宋，郝经为其副使，应杨惟中约请为太极书院和书院附设的周敦颐祠堂作文，④ 说明杨氏有意于战后重新经营书院。此时，上距书院创始已近二十年。可惜当年十二月，杨惟中就在回师途中卒于蔡州，导致了太极书院的彻底终结。此后，不见有人续任太极书院讲席，书院也不再见诸载籍，甚至连书院在燕京的确切院

---

① 宋濂等：《元史》卷4《世祖本纪一》，北京，中华书局，1976，第1册，第65、64页。
② 参见姚燧：《中书左丞杨文献公神道碑》，见《姚燧集》卷15，北京，中华书局，2011，第216～217页；宋濂等：《元史》卷158《姚枢传》，北京，中华书局，1976，第12册，第3711页。
③ 郝经：《故中书令江淮荆湖南北等路宣抚大使杨公神道碑铭》，见《郝文忠公陵川文集》卷35，明正德李瀚刊本，1507，第29页。
④ 《周子祠堂碑》云："祠既成，适经贰于公而征铭焉，遂序其事而为之铭。"说明碑文作于1259年郝经任宣抚副使时。见《郝文忠公陵川文集》卷34，明正德李瀚刊本，1507，第19页。而《太极书院记》，《陵川集》编在撰写于1259年夏的《棣华堂记》和1260年3月的《铁佛寺读书堂记》之间，可见应与《周子祠堂碑》作于同时。

址，到明初就已无考了。①

三、南游讲学

1247年，赵复离开燕京南游讲学，是年冬渡过白沟，有《再渡白沟》一诗纪其事。白沟又名拒马河，在今河北省北部，流经涞水、定新、霸州，至今天津附近与诸水相汇。它是北宋与辽的分界，又称界河，故时人途经，多有题咏。自1235年德安之役，被迫北跨白沟留居燕京之后，这是赵复第二次渡过白沟，回到原北宋疆域之内，不免感慨万分。诗曰："瘦马柴车出白沟，河山依旧绕神州。都将百万生降（一作灵）户，换得将军定远侯。"②作为南宋士人重入宋境，确是值得慨叹之事，然而河山依旧，神州却仍在异族的铁蹄之下。割据中原的那些汉族将军、世侯，哪一个不是用千百万沦于异族统治的百姓的痛苦换来的呢！瘦马柴车，折射出赵复在北方的窘迫境遇和此次南行的凄惶心情，而诗文的主旨，则明确表达了他身为南宋囚俘不忘故国的立场。

赵复南游的路线，没有留下详细记载，仅赵复、郝经、杨弘道诗文中有所涉及。郝经《送汉上赵先生序》云："今也仰嵩高，瞻太华，涉大河之惊流，视中原之雄浸"，"历汴、洛，睨关、陕，越晋、卫，观华夏之故墟，睹山川之形势，见唐虞三代建邦立极之制，齐、鲁圣人礼义之风，接恒、岱之旷直，激燕、赵之雄劲"。③ 此时赵复刚离开燕京到达保定，所述或据他的出行设想，也不乏郝经文笔的夸张。赵复是否确如郝经所云，遍历燕、赵、晋、卫、汴、洛、关、陕、齐、鲁，值得怀疑。因为，杨弘道《送赵仁甫序》只简略云赵复"达其道于赵、魏、东平"，并"至于济南"。④ 我们可以确知的只是赵复于1247年离开燕京，渡过白沟，十一月至保定，后经真定、大名、东平等地，而于次年十一月到达济南。

郝经《后听角行》序云："丁未冬十有一月，汉上赵先生仁甫宿于余家之蜩壳庵。霜清月冷，角声寥亮，乃作《听角行》以赠其行。"⑤丁未即

---

① 李贤：《明一统志》卷1《书院》仅云："太极书院在京城内。"台北，台湾"商务印书馆"影印清乾隆文渊阁《四库全书》本，1986，第472册，第24页。
② 赵复：《再渡白沟》，见顾嗣立等：《元诗选·癸集甲》，上册，北京，中华书局，2001，第8页。
③ 郝经：《送汉上赵先生序》，见《郝文忠公陵川文集》卷30，明正德李瀚刊本，1507，第5～6页。
④ 杨弘道：《送赵仁甫序》，见《小亨集》卷6，台北，台湾"商务印书馆"影印清乾隆文渊阁《四库全书》本，1986，第1198册，第210页。
⑤ 郝经：《后听角行》，见《郝文忠公陵川文集》卷12，明正德李瀚刊本，1507，第6页。

1247年，此年十一月赵复到达保定，借宿于郝经家。郝经除作《听角行》外，还写了《与汉上赵先生论性书》与《送汉上赵先生序》二文赠送赵复。《论性书》是郝经为向赵复请教性理问题而作，文章回顾了理学在南宋的繁荣及金元之际向北方的流传，充分肯定赵复在燕京及南游讲学，传播理学于北方的功绩。《送汉上赵先生序》一文，则从士之穷达入言，指出赵复虽以江汉囚俘北上燕京，但能"传正脉于异俗，衍正学于异域……俾《六经》之义，圣人之道……大放于北方，如是，则先生之道非穷也，达也"！文章最后云："此行也，人视先生以为大穷，经则以为大达。先生可纵轨扬辔，沛胸中之浩浩，骛通达之坦坦，劲行而无虑矣。"以此为赵复送行。

《国朝文类》卷8收录赵复《覃怀春日》一首。覃怀，见于《尚书·禹贡》"覃怀厎绩，至于衡漳"，在黄河以北的怀庆（河南沁阳），正位于由辉州至洛阳的中途。于1241年辞官离开燕京的姚枢，此时即隐居于辉州苏门，与居住在大名（魏）的窦默、许衡时相往来，讲论理学。苏门山，又名苏岭、百门山，是太行山支脉，在辉州西北，自晋以来，即是隐士幽栖之地。而洛阳，又是赵复之友杨奂任河南征收课税所长官兼廉访使的驻地。《覃怀春日》一诗，很有可能是赵复此次南游途经覃怀所作，时间当在1248年春季。那么，经由辉州至怀庆的赵复，是否赴苏门与故人姚枢相见？是否又前往洛阳会晤友人杨奂？由于史料阙失，今皆不得而知。然而，后人遂据此，以为姚枢曾聘赵复至辉州讲学。如清初大儒孙奇逢《元儒赵江汉太极书院考》即云："枢于苏门山建太极书院，立周子祠，以二程、张、杨、游、朱六子者配食，日夕礼焉，刻诸经授学者，求遗书至八千卷，请仁甫讲授其中……北人知有学，则枢得复之力也。"①其实，太极书院设于燕京，当时人郝经《周子祠堂碑》言之甚明："今领中书相国杨公（惟中）始嗜其学，乃建太极书院于燕都，立祠于院以祀周子，以二程、张、杨、游、朱六子配食，岁时释菜，尊为先师。"《太极书院记》亦云："乃于燕都筑院，贮江淮书，立周子祠。"②清人陈廷钧《赵江汉先生事迹岁考略》，虽纠正了太极书院设在辉州之失，却仍云："未几，先生（赵复）亦辞太极讲席。枢闻，聘延先生至辉，主讲苏门山，教授如燕京故事，前后弟子遍河洛燕赵间者，盖百数十云。先生于是有苏门、覃怀

---

① 孙奇逢：《元儒赵江汉太极书院考》，见《夏峰先生集》卷9，北京，中华书局，2004，第352页。
② 郝经：《周子祠堂碑》《太极书院记》，见《郝文忠公陵川文集》，明正德李瀚刊本，1507，卷34，第10页；卷26，第14页。

诸咏。"①事实上，赵复虽有覃怀诗，却并无苏门诗，只有《蓟门杂兴》和《蓟门闻笛》二诗，是居留燕京所赋。② 陈廷钧《岁考略》所云"苏门诸咏"，显然是"蓟门"二诗之误。更重要的证据是，姚燧自三岁起，即在苏门随伯父姚枢读书，1248 年，燧已有十一岁，却未曾见到赵复。这说明，即使赵复南游时确实途经苏门会见姚枢，也不可能长时间停留苏门讲学。否则，姚燧绝不会没有见过赵复，而且在《姚文献公神道碑》中不加以记载。

杨弘道《送赵仁甫序》一文，记述了赵复南游至济南的情况：

> 德安赵君仁甫，承学之士也。士有穷达，其穷数也，其达学也，征之赵君信然。旃蒙协洽，君始北徙，羁穷于燕。已而燕之士大夫闻其议论证据，翕然尊师之，执经北面者二毛半焉。乃撰其所闻为书，刻之，目曰《伊洛发挥》，印数百本，载之南游，达其道于赵、魏、东平，遂达于四方。著雍涒滩，十有一月，至于济南。愚虽敬受其书，而所居僻陋，不足以馆君，因病止酒，又不能与君对酌，但日相从游，听其谈辨而已。

旃蒙协洽，即乙未年（1235），是年赵复被俘，北上燕京。而著雍涒滩，则是戊申年（1248），其年十一月，赵复在出行一年后到达济南。杨弘道序文，充分肯定了赵复在燕京讲学，对北方士大夫的影响，甚至"执经北面者二毛半焉"，也具体记述了赵氏南游的情景。金亡之后，南宋理学虽然在北方得到较快传播，但是金源传统儒学在北方士人中依然具有很大的影响，尤其是严实父子属下的东平儒士集团。他们虽然在以汉法治理中原的政治主张上，与受赵复影响的北方新兴理学学者大致相同，但在学术风尚和理论素养等方面，却有着明显的差异，不注重儒学义理的深

---

① 陈廷钧：《宋乡贡进士赵江汉先生事迹岁考略》，见《赵子言行录》卷上，清同治楚北崇文书局增刊本，1870，第 4 页。此误始于邓元锡《函史》卷 72《元志》，将姚枢与杨惟中建太极书院、周子祠，请赵复讲授其中，系于姚枢"弃官去隐苏门山"之下；济南，齐鲁书社《四库全书存目丛书》影印明活字本，1996，史部第 27 册，第 4～5 页。孙奇逢综合《元史·赵复传》与《函史》二书，遂误以太极书院设在苏门山。而陈廷钧：《岁考略》，虽知太极书院建于燕京，却又承孙奇逢之误，以赵复离开太极书院，即来苏门讲学。
② 赵复：《蓟门杂兴》《蓟门闻笛》，见顾嗣立等：《元诗选·癸集甲》，北京，中华书局，2001，上册，第 9 页。

层次探讨，仍"踵金辞赋余习，以绮章绘句相高"。① 因此，赵复南行，并不只是简单的游历，而是载其著述《伊洛发挥》而行，所至结识士人，馈赠书籍，讲论理学，交流思想，足迹遍及赵、魏、齐、鲁，曾登临泰山，拜谒孔府。显然，这是赵复在燕京太极书院讲学的继续，通过与北方各地士人的交往和切磋，以"达其道于四方"，对于推动理学在黄河流域的广泛传播，无疑具有重要意义。正如郝经《论性书》所云："先生巍然以师道自处，学者云从景附。又为《伊洛发挥》一书，布散天下，使孔、孟不传之绪，家至日见，则道之复北，虽存乎运数，其倡明指示、心传口授，则自先生始。呜呼！先生之有功于吾道，德于北方学者，抑何厚耶！"②很好说明了赵复南游讲学的巨大影响。

有意思的是，郝经与杨弘道在为赵复南游所作的序中，都不约而同地论及士之穷达问题。这是否意味着太极书院难以维持后，赵复在北方重新陷入困境呢？从南行的路线看，赵复途经的保定、真定、东平等地，分别是汉族世侯张柔、史天泽、严忠济的驻镇地。这些世侯在各自的辖区内，有世袭的军事、民政等管辖权。他们纷纷召集流散，存恤困穷，均平赋役，休养生息，以恢复发展社会经济，同时又竞相养老尊贤，延揽名士，修复学校，聚徒讲授，使这些地区成为当时北方较为社会安定、经济繁荣、士人聚居、文化发达之所。那么，赵复此行，除了游览讲学、结交士人之外，是否还有其他考虑呢？可惜文献不足征，使我们仅能提出疑问，而不易找到解答。

赵复离开济南后又到过何地，史料阙载，只知大约在 1249 或 1250 年，赵复又返回燕京。郝经有《送仁甫丈还燕》诗云："一鞭天地起孤愁，南戴高冠赋远游。济渎醉探窥海眼，岱宗阔步望吴头。唐虞问学传千古，伊洛波澜浸九州。七十余君皆不遇，却携汉月渡泸沟。"③此诗当作于南游后返回燕京之时，详其诗意，赵复此行在处境上似并无遇合。既然太极书院已难以为继，赵复南游之后，为何还要返回燕京？估计这与赵复在燕京留有家室有关。据姚燧《序江汉先生死生》与《姚文献公神道碑》，德安之役，赵复"以九族殚残，不欲北"，未曾言及他尚存家小。但《序江汉先生死生》一文，却是姚燧为赵复之子卿月所作，以纪念姚枢与赵复的生死之

---

① 苏天爵：《皇元故昭文馆大学士兼国子祭酒赠河南行省右丞耶律文正公神道碑》，见《滋溪文稿》卷 7，北京，中华书局，1997，第 102 页。参见陈高华等：《元代文化史》第一编第三章三《东平学术》，广州，广东教育出版社，2009，第 106~113 页。
② 郝经：《与汉上赵先生论性书》，见《郝文忠公陵川文集》卷 24，明正德李瀚刊本，1507，第 1 页。
③ 郝经：《送仁甫丈还燕》，见《郝文忠公陵川文集》卷 13，明正德李瀚刊本，1507，第 3 页。

交。赵卿月的情况，文献很少记载。雍正《湖广通志》云："赵卿月，复之子，克绍家学，与许衡、刘因友善。尝拜宪司职，未久谢去，屡征不起。"①卿月为赵复之子、尝拜宪司等事，显然是引自《序江汉先生死生》。但他与许衡、刘因友善，在《鲁斋遗书》与《静修文集》中皆找不到文献佐证，不知《通志》所云何据。从年岁上讲，姚燧生于1238年，卿月尊燧为兄，年龄应稍小于燧，即出生于赵复到北方之后，应是复到燕京后重娶妻室所生。1247年赵复南游时，卿月尚不足十岁。所以赵复在南游之后，仍旧返回燕京。

赵复回到燕京后的情况，已不清楚，只知道1251年杨奂入京辞官，及1254年作诗《追悼无欲真人》，他仍留居燕京。赵复晚年的生活，应是贫困不安定的。尽管按蒙古政府的规定，儒士由"官为给赡"，②但这种给赡也十分有限，以至于许多儒士，不得不周流各地，以寻求生路。与赵复同时到北方的砚弥坚，其经历可资参考。砚弥坚（1212～1289），又名坚，字伯国，南宋德安应城（湖北应城）人。"国初，岁在乙未，王师徇地汉上，公与江汉先生赵公复俱以名士为大将招致而北，久之，周流河朔，不获宁居。岁戊戌（1238），诏试儒士，公试西京，中选。岁壬子（1252），诏实户口，公家真定，著儒籍，自是专以授徒为业。"③由此推测，赵复晚年的情况大约也是如此。

第三节　赵复的交游与北传理学的影响

一、赵复在北方的交游

赵复久居燕京，讲学之余，与南北士人有广泛交往。这里不拟对赵复的交游作全面考叙，仅以他与北方大儒杨奂、元好问及全真道师尹志平、李志远、马志希的交往为例，对赵复的思想和处世之道稍作剖析。

杨奂（1186～1255），字焕然，号紫阳，乾州奉天（陕西乾县）人，身世可见元好问《杨奂神道之碑》和《元史》本传。赵复与杨奂的交往，始于太宗九年戊戌（1238）。是年诏试各道进士，杨奂应试东平，两中赋论第

---

① 夏力恕等：《湖广通志》卷57《人物志·文苑》，台北，台湾"商务印书馆"影印清乾隆文渊阁《四库全书》本，1986，第533册，第310页。
② 宋子贞：《中书令耶律公神道碑》，见苏天爵：《国朝文类》卷57，上海，商务印书馆《四部丛刊》影印元至正西湖书院刊本，1929，第15页。
③ 苏天爵：《元故国子司业砚公墓碑》，见《滋溪文稿》卷7，北京，中华书局，1997，第107页。

一,遂与监试官北至燕京,谒见耶律楚材。当时赵复正在燕京讲学,二人初次结识。其后杨奂为耶律楚材所荐,在洛阳任河南征收课税所长官兼廉访使十二年之久。其间1246年杨奂编定文集,曾请赵复作序。1251年杨奂至燕京辞官,又一次与赵复相见,复为其母作墓碑。想必当时杨奂赠答赵复之作,亦不在少。遗憾的是,杨奂文集百余卷皆已佚失,仅存明人宋廷佐所辑《还山遗稿》2卷,使我们无法从杨奂的诗文中了解二人之交往。现存赵复的三篇遗文,就有两文是为杨奂而作,足见二人之交必非泛泛。

赵复与杨奂交往虽非同一般,但他对杨奂的出仕蒙古却并不以为然,《杨紫阳文集序》即可为证。其文云:

> 君子之学,至于王道而止。学不至于王道,未有不受变于流俗也。三代圣人,以心学传天下后世,见于伊尹、傅说之训,君子将终身焉……惟秦君子杨氏,其志其学,粹然一出于正。盖自其为诸生,固已无所不窥,坐是重困于有司之衡石。晚居洛阳,著书数十万言,沉浸庄、骚,出入迁、固,然后折衷于吾孔、孟之《六经》……皆近古之知言,名教中南宫云台也……盖君子学以为己,必有所入之地。唐韩愈氏以虽义而不取为主,先生读之,自以为涣然不逆于心。使其得君行道,推是心以列诸位,实王道之本原。其不能尽充其说,退而敛然,以是私淑诸己,先生固已得之矣。①

"重困于有司之衡石"一语,显然是指杨奂在金末虽五中乡举、春闱却屡试不第之事。其后,赵复笔锋一转,直书"晚居洛阳,著书数十万言",而将杨奂应蒙古开国以来首次儒士考试即高中第一的荣耀,就任河南征收课税所长官十余年的政绩,这些杨氏一生中颇值得夸耀的大事全然略过。这似乎不是无心之笔,而是"阙而不书"的《春秋》笔法,其不满于杨奂事奉蒙古之意甚明。因此,赵复在文章中反复申说的,是君子之学在于为己,而非用世;反复夸赞的,也只是杨奂的为学,而非治绩。文章还隐喻杨奂所事非主,婉转地劝说他"退而敛然",以三代圣人所传之心学"私淑诸己"。

---

① 赵复:《杨紫阳文集序》,见苏天爵:《国朝文类》卷32,上海,商务印书馆《四部丛刊》影印元至正西湖书院刊本,1929,第11~12页。

赵复的上述思想,在为杨奂母亲所作《程夫人墓碑》中亦有所见。其碑云:"今年岁辛亥,春正月,奂自洛舆疾入燕,还印政府,归秦寻医。俾其犹子元祯代领漕事,于是始释重负于私朝。"赵复将蒙古政权称为"私朝",换言之,它只是杨奂本人的朝廷,而非赵复的国家,自己始终以南宋囚俘自居。于此,赵复对蒙古政权的态度已十分鲜明,也与他在《杨紫阳文集序》后自署"前乡贡进士云梦赵复"相一致。碑文赞扬程夫人"姿淑媛,有识度","性冲淡",善教诸子,使杨"奂早岁缉学,晚为通儒。及再抵燕,不变于俗,学识德业益富,士论厌然遂定",并着重点明了程夫人对杨奂的希望是"植业士林,乡里称善人足矣,荣仕非所望也"。这些都与赵复的上述思想相符。令人费解的是,在"士论厌然遂定"之后,碑文又云:"顷岁戊戌秋八月,诏郡国取士,奂偕东平上计吏,以首荐登名于天府,授河南课税长官,东履海,南际淮,西至潼陕,北抵河,咸隶焉。自大朝开国,以进士用人,实由奂始,而先夫人遗训庶无憾矣。"①碑文于此,对杨奂以进士第一人仕,以及居官辖区之辽阔,极尽夸赞之词,而且称蒙古政权为"天府""大朝",这与前文"私朝"之称殊为抵牾,令人难以相信出自赵复一人之手。如前所考,赵复此文是辛亥年(1251)作于燕京,而杨奂返回家乡乾州奉天立碑是在甲寅年(1254)九月,而且碑中有关杨奂甲寅年清明过继侍子保童等记载,明显是立碑时所加,而非赵复之笔。由此推测,有关杨奂进士入仕一段,或许也是杨氏或其家人增订过的。

由上可见,赵复与杨奂的交往,仅以论学为限,对于杨奂的荣仕,赵复是始终心存芥蒂的。

元好问(1190~1257),字裕之,号遗山,太原秀容(山西忻州)人,身世见郝经《遗山先生墓铭》及《金史》本传。赵复与元好问相交,由金监察御史高士美介绍,时间大约在1243年元好问离开燕京南归前夕。元氏有《赠答赵仁甫》二首,生动记述了二人当时的交往。其一云:"我友高御史,爱君旷以真。昨朝识君面,所见胜所闻。江国辞客多,玉骨无泥尘。轩昂见野鹤,过眼无鸡群。想君夜醉浔阳时,明月对影成三人。散著紫绮裘,草裹乌纱巾。浩歌鱼龙舞,水伯不敢嗔。何意醉梦间,失脚堕燕秦。万世一旦暮,万里犹比邻。世无鲁连子,黑头万蚁徒纷纷。君居南海我北海,握手一杯情更亲。老来诗笔不复神,因君两诗发兴新。都门

---

① 赵复:《程夫人墓碑》,见杨奂:《还山遗稿》附录,明嘉靖宋廷佐刊本,1522,第7~10页。

回首一大笑，袖中知有江南春。"诗文描写二人的相识和交谊，飘逸洒脱、情真意切。其二云："南冠牢落坐贫居，却为穷愁解著书。但见室中无长物，不闻门外有轩车。六朝人物风流在，两月燕城笑语疏。寒士欢颜有他日，晚年留看定何如。"①真实记述了赵复在北方的生活情境和处世态度。推想赵复赠元好问的两诗也相当精彩，惜已不传。赵复平易旷达的性格，真挚笃厚的情谊，尤其是相近的人生遭际与心志，使二人初次见面，就感到分外亲近。一个是金源遗士，金亡不仕，以编撰胜朝历史与文献为志；一个是南冠楚囚，"虽在燕久，常有江汉之思"，② 以"衍正学于异域"自任，这是赵复与元好问交往的基础，也是与杨奂交往的不同之处。

《元史·赵复传》载："元好问文名擅一时，其南归也，复赠之言，以博溺心、末丧本督戒，以自修读《易》，求文王、孔子之用心为勉。其爱人以德类若此。"③元好问"以文章伯独步（北方）几三十年，铭天下功德者尽趋其门"，④ 与杨奂并称金元之际北方两大儒。赵复却从一个理学家的立场，劝诫他不要沉溺于文章辞赋等外在的学问，而应反身求己，从直接读《周易》等上古经典中，去体悟三代圣人的心学，确实是爱之以德。

《元史·赵复传》云："复为人，乐易而耿介……与人交，尤笃分谊。"赵复这种虽和乐平易、重于情谊而又守志不屈的交友之道，是与他对蒙古政权的态度紧密相关的。"达则兼济天下，穷则独善其身"，这是中国儒家的传统思想，也是理学家注重阐发的人生哲理。程颐晚年遭元祐党禁打击，在《伊川易传》中反复论说君子居夷处困之时，应当"乐天安义""固守其节""以道自处"，而不求仕进。赵复深受程朱理学倡导的穷达思想和华夷之辨的影响，他认为自己于天下扰攘的金元之际，以南宋囚俘流落北方，正处于身穷道穷之时。因此，作为一个南宋儒士，赵复在北方仅以传授理学自任，拒不与蒙古政权合作，以自身之穷，求儒道之达。《元朝名臣事略》引《静庵笔录》云："上（忽必烈）在潜邸，尝召见，问曰：'我欲取宋，卿可导之于前乎？'（赵复）对曰：'宋，吾父母国也，未有引

---

① 元好问：《赠答赵仁甫》，见《元好问全集》卷5，太原，山西古籍出版社，2004，上册，第112~113页；卷10，上册，第258页。参见周良霄：《赵复小考》，见《元史论丛》第五辑，北京，中国社会科学出版社，1993，第195页。

② 吴莱：《春秋通旨后题》，见《渊颖吴先生集》卷12，上海，商务印书馆《四部丛刊》影印元至正刊本，1929，第16页。

③ 宋濂等：《元史》卷189《儒学列传一·赵复传》，北京，中华书局，1976，第14册，第4315页。

④ 郝经：《遗山先生墓铭》，见《郝文忠公陵川文集》卷35，明正德李瀚刊本，1507，第1页。

他人以伐吾父母者。'"①为怀念故国，赵复以自己的家乡"江汉"自号，文章也以"前乡贡进士云梦赵复"自署，即使晚年生活贫困，也绝不受官，表现出强烈的民族气节。赵复在南游途中所作的《再渡白沟》诗，以"都将百万生降户，换得将军定远侯"，讽刺蒙古统治者连年征战给天下生民带来的灾难。而《覃怀春日》诗，又以"竹鸡啼罢山雨黑，蚕子生时桑柘青"，②寄寓自己对宋室复兴的殷切希望。这一组对比强烈的诗句，表露了赵复对南北政权的鲜明态度。

赵复与全真道士的交往，是其生平中尚未受到关注的方面。在他所遗的有限诗文中，就有二诗一文是为全真道宗师尹志平、马志希、李志远所作。

尹志平(1169～1251)，字太和，道号清和，东莱(山东莱州)人。金末主潍阳玉清观二十年，后侍丘处机西行谒见成吉思汗，位居十八弟子之首。丘处机去世后，嗣任全真教主。就在尹志平主教期间，癸巳年(1233)，沂羽客张仲才到燕京献上宋人伪作的《关尹子》一书，云得之于浙。相传西周关尹喜，在老子出关时曾问老子以道，晚年隐居终南山，著《关尹子》九篇。此书《汉书·艺文志》有著录，但久已失传。而尹氏又传为关尹后人，故此事震动道坛，"以千载之前之尹书，归千载之后之尹氏"，被视为天将昌盛全真道教的吉兆。所以丙申年(1236)，尹志平西行入关，主持修复相传为祖居和全真道发源地的终南山古楼观等道观。戊戌年(1238)，尹志平因年老传教主位于真常子李志常。庚子(1240)冬再次入关，主持全真道创始人王重阳改葬事，并拟回归楼观。③赵复作长诗《赋关尹篇献清和大宗师言归楼观》为之送行。诗中追述了关尹问道于老子，后归老终南，建楼观隐居修道之事，并推尊尹志平能上继其祖之道学。

马志希，本名天麟，字君瑞，德兴(河北涿鹿)人。祖、父皆以医起家。志希曾任金桓州大元帅府译史、亳州卫真县酒税监。金末居许昌，

---

① 苏天爵：《元朝名臣事略》卷8《左臣姚文献公》，北京，中华书局，1996，第156页；又见《元史》卷189《儒学列传一·赵复传》，北京，中华书局，1976，第14册，第4314页。

② 赵复：《覃怀春日》，见苏天爵：《国朝文类》卷8，上海，商务印书馆《四部丛刊》影印元至正西湖书院刊本，1929，第7页；又见顾嗣立等：《元诗选·癸集甲》，上册，北京，中华书局，2001，第8页。

③ 参见贾戫：《大元清和大宗师尹真人道行碑》、李鼎：《大元重修古楼观宗圣宫记》，分见朱象先：《古楼观紫云衍庆集》卷中、卷上，台北，新文丰出版公司影印明正统《道藏》本，1995，第32册，第696～698页、第692～694页。

与全真道士多有往来。正大壬辰(1232)，金破，北上燕京，始入全真道。后又行医昌州，曾为蒙古贵族治愈酒积症，得其礼敬，遂同返燕京，在蒙古贵族资助下创建玉清道观。志希亦礼清和宗师尹志平，道号清夷子，年七十余卒。赵复《燕京创建玉清观碑》一文，详细记载了马志希的生平始末，及其创建玉清观的经过。

李志远(1169～1254)，本名仲美，陕西人。金泰和五年(1205)入全真道，道名守宁，号无欲。金亡入燕京，清和真人尹志平掌教事，奏请主持终南山重阳万寿宫，更名志远。李志常掌教，升重阳宫提点，赐号无欲观妙真人。李志远为人"以济人利物为己任"，"见人急难，必尽力救援而后已"。金末"秦境大旱"，他亲自劝赈，"以给贫病"。金亡后，蒙古大军"比年南征"，囚俘不绝。他或劝谕其主，"引而归道"；或以货赎买，"许其自便"。志远虽非士人出身，却能与儒士保持良好的关系。丁酉年(1237)，陕西修文庙缺瓦，"公尽给之，士皆称叹"。"至于名士大夫，尤乐与交游而相忘形骸"，"其可与谈性命事者，每至夜分不寐"。[①] 李志远的仁心济世和尊重儒士，与赵复的思想颇为吻合，应该是赵复与之交往的基础。赵复在燕京，也曾作疏鸠资赎救蜀士唐仲明。[②] 故李志远甲寅年病卒于燕京时，赵复为之作诗追悼。

赵复与尹志平等道师的交往，是以金元之际全真道在北方的兴盛为背景的。1221～1224年，长春真人丘处机在谢绝了金、宋两国的征聘之后，却接受蒙古大汗的邀请，与弟子十八人长途跋涉数万里，至西域大雪山之阳觐见成吉思汗。丘处机以道家清静无为、敬天爱民、好生戒杀等宗旨劝谕大汗，博得了大汗的礼敬，尊为"丘神仙"，命他居燕京长春宫，"掌管天下的出家人"，并给予全真道自由建造宫观、招收徒众、赦免赋税差役等特权。全真道由此在北方得到了迅速发展，"千年以来，道门开辟，未有如今日之盛"。[③] 全真道虽托庇于蒙古大汗之王权而得以兴盛，但其清静无为、好生戒杀的宗旨，又包含着冀希天下安定、生灵免遭荼毒的济世倾向。也许这一点，正是赵复与全真道士交往的起点。

同时，在天下扰攘民不聊生的金元之际，得到蒙古大汗庇护的全真

---

① 何道宁：《终南山重阳万寿宫无欲观妙真人李先生碑》，见《北京图书馆藏中国历代石刻拓本汇编》，第48册，郑州，中州古籍出版社，1990，第21页；又见李道谦：《甘水仙源录》卷6，第33册，台北，新文丰出版公司影印明正统《道藏》本，1995，第186～189页。

② 参见郝经：《蜀亡叹赠眉山唐仲明》，见《郝文忠公陵川文集》卷8，明正德李瀚刊本，1507，第8页。

③ 尹志平：《清和真人北游语录》卷1，第55册，台北，新文丰出版公司影印明正统《道藏》本，1995，第726页。

道，成为人们躲避战乱的桃源洞天。因此，当时有许多在战乱中丧家失所的儒士，及部分耻于事奉蒙古的有节之士，纷纷遁入道门。太极书院的辅佐王粹即是如此。王粹(约1203～1243)，又名元粹，字子正，右北平(河北卢龙)人。出身辽世家。少有诗名，才高学赡，而不事举业。正大末任南阳酒官，金末流寓襄阳。甲午年(1234)，蒙古军破襄阳，王粹与家人失散，只身被杨惟中招至燕京。最初未被选用，所以王粹入长春宫，拜真常子李志常为师，曾编撰全真教祖师的传记，并与尹志平等全真教主关系密切。尹志平《葆光集》3卷中，与王粹赠答的诗词就有十多首。尹氏拟回归楼观的庚子年，正是王粹被聘为太极书院辅佐之时，赵复与尹志平等全真道师的交往，或许就是自王粹而始的。

此外，全真道创立之初，为提高自己的地位，免遭儒、释二家攻击，标榜"儒释道源三教祖，由来千圣古今同"的三教归一宗旨。① 因此，全真道不仅以道家的《老》《庄》为经典，也尊信儒家的《孝经》等书。他们论及性命、太极、道等重要哲理时，往往和会三家，引证儒、释，其传道也不别门户，广交儒士僧人。故而在当时人的文集中，儒士道师之间的酬答唱和比比皆是。全真道的宫观碑铭，及其祖师的墓志碑传，也多出儒士之手。这在当时已蔚成风气。而理学本身，又是融释汇道的新儒学，也使赵复与道士的交往具有一定的思想基础。

赵复虽与全真道士有所交往，却能不失儒家之本旨。如《燕京创建玉清观碑》虽是为道士马志希所作，但文章开首，却是以儒家经济民物的思想标立宗旨，举唐、宋名儒陆贽、范仲淹为例，说明"一介之士""抱负道德"，若不幸生于乱世，不能"有为于时"，亦当行之乡邑，或以治病救人为己任，而不能因己之不遇，就忘记儒家的仁心爱物。文章着重表彰马志希当金末大乱，行医昌州，诊治疾疫之举，及其"性资慷慨，豁落无隐，恭谨博爱，轻财好施"的品格。② 这无疑也是赵复本人的思想宗旨，是他之所以为马志希撰写碑文的原因所在。只不过赵复不是以行医拯治生民于疾疫，而是以传授理学拔救儒士于俗学。

二、北传理学的影响

靖康之变，理学亦随宋室南渡，在江南半壁蓬勃发展。南宋著名理

---

① 丘处机：《师鲁先生有宴息之所榜曰中室又从而索诗》，见《磻溪集》卷1，北京，书目文献出版社《北京图书馆古籍珍本丛刊》影印金刊本，1990，第91册，第11页。
② 赵复：《燕京创建玉清观碑》，见李道谦：《甘水仙源录》卷9，第33册，台北，新文丰出版公司影印明正统《道藏》本，1995，第238～239页。

学家迭出，理学学派遍布各地，理学思想在北宋奠定的基础上，经过众多理学家的探索和论争，得到极大地丰富和发展，终于形成程朱理学和陆九渊心学两大流派，成为理学发展史上的第一个高峰。正如郝经《与汉上赵先生论性书》所云："靖康之乱，吾道遂南矣。自伊洛入于江汉，自江汉入于闽越，蝉联荆楚，蔓衍巴蜀，蜂涌旁魄，弥亘岭海，如冬之日，至南而极。"①

由于宋金之间的对峙，南北出现"声教不通"的局面。北方黄河流域，曾是北宋理学的发源地，但在金源氏统治下，理学发展却基本中绝。北方学术界，占统治地位的仍然是讲求章句训诂的汉唐经学，科举考试也仍是重视以辞赋取士，而不提倡表达义理。北方学者对这种陈旧的毫无生气的学问虽然不满，但是还没有一种新学说来取而代之。

直到金朝衰落，情况才有了变化，"金源氏之衰，其书浸淫而北，赵承旨秉文、麻征君九畴始闻而知之，于是自称为道学门弟子。及金源氏之亡，淮汉巴蜀相继破没，学士大夫与其书遍于中土，于是北方学者始得见而知之，然皆弗得其传，未免临深以为高也"。② 诚然，面对从南宋浸浸而来的理学思想和浩繁的理学书籍，北方学者的确有一个从否定、怀疑到相信、接受的过程。郝经就是其中的一个典型。

郝经出生于泽州陵川一个有理学传统的家庭，其六世祖曾"从明道程（颢）先生学"。③ 然中原易主，北方理学渐失其传。至经祖父郝天挺，其教元好问只是"肆意经传，贯穿百家"，④ 已非理学。父亲郝思温，教经学习的仍是传统的《六经》，沿袭的也还是"先传注疏释，而后唐宋诸儒论议"的旧途。⑤ 因此，二十岁时的郝经，对理学还持一种非常怀疑甚至是否定的态度。王粹辅佐太极书院期间（1240～1243），曾面见郝经，劝他学习道学（理学）。郝经却作《与北平王子正先生论道学书》一文，对道学提出质疑。郝经认为，自北宋周、程、张、邵兴起，始出现道学之名。然从其门徒起，道学"分宗别派，引而自高"，"论说蜂起，党与交攻"，成为北宋覆没和南宋衰微的主要原因。文章对理学道统论把荀子之后的汉唐诸儒排斥于儒家道统之外，而将宋代道学直接上承孔孟提出疑问。

---

① 郝经：《与汉上赵先生论性书》，见《郝文忠公陵川文集》卷 24，明正德李瀚刊本，1507，第 1 页。
② 郝经：《太极书院记》，见《郝文忠公陵川文集》卷 26，明正德李瀚刊本，1507，第 13 页。
③ 郝经：《与北平王子正先生论道学书》，见《郝文忠公陵川文集》卷 23，明正德李瀚刊本，1507，第 10 页。
④ 郝经：《遗山先生墓铭》，见《郝文忠公陵川文集》卷 35，明正德李瀚刊本，1507，第 2 页。
⑤ 郝经：《先父行状》，见《郝文忠公陵川文集》卷 36，明正德李瀚刊本，1507，第 10 页。

最后云："其学始盛，祸宋氏者百有余年。今其书自江汉至中国，学者往往以道学自名，异日祸天下，必有甚于宋氏者。"①对当时理学开始在北方流传深感忧虑。

然而短短几年之后，郝经对理学的看法却发生了根本的变化。他在1247年所写的《与汉上赵先生论性书》《送汉上赵先生序》二文中，称理学为"吾道""正学"，认为靖康之乱，"吾道"南渡，在南宋蜂涌旁魄发展到极致，并高度赞扬赵复北传理学，是"传正脉于异俗，衍正学于异域……俾《六经》之义，圣人之道……大放于北方"，"有功于吾道，德于北方学者"。郝经对理学看法的急遽转变，并不意味着他对理学一下子有了深入透彻的理解，而是反映了整个北方士风已经从否定、怀疑理学，转而趋向尊崇理学。值得注意的是，这一学风的转变，正发生于赵复在燕京太极书院讲学，倡导理学于北方期间，这种以传统儒学为主干，融合吸收释道思想，探求天理人性的新儒学，对于跼蹐于陈旧的汉唐经学的北方学者，确有一种别开生面的感觉。

金末元初，南方书籍士人虽逐渐流入北方，但是以朱学学者的身份，将程朱理学全面系统地介绍到北方来的，赵复是第一人。赵复的学术师承古人说法不一。郝经《论性书》云："先生及朱子之门而得其传，哀然传道于北方之人，则亦韩子、周子之徒。"而《元史·赵复传》，却说复作《师友图》，"以寓私淑之意"，认为他并非朱熹及门弟子，只是私淑于朱子而传其学。黄宗羲、全祖望《宋元学案·鲁斋学案》，因不清楚赵复的师承关系，将他泛列为"程朱续传"。王梓材《宋元学案补遗》按语则从《元史》，以郝经《论性书》所云，"盖谓私淑朱子耳，非亲及晦翁之门也"。② 无论如何，从赵复在北方的著述和传学宗旨看，说他是朱学学者殆无疑问。

值得重视的是赵复在太极书院编写的四种理学著作。《元史·赵复传》载：

> 复以周、程而后，其书广博，学者未能贯通，乃原羲、农、尧、舜所以继天立极，孔子、颜、孟所以垂世立教，周、程、张、朱所以发明绍续者，作《传道图》，而以书目条列于后。别著《伊洛发挥》，以标其宗旨。朱子门人，散在四方，则以见诸

---

① 郝经：《与北平王子正先生论道学书》，见《郝文忠公陵川文集》卷23，明正德李瀚刊本，1507，第11～12页。
② 王梓材、冯云濠：《宋元学案补遗》卷90《鲁斋学案补遗》，第251册，台北，新文丰出版公司《丛书集成续编》影印清张氏约园《四明丛书》刊本，1989，第456页。

登载与得诸传闻者,共五十有三人,作《师友图》,以寓私淑之志。又取伊尹、颜渊言行,作《希贤录》,使学者知所向慕,然后求端用力之方备矣。①

《传道图》从伏羲、神农等上古圣贤,到孔子、孟子等儒学先祖,再到宋代理学大师,完整叙述了理学的儒家道统说,并以推尊程、朱上承孔、孟,确立其儒学正宗地位。而图后条列的圣贤书目,系统介绍儒学尤其是理学的基本典籍。《朱子门人师友图》旨在说明朱子学派的授受源流。《希贤录》选取古代贤士伊尹、颜渊等人的言行,作为学者心性修养的楷模。至于《伊洛发挥》一书,集中概括程朱理学的基本理论宗旨,是四部书的精华所在,也是赵复最重要的理学著作。它的刻印传布,使更多的北方士人接触和了解朱学。很明显,这四部书不是对南宋理学的泛泛介绍,而是自成体系,将理学中的程朱之学简明而又全面地传授给北方学者,使其得以窥朱学之门径。

由于赵复的传学,一批重要的朱学著作在北方刻印流传。1241年,姚枢因与当政不合,辞官隐居辉州苏门,"以道学自鸣"。"又汲汲以化民成俗为心,自版《小学书》《语孟或问》《家礼》,俾杨(惟中)中书版《四书》,田和卿版《尚书声》《诗折衷》《易程传》《书蔡传》《春秋胡传》,皆于燕。又以《小学书》流布未广,教弟子杨古为沈氏活版,与《近思录》《东莱经史说》诸书散之四方"。② 上述著述中,《四书》与《易》《书》《春秋》诸经,都选取朱熹或程朱学派学者的传注,《小学》《家礼》也是朱熹亲自编定,《近思录》一书,则是朱熹与吕祖谦共同选辑的北宋理学家语录。这些书籍的"散之四方",进一步推动了朱学在北方广大地区的传播。元初北方两大理学家许衡、刘因,都是通过阅读这些典籍而转向理学的。"壬寅(1242),雪斋(姚枢)隐苏门,传伊洛之学于南士赵仁甫。先生(许衡)即诣苏门访求之,得《伊川易传》、晦庵《论孟集注》《中庸大学章句》《或问》《小学》等书读之,深有默契于中,遂一一手写以还"。回魏后,遂"悉弃前日所学章句之习",转而从事于理学。③ 刘因亦"初为经学,究训诂疏释之说",后"得周、程、张、邵、朱、吕之书",始探究理学。④

---

① 宋濂等:《元史》卷189《儒学列传一·赵复传》,北京,中华书局,1976,第14册,第4314页。
② 姚燧:《中书左丞姚文献公神道碑》,见《姚燧集》卷15,北京,中华书局,2011,第216页。
③ 耶律有尚:《考岁略》,见《许衡集》卷13,长春,吉林文史出版社,2010,第201~202页。
④ 宋濂等:《元史》卷171《刘因传》,北京,中华书局,1976,第13册,第4008页。

赵复北传理学，影响了相当一批北方士人，其中杨惟中、姚枢、窦默、许衡、郝经等人，后来成为忽必烈的辅佐，对其祖述变通，提倡汉法，确立一代制度，发挥了重要的作用。如虞集《吴澄行状》即云："南北未一，许文正公（衡）先得朱子之书，伏读而深信之，持其说以事世祖皇帝，而儒者之道不废，许公实启之。"①同时，许衡以国子祭酒尊理学于国学，刘因隐居教授传理学于民间，使程朱理学在北方日渐深入人心。尤其是许衡，以国子祭酒提倡朱子《四书集注》，更影响到天下后世。虞集《跋济宁李璋所刻九经四书》云："昔在世祖皇帝时，先正许文正公得朱子《四书》之说于江汉先生赵氏，深潜玩味，而得其旨，以之致君泽民，以之私淑诸人。而朱氏诸书定为国是，学者尊信，无敢疑贰。其于天理民彝，诚非小补，所以继绝学开来世，文不在兹乎！"②

仁宗延祐元年（1314），元朝肇行科举，以《四书》《五经》的朱学传注，作为开科取士的主要标准。程朱理学经过宋元近三百年发展，终于由民间学术上升为官学。这一根本性的转变，虽然取决于理学本身的发展和当时社会的需要，但赵复的活动，无疑对理学由南向北的传播起了重要的推动。诚如黄百家《宋元学案·鲁斋学案》按语所云："自后晋燕云十六州之割，北方之为异域也久矣。虽有宋儒迭出，声教不通。自赵江汉以南冠之囚，吾道入北，而姚枢、窦默、许衡、刘因之徒，得闻程朱之学以广其传，由是北方之学郁起。"③

---

① 虞集：《故翰林学士资善大夫知制诰同修国史临川先生吴公行状》，见《雍虞先生道园类稿》卷50，台北，新文丰出版公司《元人文集珍本丛刊》影印明初覆元刊本，1985，第6册，第466页。
② 虞集：《跋济宁李璋所刻九经四书》，见《雍虞先生道园类稿》卷34，台北，新文丰出版公司《元人文集珍本丛刊》影印明初覆元刊本，1985，第6册，第134页。
③ 黄宗羲、全祖望：《宋元学案》卷90《鲁斋学案》，北京，中华书局，1986，第4册，第2995页。本章原题《赵复考略》，刊于《北京师范大学学报》，1993年文史论考专刊，第14～27页，本书收录时有增补修改。

第二章 《陵川文集》的理学篇章

《郝文忠公陵川文集》，是金末元初著名北方学者郝经的诗文合集。在这部文集中，收录了数量颇多的理学篇章，既有记述理学北传与影响的书序碑记，也有讨论理学基本范畴和图式的论说图赞。这些自成系统的理学论述，在元初北方儒士的文集中非常少见，对于了解当时北方士人对理学的认识和思想转变，探索北方理学的基本特征，揭示南北学术差异与融合的实际情况，具有重要的研究价值。

第一节 郝经生平与理学著述

郝经出身儒学世家，长期的刻苦力学，使其打下坚实的儒学基础。元宪宗六年（1256），郝经晋见忽必烈，开始登上政治舞台。忽必烈即汗位，郝经出使南宋议和，被拘留真州十五年。他潜心经史，著述十二种，数百卷，传世者仅《陵川文集》与《续后汉书》。借助《陵川文集》中的理学篇章，郝经系统阐述了自己的理学思想，成为研究元初学术发展的珍贵资料。

一、郝经的家世与生平

郝经（1223～1275），字伯常，祖籍泽州陵川（山西陵川）。郝氏家族的儒学风尚源远流长，"自八世祖以下，皆同居业儒，匮德不仕，教授乡里，为一郡望族"。[1] 到郝经的曾祖父一代，"昆季七人，皆治经力学，教授州间，有声张彻"。[2] 曾叔祖东轩公郝震，"宦学入京师太学，游公卿间，久之乃还"，"徜徉山谷，从而学者甚众"。其子天祐、天祺、天祯"皆治经为学，而天祐尤知名"，[3] 以古文诗歌和书法见称于世。[4] 郝经的伯祖父郝源，以嫡长莅家，乡里敬畏。"县令、丞每至县，则辄就门礼

---

[1] 苟宗道：《故翰林侍读学士国信使郝公行状》，见郝经：《郝文忠公陵川文集》卷首，明正德李瀚刊本，1507，第15页。
[2] 郝经：《棣华堂记》，见《郝文忠公陵川文集》卷26，明正德李瀚刊本，1507，第12页。
[3] 郝经：《先曾叔大父东轩老人墓铭》，见《郝文忠公陵川文集》卷36，明正德李瀚刊本，1507，第1～2页。
[4] 郝经：《先叔祖墓铭》，见《郝文忠公陵川文集》卷36，明正德李瀚刊本，1507，第7页。

谒。其诸弟侄，必一人教授县学，故门弟家法无不推重"。其子郝舆"博学能文，三赴廷试，有声场屋"。① 郝经的祖父郝天挺，少日"举进士，两赴廷试，以太学生颉颃搢绅间"。② 因"多疾早衰，厌于名场，遂不就选"。回乡后"聚子弟秀民，教授县庠"，③"河东元好问从之最久，而得其传，卒为文章伯，震耀一世。其余钜公硕士，出其门者甚众"。④ 郝经的父亲郝思温，与元好问同学于其父郝天挺，亦曾"慨然有志于功名"，后因"得腰股疾，志郁抑不信，遂不就举"。⑤ 可知郝经出身陵川大族，祖上世代业儒，自曾叔祖东轩公起，举进士，入太学，赴廷试，代有闻人。虽未曾由科举入仕金廷，但一直担任地方学职，主教陵川县学，成为知名一方的儒学世家。

金宣宗贞祐二年（1214），金朝无力抵抗蒙古军进攻，迁都汴京。次年，中都（北京）失守。陵川郝氏亦随金廷迁居河南，以躲避战乱。金元光二年（1223），郝经出生于许州临颍县城皋镇。⑥ 童年饱经战乱的痛苦，使郝经形成刚毅沉静的性格。"公幼不好弄，沉厚寡言，始知读书，能强记不忘"。⑦ 金哀宗正大八年（1231），蒙古军大举进攻河南，郝经随父母避乱于鲁山。次年，蒙古军在三峰山大败金军，包围汴京，金朝随即灭亡。郝经的叔祖父、伯父、叔父皆死于这次战乱。"壬辰（1232）之变，郝宗殲于许、洛之间，独先君以经北渡，居于保，以有弟妹孙子"，⑧ 成为陵川郝氏中血脉仅存的一支。此时，河北战乱稍稍平息，郝思温遂定居保定，"聚俊秀而教之者十余年"，⑨ 以维持生计。

丁酉年（1237），元太宗窝阔台接受耶律楚材的建议，在中原地区考

---

① 郝经：《先伯大父墓铭》，见《郝文忠公陵川文集》卷36，明正德李瀚刊本，1507，第2~4页。
② 郝经：《先大父墓铭》，见《郝文忠公陵川文集》卷36，明正德李瀚刊本，1507，第4页。
③ 元好问：《郝先生墓铭》，见《元好问全集》卷23，太原，山西古籍出版社，2004，上册，第517~518页。
④ 郝经：《先大父墓铭》，见《郝文忠公陵川文集》卷36，明正德李瀚刊本，1507，第5页。
⑤ 郝经：《先父行状》，见《郝文忠公陵川文集》卷36，明正德李瀚刊本，1507，第10页。
⑥ 郝经生年有二说：《先姊行状》云，郝经生于元光元年冬十一月，见《郝文忠公陵川文集》卷36，第14页；《甲子集序》云，郝经生"在甲戌元末，癸未之季数"，即元光二年（1223）年底，见《郝文忠公陵川文集》卷29，第2页。据苟宗道：《郝公行状》，郝经卒于至元十二年（1275）七月，年五十三。由此上推，则经生年应在元光二年（1223）。见《郝文忠公陵川文集》卷首，明正德李瀚刊本，1507，第25页。
⑦ 苟宗道：《故翰林侍读学士国信使郝公行状》，见郝经：《郝文忠公陵川文集》卷首，明正德李瀚刊本，1507，第15页。
⑧ 郝经：《棣华堂记》，见《郝文忠公陵川文集》卷26，明正德李瀚刊本，1507，第12页。
⑨ 郝经：《先父行状》，见《郝文忠公陵川文集》卷36，明正德李瀚刊本，1507，第10页。

选儒士,"以经义、词赋、论分为三科。儒人被俘为奴者,亦令就试,其主匿弗遣者死。得士凡四千三十人,免为奴者四之一"。① 蒙古国时期的儒士考试虽然只举行了一次,对于饱经战乱的北方士人却颇具影响。"岁戊戌(1238),先君官于保之满城。是岁,经(年十六)始知学,喜为诗文。适诏试天下士,第者复其家,驱者为良,遂为决科文"。② 郝经文集卷31收录《述拟》文十四篇,即是当时为准备科举考试所作"决科文"的一部分。③

戊戌冬,郝思温从满城返回保定,以"屡病且老,诸子皆幼",④ 且"乱后生理狼狈",欲令郝经督理家事,"次子读书","以纾目前之急"。⑤ 母亲许氏却不赞同,云:"郝氏儒业四世矣。名士如元遗山者,我之自出。故家渊源,当益浚之,可自我而涸乎?今宗族之在河南者皆尽矣,惟吾独在,有三子焉,岂非天也?使是子也而有成,不坠家声,吾侪冻馁无憾。其或不成,亦云命矣,于吾责何有。若利故之以,子而不教,是废先世也。先世之灵,照之在上,质之在傍,将于谁而责也?"这一番话语使郝思温为之感泣,并赋诗曰"日月傥随天地在,诗书终疗子孙贫",决意令郝经就学。⑥ "时僦庐托处,无以为生业。乃假屋于铁佛寺僧张仲安,得其南堂,俾经居之,且聚童子十数辈,教之句读,以佐生业"。次年夏四月,郝经正式入堂,一边教课童蒙,一边开始系统学习儒家典籍,"日诵二千言为课,夜则考其传注","衣不解带,忘寝与食,坐彻明者五年","以是为常,虽盛暑大寒不替也"。⑦

经过五年的"刻苦力学"和"肆意穷讨",郝经打下了坚实的儒学功底。癸卯冬(1243),郝经既冠(21岁),顺天路左副元帅贾辅辟经教授诸子,并将其藏书之万卷楼付郝经掌管,"使肆其观览"。⑧ 壬子年(1252),顺

---

① 宋濂等:《元史》卷146《耶律楚材传》,北京,中华书局,1976,第11册,第3461页。
② 郝经:《铁佛寺读书堂记》,见《郝文忠公陵川文集》卷26,明正德李瀚刊本,1507,第14页。
③ 郝经:《述拟序》,见《郝文忠公陵川文集》卷31,明正德李瀚刊本,1507,第1页。
④ 郝经:《铁佛寺读书堂记》,见《郝文忠公陵川文集》卷26,明正德李瀚刊本,1507,第14页。
⑤ 苟宗道:《故翰林侍读学士国信使郝公行状》,见郝经:《郝文忠公陵川文集》卷首,明正德李瀚刊本,1507,第15页。
⑥ 郝经:《先妣行状》,见《郝文忠公陵川文集》卷36,明正德李瀚刊本,1507,第14页。
⑦ 郝经:《铁佛寺读书堂记》,见《郝文忠公陵川文集》卷26,第14~15页;苟宗道:《故翰林侍读学士国信使郝公行状》,见《郝文忠公陵川文集》卷首,明正德李瀚刊本,1507,第16页。
⑧ 郝经:《万卷楼记》,见《郝文忠公陵川文集》卷25,明正德李瀚刊本,1507,第2页。

天路元帅张柔亦礼请郝经馆于帅府,"教授诸子"。① 入馆贾辅、张柔帅府,是郝经人生的重要转折。郝氏久罹战乱,贫无生业,"举家之盔缶不能购一经,故每区区晨夜,叩人之门,借书以为学"。② 帅府丰富的典籍,开阔了郝经的眼界,他恣意搜览,博极群书,从而奠定了深厚的学业基础。同时,也使郝经借以结识有势力的北方世侯和汉族官员,为其日后在政治上崭露头角准备了条件。

元宪宗六年(1256)正月,郝经受召北上沙陀,晋见以皇太弟身份负责漠南汉地军国庶事的忽必烈,奏上立国规模与治安急务各数十条,受到器重,留于王府,期望在政治上施展抱负。九年,蒙古军分道进攻南宋,郝经随忽必烈东攻荆鄂,受任江淮荆湖南北等路宣抚副使,进《东师议》,提出攻宋方略。宪宗战死四川,消息传来,郝经又奏《班师议》,建议忽必烈与宋议和,回师北上,争夺帝位。

中统元年(1260)三月,忽必烈即蒙古汗位。四月,即以郝经为翰林侍读学士、国信使,出使南宋议和。南宋宰相贾似道惧怕在鄂州与忽必烈私自议和事败露,拘留郝经于真州(江苏仪征)凡十五年。"馆门扃镭牢固,无故不复启钥。院中旧有大树数株,尽皆斫去。墙高丈余,上则树以芦栅,下则荐之以棘,外则掘壕堑,置铺屋。兵卒坐铺者恒百余人,昼则周围觇伺,夜则巡逻击柝,所以防闲挫抑者无所不至"。③ 为了完成和议使命,郝经在被拘真州的最初四年,曾多次移文宋两淮制置司,牒告宋三省枢密院,致书宋丞相贾似道,直至上书南宋皇帝。郝经文集收录的使宋文移多达十一篇,④ "反复辨论古今南北战和利害,并今次遣使,止是告登宝位,布通好弭兵息民意,前后凡数十万言,皆不报"。长期的拘囚生活,加之郝经"御下颇严",随行人员不免时有怨嗟。至元三年丙寅(1266)春,部下发生变故,有斗殴致死者。郝经"乃与幕僚苟宗道等六人",移居更加狭窄艰困的仪真新馆,"片天之下,四壁之内,秋霖夏暑,不胜其苦"。然而,他"守节不屈",以"平生忠义之气"激励同伴,"虽万折而不衄,著书吟咏自若也"。

至元十一年(1274),元朝以拘留使人为借口大举攻宋,南宋被迫将郝经一行放还。"所过郡邑,不远数百里来观者如市。父老见公全节不

---

① 郝经:《先父行状》,见《郝文忠公陵川文集》卷36,明正德李瀚刊本,1507,第10页。
② 郝经:《万卷楼记》,见《郝文忠公陵川文集》卷25,明正德李瀚刊本,1507,第2页。
③ 苟宗道:《故翰林侍读学士国信使郝公行状》,见郝经:《郝文忠公陵川文集》卷首,明正德李瀚刊本,1507,第23页
④ 见郝经:《郝文忠公陵川文集》卷37~39,明正德李瀚刊本,1507。

屈,龙钟皓首而归,往往有泣下者"。① 次年四月,郝经终于结束了长达十六年的出使生涯,返回大都,面见忽必烈。同年七月即病逝,时年五十三。

二、《陵川文集》的理学篇章

郝经以盛年出使,却被长期羁囚,经世致用的政治抱负无从施展,反而成就了他在学术上的发展。在议和不成归国无望的困厄之中,郝经潜心经史,"究竟平生著述",②"以立言载道为务",③ 先后编撰了《一王雅》《通鉴书法》《春秋外传》《原古录》《甲子集》《太极演》《周易外传》《续后汉书》《玉衡真观》《变异事应》《删注三子》《行人志》等著述,凡十二种,数百卷。④ 其中《甲子集》,是郝经的诗文合集。

至元元年甲子(1264)七月,郝经被羁留真州已逾五年,"日以著述为事",⑤ 遂与门生书状官苟宗道"整领缀缉"出使行橐中携带的往日著作,其中"诸史文杂著,则类别为编,为诗、赋、论、说、辨、解、书、传、志、箴、铭、赞、颂、序、记、碑志、行状、哀辞、祭文、杂著录、宏辞、表奏、使宋文移等类,总为一集。以其集于是年,故以其年数命之,曰《甲子集》",并于次年夏五月编成作序。⑥《甲子集》是郝经诗文的初次编集,卷数不详。但自该集编成迄至元十二年(1275)返回大都,郝经著述不断,又有大量诗文问世。这些诗文是当时随类编入《甲子集》,还是另有新的编集,因史料阙载,不得而知。

至元十二年(1275)七月,郝经去世,距返回大都仅三个月。他从南方带回的著述藏于家中,未曾刊印。大德初年,苟宗道撰《郝公行状》,记述郝经平生著作,曾云"今文集若干卷,行于世",当是仅以抄本流传。元仁宗延祐中,郝经门生礼部尚书郭贯上书,提出郝经以国信使出使宋

---

① 苟宗道:《故翰林侍读学士国信使郝公行状》,见郝经:《郝文忠公陵川文集》卷首,明正德李瀚刊本,1507,第22~25页。
② 苟宗道:《故翰林侍读学士国信使郝公行状》,见郝经:《郝文忠公陵川文集》卷首,明正德李瀚刊本,1507,第27页。
③ 卢挚:《元故翰林侍读学士国信使郝公神道碑铭》,见郝经:《郝文忠公陵川文集》卷首,明正德李瀚刊本,1507,第8页。
④ 参见郝经:《郝文忠公陵川文集》卷28、29诸书序文,及苟宗道:《故翰林侍读学士国信使郝公行状》,见郝经:《郝文忠公陵川文集》卷首,明正德李瀚刊本,1507,第27~28页。
⑤ 阎复:《元故翰林侍读学士国信使郝公墓志铭》,见郝经:《郝文忠公陵川文集》卷首,明正德李瀚刊本,1507,第13页。
⑥ 郝经:《甲子集序》,见《郝文忠公陵川文集》卷29,明正德李瀚刊本,1507,第1页。

朝，被宋拘留十六年，"凛然风节，远配古人"。"其平日著述"，"有补于世教"，请求刊刻郝氏遗著，以表彰忠烈。郭贯上书得到朝廷批准，即由怀孟路郝氏家中呈上郝经所著《陵川文集》十八册、《三国志》三十册，送付翰林国史院"考较去后"。经翰林待制赵穆、编修蒲道源等审核，认为"郝经所著文集，笔力雄深，议论赅博，忠义之气，蔼然见于言意之表"，应当刊刻流行。中书省遂于延祐五年（1318），将《陵川文集》《续后汉书》（即《三国志》）发下江西行省，各刊印二十部。① 这是郝经两部遗著的首次刊行，上据经辞世已四十多年，其余诸作，则全部散佚无存。

延祐五年刊刻的《郝文忠公陵川文集》，计有赋1卷、诗14卷、文24卷，凡39卷。卷首另有目录1卷，收录文集的序言、目录、元代刊刻郝经遗著的札付咨文、郝经的神道碑铭、墓志铭、行状、封赠呈词等。文体的编纂顺序也调整为：赋、诗、图记、论、杂著、文、哀辞、祭文、箴、铭、赞、说、书、记、序、述拟、奏议、碑文、墓志铭、行状、使宋文移，与《甲子集》的次序有所不同。这说明翰林国史院在考较郝经著作时，不只作了文字的考核订正，还重新编辑了文集。集中如《牡丹菊赋》《一贯图说》《叙书》《祭萧孟圭文》《祭成玉文》《密斋记》《原古录序》《太极演总叙》《周易外传序》《续后汉书序》《玉衡真观序》《变异事应序》等文及大量诗歌，都注明作于《甲子集》编定之后，证实《陵川文集》的内容，不仅涵盖郝经亲自编纂的《甲子集》，也无疑囊括了其后创作的全部诗文。

明清两代，郝经著作的元官版毁亡。《陵川文集》因受到世人重视，曾于明正德二年（1507）、清乾隆三年（1738）两次重刊，又于嘉庆三年（1798）、道光八年（1848）据乾隆刊版两次重印，完整流传至今。而《续后汉书》未曾再版，渐次失传。清修《四库全书》，自《永乐大典》辑录该书，内容多有遗失，已非完书。

虽然郝经著述大部散佚，然而《陵川文集》的完整流传，为了解郝经及其时代，研究元初的历史、文化、思想、学术，保存了详实细致的第一手资料。迄今为止，郝经的政论、文论、历史记述、诗文成就，都得到学界的重视，而他的理学论说，却缺少相应的讨论。实际上，《陵川文集》包含数量颇多的理学篇章，是考察郝经理学体系和北方理学特色的重要文献。若大致归纳，可分为两部分：

第一，与理学相关的书信、序文、碑记，如《与北平王子正先生论道

---

① 延祐五年《中书省移江西行省咨文》，见郝经：《郝文忠公陵川文集》卷首，明正德李瀚刊本，1507，第2～4页。

学书》《与汉上赵先生论性书》《送汉上赵先生序》《朱文公诗传序》《宋两先生祠堂记》《太极书院记》《周子祠堂碑》《故中书令江淮京湖南北等路宣抚大使杨公神道碑铭》等等。① 这些文章的写作时间，大致在 1241 年燕京太极书院建立以后，1260 年出使南宋之前，是郝经青年、中年时期的作品，主要涉及理学在北方的传播和郝经本人对理学的认识。

　　第二，探讨理学基本范畴的一组论说，以及对理学图式的四篇解说赞语。如《道论》《命论》《性论》《心论》《情论》《气论》《仁论》《教论》《养说》《让说》《太极图说》《先天图说》《一贯图说》《先天图赞》等等。② 上述文章虽未注明写作时间，但郝经七绝诗有《戊午岁作〈一贯图〉戊辰冬十月晦始成》，③ 说明郝经开始构思《一贯图》，是在太宗八年戊午（1258），尚在太宗两路入侵南宋之前。而《一贯图说》的完成，却是在十年之后的至元五年戊辰（1268），此时世祖忽必烈早已即位，郝经作为元朝国信使出使南宋，被囚禁仪真已逾九年。与此相合，《先天图赞引》亦云："经潜心玩味《先天图》逾二十年，近以久在舍馆，益得致志，故为之《说》，而意味无穷，复拜手而为之《赞》。"④ 说明《先天图说》与《先天图赞》二文，也是拘留仪真时所作，时间当与完成《一贯图》相后先。而他开始玩心于《先天图》，更是在二十年前，当时郝经正受聘顺天路左副元帅贾辅，为其教授诸子，并掌管贾氏藏书之万卷楼，尚未受召晋见忽必烈。由此二例推测，郝经讨论理学基本命题和图式的系列文章，或许也是构思于出使南宋之前，而最终修改定稿，则在羁縻仪真潜心著述期间，可以代表郝经晚年成熟时期的理学思想。

　　从《陵川文集》的编次可知，无论郝经本人，还是文集的编纂者，对其理学著述都非常重视。《陵川文集》将《太极图说》等各篇理学图记置于赋与诗歌之后、文集之首，而以讨论理学命题的诸篇论文紧接其后，甚至列在探讨经学的《五经论》和其他议论之前，表达了参与考较编辑《陵川文集》的赵穆、蒲道源等翰林院官员对郝经著作的认识。而作为《陵川文集》编纂蓝本的《甲子集》，其文体顺序即是以论说接续诗赋，列为文集之首。这样的编排，显然有意突出郝经理学著述在文集中的重要地位。

　　黄宗羲、全祖望《宋元学案》将郝经作为"江汉学侣"，与太极书院辅

---

① 见郝经：《郝文忠公陵川文集》卷 23、24、30、27、26、34、35，明正德李瀚刊本，1507。
② 见郝经：《郝文忠公陵川文集》卷 17、22、16，明正德李瀚刊本，1507。
③ 见郝经：《郝文忠公陵川文集》卷 15，明正德李瀚刊本，1507，第 18 页。
④ 郝经：《先天图赞引》，见《郝文忠公陵川文集》卷 22，明正德李瀚刊本，1507，第 1 页。

佐王粹并列于《鲁斋学案》，仅收三百余字的生平小传一篇，而未曾引录郝经的理学论说。① 因此，后人对郝经的理学著述，一直缺乏重视和研究。必须指出，如郝经这样通过系列文章，探讨理学基本命题，阐释理学重要图式，构建自己的理学体系，在金元之际的北方士人中是非常罕见的。即便是对忽必烈确立汉制和元初儒学发展具有重要影响的许衡、刘因两位北方大儒，在其传世著作《鲁斋遗书》和《静修先生文集》中，类似对理学问题的直接讨论也不多见。因而，《陵川文集》的理学篇章，对于探索金末元初北方学者对理学的接受和理解，无疑具有重要价值。

第二节　郝经的家学特色与思想转变

郝经是金元时期较早接受理学熏陶的北方学者，分析他的理学篇章，探究其构建理学体系的内容和特征，应首先了解郝氏家族的为学特色，及在赵复北传理学影响下，郝经所发生的思想转变。

一、郝氏家学的主要特点

纵观郝经的家世和求学经历，可知作为陵川学者之首的郝氏家族，有着深湛的家学渊源。郝经生于干戈扰攘的金末，少年时一直处于战乱之中，十六岁束发，才开始在父亲指导下系统学习儒家经典。其后虽逮事元好问有年，"相与论作诗作文法"，② 也曾先后问学于江汉先生赵复、③ 浑源先生刘祁、④ 关西夫子杨奂、⑤ 但他的学术渊源，还应该主要是郝氏家学。

靖康之后，宋金对峙，南北长期"声教不通"。理学在南宋得到极大地丰富和发展，出现程朱理学与陆九渊心学两大学派，形成理学发展的第一个高峰。而在北方，除少数地区尚有余绪外，理学已渐失其传。在

---

① 黄宗羲、全祖望：《宋元学案》卷90《鲁斋学案》，北京，中华书局，1986，第4册，第3006页。
② 郝经：《遗山先生墓铭》，见《郝文忠公陵川文集》卷35，第1页；苟宗道：《故翰林侍读学士国信使郝公行状》，见郝经：《郝文忠公陵川文集》卷首，明正德李瀚刊本，1507，第16页。
③ 郝经：《与汉上赵先生论性书》，见《郝文忠公陵川文集》卷24，明正德李瀚刊本，1507，第1~3页。
④ 郝经：《浑源刘先生哀辞》，见《郝文忠公陵川文集》卷20，明正德李瀚刊本，1507，第23页。
⑤ 郝经：《上紫阳先生论学书》，见《郝文忠公陵川文集》卷24，明正德李瀚刊本，1507，第3~5页。

学术界占统治地位的，仍是讲求章句训诂的汉唐经学。

郝经祖籍泽州，自北宋起即有理学传统。"初，泽俗淳朴，民不知学。至宋治平中(1064～1067)，明道程先生为晋城三年，诸乡皆立校，暇时亲至，为正儿童所读书句读。择其秀异者，为置学舍粮具亲教之。去邑才十余年，服儒服者已数百人。由是尽宋与金，泽恒号称多士"。① 入金后，泽州理学流风尚存。"金源氏有国，流风遗俗，日益隆茂。于是平阳一府冠诸道，岁贡士甲天下，大儒辈出，经学尤盛，虽为决科文者，《六经》传注皆能成诵"。泰和中(1201～1208)，泽州人"鹤鸣李先生俊民得先生(程颢)之传，又得邵氏《皇极》之学，廷试冠多士，退而不仕，教授乡曲，故先生之学复盛"。因此，"绍兴以来，先生之道南矣。北方学者，惟是河东知有先生焉"。

郝氏家学也曾受到程学的濡染。"经之先世高、曾而上，亦及先生(程颢)之门，以为家学，传六世至经，奉承绪余，弗敢失坠"。② 郝经的先祖，为学皆有理学印迹。曾叔祖东轩老，回乡后"以经旨授学者，折之以天理人情，而不专于传注，尤长于礼学"。③ 其子郝天祐"初为学，即不作决科文，务穷性理经术，而泛入佛老者数年，以为过高，无畔岸，复取《六经》《语》《孟》读之"。④ 从性理佛老，回归《六经》《语》《孟》，其求学途径与许多理学大师相近。郝经祖父郝天挺"教人以治经行己为本"，⑤ "肆意经传，贯穿百家"。⑥ 郝经十六岁就学时，其父思温即将周敦颐、邵雍、张载的理学著作"《太极》《先天》二图、《通书》《西铭》二书付畀，且指授其义曰：'此尔曾叔父东轩老得诸程氏之门者，尔其勉之。'"⑦ 这些都说明，郝氏家学确实受到北宋理学的影响。但是北方所存的理学余绪，与已转入新境的南宋理学有着根本的区别。郝氏家学毕竟形成于北方学术氛围中，因而它更多地带有北方儒学的特点。

---

① 刘因：《泽州长官段公墓碑铭》，见《静修先生文集》卷16，元至顺宗文堂刊本，1330，第4页。
② 郝经：《宋两先生祠堂记》，见《郝文忠公陵川文集》卷27，明正德李瀚刊本，1507，第14～15页。
③ 郝经：《先曾叔大父东轩老人墓铭》，见《郝文忠公陵川文集》卷36，明正德李瀚刊本，1507，第1页。
④ 郝经：《先叔祖墓铭》，见《郝文忠公陵川文集》卷36，明正德李瀚刊本，1507，第6页。
⑤ 郝经：《先大父墓铭》，见《郝文忠公陵川文集》卷36，明正德李瀚刊本，1507，第5页。
⑥ 郝经：《遗山先生墓铭》，见《郝文忠公陵川文集》卷35，明正德李瀚刊本，1507，第2页。
⑦ 郝经：《铁佛寺读书堂记》，见《郝文忠公陵川文集》卷26，明正德李瀚刊本，1507，第15页。

1. 六经为本的儒学传统

自北宋二程"表章《大学》《中庸》二篇，与《语》《孟》并行"，① 到南宋朱熹作《大学》《中庸》章句，《论语》《孟子》集注，并合刻为《四书章句集注》，《四书》的地位遂超越《六经》，成为最重要的儒家典籍。朱熹认为："四子，《六经》之阶梯。"②"河南程夫子之教人，必先使之用力乎《大学》《论语》《中庸》《孟子》，然后及乎《六经》。盖其难易、远近、大小之序固如此，而不可乱也。"③

然而在北方，最重要的儒家经典仍是传统的《六经》。郝经云："宋儒程颢尝令晋城，以经旨授诸士子，故泽之晋城、陵川、高平，往往以经学名家，虽事科举，而《六经》传注皆能成诵。"④可见在郝经的心目中，程颢晋城之传，只是《六经》的传注经旨。郝经答王粹的《论道学书》亦云："自六世祖某从明道程先生学，一再传至曾叔大父东轩老，又一再传及某。其学自《易》《诗》《春秋》《礼》《乐》六经，男女、夫妇、父子、君臣之伦，大而天地，细而虫鱼，迩而心性，远而事业，无非道也。"⑤可见，郝经先祖从程颢学习，也是以《六经》为始。

郝氏家学亦以《六经》为儒学之本。郝思温将先祖所遗理学著作传授郝经时，却谆谆告诫他为学次第："我先世有学之序焉：天人之际，道德之理，性命之原，经术之本，其先务也。诸子、史典故，所以考先代之迹也，当次之。诸先正文集，艺能之薮，又当次之。若夫阴阳术数，异端杂学，无妄费日力。"即在经、史、子、集四部典籍中，应当以《六经》为先务，其次是子、史诸书，最后是各家文集。《六经》之中也各有先后："初治《六经》之时，以为感发志意者，莫过乎《诗》，于是乎先治《诗》。二帝三王之心传口授者，莫过乎《书》，于是乎《诗》而后《书》。先王治世之具，莫大于《礼》《乐》，于是乎治《礼》。大经大法，拨乱反正，莫大乎《春秋》，于是乎治《春秋》。穷理尽性以至于命，以际天人之学者，莫大于《易》，故以为终身之学。其余自《语》《孟》、子、史诸书，各如先君之命

---

① 脱脱等：《宋史》卷427《道学列传序》，北京，中华书局，1977，第36册，第12710页。
② 黎靖德：《朱子语类》卷105《论自注书·近思录》，北京，中华书局，1988，第7册，第2629页。
③ 朱熹：《书临漳所刊四子书后》，见《晦庵先生朱文公文集》卷82，上海，商务印书馆《四部丛刊》影印明刊本，1929，第26页。
④ 郝经：《先曾叔大父东轩老人墓铭》，见《郝文忠公陵川文集》卷36，明正德李瀚刊本，1507，第1页。
⑤ 郝经：《与北平王子正先生论道学书》，见《郝文忠公陵川文集》卷23，明正德李瀚刊本，1507，第10页。

治之，不敢少躐其等杀焉。"①《六经》的学习，应从感发志向情趣的《诗》入手，其次是记载上古帝王事迹的《书》，先王礼仪制度的《礼》，及圣人大经大法的《春秋》，而揭示天人关系的《易》，则在最后作为"终身之学"。至于为理学家注重的《论语》《孟子》，仅放在与子部、史部书籍并列的位置，要到《六经》之后再读。每一经的学习也有次序："经年十六，命治《六经》，先传注疏释，而后唐宋诸儒论议。必一经通，然后易业焉。"②各经的学习，也要先读汉以来的传注疏释，然后再读唐宋诸儒议论。为了强调《六经》学习的重要性，郝思温还特地将长子命名为"经"，"欲其先经也"。③

在家学的熏陶下，郝经以《六经》为自己学习的基础。二十三岁时，郝经特地取文中子"心若醉《六经》"之言，作《醉经记》一文，提出"自伏羲而下，道在圣人；自孔子而下，道在《六经》"。"经也者，圣人之所尽心，醇乎义理而为言也"。"欲明义理以率性，莫先乎经"。④阐明了自己对《六经》与理学关系的认识。

2. 从小学入手，学贵有用的朴素学风

宋代理学虽也涉及政治、教育、道德、史学等领域，但主要探讨"性与天道"为中心的义理问题。而金末的北方，教人仍以小学为本，不甚关心玄远高深的天道性理，而注重于人事。郝思温认为："洒扫应对进退，即性与天道之端；致身行道，树立事业，性与天道之功用；充实而大，大而能化，性与天道之成终者。"因此，他"教人以小学为本"，"乃为言行坐立、揖拜俯仰之节，诵记孰复、执笔为书之制，声音笑貌、疏数疾徐之仪，一之以敬，而不使惰。少长，则为解说义理，缀辑章句，简直切律，力少而功倍之。成童，则以性理、经学为本，决科、诗文为末，而浸致之《大学》。"郝思温对自己的执教之道曾有一番说法："人见吾之规规孑孑，必以为是区区致力于小者而小之也。吾不病也。夫事有小大，理无小大也。本末先后，吾不敢躐而欺之也。"从小学入手，先洒扫应对，再章句、义理、性理、经学，最后才是格物致知、正心诚意、修身齐家、治国平天下的《大学》之教，这种本末先后的为学之序，绝不可以随意跨越。因此，郝思温当时对于侈谈性与天道的南宋理学颇不以为然，"世之

---

① 郝经：《铁佛寺读书堂记》，见《郝文忠公陵川文集》卷26，明正德李瀚刊本，1507，第15～16页。
② 郝经：《先父行状》，见《郝文忠公陵川文集》卷36，明正德李瀚刊本，1507，第10页。
③ 郝经：《先妣行状》，见《郝文忠公陵川文集》卷36，明正德李瀚刊本，1507，第14页。
④ 郝经：《醉经记》，见《郝文忠公陵川文集》卷25，明正德李瀚刊本，1507，第4～5页。

人好高慕远，以欺世盗名。未能洒扫应对，而便说性与天道，紊理逾分，枉探速成，戕本根，坏伦类……败德孰甚焉，吾不为也"。①

受家学影响，郝经为学伊始即追求"有用之学"，"非先秦之书弗读也，非圣人之言弗好也，尝自诵曰：'不学无用学，不读非圣书，不务边幅事，不作章句儒。'"②他说："夫学所以为道，非志于文而已也。"③"士生千古之下，而处斯世，遇斯时，岂宜区区文字之间而已耶！"④金元之际，干戈扰攘，生灵涂炭，士子读书为学的目的，不在于章句文字之间，而是要"为道"。而"道贵乎有用，非用无以见道"。郝经认为，世人趋之若鹜的佛老、文章、科举等等都是"无用之学"。许多读书人百无一用，"试之一职，则颠蹶而不支，委之一事，则龃挠而不立，汲汲遑遑，终其身不能免于冻馁，而趋利附势，殒义丧节"，这都是从事于无用之学所致。只有《六经》才是"圣之学，道之用，二帝三王致治之具"，"真有用之学也"。⑤ 学习《六经》的目的，则是要"以天自处，以生民为己任"，⑥ 经邦济世，在政治上有所作为。郝经这种学贵有用的思想，反映了当时北方士人注重实学的朴素学风。

3. 诗文书法的家学修养

郝氏先祖多喜好诗歌、古文及书法。祖父郝天挺"工于诗"，⑦ 元好问自十四岁起从之学，"即与属和"，"六年而业成"，遂为一代宗匠，以文章伯独步天下。⑧ 叔祖郝天祐南渡后隐居鲁山，"作古文歌诗，往往散落世间，故虽隐而名愈显。尤玩意书法"，"笔势庄重秀劲，能作丈余楷草"。元好问曾与"周旋文场，故特敬畏"。⑨ 父亲郝思温"生平喜为歌诗，徜徉跌宕以自乐"，散佚之余，仍有"遗稿一百二十篇"。⑩ 因此，郝经自

---

① 郝经：《先父行状》，见《郝文忠公陵川文集》卷36，明正德李瀚刊本，1507，第11～12页。
② 郝经：《答冯文伯书》，见《郝文忠公陵川文集》卷24，明正德李瀚刊本，1507，第8页。
③ 郝经：《甲子集序》，见《郝文忠公陵川文集》卷29，明正德李瀚刊本，1507，第1页。
④ 郝经：《答高雄飞书》，见《郝文忠公陵川文集》卷23，明正德李瀚刊本，1507，第15页。
⑤ 郝经：《上紫阳先生论学书》，见《郝文忠公陵川文集》卷24，明正德李瀚刊本，1507，第4～5页。
⑥ 郝经：《厉志》，见《郝文忠公陵川文集》卷19，明正德李瀚刊本，1507，第11页。
⑦ 元好问：《郝先生墓铭》，见《元好问全集》卷23，太原，山西古籍出版社，2004，上册，第518页。
⑧ 郝经：《遗山先生墓铭》，见《郝文忠公陵川文集》卷35，明正德李瀚刊本，1507，第1～2页。
⑨ 郝经：《先叔祖墓铭》，见《郝文忠公陵川文集》卷36，明正德李瀚刊本，1507，第7页。
⑩ 郝经：《先父行状》，见《郝文忠公陵川文集》卷36，明正德李瀚刊本，1507，第11页。

幼年起就受到诗歌、古文与书法的训练。"始知学,喜为诗文"。①"《六经》既治,思有以奋然而复古也,于是作古文"。② 还曾师事元好问有年,相与讨论作诗作文法。郝经的诗文书画都很有名,所遗文集 39 卷,有诗 14 卷,文 25 卷。其文涵养蕴蓄,理足气余,"如长江大河,有源有委",其诗"气韵高远,止乎礼义,得诗人忠厚之意",皆足以自成一家。他的书画则"天资高古","俊逸遒劲","亦为当代名笔"。③

郝氏家学的上述特点,说明它虽然受到北宋理学的濡染,却还基本局限在汉唐儒学的范围内,而与高度哲理化的南宋理学相去甚远。出自如此家学传统的郝经,对金元之际的理学流传持怀疑与批判的态度,就是毫不足怪的了。

二、对理学态度的转变

金末战争频仍,打破了南北声教不通的局面,南宋学者和理学书籍逐渐流入北方。"金源氏之衰,其书侵淫而北,赵承旨秉文、麻徵君九畴始闻而知之,于是自称为道学门弟子。及金源氏之亡,淮汉巴蜀相继破没,学士大夫与其书遍于中土,于是北方学者始得见而知之,然皆弗得其传,未免临深以为高也。"④

元太宗七年乙未(1235),阔出统蒙古军攻掠荆襄,掳人民牛马数万北还,南宋乡贡进士德安赵复亦在其中。在姚枢的劝说和支持下,赵复在燕京聚徒讲学,开始传授理学,成为推动理学北传的关键人物。杨惟中"闻复论议,始嗜其学,乃与枢谋建太极书院"。⑤ "庚子、辛丑间(1240~1241),中(书)令杨公当国,议所以传继道学之绪,必求人而为之师,聚书以求其学,如岳麓、白鹿,建为书院,以为天下标准,使学者归往,相与讲明,庶乎其可。乃于燕都筑院,贮江淮书,立周子祠,刻《太极图》及《通书》《西铭》等于壁,请云梦赵复为师儒,右北平王粹佐之,选俊秀之有识度者为道学生。推本谨始,以太极为名,于是伊洛之

---

① 郝经:《铁佛寺读书堂记》,见《郝文忠公陵川文集》卷 26,明正德李瀚刊本,1507,第 14 页。
② 郝经:《答冯文伯书》,见《郝文忠公陵川文集》卷 24,明正德李瀚刊本,1507,第 9 页。
③ 苟宗道:《故翰林侍读学士国信使郝公行状》,见郝经:《郝文忠公陵川文集》卷首,明正德李瀚刊本,1507,第 26~27 页。
④ 郝经:《太极书院记》,见《郝文忠公陵川文集》卷 26,明正德李瀚刊本,1507,第 13 页。
⑤ 宋濂等:《元史》卷 189《儒学列传一·赵复传》,北京,中华书局,1976,第 14 册,第 4314 页。

学遍天下矣"。① 燕京太极书院，成为当时北方第一所传播理学的书院。

王粹，又名元亮、元粹，字子正，号恕斋。右北平人，出身辽世家。少有诗名，才高学赡，而不事举业。金正大末任南阳酒官，后流寓襄阳。甲午年(1234)蒙古军破襄阳，王粹被杨惟中召至燕京，遂入长春宫，拜真常子李志常为师，编撰全真教祖师传记。杨惟中创建太极书院，选王粹为赵复辅佐，直到癸卯年(1243)九月王粹去世。②

尽管有杨惟中、姚枢等人的提倡，理学在北传之始，并没有立刻被北方士人接受，郝经就是其中的典型代表。王粹辅佐太极书院期间(1240~1243)，曾亲自劝说郝经学习道学(理学)。"昨承先生惠顾，谓经之质可问津伊洛，以阐明道学"。郝经却作《与北平王子正先生论道学书》云，"经自惟揣凉昧，不足以辱惠教，又不足负任，且复有惑而未自信者焉，敢复诸下执事"，对理学传播提出质疑。郝经指出，上古无道学之名，而道之流传固自若。自北宋周、程、张、邵兴起，天下始有道学之名。然而从其门徒始，各家"分宗别派"，"引而自高"，"论说蜂起，党与交攻"，成为北宋灭亡和南宋衰微的主要原因。郝经认为，周、邵、程、张等北宋理学家的学说，不过是从尧、舜到周、孔儒家传统思想的继承，不应该单独标榜为道学，并且对理学道统论把荀子以后的汉唐诸儒排斥于儒家道统之外，而将宋代理学直接上承孔孟提出疑问。文章最后云："其学始盛，祸宋氏者百有余年。今其书自江汉至中国，学者往往以道学自名，异日祸天下，必有甚于宋氏者。"③对理学开始在北方流传深感担忧。

然而，短短数年后，郝经对理学的态度却发生了根本的改变。丁未年(1247)，赵复离开燕京，南游赵魏齐鲁，沿途登临泰山，拜谒孔庙，与各地士大夫"日相从游"，④ 讲论理学，直到1249年以后才返回燕京。这次南游，是赵复在太极书院讲学的继续，对推动理学在北方地区的广泛传播具有重要意义。

丁未年(1247)十一月，赵复南游途经保定，借宿于郝经家的蜩壳庵。

---

① 郝经：《太极书院记》，见《郝文忠公陵川文集》卷26，明正德李瀚刊本，1507，第13~14页。

② 元好问：《中州集》卷7《王元粹传》，上海，商务印书馆《四部丛刊》影印武进董氏诵芬楼影元刊本，1929，第25页；《恕斋王先生事迹》，见李道谦：《甘水仙源录》卷7，台北，新文丰出版公司影印明正统《道藏》本，1995，第33册，第212页。

③ 郝经：《与北平王子正先生论道学书》，见《郝文忠公陵川文集》卷23，明正德李瀚刊本，1507，第10~12页。

④ 杨弘道：《送赵仁甫序》，见《小亨集》卷6，台北，台湾"商务印书馆"影印清乾隆文渊阁《四库全书》本，1986，第1198册，第210页。

这是郝经与赵复的首次相会，郝氏作《与汉上赵先生论性书》与《送汉上赵先生序》两文，向赵复问学。《论性书》首先回顾理学在南宋的发展和金末向北方的流传，其后说："先生及朱子之门而得其传，哀然传道于北方之人"，"学者云从景附。又为《伊洛发挥》一书，布散天下，使孔孟不传之绪，家至日见，则道之复北，虽存乎运数，其倡明指示心传口授，则自先生始。呜呼！先生之有功于吾道，德于北方学者，抑何厚耶！"对赵复北传理学的功绩予以充分的肯定。郝经提出，"性理问学之本也"，因此，《论性书》追溯古今性论的渊源流变，着重请教孟子性善论、理学天理之性与气质之性的区别，希望赵复"指其要归"，使自己得以"为北方学者之倡，使吾道复明于中国"。① 显然，郝经此时不但对性理问题有了较为系统的了解，并且已经接受了将宋代理学直接上承孔孟的理学道统论。《送汉上赵先生序》一文，则从士之穷达入言，指出赵复虽以南冠楚囚北上燕京，但能"传正脉于异俗，衍正学于异域"，"俾《六经》之义，圣人之道"，"大放于北方。如是，则先生之道非穷也，达也"，② 以此为赵复送行。1249年以后，赵复南游返回，郝经又作七律《送仁甫丈还燕》，以"唐虞问学传千古，伊洛波澜浸九州"，概括赵复南游传学的影响。③

从视道学为祸乱天下的罪魁，到称之为"吾道""正学"，从担忧理学的流传，到期待程朱理学大放于北方，短短数年，郝经对理学的态度发生了急遽的转变。这一变化，尚不足以说明郝经对理学已经有了深入透彻的理解，但至少标志在理学北传的影响下，北方士风已经开始转向：从怀疑批判理学，转而趋向尊崇理学。这一风气的转变，甚至影响到部分思想保守的老一辈学者和汉族世侯。曾批评佛谈性与天道是"败德孰甚"的郝思温，"晚年尤邃性理学，手书《西铭》畀经曰：'是入德之几，造道之阶也'"。④ 顺天道左副元帅贾辅，"晚年惟读《语》《孟》，曰：'是圣贤传心之要典，而世谓之小经，吾欲使与《六经》并为大，可乎？'"⑤ 亦可见理学北传的巨大影响。

在此之后，郝经陆续撰写了《朱文公诗传序》《宋两先生祠堂记》《太极

---

① 郝经：《与汉上赵先生论性书》，见《郝文忠公陵川文集》卷24，明正德李瀚刊本，1507，第1页。
② 郝经：《送汉上赵先生序》，见《郝文忠公陵川文集》卷30，明正德李瀚刊本，1507，第5～6页。
③ 郝经：《送仁甫丈还燕》，见《郝文忠公陵川文集》卷13，明正德李瀚刊本，1507，第3页。
④ 郝经：《先父行状》，见《郝文忠公陵川文集》卷36，明正德李瀚刊本，1507，第11页。
⑤ 郝经：《左副元帅祁阳贾侯神道碑铭》，见《郝文忠公陵川文集》卷35，明正德李瀚刊本，1507，第19页。

书院记》《周子祠堂碑》等文章，记述理学典籍的刊刻、理学书院祠堂的建立。辛丑、庚戌间(1241~1250)，姚枢因与当政不合，辞官隐居辉州苏门，潜心道学。在赵复传学的影响下，姚枢与杨惟中、田尚书分别在燕京刊印了一系列程朱学派的理学著述。如姚枢槧版朱熹《小学书》《论孟或问》《家礼》，杨惟中雕印朱熹《四书章句集注》，田尚书刊刻程颐《伊川易传》、朱熹《诗集传》、蔡沉《书集传》、胡安国《春秋传》等经学注释，加之北宋理学家语录《近思录》、吕祖谦《东莱经史说》等书，以进一步推动理学典籍在北方的流传。①《朱文公诗传序》，就是郝经为田尚书刊行朱熹《诗集传》撰写的序文。文章指出，《诗经》的注疏，虽有郑玄《毛诗笺》和孔颖达《正义》等汉唐注疏，堪称勤备，却义理未明。直至南宋朱熹《诗集传》，"方收伊、洛之横澜，折圣学而归衷，集传注之大成"，"近出己意，远规汉、唐，复《风》《雅》之正，端刺美之本，粪训诂之弊，定章句、音韵之短长差舛，辨大、小序之重复"，使"三百篇之微意，'思无邪'之一言，焕乎白日之正中也"。其书"行于江、汉之间久矣，而北方之学者未之闻也。大行台尚书田侯得善本，命工板行，以传永久"，郝经喜于《诗集传》在北方的流布，学者得闻朱熹学说之幸，遂作序以行之。②

《宋两先生祠堂记》是郝经为泽州州学设立二程祠堂所作的碑记。泽州是郝经故里，北宋时期，明道先生程颢任泽州晋城县令，兴立学校，亲临指教，开启了当地的理学风尚。而郝经先世，亦曾及明道先生之门，以为家学，弗敢失坠。绍兴之后，程学南传，在南宋得到高度发展，"北方学者，惟是河东知有先生焉"。然而，二程"之祠遍于江淮，独不惣食于立政设教之土"，"觉其学而不知其报享焉，岂事师之道哉"？因此，郝经特地致书泽州长官段直，于正在大规模兴复的州学中，为明道先生创立祠堂，而以伊川先生程颐配食，"岁时释菜，尊为先师"，又作《宋两先生祠堂记》，"序其学，推本其道，使学者知所宗焉"，以期"异时先生之道"，能够"复自南而北"。③

《太极书院记》《周子祠堂碑》作于1259年，是郝经应江淮荆湖南北等路宣抚大使杨惟中之请，为其创立于燕京的太极书院和附设周敦颐祠堂所写的碑记。《太极书院记》肯定北宋周敦颐、二程、张载开创的道学，

---

① 姚燧：《中书左丞姚文献公神道碑》，见《姚燧集》卷15，北京，中华书局，2011，第216页。
② 郝经：《朱文公诗传序》，见《郝文忠公陵川文集》卷30，明正德李瀚刊本，1507，第13~14页。
③ 郝经：《宋两先生祠堂记》，见《郝文忠公陵川文集》卷27，明正德李瀚刊本，1507，第13~15页。

经杨时至朱熹,在南宋发展到极致,足以承继孔孟之后中绝的儒家道统。而道学在北方"弗得其传",直至金亡,南宋学者书籍大量流入中原,北方学者才开始接触道学。因此,郝经高度赞扬杨惟中建太极书院,聘赵复讲学"以明道",是"伊洛之学传诸北方之始",将"使不传之绪,不独续于江、淮,又续于河、朔"。①《周子祠堂碑》进一步指出,周敦颐著《太极图说》《通书》,开道学之宗统。其后"一传而得程颢、程颐、张载,再传而得杨时、游酢,卒之集大成于朱熹",《六经》《语》《孟》,各为传注,性理、象数,各为论说","而学者遍天下","莫不知义理之所在",儒学流传之盛,实自汉以来所未有。而"燕自安史之乱,暌隔王化者将四五百年,至于孔、孟之祀亦将废坠"。杨惟中于太极书院设置周子祠堂,"祠祀道学宗师",而"以二程、张、杨、游、朱六子配食",不仅是近世未有之创举,"礼秩文采,警动幽朔",而且将接续中原地区数百年中断的道统,使道学在北方"为不亡矣"。②

应该看到,敢于承认北方儒学的式微,肯定和接受南宋理学的地位与价值,作为一名北方学者,是需要学术勇气和心理过程的。这一转变,不仅体现了郝经个人的思想发展,更意味着整个北方的学术转向。理学在元代,能够发展成全国范围的主要思潮,并确立为科举程式,其向北方的流传和普及,是不可或缺的重要前提。郝经的书信序文碑记,客观展示了北方儒士由怀疑批判,到接受尊崇,进而推动南宋理学传播的心路历程,真实反映出金元之际理学北传的曲折过程,为学术史研究,提供了富于价值的文献资料。

第三节 郝经的理学论说

《陵川文集》有关理学命题和图式的一系列论说,是郝经理学著述的重要组成部分。分析这些论说的主要思想内涵,追索其理学体系的合理与缺陷,有助于理解元初北方理学的基本特征,探求当时南北学术的差异与融合的实际情况。

---

① 郝经:《太极书院记》,见《郝文忠公陵川文集》卷26,明正德李瀚刊本,1507,第13~14页。
② 郝经:《周子祠堂碑》,见《郝文忠公陵川文集》卷34,明正德李瀚刊本,1507,第8~10页。

一、道为本体的理学体系

什么是宇宙的最高本体，这是理学的根本问题。理学家无不由此入手，构建自己的理学体系。郝经《道论》认为："道统夫形器，形器所以载夫道。"在宇宙中，道是形器的主宰，是最高的本体，形器只是道的承载者。而"天地万物者，道之形器也"。即宇宙间的天地万物，都是道的形器，道的物质载体。这是《易·系辞》"形而上者谓之道，形而下者谓之器"思想的合乎逻辑地发展。在道与形器中，形器是相对的，有生灭存毁，道则是绝对的，超脱于生灭而永恒存在。"一形器坏，则有一形器，道固无恙也"。因此道是宇宙最高的极终的本体。

在道为本体的基础之上，郝经探讨了道与其他理学基本范畴的关系，建立起自己的理学体系。郝经认为，动静、阴阳、刚柔、消长等自然界的运动变化，无一不是道的体现。道贯穿天地规范万物的规律性，称为太极；道使天地万物运动消长生生不已的特性，称为造化；而天地万物的相对不易性与周流变化的莫测性，则称为鬼神。这些概念，都是对道的某一特性的概括。

命、性、心、情、欲、德等，是理学人性论的基本命题。《道论》云："道之赋予，则谓之命；其得之理，则谓之性；其制宰之几，则谓之心；其发见酬酢，则谓之情；其血气之所嗜，则谓之欲；其义理之所得，则谓之德。"道对人的赋予称为命，人禀受的天理称为性，心是人身的主宰，情是内心情感的发泄，欲是血气之躯的自然愿望，德是人的义理规范。至于仁、忠、恕、诚等社会道德，礼、乐等礼仪制度，敬、智、勇等行为规范，乃至圣、贤、愚三类人的划分，无不与存在于人心的道德相联系。

从北宋二程到南宋朱熹，程朱理学家都以理（又称天理、天道、太极）作为宇宙本体。郝经对于道及其与其他理学命题关系的探讨，尚没有越出程朱理学的藩篱。

真正值得重视的是，郝经认为，道作为宇宙的本体，不是"虚无惚恍而不可纪极"的，不是"艰深幽阻高远而难行"的，也不是"寂灭空阔而恣为诞妄"的。道就存在于事物之中，"近而易行，明而易见"。这就使道摆脱了神秘莫测、虚幻难知的色彩，而与万事万物特别是人类社会相联系。说明郝经的《道论》，关心的主要不是玄远高深的天道，而是注重于人事。在此，郝氏家学的因素开始发挥作用。

郝经分析了道与人、圣人的关系，指出："道不离于万物，不外乎天地，而总萃于人。"因为人是天地万物中"至灵"的。但人能够载道，也可以坏道，由于"人之心甚易放，而其德甚易亡"。只有圣人，才是道在人类中的体现。圣人能"全太极之体，生造化之机，尽鬼神之情，而与道为一"，所以是"道之主宰"。郝经回顾了人类历史的发展，来探究圣人之道，指出圣人根据自己时代的特点，各以适当的学说来挽救道的颓坏。从伏羲、尧、舜，再到汤、武、伊尹、周公，最后到孔子作《六经》以载道。至于颜渊、曾子、子思、孟子的学说，都是为羽翼道而阐发的。

将道与圣人、《六经》相联系，这是郝经道论的归结点，也是其道论的特点所在。郝经指出："道为天地万物以载人，圣人著书以载道。"因此，"天地万物者，道之形器也；《六经》者，圣人形器也"。《六经》是道在各个不同方面的体现："《易》，即道之理也；《书》，道之辞也；《诗》，道之情也；《春秋》，道之政也；《礼》《乐》，道之用也。""故道一坏而在圣人，再坏而在《六经》，道虽屡坏，而固在也。"《六经》之道，也与天道同样，不是神秘难知的，而是易知能行的。"圣人所教，《六经》所载者，多人事而罕天道"，是"愚夫愚妇，可以与知，可以能行，非有太高远以惑世者"。[①] 这样，郝经就将理学的道，从玄远高深的宇宙回归到人间，从令人眼花缭乱的各种理学命题的探讨中，归结到儒家经典的《六经》。按郝经的逻辑，《六经》虽然是圣人之形器，载道之器，但毕竟是器。这个命题，不仅体现了以《六经》为本的传统北学与南宋朱学的结合，而且为后来的学者留下了新的课题。

二、万物一气论

从北宋张载以气作为宇宙本体，理与气一直是理学中一对相关命题。它涉及宇宙的根本究竟是精神的还是物质的，是精神统率物质，还是物质决定精神。

郝经在《气论》中，讨论了道（理）与气的关系。"道统天地万物之理，气统天地万物之形"。道与气是宇宙中最根本的一对范畴，道统辖天地万物之理，气则生成天地万物之形。因此，"道入于气"，也就是"理入于形"。然而，气之生成天地万物，并不是无所依傍、率意而行的，而是必须以道为依据。"气也者，所以用道造形，成变化而行鬼神也"。由此而形成的天地万物，也就自然地具有了道的规律性等特性。总之，在理与气的关系中，理是决定性的，气从属于理。

---

① 郝经：《道论》，见《郝文忠公陵川文集》卷17，明正德李瀚刊本，1507，第1~4页。

与天地万物同样，"人禀是气以生，而理无不具"。这个道赋予人的理，"混涵于性，而斡旋于心，发挥于情，而著见于事业"，"故能与天地同流，而贯万物为一"。郝经的上述观点，基本上承袭了程朱理学关于理与气的学说。

但是更进一步，郝经的《气论》就与程朱理学有了明显的区别。张载把气的概念引入性论，将性区分为天地之性与气质之性。此后，程朱理学一直以此来说明世间事物与人类的差别。天地之性是人和物所禀赋的天道、天理，原本是纯粹至善的。但人、物所得，却各有偏与全、厚与薄、清与浊的区别，因而产生不同。气质之性，是人、物产生时所禀受的气有清浊昏明的区别，使清洁无瑕的天性受到不同的熏染。由此二者，产生出天地万物乃至人类的千差万别。

郝经却认为，所有的人在出生时，所禀受的气都是一样的。"是气也，自圣人而至于下愚，其禀之也一也；自赤子而至于耋期，其用之也一也；自生而至于死，自死而至于生，其本之也一也"。既然人都是依据同样的道，禀受同样的气而生，则所有的人都应该是先天纯粹至善毫无差别的。那么，圣与贤、君子与小人的区别何由而生呢？郝经指出，之所以有这种差别，关键在于人后天能否存养自己禀受的气。"然其所以为圣，所以为贤，所以为君子、为小人者，存养之功至与不至也。安然而运化，不待存养，而莫之或伤者，圣也；养而存之，而莫使伤之，则贤也；暴而伤之，至于消沮悖逆，则下愚而小人也"。因此，人之成为小人，都是由于自身的行为所致。"天之赋予者甚大，而人往往自为小人；气所以载道，而人往往自为坏之"。反之，如果"去绝人欲之私，一以天理之公，则虽小人而可以君子，虽下愚而可以圣，自局脊索尽之中，可以至于刚大矣"。①

郝经强调后天的存养来说明人与人的区别，反映了北方学者贵践履、重实行的风格。但其万物一气的理论，到底无法解释世间事物千差万别的原因。因此，他的气论还存在明显的缺陷，不能视作成功的理论探索。

三、积极进取的天命观

命、性、心、情，是理学人性论的一组命题，郝经各以专论，分别探讨了这些命题。

《命论》指出，命是道对天地万物乃至人的赋予授受，正是由于它"出

---

① 郝经：《气论》，见《郝文忠公陵川文集》卷17，明正德李瀚刊本，1507，第13～14页。

乎道，号召天地人物，而使用乎道，千变万化不能离乎道，而皆维系焉，是以谓之命也"。因此，道是一定而一本的，而对天地万物的赋予却是不定而万殊的。

然而，天命虽有一定，人对天命的承受却不是完全被动消极的。郝经提出人有"始则受命，次则听命，次则造命，终则复命"的过程。"夫道德仁义，孝悌忠信，则得之于天，是受命也；寿夭穷达，贵贱得丧，则定之于天，是听命也；宰制施为，成己成物，则出于己，是造命也；全而受之无所弃，全而归之无所违，尽其在我，与天为一，是复命也。受者修之而弗敢坏，听者顺之而弗敢违，造者操之而弗敢失，复者终之而弗敢怠，则太极天地能造我，而我亦能造太极天地。"也就是说，道对于人的赋予授受虽然不定而万殊，但是如果人能够积极主动地受命、听命、造命、复命，就能够"与太极为一，与天地为三"，而成为圣人。相反，如果"世之人不能为学以知命，又不能修身以俟命，动而弃抛，终以违悖，至于颠连跋疐"，最终把一切归结为自己的命，这是不仁的。因此，人对于天命的态度，决定了圣人、贤人与小人的分野。"圣人安命而道化，贤人俟命而德全，小人委命而自弃"。①

可见，郝经的《命论》，不是消极被动的命定论，而是一种积极进取的人生观，是值得充分肯定的。

四、理为性本的人性论

郝经的《性论》认为，性是天地万物据之以生的根本，人性是道赋予人的天理、道德。它"根于太极，受于天地，备于万物，而总萃于人，所以为有生之本，众理之原也"。因此，"性也者，命之地，心之天，而道德之府也"。然而，理又是与气、情相互联系的，"有理而后有气，有气而后有情"。人如果以理为本，使"情复于气，气复于理"，就能够保全自己的天赋善性。相反，如果"气徇于情，理昧于气"，则需要借助"修道之教"和"学问之功"来恢复人性。由此，也就出现了圣人、贤人与小人的差别："夫气禀不能移，知觉不能夺，不待问学，安然而化，则圣之事也。夺而知所以存，移而知所以复，尽夫问学，以充夫性，则贤者之事也。溺于气禀之偏，诱于嗜欲之差，不为问学，亡而不复，则小人之事也。"

郝经追溯批判了自先秦以来的人性理论，指出孔子、孟子以理论性，因此是性善论。性论的差谬始于告子。告子以生言性，荀子性恶论，扬

---

① 郝经：《命论》，见《郝文忠公陵川文集》卷17，明正德李瀚刊本，1507，第4~6页。

雄性善恶相混论,都是错误的。韩愈"以五性七情并义理气质合而为言",虽然远远超过荀子、扬雄,但他将性与情区别为三品,则拘泥而未尽。因为性"自其同者而言,则万殊一本;自其异者而言,则一本万殊,非三品所能限也"。苏轼认为性论的错误始于孟子,却不知道孟子性善论本于孔子,也是一偏之言。郝经提出,各家性论之所以出现差别,是由于理论的基础不同,"孔孟之言性也本夫理,诸子之言性也本夫气,是以至于谬戾而不知其非也"。①

总之,郝经的《性论》以天理解释人性,强调修道问学之功,这些与程朱理学无大差异,在理论上没有什么新的建树。而且,《性论》以气禀、生质说明人的差别,又与《气论》中万物一气的理论相互矛盾,说明他的理学体系还未能深入精微,还存在许多不完善处。

五、心为性情之几

心是理学的又一重要范畴,对于心的不同理解,是程朱理学与陆九渊心学两大理学派别的重要分野。理学认为,心是人控制感觉、思维、言论、行动的重要器官,心统性情。心学则以心为宇宙本体,心即理。郝经的《心论》,祖述程朱而缺乏创见。

《心论》首先剖析了心与命、性、情等理学范畴的相互关系,以此来说明心的重要性。"命之赋予,则谓之性;性之发见,则谓之情;性情之几,则谓之心"。"命者,性之本原;情者,性之功用;心者,性之枢纽"。性是天命对人的赋予,情是性的感发显现,心则是禀承天命、宰制性、情的机关枢纽。"人禀于命而终于情,心则妙众理而为用",所以"心者,人之太极也",是人之根本。

郝经认为,心既然为性与情的枢机,就必然要动。但是心动应当遵循正确的准则,否则就会导致亡心。"动以道而载以时,虽终日动,而未尝动也;动以欲而滑以私,虽终日存,而莫能存也"。然而在命、性、心、情四者中,惟有心最难控制,"故命可事也,性可存也,情可制也,惟心也则难"。这是因为,心"几微而易昧,知觉而易动,出入而易放,圆转而易流,光明闪烁,容理必入,不疾而速,不行而至,无所不体,而莫能执其体,是以难也"。人只有通过仁、义、智、勇、畏敬、克治,才可以全其德而尽其用,充其才而弘其力,闲其邪而去其害。

郝经提出,心依赖于思虑而显现,而思虑的差错可以导致亡心,所

---

① 郝经:《性论》,见《郝文忠公陵川文集》卷17,明正德李瀚刊本,1507,第6~9页。

以心的修养，必须谨慎地遵守古代圣人的传心之道。理学认为，从尧、舜、禹、汤、文、武、周公，到孔、曾、颜、子思、孟子，贯穿着一条圣圣相传的传心之道。郝经遵循这条道统而予以发挥，他检阅历代儒家载籍中的圣贤传心要旨，无论是"允执厥中"，"道心""人心"，还是"建中""纯一"，"皇极""礼乐"，从孔子的"仁"与"一贯"，到曾子、子思的"忠恕""中庸"，再到孟子的"浩然气""不动心"，无非是"前圣后圣，一心相传，若合符节"的传心之道。其最终目的，是要"为道德，为《六经》，为万世立教，为生民立极"。人只有依照圣人传心之道来养心，才能使"吾之心明白正大，如白日之正中，犹夫昔日帝尧之所传，则吾亦一太极，有亘万世而不死者"。否则，"溺于虚无，惑于诞幻，心术之差，流毒缔祸"，[①] 则虽有幸生而为人，亦不过是行尸走肉而已。

六、天性本然的情论

郝经《情论》云："情也者，性之所发，本然之实理也。其所以至于流而不返者，非情之罪，欲胜之也。"情产生于性，是性的感发，自然的实理，是正当而合理的。至于情逾于份，流荡不返，并非情本身的罪过，而是欲胜于情所致。郝经认为，情与欲的关系，植根于性与气的关系。气胜于性，则欲胜于情，这是造成上智与下愚不移，贤与不肖区别的原因。"盖有性则有气，有情则有欲。气胜性则恶，欲胜情则伪，上智下愚所以不移，贤不肖所以别也"。因此，情的产生，应该"发于本然之实，而去夫人为之伪"。即发之于天性，而去除欲的干扰。喜怒哀乐好恶之情，如果"皆当其可而发，则动而不括，无非其实，得时中之道"。相反，如果"喜而溢美，怒而迁怒，哀之也而至于伤，乐之也而至于淫，善者恶之，恶者善之"，使情不能制欲，气不能复性，则必然"为下愚，为凶人，与草木鸟兽并，而绝夫人道"。因此，对于情、欲，"必加修治断绝之功，而用夫省责推致之力也。修治既切，功用既至，则欲节而后情定，情定而后心存，心存而后性复，性复而后人之道尽。人而尽夫人之道，则可以谓之人矣"。郝经关于情与欲、性与气关系的上述议论，与程朱理学并无二致。

对于情与性的关系，郝经云："夫性，形而上者也；情，形而下者也。"性是第一位的，情是第二位的，情决定于性。尽管如此，郝经还是充分肯定情的合理性和重要性。"人之情，则参造化而通万物。能尽人之

[①] 郝经：《心论》，见《郝文忠公陵川文集》卷17，明正德李瀚刊本，1507，第9~12页。

情，则能尽物之情。能尽物之情，则可以见天地之情矣"。因此，情的学说是非常重要的。郝经批判佛老等学说，抛开情来空谈心、性，使性与心无所附着，是务上遗下，务伪去实，虚空诞妄的不情之学。"后世虚空诞妄之学，行务乎上而不务乎下，务乎伪而不务乎实，谈天说道，见性识心，斩然而绝念，块然而无为，而不及情，其所谓性与心者，则安在哉？可谓不情之学也"。因此，君子之学，应"用力于日用之间，慥慥于躬行之地"，从日常的洒扫应对进退入手，做到"非礼勿视，非礼勿听，非礼勿言，非礼勿动"，"以尽夫性与天道"，这才是"下学上达之道，自流徂源之事，名教有用之学"。①

肯定情的合理性，反对离开情而空谈心、性，主张从日常行为规范入手来加强心性修养，这是郝经《情论》的特点，也是他为理学添加的一点新内容。至于承认情而不及于欲，则郝经所处的历史环境大致只能如此。

七、充仁制欲的道德学说

理学家无不重视人的道德修养，其途径也有千差万别，郝经则以充仁制欲作为道德修养的主要方式。

郝经的《仁论》以仁为道德之要。理之统体称为道，道之功用称为德，德的充实保全则称为仁。所以"仁也者，道德之要，所以尽性存心焉者也，其大原则出于天"。人禀受道德而生，其理具备于性，其功能蕴蓄于心，恻隐、羞恶、辞让、是非等天性固有的美德，义、礼、智、信等社会伦理，无非是"本然之全也"，关键"在夫充之而已"。

郝经认为，人之不仁，在于私欲为害于仁，以至于不充，这都是人自己造成的。"夫理者天之公也，欲者人之私也。一理之不当，一事之不仁也"。无论是君臣、父子、夫妇三种最基本的社会伦理关系，还是"酬酢万变，经理万事，宰制万物"，只要"私欲一萌，则于其理莫能尽"。这些私欲为害极大，"作于其心，则戕性害己；见诸事业，则病人害物；至于穷极，则毒天下，祸四海，滋蔓于后世，而伤天地之仁"。

既然私欲害仁如此酷烈，人若要充实恢复自己固有的仁，就必须"克己制欲"。然而郝经指出，充仁并不是一件容易的事情，孔子"授七十子之徒，则各因其材而笃之。与孝与忠，与智与勇，与仁之一事，而不与仁之全"。甚至对颜子这样的学生，也只教以学问之道，勉以功用之归，

---

① 郝经：《情论》，见《郝文忠公陵川文集》卷17，明正德李瀚刊本，1507，第12~13页。

而不与仁之全体。这是由于"人之于仁，其受之也无不全，充其所受，则虽天地圣人，有时而不能，是以难也"。

但是换一个角度，"仁者，人所固有也。一念之合理，一念之仁也；一事之中节，一事之仁也；一物之得所，一物之仁也"。如此而言，充仁又不是不可为之事。如果纵容私欲，违背天理，即使是贤人也难以做到。反之，如果克制私欲，复归天理，即使是凡人也可以充仁。"故极其所充，则天地圣人有不能尽，语其固有，则愚夫愚妇可以能行，则非难能也，不为也"。[1]

八、养与让的人生哲学

希圣希贤，与天地合一，是理学追求的最高精神境界。要达到这个境界，就必须加强人的修养。郝经提出养与让，作为人生修养的两个原则。郝经《养说》指出，养是非常重要的，是人成为圣贤或者下愚的原因所在。因为人以天理为性，以一元之气为气。其形体，由阴阳二气和金木水火土五行萃其精华凝结而成。其心，则能够主宰天地，收藏万物，"一智周知，泛应无量"。天地既然赋予人"如是之大"，人就应该用养来充实其大。古代的大圣大贤，无不是"养之使然"。而凡人不知道修养自己，自暴自弃，狭之自小，最终只能为小人，为下愚。

郝经认为，人的修养是多方面的，大到养心养性，小到养习养行，包括一系列内容。"必明义理以养其性，寡嗜欲以养其心，御奔荡以养其情，致中和以养其气，节饮食以养其体，尽孝友以养其本，执坚刚以养其节，扩正大以养其度，撤雍蔽以养其智，别邪正以养其习，慎细微以养其行"，能够做到这些，则"虽小而可以大，虽愚而可以智，虽凡夫而可以至于圣"。

人的修养还应具备一定的前提，只有先做到恭敬、勇敢、宽容，才可以有养。这是因为敬能使人心一而不分，"齐庄中正，足以有执"，因而有勇；勇才能私欲不犯，"发强刚毅，足以有为"，因而有容；容则能接受万物，"宽裕温和，足以有养"。这是修养的先决条件。

郝经还认为，养不能率意而行，必须谨慎行事。假如"蔽匿以养其奸，文饰以养其过，严深以养其恶，掩覆以养其机，朴野以养其诈，高抗以养其傲，缔构以养其党，从肆以养其淫，执锢以养其偏，绞切以养其毒"，则非但不能成圣成贤，反而"小而丧身，大而败国，又大而乱天

---

[1] 郝经：《仁论》，见《郝文忠公陵川文集》卷17，明正德李瀚刊本，1507，第14~16页。

下，不若不养之为愈也"。① 所以，必须审慎地区分可养与不可养二者，可者养之，不可者去之，才能达到希圣希天的人生理想。

郝经《让说》强调，人性是纯粹的义理，本是先天至善的，然而由于血气的驱使，使人产生出种种欲望，以至于不善。这是因为血气胜过义理，以致嗜欲贲张，从而导致争夺、篡弑等等恶行，人性也由此从善变恶。

圣人忧虑于此，于是制礼明分，以区别人的高低贵贱。又惧怕人不能克制私欲，以至废礼乱分，所以又制定出"让"的原则，来消除人的刚锐陵犯之气，使人谦抑逊退，卑以自牧。因此，让是君子应当具备的一种美德，是"礼之本，义之方，克己之要，求仁之术"，可以使人存养义理，保持善性，扶持成就，树立宏廓。郝经列举了尧、舜、伯夷、叔齐、后稷、契、子臧、季札等古代的圣王贤士，他们的让可以使天下为公，朝廷和睦，兄弟友悌，风俗丕变。至于鲁桓公、卫出公、楚商臣、宋元凶劭，则以不让而至于"父子称兵，推刃同气"。

郝经又进一步指出，让不一定都是美德，历史上也有错误的或奸伪欺诈的让。如燕王哙以燕国让子之，汉哀帝以皇位让董贤，唐中宗以天下让韦玄贞，"皆致大乱，几绝其祀"。这都是"非其所让而反以取败"的历史例证。至于王莽、司马懿和王安石，则是"以让而济其奸者"。因此君子对于让，是不可不分辨，亦不可不慎重的。由此，郝经提出三条让的评判标准："中义理而无私，推其有而不居者"；"近人情而不欺者"；"非所有而不敢妄有，固执而却之者"。② 只有符合这三条标准的让，才是真正的美德，才是君子所当力行的原则。

九、六经为本的社会教化论

郝经《教论》认为，道是天地生物之本，而"载以气而流以形，使之各正性命，而不失其本焉者"，则是教化的功能。因此，教是非常重要的。

教化的产生，源于人类社会的需要。由于人性的浇薄和私欲的增长，导致人类出现上下逾分和争端日兴的局面。圣人因此而设立教化，逐步产生文字书契、法令刑政、军队征伐等人类文明和社会制度。随着社会和风俗的进一步变化，又逐渐制定出夫妇、父子、兄弟等人伦关系，君臣、师友、上下等社会秩序，冠昏、丧祭、朝聘、会盟等礼仪制度，孝

---

① 郝经：《养说》，见《郝文忠公陵川文集》卷22，明正德李瀚刊本，1507，第5～7页。
② 郝经：《让说》，见《郝文忠公陵川文集》卷22，明正德李瀚刊本，1507，第8～9页。

弟、忠信、廉耻、好恶等道德法则。这些教化的设立，都是为了维持人类社会的正常秩序，使"天人相通，上下为一，神人允协，幽显罔间"，以至天道流行而天下太平。

回顾人类历史的发展，郝经提出："教始于伏羲，成于尧、舜，备于周公，定于仲尼。"周室衰微后，天下坏乱至极。孔子既无黄帝、尧、舜、周公的地位，又无创法立制的权力，无法"修道立教"，又游说天下而莫能用，于是"制作《六经》，天人之理则寓诸《易》，天人之辞则寓诸《书》，天人之情则寓诸《诗》，天人之政则寓诸《春秋》，天人之则则寓诸《礼》，天人之和则寓诸《乐》。性与天道之要，立身行己之实，则寓诸七十子问难之间"。使"三纲五常、大典大法而无不备，先圣人之道具在"，"天下人之事备矣"。

因而，郝经认为，"自太极而下，教在天地；伏羲而下，教在圣人；仲尼而下，教在《六经》"。《六经》是天道之所在，圣人教化之所存，百姓日用之所依，将与天地并存而不坏。所以孔子死后，虽经过战国的分裂，秦朝的焚书坑儒，汉初的黄老之学，魏晋隋唐的佛教流行，"而《六经》犹夫日月之昭昭也，百姓日用而先王之遗泽犹在也"。① 正是借助于《教论》，郝经对理学范畴的系列探讨，重新回归到《六经》为教化之本的北学根基。

十、象数学思想分析

象数学是《易》学的一支，起源于汉代的纬书，特点是用图象或数字来研究《周易》，说明宇宙的生成变化，推测自然与人事的吉凶。周敦颐与邵雍，是北宋理学中象数学的代表。周敦颐作《太极图说》，用儒家《易传》的思想来解释道教的《太极图》，以阐明自己对宇宙生成、万物化生及人性论的看法。邵雍将汉代象数学与道家的《先天八卦图》相结合，假托伏羲，创设了一系列的《易》卦图式，称为先天学。

郝氏家族原有《易》学与象数学传统。郝经初就学时，郝思温即授予周敦颐《太极图》和邵雍《先天图》，"经潜心玩味，逾二十年"。② 晚年拘留仪真，"益得致志"，遂辑录历代"述《易》而有合于圣人者"，无论训诂论说，传注疏释，"义理象数，兼采并载"，成《周易外传》80卷。③ 又"旁

---

① 郝经：《教论》，见《郝文忠公陵川文集》卷17，明正德李瀚刊本，1507，第16~19页。
② 郝经：《先天图赞》，见《郝文忠公陵川文集》卷22，明正德李瀚刊本，1507，第1页。
③ 郝经：《周易外传序》，见《郝文忠公陵川文集》卷29，明正德李瀚刊本，1507，第14页。

搜远蹈，创图立说"，分《易》道蕴极、《易》有太极、人道建极、四圣《易》图、孔门言《易》、诸儒拟《易》、传注疏释凡十类，六十篇，"为《太极演》二十卷，申明列圣及诸儒余意"。① 郝经的《易》学著述虽散佚不传，但《陵川文集》中保留的《太极图说》《先天图说》《先天图赞》等文，仍可见其对周、邵二先生之义的阐发。

《太极图说》，是郝经对周敦颐《太极图》和《太极图说》详尽细致的解说。文章首先抄录周氏《太极图》与《太极图说》全文，并将《图说》的各部分与《太极图》的有关部分相配合，使读者了解《图》与《图说》各部分之间的相互关系。其后，郝经逐句详解和阐发周氏《太极图说》的文意。最后，追溯《图》的来源并概括《图说》要义。郝经对周氏《太极图说》的解释，基本依据朱熹的理解，并无大的发明创见。比如对理学中争论最激烈的"无极而太极"一句，郝经就采纳朱熹的学说，指出"无极"一词虽不出自儒家《六经》，而见于《老子·知其雄》章，但周子《太极图》的学说本于《易》而不本于《老子》。"无极"一词，只是对太极的形容，说明"太极之本然，无声无臭，而无所不具，无所不极"，② 而不是在太极之上，别有一个宇宙本体。

郝经《先天图说序》指出，《先天图》传自北宋道士陈抟，经穆修、李之才传到邵雍，但其"意言象数，心传口授"，则在伏羲画八卦时已然具备。到北宋邵雍，方画而为图，笔之于书，传之于人。但是，邵雍的《先天图》本身只有一系列图式，并无文字解说，"盖引而不发，欲学者潜心究竟，以求心法"。郝经"自束发问学，即以是图心观意会，迄今二十余年"。"涵茹既久"，"反之于心"，"乃申而为之说，以明先生之意云"。③ 也就是说，《先天图说》是郝经为邵雍《先天图》所作的文字解说。

郝经的《先天图说》，逐一解释邵雍《先天图》所包含的极其繁复的图象和数字系统，以说明《易》卦的产生、方位及各卦之间的相互关系，并阐发其中蕴涵的《易》理。郝经认为，伏羲据《河图》而画八卦，文王重八卦为六十四卦，又与周公作卦辞、爻辞而成《易经》，孔子作《十翼》以解说《易经》的道理，邵雍则以《先天图》来"尽四圣人之意"，说明《易》之本然。周敦颐《太极图》与邵雍《先天图》，"其原则皆本于《河图》"，因此"先

---

① 郝经：《太极演总叙》《周易外传序》，见《郝文忠公陵川文集》卷29，明正德李瀚刊本，1507，第10、14页。
② 郝经：《太极图说》，见《郝文忠公陵川文集》卷16，明正德李瀚刊本，1507，第1～9页。
③ 郝经：《先天图说》，见《郝文忠公陵川文集》卷16，明正德李瀚刊本，1507，第11页。

天即太极也"。

对于象数与理的关系，郝经认为理是象数的根本，象数则是理的体现。"故有理而后有象，有象而后有数。象数即具，理在其中"。因此，图象与数字之学的根本，是要说明《易经》的道理。

《周易》本身包含许多朴素辩证法的思想，郝经《先天图说》也充分体现了这些思想。《易·系辞》云："《易》有太极，是生两仪，两仪生四象，四象生八卦，八卦定吉凶，吉凶生大业。"郝经的理解是："夫太极，一也。非一莫能生两，故太极以一具两，为《易》之枢机，天地万物之根抵。"太极是宇宙惟一的终极本原。太极本身包含阴与阳两个方面，阴阳的运动变化，产生宇宙间的万事万物。因此，太极是《易》的枢机，是天地万物的本原。由于太极的两面性，自太极产生出来的天地万物，也无不具有它的对立面。"故有静即有动，有阴即有阳，有奇即有偶，死为生根，实为虚形，地为天体，月为日魄，莫不两两对待，以成变化，而后生生不穷，所以为《易》也"。两个对立面既相互对立，称为"对待"，又相互依存。"于是参五错综，互相依附，阳伏乎阴，阴伏乎阳，天依乎地，地依乎天，阴阳相为倚伏，天地互为依附"。两个对立面矛盾而又统一的运动，称为"相交"。"天地相衔，阴阳相交，昼夜相杂，刚柔相生，其理自然，而其变无穷。"相交的结果就是使事物发生变化。所谓变，是指事物部分的量变，是缓慢的渐近的；而化，是指事物的急遽的本质的改变，从而形成新的事物。这些变化都是"不假作为，而莫非自然"的。① 宇宙间的事物就是如此生生不穷，这也就是《周易》的道理。换言之，事物的矛盾统一，是事物发展变化的基本规律。

分析《陵川文集》的理学论说，可以得到如下认识：

其一，郝经以道为宇宙本体，并在此基础上构建自己的理学体系。他对于道、气、命、性、心、情、仁、教等理学范畴的探讨，基本继承了程朱学派的理学思想。说明他的理学体系，主要受到程朱理学的影响。这是由于郝经对理学的认识发源于赵复，而赵复作为朱学学者，在北方传播的主要是朱熹的学说。② 因此，《宋元学案》将郝经作为"江汉学侣"而列入《鲁斋学案》，是非常合理的。

其二，重视《六经》和小学功夫，是郝经理学思想的特点。郝经的理

---

① 郝经：《先天图说》，见《郝文忠公陵川文集》卷16，明正德李瀚刊本，1507，第10~31页。
② 参见本书第一章《赵复遗著与理学北传》。

学体系，从探索宇宙本原的《道论》开始，到强调社会教化的《教论》结束，最终的归结点，都是孔子的《六经》。郝经将道与圣人、《六经》相联系，在天为道，在人为圣人，在教为《六经》，强调《六经》是圣人载道之器，重视《六经》的社会教化功能。郝经还注重小学功夫，主张从日常行为规范入手来加强人的心性修养，与北方理学大师许衡的思想有不约而同之处。这些都说明，以《六经》为本，重践履，贵实行，是北方理学的基本特征。

其三，郝经的理学思想有不少合理的成分，比如反对道的神秘性，承认宇宙万物由物质性的气构成，积极进取的天命观，以及对情的合理性和重要性的肯定，都是其理学体系中富于价值的部分，是值得充分肯定的。

其四，郝经的理学体系，探索了理学的许多命题和范畴，包括本体论、宇宙发生论、人性论、道德修养论和社会教化论等多方面的内容，却缺乏对于认识论和方法论的探讨。而这些又是理学的重要领域，是程朱理学与陆九渊心学理论分歧的重要组成部分。此外，其理学体系内部还有自相矛盾之处。如《性论》中以气禀、生质说明人的差异，而《气论》又言万物一气而不及气禀。这些都说明郝经的理学体系还存在理论缺陷，远远不够完善。

总而言之，郝经不是一个在理学上富于创见的思想家。他虽然建构了自己的理学体系，其中亦不乏自得深造之处，但就整体而言，仍处在对南宋理学的消化吸收阶段，因循多于创见。郝经坚持以《六经》为本的北学传统，但枯萎的注疏之学无从发挥经学义理，他坚持留意人事注重践履的北方士风，而在理论上又缺乏认识论作为基础。是否可以说，郝经学术思想中的所谓北学特点，不过是传统经注之学在以义理为特征的理学冲击下的反映，或者让位于理学统治的一种过渡阶段的特征。当然，即便是理学全盛时期，也存在南北学风的差异，北学也始终有其特点。这些特点的根源和价值何在，是思想学术史上值得探索的问题。郝经作为金元之际北方学术转变时期的典型代表，对他及同时代学者思想的比较研究，对于上述问题的推进和深入，都是有意义的。[1]

---

[1] 本章原题《郝经理学思想研究》，刊于《北京师范大学学报》（人文社会科学版），2002年元代古籍研究专刊，第76~96页，本书收录时有增补修改。

第三章　郝经与《续后汉书》

中国史学史上，陈寿《三国志》向以取材精审、叙事简洁而称"良史"，[1] 但其记载疏略及以曹魏为正统，又往往为后世所讥议。南朝裴松之奉宋文帝命作《三国志注》，征引书籍二百多种，弥补了陈书史料上的阙失。而在帝魏问题上，虽东晋习凿齿即已上疏请求"越魏继汉"以正统体，[2] 却迟至南宋朱熹《资治通鉴纲目》，才在纲目体史著中实现了黜魏帝汉的正统转移。受朱熹思想影响，宋明之间出现多部重新编纂的纪传体三国史，郝经《续后汉书》即是其中之一。

《续后汉书》是郝经出使南宋拘留仪真期间改编的三国史。它不同于陈寿以曹魏为正统、国别为史的《三国志》，而是以确立蜀汉正统为宗旨，采用表、纪、传、录四种体裁的有机组合，完整地记载三国历史。郝经门生苟宗道同时完成的《续后汉书新注》，说明该书的义例书法，并在史料上进行充实完善，也是《续后汉书》不可或缺的组成部分。本章从修撰刊行、体裁结构、改作宗旨和《新注》等方面，探讨郝经的这部历史著作。

第一节　《续后汉书》的修撰与流传

《续后汉书》编纂于郝经拘留仪真期间，直至延祐五年，方由元朝官刻行世。由于印本无多，流传不广，明以后逐渐散佚。清四库馆臣以其"持议甚正，有益治体"，从《永乐大典》中辑佚成书，收入《四库全书》之中，虽结构尚称完整，但内容已多有散佚。

一、《续后汉书》的修撰

中统元年(1260)，忽必烈即蒙古汗位，以郝经为翰林侍读学士、国信使，出使南宋议和。南宋权臣贾似道，拘留郝经于真州(江苏仪征)十五年。在议和不成、归国无望的困厄中，郝经潜心经史，先后撰修各类著述十二种、数百卷，《续后汉书》即作于拘囚期间。

---

[1]　房玄龄等：《晋书》卷82《陈寿传》，北京，中华书局，1974，第 7 册，第 2137 页。
[2]　房玄龄等：《晋书》卷82《习凿齿传》，北京，中华书局，1974，第 7 册，第 2154 页。

郝经《续后汉书自序》云：

  中统元年，诏经持节使宋，告登宝位，通好弭兵。宋人馆留仪真，不令进退。束臂抱节，无所营为，乃破稿发凡，起汉终晋，立限断条目，以更寿书。作表、纪、传、录诸序、议、赞。十二年夏五月，令伴使西珪借书于两淮制使印应雷，得二汉、三国、晋书，遂作正史。以裴《注》之异同，《通鉴》之去取，《纲目》之义例，参校刊定，归于详实。以昭烈纂承汉统，魏、吴僭伪。十三年冬十月书成，①年表一卷，帝纪二卷，列传七十九卷，录八卷，共九十卷，别为一百三十卷。②

由上文可知，《续后汉书》的写作分三阶段：第一，发凡起例，确定全书的年代断限和改作宗旨；第二，分卷立目，并写出各卷的序文议赞；第三阶段，才是采录前史，编纂史书正文。然而，《自序》只记录了《续后汉书》的成书时间，而没有起始之年。考察郝经《陵川文集》，可见至元二年（1265）五月的《甲子集序》中，曾提到至元元年与书状官苟宗道"整领缀缉"旧稿，其中就有《通鉴书法》《三国条例》二稿，"各自为一书"。③苟宗道《续后汉书新注序》云："先生比为新书，先作《义例条目》，以明予夺之旨，今各具本文下。"④《续后汉书自序》的新注注文亦云："先生比修新书，先为《义例》，以明更定去取之意，今各具本条下。"⑤显然，这里所谓的《义例》或《义例条目》，就是《甲子集序》所说的《三国条例》。《续后汉书》完稿后，《义例》没有单独成篇，而是分条录入苟宗道的《续后汉书新注》，所以苟宗道《郝公行状》在记叙郝经遗著时，只提到《通鉴书法》，而未及《三国条例》。⑥《三国条例》是郝经编撰《续后汉书》的纲领，它确定

---

① 按：郝经被拘真州，北方消息不通，不知道中统五年忽必烈改元至元之事，所以一直沿用中统纪年。中统十二年、十三年，即至元八年、九年，以下类推。
② 郝经：《续后汉书自序》，见《续后汉书》卷首，台北，台湾"商务印书馆"影印清乾隆文渊阁《四库全书》辑录《永乐大典》本，1986，第385册，第23～24页；又见《郝文忠公陵川文集》卷29，明正德李瀚刊本，1507，第15页。
③ 郝经：《甲子集序》，见《郝文忠公陵川文集》卷29，明正德李瀚刊本，1507，第1页。
④ 苟宗道：《续后汉书新注序》，见郝经：《续后汉书》卷首，台北，台湾"商务印书馆"影印清乾隆文渊阁《四库全书》本，1986，第385册，第25页。
⑤ 郝经：《续后汉书自序》，见《续后汉书》卷首，台北，台湾"商务印书馆"影印清乾隆文渊阁《四库全书》本，1986，第385册，第24页。
⑥ 苟宗道：《故翰林侍读学士国信使郝公行状》，见郝经：《郝文忠公陵川文集》卷首，明正德李瀚刊本，1507，第27～28页。

了其书的修撰宗旨、体裁、断限和书法原则。而《通鉴书法》，是对司马光《资治通鉴》书法规则的总结，也是为确立改编三国史的书法原则而作的先行研究。可见，至少在至元元年以前，郝经已经在发凡起例，开始酝酿《续后汉书》。

根据《陵川文集》，约至中统四年（1263），郝经在多次与南宋当局交涉都无结果的情况下，已经开始潜心经史，做好长期被拘押的准备。从中统四年二月到至元五年（1268）正月的五年中，郝经先后编著了《一王雅》《通鉴书法》《春秋外传》《甲子集》《原古录》《太极演》《周易外传》等七部书约200多卷。① 因此，在这一时期，郝经对《续后汉书》只作了发凡起例、确定义例书法的准备工作，大规模的修撰尚未开始。至元五年正月以后的四年中，郝经没有再写其他著作，将主要精力投入到改编三国史的工作中，不仅确定了全书表、纪、传、录四种体裁，编制了全书的目录，还写好了各卷的序文、议、赞，全书出于己意的创新工作已大体完成。剩下只是根据旧史，将史料分别抄入体系完整的各卷之下而已。因此，至元八年五月，郝经通过南宋伴使陈西珪，向宋两淮制置使印应雷借到《汉书》《后汉书》《三国志》和《晋书》等书后，即开始大规模的史文抄录工作，不过短短的十七个月，到至元九年十月，这部90卷的《续后汉书》即告杀青。

可见，《续后汉书》的结撰，从至元元年作《通鉴书法》和《三国条例》开始，到九年十月全书完稿，共持续了九年时间，而其中主要的工作，完成于五年正月到九年十月之间。

《续后汉书》虽作于郝经拘留真州期间，但是改作《三国志》的心愿却并非始于此时。《续后汉书自序》对此有清楚的说明：

> 晋平阳侯相陈寿，故汉吏也。汉亡仕晋，作《三国志》，以曹氏继汉而不与昭烈，称之曰蜀，鄙为偏霸僭伪。于是统体不正，大义不明，紊其纲维，故称号议论皆失其正。哀帝时，荥阳太守习凿齿著《汉晋春秋》，谓三国蜀以宗室为正，魏虽受汉禅晋，尚为篡逆，蜀平而汉始亡，上疏请越魏继汉，以正体统，不用。宋元嘉中，文帝诏中书侍郎裴松之，采三国异同凡数十家以注寿书，补其阙漏，辨其舛错，绩力虽勤，而亦不能更正统体。历南北隋唐五季七百有余岁，列诸三史之后，不复议为

---

① 参见郝经：《郝文忠公陵川文集》卷28、29诸书序文，明正德李瀚刊本，1507。

也。宋丞相司马光作《通鉴》，始更蜀曰汉，仍以魏纪事，而昭烈为僭伪。至晦庵先生朱熹为《通鉴》作《纲目》，黜魏而以昭烈章武之元继汉，统体始正矣。然而本史正文，犹用寿书。经尝闻搢绅先生余论，谓寿书必当改作，窃有志焉。及先君临终，复有遗命，断欲为之，事梗不能。

因此，当至元九年（1272）书成之日，郝经才感叹："安得复于先君，而告卒事乎！"①

郝经改作《三国志》是确有父命，还是模仿司马迁《史记》的临终受命，我们已不得而知。至少，郝经在宪宗八年（1258）十一月其父去世后所作《先父行状》中，并未言及遗命改作事。② 但是，郝经本人于三国史寓心已久，则是确有其事。苟宗道《郝公行状》云："公自弱冠，每以陈寿所修《三国志》统纪紊乱，尊魏抑汉，后世不公之甚，他日必当改作。"③ 早年束发就学奉父命学作决科文，郝经曾拟刘备和诸葛亮二人，作《汉昭烈帝讨吴孙权檄》和《汉丞相亮谕伪魏檄》。④ 出使南宋之前，自己酉年至戊午年（1249～1258），郝经又先后为顺天府关羽庙作《汉义勇武安王庙碑》，为涿郡刘备庙、诸葛亮庙作《涿郡汉昭烈皇帝庙碑》和《汉丞相诸葛忠武侯庙碑》，并为北海管宁祠和易州田畴祠作《汉高士管幼安碑》《汉义士田畴碑》。⑤ 这些碑记，非但表彰忠于刘备匡扶汉室的诸葛亮和关羽，以及不仕曹魏以存汉统的义士管宁、田畴，而且提出黜魏尊汉的统纪问题。早在己酉年撰写的关羽庙碑中，郝经就提出蜀汉正统论："昭烈帝始终守一仁，武安王始终守一义，尽心于复汉，无心于代汉，汉统卒归之。袁氏徒为僭伪，曹氏徒为篡窃，孙氏徒为偏霸，竟不能以有汉。"⑥《昭烈皇帝庙碑》进一步指出："陈寿作《国志》，即以汉统与魏，使昭烈父子与刘璋共为《蜀志》。其

---

① 郝经：《续后汉书自序》，见《续后汉书》卷首，台北，台湾"商务印书馆"影印清乾隆文渊阁《四库全书》本，1986，第385册，第21～24页。
② 郝经：《先父行状》，见《郝文忠公陵川文集》卷36，明正德李瀚刊本，1507，第9～12页。
③ 苟宗道：《故翰林侍读学士国信使郝公行状》，见郝经：《郝文忠公陵川文集》卷首，明正德李瀚刊本，1507，第27页。
④ 郝经：《汉昭烈帝讨吴孙权檄》《汉丞相亮谕伪魏檄》，见《郝文忠公陵川文集》卷31，明正德李瀚刊本，1507，第3～9页。
⑤ 诸碑分见郝经：《郝文忠公陵川文集》，明正德李瀚刊本，1507，卷33，第4～6、11～18页；卷34，第1～4页。
⑥ 郝经：《汉义勇武安王庙碑》，见《郝文忠公陵川文集》卷33，明正德李瀚刊本，1507，第4～5页。

后著书者,皆以魏为正统。惟宋司马光更'蜀'为'汉'……而亦不以正统归之。至建安,朱熹始夺'黄初'之统,以'章武'继汉,汉亡始为魏。夫高帝以宽仁得人心开汉统,光武以谨厚得人心复汉统,昭烈以信义得人心存汉统。"所以,郝经在碑中,"推本汉氏家法心传,统体所在,正其名号,曰'汉昭烈皇帝',榜其殿而碑诸庙。"①这些都说明,郝经在出使南宋之前,的确已有改作《三国志》以正统体之意,只是因为忙于世务,无暇撰作而已。拘留仪真十五年,为郝经提供了专意述作的充裕时间。在这一时期编撰的十二部著作中,《续后汉书》是郝经用时最长、投入精力最多的一部,是集中体现其史学思想的代表之作。元仁宗延祐五年(1318),朝廷商议刊刻郝经遗著,在众多的著述中独独选出《陵川文集》和《续后汉书》两部刊印行世,绝非偶然。

二、《续后汉书》的命名

郝经改作的三国史,最初并不称为《续后汉书》,而是沿用陈寿书名,称《三国志》。郝经《自序》云:"(中统)十三年冬十月书成……仍故号曰《三国志》。"其下苟宗道《新注》亦引《义例》曰:"陈寿之为《国志》,时东汉史尚无完书,乃断自献帝而下,为魏、蜀、吴书,总谓之《三国志》。天下分裂,统体不一,如周衰列国,故如《国语》别为之书,而谓之志,志亦记也。今虽增修,革讹饰陋,正其统体,其名不可易,故仍曰《三国志》云。"②这说明,早在编写《义例》决定改作宗旨之时,郝经已经为自己的著作确定了《三国志》的书名。郝经认为,三国时期的历史,正如春秋时期周室衰微列国分立。所以,陈寿模仿《国语》体裁,按国别分作魏、蜀、吴三书来记载当时的历史,而总称为《三国志》,是符合历史事实的。现在自己改编三国史,主要是为了"革讹饰陋,正其统体",至于书名则不必改易。实际上,仍用《三国志》之名,还有更深层次的寓意,即郝经期望自己的改作,可以取代陈寿《三国志》的正史地位。不过,这一点只能是他隐含的心愿,不便公开阐明而已。所以,至元九年(1272)十月全书告成,郝经作《自序》言修撰事,清楚地说明其书仍陈书故名《三国志》。同年苟宗道作《新注序》,亦未言及书名改易。

然而,郝经《陵川文集》卷29所收该书序、延祐五年(1318)五月江西

---

① 郝经:《涿郡汉昭烈皇帝庙碑》,见《郝文忠公陵川文集》卷33,明正德李瀚刊本,1507,第13~14页。
② 郝经:《续后汉书自序》及苟宗道新注引《义例》,见《续后汉书》卷首,台北,台湾"商务印书馆"影印清乾隆文渊阁《四库全书》本,1986,第385册,第24页。

行中书省开刊郝经著作的札付,以及同年七月江西儒学提举冯良佐为该书作的《后序》,都称这部书为《续后汉书》。尤其值得重视的是,苟宗道《郝公行状》在记述此书时云:"公自弱冠,每以陈寿所修《三国志》统纪紊乱,尊魏抑汉,后世不公之甚,他日必当改作。及闻晦庵先生有《通鉴纲目》,尝语人曰:'《纲目》虽夺魏统而与汉,然一代完书终未改正。'公乃创作纪、传、序、志、论、赞等书,其辞例森严正大,雄深健雅,黜奸雄之僭伪,续一世之正统,则昭烈、孔明之心,白日正中也。仍改曰《续后汉书》若干卷。"①集贤学士卢挚《郝公神道碑铭》、翰林学士承旨阎复《郝公墓志铭》二文,也都记此书为《续后汉书》。其中《郝公墓志铭》称:"公之殁也,权厝于保定西郭静直君(郝经父思温)墓侧。大德三年春,迁窆于河阳虎头山之原,从吉兆也。先事,朝请君(郝经子采麟,时为集贤直学士朝请大夫)持淮东道肃政廉访副使苟宗道所述家传,请铭幽隧。"②可知卢挚《郝公神道碑铭》和阎复《郝公墓志铭》,都作于大德三年(1299)春郝经迁葬之前,而二文所依据的苟宗道《郝公行状》,当更作于二文之前。也就是说,以上三文都写于延祐五年刊刻郝经遗著之前。这似乎是充分的证据,说明至少在该书刊刻前,甚至有可能在郝经生前,其书已改称《续后汉书》。但对史料细作考究,则又不然。

首先,《三国志》完稿于至元九年十月,下距十一年元军大举攻宋、宋遣郝经一行北归还有两年。若郝经在此期间已决定更改书名,那么他完全有时间改动《自序》和《义例》中有关书名的解说,而不至于留下"仍故号曰《三国志》"的原文。而且,郝经在北还途中就已罹病,十二年四月到达燕京面见忽必烈,翌日世祖驾幸上都,留郝经于燕京就医看治。七月十六日,郝经即以"宿疾复作"去世,其间似无暇再更定自己的著作。

其次,《郝公行状》的作者苟宗道,是以书状官身份随同郝经出使南宋的郝氏门生,当年在仪真曾协助郝经改作三国史,并为郝书作《新注》。如果郝经生前已决定改易书名,即使本人不及措手,苟宗道亦可助他改易原稿,而不会出现《自序》名为《三国志》,《行状》中却云"仍改曰《续后汉书》"的矛盾。

再次,《陵川文集》卷首所载延祐五年元中书省移江西行省咨文,在提到郝经三国史时,亦称之《三国志》。该咨文首引集贤大学士礼部尚书

---

① 苟宗道:《故翰林侍读学士国信使郝公行状》,见郝经:《郝文忠公陵川文集》卷首,明正德李瀚刊本,1507,第27页。
② 阎复:《元故翰林侍读学士国信使郝公墓志铭》,见郝经:《郝文忠公陵川文集》卷首,明正德李瀚刊本,1507,第14页。

郭贯上奏云:"其平日著述,如《三国志》……《春秋外传》《一王雅》《陵川文集》等书,学者愿见而不得。"要求刊刻郝经遗著以示表彰。上书获中书省批准:"将郝文忠公遗文裒集梓行,诚有补于世教。"其后,咨文又引怀孟路申,"今将《陵川文集》并《三国志》申解前去"。中书省收到之后,遂"将发到《陵川文集》一十八册、《三国志》三十册送付编修官蒲道源等,考较去后"。① 这说明,延祐五年朝廷商议刊刻郝经遗著,到怀孟路郝氏家中查找遗稿,并上呈中书省转翰林国史院官员考较时,郝经改作的这部三国史仍称为《三国志》。

书名的变化应出自翰林国史院官员对郝经著作考较之后,由"待制赵穆、编修官蒲道源等官连呈"中书省时,书名已改称《续汉书》。② 而且,当年七月江西行省儒学提举冯良佐在刊印郝经著作完毕之后,作《续后汉书后序》还特地解释说,"若夫《续后汉书》暨《陵川集》,则今所定称也"。③ 这就证明,郝经生前《三国志》的书名从未改易,《续后汉书》之名,应该是翰林国史院官员考较时所改,所以江西行省札付、冯良佐《后序》,才一致改称《三国志》为《续后汉书》。至于《陵川文集》卷首附载的卢挚《郝公神道碑铭》、阎复《郝公墓志铭》和苟宗道《郝公行状》,以及《文集》卷29所录《续后汉书序》,都应当是江西行省刊印时所作的相应改动,而非原文如此。

还有一个佐证,郝经在拘留仪真期间,曾编订自己的诗文为《甲子集》,集中按文体分类,顺序为诗、赋、论、说、辨、解、书、传、志、箴、铭、赞、颂、序、记、碑志、行状、哀辞、祭文、杂著、宏辞、表奏、使宋文移等。④ 而延祐五年刊刻的《陵川文集》,各文体顺序调整为:赋、诗、图记、论、杂著、文、哀辞、祭文、箴、铭、赞、说、书、记、序、述拟、奏议、碑文、墓志铭、行状、使宋文移。说明翰林国史院在考较郝经著作时,不只是作了文字的考核校订,还重新编辑过文集。

书名的改易,说明翰林国史院官员认为,郝经三国史沿用《三国志》之名,有仍陈寿之旧的嫌疑。不如像南宋萧常所著三国史,改称《续后汉书》,更能凸显蜀汉为继西汉、东汉之后又一个新的汉朝政权,也更符合

---

① 延祐五年《中书省移江西行省咨文》,见郝经:《郝文忠公陵川文集》卷首,明正德李瀚刊本,1507,第2~3页。
② 延祐五年《中书省移江西行省咨文》,见郝经:《郝文忠公陵川文集》卷首,明正德李瀚刊本,1507,第3页。
③ 冯良佐:《续后汉书后序》,见郝经:《续后汉书》卷首,台北,台湾"商务印书馆"影印清乾隆文渊阁《四库全书》本,1986,第385册,第26页。
④ 郝经:《甲子集序》,见《郝文忠公陵川文集》卷29,明正德李瀚刊本,1507,第1页。

郝经改作三国史、确立蜀汉正统的宗旨。这一改变,虽无悖于郝经更正统纪的撰述本意,但是,翰林国史院官员并不认为郝经之书,可以取代陈寿《三国志》的正史地位,则是显而易见的。

三、《续后汉书》的刊行与辑录

至元九年(1272)十月,《续后汉书》完稿于仪真。两年后,元军大举攻宋,忽必烈遣兵部尚书廉希贤与郝经之弟行枢密院都事郝庸入宋,责问宋朝拘留使节之故,南宋被迫放还郝经。次年四月,郝经一行回到燕京,入见忽必烈复命,七月即病卒家中。郝经死后,他从南方带回的著作悉藏于家,未曾刊行。

据元中书省咨文,仁宗延祐中,郝经门生礼部尚书郭贯上书朝廷,提出郝经以国信使出使宋朝,被宋拘留十六年,"凛然风节,远配古人"。"其平日著述,如《三国志》黜曹魏而主刘蜀,使正统有归,吻合朱文公《通鉴纲目》笔法,一洗前书之谬误,是诚有补于世教。又如《春秋外传》《一王雅》《陵川文集》等书,学者愿见而不得。似此遗稿,家藏尚多。不幸其子山南江北道肃政廉访使文徵早卒,伏虑前书久而散失,良可惜也。如蒙朝廷允许,于怀州本家取发前来,付翰苑披详,发下板行。庶使一代儒宗雄文杰作,不至湮没,传之将来,以见圣治文明之盛,是则非惟死者之幸,实后学之幸也"。① 要求刊刻郝经遗著,以表彰忠烈。

郭贯上书得到朝廷批准,遂移文怀州,于郝经家中寻求遗稿。在郝经诸多著作中,怀孟路仅将《陵川文集》十八册和《三国志》三十册申解入京,由中书省送付翰林国史院考较。参与其事者,有翰林待制赵穆、翰林编修蒲道源等人。考较后,翰林院官员连呈:"郝经所著文集,笔力雄深,议论赅博,忠义之气,蔼然见于言意之表。《续汉书》(即《三国志》)得先儒之至论,黜晋史之帝魏,使昭烈上系汉统,扶立纲常,有补世教。其间叙事,典赡核实,多前史所未及者。若蒙呈达都省,行下书坊,版行传后,非惟使斯人生平精苦之志有以表见于世,亦示我国朝之有人焉。"② 于是,由集贤大学士陈颢"以公书敷奏"。仁宗"念故臣之可悯,喜藏书之有传,睿旨恩润,俾江西行省绣梓"。③ 到延祐五年(1318)七月,

---

① 延祐五年《中书省移江西行省咨文》,见郝经:《郝文忠公陵川文集》卷首,明正德李瀚刊本,1507,第2~3页。
② 延祐五年《中书省移江西行省咨文》,见郝经:《郝文忠公陵川文集》卷首,明正德李瀚刊本,1507,第3页。
③ 冯良佐:《续后汉书后序》,见郝经:《续后汉书》卷首,台北,台湾"商务印书馆"影印清乾隆文渊阁《四库全书》本,1986,第385册,第26页。

两书刊刻完成，各印刷二十部。这是郝经《陵川文集》和《续后汉书》的第一次刊行，上距至元九年《续后汉书》成书，已经四十六年。但因各书印数有限，流传亦受到局限。

明清两代，郝经著作的元官版毁亡。《陵川文集》由于受到世人重视，多次重刊重印，完整流传至今。而《续后汉书》因未曾再版，所以到清修《四库全书》时，已无传世本，惟《永乐大典》存录尚多。四库馆臣乃自《永乐大典》抄录整理，辑成《续后汉书》90卷，虽结构完整，内容却多有遗失，已非完璧。此后，清道光二十一年（1841），上海郁松年《宜稼堂丛书》，据《四库全书》辑佚本刊行。而《丛书集成初编》，又据《宜稼堂丛书》本重新排印。这就是郝经《续后汉书》的版本情况。

《四库全书总目》云：

> 是书与经所撰《陵川集》，皆延祐戊午官为刊行，然明以来绝少传本，惟《永乐大典》所载尚多，核以原目，惟《年表》一卷、《刑法录》一卷全佚不传，其全篇完好者犹十之六七，其序文、议、赞存者亦十之八九。今各据原目编辑校正，所分子卷悉承其旧。间有残缺，其文皆已具于陈志，均不复采补，以省繁复。又经所见，乃陈志旧本，其中字句与今本往往异同，谨各加案语标明，以资考证。书中原注，乃书状官河阳苟宗道所作……其注于去取义例颇有发明，而列传中或有全篇无注者，殆修《永乐大典》之时传写佚脱欤！①

《四库提要》说明，郝经《续后汉书》的辑录，具备两个有利条件：一是该书虽已散佚，但资料在《永乐大典》中保存尚多，具备辑录成书的可能性。更重要的是，其书原目尚存，使辑佚者可以根据郝经编定的目录，将所辑材料编辑校正，甚至所分子卷皆可悉承其旧。这就基本保存了郝书的原貌，虽有部分资料佚失，却无碍大局，使后世仍可以了解其书的体裁结构和编纂宗旨。

《续后汉书》的辑录情况究竟如何，上引《四库总目》只是概而言之。据文渊阁《四库全书》本统计，其中全卷佚失确乎只有《年表》和《刑法录》2卷，约占全书90卷的2%；不过，尚有正文全佚仅存议、赞者8卷，约

---

① 永瑢等：《四库全书总目》卷50郝氏《续后汉书提要》，北京，中华书局，1965，上册，第451页；又见郝经：《续后汉书》卷首，台北，台湾"商务印书馆"影印清乾隆文渊阁《四库全书》本，1986，第385册，第2～4页。

占全书9%；部分阙佚者57卷，约占全书63%；而全卷完整者只有23卷，仅占全书26%，远不是《提要》所云的"十之六七"。至于郝经自撰的序文、议、赞则保存较好，其中序37篇存29，议172篇存150，赞93篇存76，即在总数302篇中保存了255篇，约占全部的84%，确如《提要》所言"存者亦十之八九"。

若按史书体裁统计，则有：

年表1卷，全佚。

帝纪2卷，全存。

列传79卷，包括汉传21卷、魏传24卷、吴传16卷、人物类传14卷、四夷列传4卷。其中全卷保存完好者18卷，分别是卷9、卷15、卷23（汉传），卷25、卷29、卷31、卷37、卷38（魏传），卷49、卷50、卷51、卷54、卷62（吴传），以及人物类传中的卷69（高士传）、卷70（死国传）、卷73（狂生传）、卷74（叛臣传）、卷75（篡臣传）。而止存议、赞正文脱佚的8卷，分别为卷6、卷13（汉传），卷26、卷27、卷28、卷40（魏传），卷59（吴传），与四夷列传中的卷82（南蛮传）。所余53卷则各有阙失，皆不完备。如按列传所载人物统计，在61卷各国列传中，正式立传记载的人物原为汉100人、魏132人、吴79人，今阙汉41人、魏51人、吴28人。各列传附载的人物原为汉88人、魏93人、吴69人，今阙汉34人、魏50人、吴25人。而在14卷人物类传中，正传记载原为汉59人、魏86人、吴46人，今阙汉17人、魏13人、吴9人。附传原为汉33人、魏56人、吴16人，今阙汉6人、魏4人、吴4人。换言之，在全部人物传记中，正传原记载各国人物502人，今阙159人，约占全部人物传记的32%；附传原记载各国人物355人，今阙123人，约占全部附传人物的35%。至于四夷列传4卷，在北狄、乌桓、鲜卑、羌、西域、东夷、南蛮、西南夷八类目中，除南蛮、西南夷二类正文全佚外，其余五类正文也所存无几，是全书中散佚较为严重的部分。

八录8卷，其中道术、职官、食货3录全存，刑法录全佚。历象录26类目中，仅辉气全阙，五行、灾异部分阙，保存尚属完整。其余三录则缺损严重。疆理录载16州，汉1州阙，魏11州阙6，吴4州阙3。礼乐录中礼分天、地、人3类，天20子目阙11，地9子目阙5，人15子目阙8；乐3类全存。兵录分15类，亦阙10类。

此外，荀宗道所作《续后汉书》原注，因散附于各卷正文之下，其存佚今已无法确计。

由统计可知，《续后汉书》体裁结构堪称完整，郝经亲自撰写的序文、议、赞保存较好，残佚严重得多是抄录自《三国志》、裴注及诸史的史书正文，对于了解全书妨碍不大。可以说，《四库》辑佚本，为研究《续后汉书》和郝经的史学，提供了良好的文献基础。

第二节 《续后汉书》的体裁与宗旨

郝经《续后汉书》，上起东汉献帝初平元年(190)，下至西晋武帝太康元年(280)东吴灭国，包括表、纪、传、录四种体裁，是一部记载三国时期九十一年历史的纪传体史书。全书90卷，其中部分传、录，又根据内容的类型和多寡各分子卷，凡130卷。①《四库全书》将其收入史部别史类，属于"上不至于正史，下不至于杂史"，"检校异同，其书皆足相辅，而其名不可以并列"者。② 这与郝经期望通过确立蜀汉正统，以取代陈寿《三国志》正史地位的初衷，确实相去甚远。

一、《续后汉书》的体裁结构

司马迁《史记》开纪传体史书之先河，本纪、世家、列传、表、书五种体裁相互配合，互为补充，形成相辅相成的有机整体。东汉班固《汉书》，根据历史发展，将世家一体并入列传，又改书为志，纪、传、表、志，遂成为纪传体史书的基本体裁。陈寿《三国志》，作为二十四史中第三部成书的纪传体正史，却只保留了本纪和列传二体，而不设表、志。而且鉴于三国分立的历史事实，陈寿将其史分为魏、蜀、吴三书，只有《魏书》设纪、传二体，以突出曹魏的正统地位，《蜀书》《吴书》都仅有列传。

郝经《续后汉书》不再采取陈志那样以国别为书，而是分表、纪、传、录四种体裁来综合记载历史，融铸三国史事于一书之中。年表1卷，以表格形式反映当时三国分立各有年号以纪年的历史事实。帝纪2卷，突出蜀汉政权在三国时期的正统地位。列传79卷，按传记形式区别为人物列传61卷、人物类传14卷、四夷列传4卷。其中人物列传根据三家并

---

① 如《后妃诸王太子传》《吴家人传》《死虐传》《篡臣传》《北狄传》《西戎传》《道术录》，各分上、下2卷；《魏家人传》《高士传》《死国传》《技术传》《职官录》《兵录》，各分上、中、下3卷；《儒学传》《狂士传》，各分上上、上下、下上、下下4卷；《文艺传》《历象录》《礼乐录》，各分上上、上下、中上、中下、下上、下下6卷。见《续后汉书目录》，郝经：《续后汉书》，台北，台湾"商务印书馆"影印清乾隆文渊阁《四库全书》本，1986，第385册，第4~21页。

② 永瑢等：《四库全书总目》卷50《史部别史类序》，北京，中华书局，1965，上册，第445页。

立的历史事实,划分为汉传 21 卷、魏传 24 卷、吴传 16 卷,分别记载各国人物。而人物类传,又各按汉、魏、吴的顺序分国记载各类人物。录 8 卷,则据专题记载三国时期的思想学术、天文历法、地理区划及职官、礼乐、刑法、食货、兵政等制度。这样,表、纪、传、录四体互相配合补充,形成统一整体,既弥补了陈志史书体裁上的缺失,又避免了分国记载割裂历史之嫌。①

《续后汉书》的体裁顺序也别具特色。自《史记》《汉书》始,绝大多数纪传体史书的顺序是纪、表、志、传,或纪、志、表、传。《后汉书》无表,志录于纪、传之后,则是由于纪传的作者是范晔,而志出于司马彪,两部分的作者并非一人。而郝经《续后汉书》的体裁安排,是表、纪、传、录,尤其是将年表置于本纪之前,更是前所未有。以往的纪传史,毫无例外都是将本纪作为整部史书的纲领置于全书之首,即便同为改编三国历史的南宋萧常《续后汉书》,也是帝纪 2 卷列于年表 2 卷之前。② 而郝经《续后汉书》,将年表 1 卷放在本纪前,可以推测,是欲以年表来提挈全书纲要,既体现以蜀汉为正统的历史观,又彰示三国分立的历史事实。纪、传二体相接,说明两部分内容联系紧密。刘备父子的两篇帝纪,来源于陈寿的二主传。郝经虽改传为纪,但是其中缺乏一般史书帝纪所具备的大事纲要的性质和内容,除称号等外,与传记相异不大。至于八录,由于陈寿《三国志》不设志体,文献阙征,录的内容有关三国者不多,时间断限亦参差不齐,所以排在全书最后,作为三国历史的补充。这样的体裁排列,应当说也是适合《续后汉书》具体情况的。

除表、纪、传、录四种体裁相辅相成外,《续后汉书》还在各卷中以序、议、赞等文体配合史书正文。郝经《义例》认为,孔子赞《易》,又作《诗》序与《尚书》序。左氏为《春秋》作传,则在史事叙述中穿插"君子曰"或当世诸人议论以裁断历史。这是中国古代史学的优良传统。司马迁开创纪传体通史,于《史记》帝纪、表、书、世家、列传作"序"及"论",统称"太史公曰",并在终篇《太史公自序》中,以四言韵文依次总结各卷的写作宗旨,作为全书 130 卷的"叙传"。班固《汉书》断代为史,但史文体裁亦承《史记》,于正文外别有序、论,只是"论"改称"赞",若承袭父言,则称"司徒掾班彪曰";同时,也在终篇《叙传》,用韵文说明诸篇作意,总结全书,后世谓之"史述赞"。范晔《后汉书》遵循班固之法,也有序、

---

① 参见本书附录二《郝经〈续后汉书〉体裁类目表》。
② 萧常:《续后汉书》,台北,台湾"商务印书馆"影印清乾隆文渊阁《四库全书》本,1986,第 384 册。

赞诸体，不过更"赞"曰"论"，论中亦有"援引其先世及诸人之言"。由于范晔因谋反罪入狱被处死，《后汉书》未能完稿，原计划的十志尚未写出，也来不及如司马迁《太史公自序》、班固《叙传》，为《后汉书》作一篇自序。然而，各卷之后的"赞"，以四言韵文体现范晔史文之"杰思"，① 起到叙传的作用。陈寿《三国志》只有纪、传二体，序文很少，仅《魏书》《后妃传》及《乌丸鲜卑东夷传》诸篇有序，又改"论"曰"评"，且不作赞文。史书中的上述序、论、赞、评，是史家借以概括历史演变、表达史学见解的多种文体，是纪传体正史中不可或缺的组成部分。

因此，郝经改作《续后汉书》，亦承袭前史传统，在史文记载外设置序、议、赞等文体。序置于各卷之前，除本纪和人物列传外，年表、人物类传、四夷列传、八录各卷皆有序文，部分卷还有总序、分序，用以概述历史发展，阐明立卷宗旨。议"参用后汉、三国、晋、宋以来诸儒论议"，所以改《三国志》的"评"为"议"，"其援引诸人，书名而不书官，插入本议，而断以己意"。议不限于卷，年表、本纪、八录大致是一卷一议，置于正文之后、赞语之前；人物列传和类传，或一人一议，或数人一议，有的附于全卷之后，有的"错置正史间"，以"便观览"；② 四夷列传，则六个子卷各有议，表达郝经对历史人物、事件、制度等的评价。赞一般是每卷一首，部分子卷亦有赞语，置于卷末，以四言韵语总括全卷内容。全书篇目繁多的序、议、赞，与史文记载相互配合，形成《续后汉书》有别于其他三国史的思想风貌。这是全书的精华所在，集中体现着郝经的史学思想与识断。

二、更正统纪的改作宗旨

统纪问题，历来是中国史书中最受重视的首要问题，尤其是在三国、东晋、南北朝、五代十国等多政权分裂割据时期，以哪一个政权为正统之所在，用哪一个王朝的年号来纪年系事，是维系中国历史传统的头等重要的大事。三国时期，魏、蜀、吴三国鼎立，陈寿《三国志》以曹魏为正统，是这部史书最遭后世讥议的主要问题。东晋习凿齿作编年体史书《汉晋春秋》，主旨就是要以晋朝"越魏继汉"，改正陈志帝魏的阙失，③ 可惜其书已经佚失不传。北宋司马光《资治通鉴》虽改称刘备政权为汉，

---

① 范晔：《狱中与诸甥侄书》，见《后汉书》附录，北京，中华书局，1965，第12册，第2页。
② 郝经：《续后汉书》卷2《昭烈皇帝纪》附新注，台北，台湾"商务印书馆"影印清乾隆文渊阁《四库全书》本，1986，第385册，第27页。
③ 房玄龄等：《晋书》卷82《习凿齿传》，北京，中华书局，1974，第7册，第2154页。

不再像陈寿《三国志》那样称蜀，但是仍采用曹魏年号来纪年系事，所以还是以曹魏为正统。① 直到南宋朱熹作《资治通鉴纲目》，黜魏而以刘备章武年号接续东汉建安，统纪方始作了改正。② 然而，朱书只是编年记载的历史纲目，在纪传体正史中，还是一直沿用陈寿《三国志》。因此，郝经改作三国史，首要的目的便是更正统纪。

更正统纪，首先要恢复蜀汉两位皇帝的名号。郝经认为："魏、晋自以为正统相继，故不举昭烈之谥，称曰先主。陈寿遂不以汉为帝纪，曰《先主传》，非也。先主者，大夫称其先大夫之辞也。继汉而不称汉，未尝称蜀而称蜀，蔑劣甚矣。"刘备作为汉景帝之子中山靖王刘胜的后代，一生为兴复汉室而奋斗。到曹丕废汉、汉统中绝之时，遂即皇帝位以祀汉，"汉统于是乎在矣"。但是陈寿《三国志》，"于《先主传》始终称先主，于魏、吴则始终称姓名。《通鉴》始称姓名，及即汉中王位称汉中王，至即帝位称汉主，崩后称汉昭烈"，都是以僭伪称呼和记载刘备。因此，郝经《续后汉书》，首先根据谥号为刘备正名为昭烈皇帝，"今从范史，始称昭烈，至即位后称帝、称上，于魏、吴则始终皆称昭烈，一同二汉天王正统云"。③

汉末帝刘禅，继昭烈在位四十余年，被曹魏灭国后，降封安乐公。陈寿《三国志》称昭烈为先主，所以称刘禅为后主。《通鉴》称之为汉主，或称安乐思公，④ 都是以僭伪相称。郝经认为，后主之称，是正统之国对僭伪及降封者的称呼。朱熹《通鉴纲目》虽改称先主为昭烈皇帝，却仍称刘禅为后主，⑤ 意味着刘备仍然是先主，于意有所未安。所以，郝经《续后汉书》，参照北宋欧阳修《新五代史》称五代朱瑱为梁末帝，⑥ 亦改称刘禅为汉末帝，"今汉亡而帝亦无谥，故更后主为末帝云"。⑦

至于魏、吴二国的称号，陈寿《三国志》"以魏为正统，故操始终称太

---

① 司马光：《资治通鉴》卷69，北京，中华书局，1956，第5册，第2185～2188页。
② 朱熹：《资治通鉴纲目》卷14，台北，台湾"商务印书馆"影印清乾隆文渊阁《四库全书》本，1986，第689册，第833页。
③ 郝经：《续后汉书》卷2《昭烈皇帝纪》新注引《义例》，台北，台湾"商务印书馆"影印清乾隆文渊阁《四库全书》本，1986，第385册，第27页。
④ 司马光：《资治通鉴》卷70、卷79，第5册，第2218页，北京，中华书局，1956，第6册，第2518页。
⑤ 朱熹：《资治通鉴纲目》卷14，台北，台湾"商务印书馆"影印清乾隆文渊阁《四库全书》本，1986，第689册，第841页。
⑥ 欧阳修：《新五代史》卷3《梁末帝纪》，北京，中华书局，1974，第1册，第23页。
⑦ 郝经：《续后汉书》卷3《末帝纪》新注引《义例》，台北，台湾"商务印书馆"影印清乾隆文渊阁《四库全书》本，1986，第385册，第45页。

祖、丕、睿五主皆王称帝止，没举伪号。于蜀则始称姓名，没称先主、后主。于吴四主，则始终称姓名，又降于蜀，直为魏之僭伪"。郝经《续后汉书》则改为："今自操至奂凡六主，皆削其号，称姓名，同夫孙氏，皆为汉僭伪。其依放帝纪书者，亦皆削去。"①这就从皇帝名号上，确立了蜀汉的正统地位，而黜去曹魏，使之与孙吴并列，成为三国时期的僭伪政权。

皇帝名号更定之后，随之而来的就是在史书中改立帝纪。首先是为蜀汉的两位皇帝设置帝纪。陈寿《三国志》以魏继东汉为正统，所以只在《魏书》中，为曹魏的六个皇帝设立帝纪。实际上曹操生前仅称魏王，并未称帝。《蜀书》则为刘备、刘禅立《先主传》和《后主传》，且列于刘备入蜀前益州牧刘焉、刘璋父子的《刘二牧传》之后。《吴书》也是如此，只为称帝的孙权、孙亮、孙休、孙皓立《吴主权传》和《吴三嗣主传》。②

郝经认为："纪，统纪也，以一统而纪天下之事也。故司马迁《史记》，凡一统天下者皆曰本纪。班固因之曰帝纪。陈寿以魏为正统，故以魏为帝纪。"这就犯了两大错误：第一，汉献帝虽已被废黜，但刘备随即即位为昭烈帝，汉统并未中绝。汉统未绝而复立魏统，天下岂不是出现了两个正统？第二，篡夺汉权的曹魏，又岂堪继承汉统？因而，郝经《续后汉书》"今从《纲目》，以昭烈、末帝为帝纪，魏、吴皆降为传云"。③

由此，郝经《续后汉书》在《年表》1卷之后，首先设置《昭烈皇帝纪》和《末帝纪》2卷，确立刘备父子的正统地位。其后又相应设置了《后妃太子诸王列传》，分别记载蜀汉二帝的后妃、太子和诸子，作为帝纪的羽翼。而在列传中，将曹操、曹丕等六位魏帝，都削去帝纪改立为传，并且直称其姓名为《曹操传》《曹丕传》等。对于东吴四帝，亦直称为《孙权传》《孙亮传》等。这就从史书体裁上，确立了蜀汉的正统地位，而把魏、吴政权作为三国时期的僭伪政权来处理。

正统纪的第三步是改正纪年。郝经《续后汉书》的断限模仿陈志，始于汉献帝初平元年（190），终于晋武帝太康元年（280），共记载了九十一年的历史。在这个历史时期，魏、蜀、吴三国分立，各有年号，纷纭错综。正朔之所在，即为统体之所系，因而在史书中采用哪一家的年号纪

---

① 郝经：《续后汉书》卷25《曹操传》新注引《义例》，台北，台湾"商务印书馆"影印清乾隆文渊阁《四库全书》本，1986，第385册，第217页。
② 陈寿：《三国志》卷1~4、卷32~33、卷47~48，北京，中华书局，1982，第1册，第1~154页，第4册，第871~903页，第5册，第1115~1182页。
③ 郝经：《续后汉书》卷2《昭烈皇帝纪》新注引《义例》，台北，台湾"商务印书馆"影印清乾隆文渊阁《四库全书》本，1986，第385册，第27页。

年系事，是关系到奉谁为正统的大问题。陈寿《三国志》以曹魏为正统，因此《魏书》的帝纪和列传，在建安二十五年(220)汉献帝被废后，即接续魏文帝曹丕的黄初年号，直至魏元帝咸熙二年(265)司马炎废魏自禅，再改用晋泰始纪年。在《蜀书》和《吴书》中，陈寿并没有统一采用曹魏纪年，而是在刘备和孙权自立为帝后，各用本国年号纪年。应该说，在分裂割据的历史时期，《三国志》的纪年是一种较为灵活合理的方式，一方面彰显了曹魏继汉禅晋，是正朔之所在的正统地位，另一方面尊重了魏、蜀、吴三国各有年号各自为政的历史事实，完全符合东晋史学家陈寿的历史观。

郝经《续后汉书》在全书卷首即设立《年表》1卷，以表格的形式综述三国纪年，突出蜀汉政权的正统地位。可惜此卷全文佚失，不仅《年表》的序文、议、赞和表格形式不得而见，就是《义例》中有关设立《年表》的宗旨和体例亦湮没无闻。考察《续后汉书》帝纪与汉臣列传，汉献帝建安二十五年曹丕废汉建魏，次年(221)刘备即汉皇帝位于成都武担之南，年号章武，《续后汉书》即以章武年号接续献帝建安纪年。章武三年(223)刘备去世，又继之以汉末帝刘禅建兴、延熙、景耀、炎兴纪年，直到炎兴元年(263)魏军入蜀灭汉为止。这与郝经《义例》"章武之元，自可绍建安之末"是相符合的。[①] 对于魏、吴两国列传的纪年，郝经的处理是，曹魏"未僭号，则以汉正朔加之。亦既僭号，则非汉臣而列国也，仍以本国之年纪事。其诸臣子之传，则仍其国之年。于吴亦然"。[②] 这实际上仍是沿用陈寿《三国志》的纪年原则，汉、魏、吴三国各以其年号纪年系事，只不过将陈寿《三国志》中曹魏各帝纪，改为蜀汉的《昭烈皇帝纪》和《末帝纪》，以显示蜀汉取代曹魏为正统的郝氏历史观而已。

第三节　别具特色的传记体系

列传是《续后汉书》的重要组成，在全书90卷中居79卷，大致分为人物列传、人物类传、四夷列传三部分，与一般纪传体史书无大差异。然而，《续后汉书》记载的毕竟是三国鼎立时期的历史，因而，它必然具有与统一王朝正史不同的特点，这首先体现为人物传记的三国分立。

[①] 郝经：《续后汉书》卷2《昭烈皇帝纪》新注引《义例》，台北，台湾"商务印书馆"影印清乾隆文渊阁《四库全书》本，1986，第385册，第27页。
[②] 郝经：《续后汉书》卷25《曹操传》新注引《义例》，台北，台湾"商务印书馆"影印清乾隆文渊阁《四库全书》本，1986，第385册，第217页。

一、三国分立的人物列传

从汉灵帝中平元年（184）黄巾起义，到曹丕黄初元年（220）废汉建魏三国分立，东汉末年的社会动荡持续约四十年。这一时期的将相大臣与地方割据势力，或终于东汉，或归依蜀汉，或附从于魏，或追随于吴。这些人物最初都是东汉的臣属。陈寿《三国志》各按其归属，分别收入魏、蜀、吴三书，其中终于东汉一朝的历史人物，亦收入《魏书》之中。郝经《续后汉书》以蜀汉继东汉而为正统，所以列传的顺序自然是以汉、魏、吴的顺序来安排。其中汉传的内容最为复杂，包括蜀汉政权的《后妃太子诸王列传》1卷，属于东汉的《宗室诸刘列传》1卷，汉臣列传19卷。而汉臣列传实际也包含两部分历史人物：一部分是东汉人物，即从卷6《皇甫嵩传》到卷14《徐庶传》；另一部分是蜀汉群臣，即从卷15《诸葛亮传》到卷24《郤正传》。①

《宗室诸刘列传》是郝经改作时专门设置的一个列传，用来收录东汉末年的刘姓宗室，包括刘宠、刘焉、刘虞、刘繇、刘表及其子弟、臣属。这些人物的情况较为复杂，陈寿《三国志》对他们的处理也不尽相同。刘宠东汉末嗣封陈王，黄巾起义时自保陈国，后被袁术所杀。陈寿《三国志》不载其事，范晔《后汉书》将其置于《孝明八王列传》。郝经以刘宠在献帝时曾屯兵阳夏，自称辅汉大将军，故特为之立传，并置于《宗室诸刘列传》之首。刘焉、刘虞、刘繇、刘表诸人，东汉末皆以宗室出任地方州牧，拥兵自重，割据一方。刘焉、刘璋父子相继出任益州刺史，陈寿《三国志》为之立《刘二牧传》，置于《蜀书》之首，刘备《先主传》之前。郝经认为刘焉曾与马腾通谋袭长安，实为汉室之贼，岂得与兴复汉室的刘备同列？既然以刘备为《昭烈皇帝纪》，故入刘焉父子于《宗室诸刘列传》。刘虞东汉末为幽州刺史，曾平定乌丸叛乱，并拒绝袁绍等人立自己为帝的建议，最后被公孙瓒所杀。陈书未为刘虞立传，事迹附载于《魏书·公孙瓒传》之中。郝经认为刘虞事迹与魏无涉，不当置于《魏书》，故特为刘虞立传，收入《宗室诸刘列传》之中。刘繇东汉末拜扬州刺史，被袁术、孙策所攻，走保豫章而病卒。陈志将《刘繇传》收入《吴书》，视为吴国之僭伪。刘表东汉末为荆州刺史，拥兵自保，带甲十余万。刘备投奔，刘表厚待之而不能用，病卒后其子刘琮投降曹操。陈寿将《刘表传》收入《魏

---

① 参见郝经：《续后汉书》卷6《汉臣列传》新注引《义例》，台北，台湾"商务印书馆"影印清乾隆文渊阁《四库全书》本，1986，第385册，第68页。

书》，并与董卓、袁绍和袁术合传，视之为曹魏的僭伪。郝经认为陈寿对刘繇、刘表的处置皆不合理，故将二人传一并收入《宗室诸刘列传》，而归于东汉。当然，宗室之中也有不宜入《宗室诸刘列传》者。如刘煜、刘放二人，虽身为东汉宗室，却辅佐曹操父子而为其臣，入魏后，刘煜封东亭侯，刘放封方城侯。陈寿《三国志》，二人传入《魏书》。① 郝经《续后汉书》，也将《刘煜传》《刘放传》分别收入卷 33 和卷 47 的魏臣列传中。应该说，郝经对上述人物的处理，是符合历史实际的。②

魏传包括诸帝列传 4 卷、《魏家人诸子列传》1 卷、《诸夏侯诸曹列传》1 卷、魏臣列传 18 卷。吴传包括先祖和诸帝列传 3 卷，《吴家人诸子列传》1 卷、《吴诸孙列传》1 卷、吴臣列传 11 卷。在魏传和吴传中，郝经采用了一系列与汉传不同的书法，来强调两国的僭伪地位。例如，在诸帝列传中，对曹操等曹魏六帝和孙权等东吴四帝，皆削去其称号而直称姓名。③ 而且，"凡魏、吴二主卒立与凡特称，皆书姓名，汉之僭伪，不成其为君也"。④ 又如《家人诸子列传》，也是郝经改作时专为魏、吴二国的后妃和皇子等设置的。如前所述，在列传的卷首，有《后妃太子诸王列传》1 卷，收录蜀汉二帝的后妃、太子及诸子封王者，作为帝纪的羽翼来强调蜀汉的正统地位。但是对于魏、吴二国，郝经认为："帝统在汉，故魏、吴不得称为后妃。取欧阳修《五代史》例，与其诸子总为《家人传》。"⑤ 再如，对于汉朝的丞相、大将军、大司马等高级官员，郝书一律以官冠名而不称姓，以表示尊重。而对于魏、吴官员，则并书姓名，以示等级上的差别。⑥ 至于汉朝的诸王、三公、丞相、大将军、大司马去世，郝经皆书薨，魏、吴君臣则皆书卒而无差别。⑦ 凡此种种，都是郝经为突出蜀汉的正统地位，强调魏、吴为僭伪政权，而确立的书法义例。

比较可知，郝经《续后汉书》的人物列传，较多地借鉴了欧阳修《新五

---

① 陈寿：《三国志》卷 14《刘煜传》作《刘晔传》，北京，中华书局，1982，第 2 册，第 442 页。
② 郝经：《续后汉书》卷 5《宗室诸刘列传》新注引《义例》，台北，台湾"商务印书馆"影印清乾隆文渊阁《四库全书》本，1986，第 385 册，第 59 页。
③ 郝经：《续后汉书》卷 25《曹操传》新注引《义例》，台北，台湾"商务印书馆"影印清乾隆文渊阁《四库全书》本，1986，第 385 册，第 217 页。
④ 郝经：《续后汉书》卷 3《末帝纪》新注，台北，台湾"商务印书馆"影印清乾隆文渊阁《四库全书》本，1986，第 385 册，第 46 页。
⑤ 郝经：《续后汉书》卷 29 上《魏家人传》新注引《义例》，台北，台湾"商务印书馆"影印清乾隆文渊阁《四库全书》本，1986，第 385 册，第 263 页。
⑥ 郝经：《续后汉书》卷 2《昭烈皇帝纪》新注，台北，台湾"商务印书馆"影印清乾隆文渊阁《四库全书》本，1986，第 385 册，第 42 页。
⑦ 郝经：《续后汉书》卷 2《昭烈皇帝纪》、卷 3《末帝纪》新注，台北，台湾"商务印书馆"影印清乾隆文渊阁《四库全书》本，1986，第 385 册，第 42、46 页。

代史》的体裁。五代十国也是一个分裂割据的历史时期，与三国时期有不同亦有相似。不同在于，五代是中原地区五个互相接续的封建王朝，而三国是三个同时并存的割据政权。相似在于，五代时期亦存在多个割据政权并立的局面。薛居正《旧五代史》效法陈寿，国别为史，全书分为梁书、唐书、晋书、汉书、周书，一朝一书，各成体系，分别记载相互接替的五个皇朝。类传和志则独立成书，置于全史最后。① 欧阳修《新五代史》打破朝代界限，把五朝的本纪和列传综合在一起，依时间先后进行编排。先排列各朝本纪，再接续各朝列传。在列传中，首先设置梁、唐、晋、汉、周五朝的《家人传》，以记载各代皇帝的后妃和诸子。其后的将相大臣列传，也根据朝代分成《梁臣传》《唐臣传》《晋臣传》《汉臣传》和《周臣传》。再接续《死节传》《死事传》等类传。② 郝经《续后汉书》的人物列传，是首先分为汉传、魏传、吴传三个部分，分别记载三国情况。在各国传中，除汉传设《后妃太子诸王列传》外，魏、吴两国皆设《家人诸子传》，以显示两国与蜀汉正统的区别。《后妃传》或《家人诸子传》之后，再安排各国的群臣列传。正是通过借鉴和改造，郝经形成了《续后汉书》的体裁结构，来为自己的改作宗旨服务。

二、类传的继承与创新

人物类传的传记形式，亦创始于司马迁。《史记》设置《刺客》《循吏》《儒林》《酷吏》《游侠》《佞幸》《滑稽》《日者》《龟策》《货殖》十个类传，按类型分别记述历史人物。③ 班固《汉书》继承其中《儒林》《循吏》《酷吏》《货殖》《游侠》《佞幸》六个类传，又新设置了《外戚列传》，来记述西汉一朝的外戚情况。④ 其后历朝正史，无不根据当时的历史情况继承或增设类目，以分类记载人物，成为中国传记史学的一个优秀传统。在诸史之中，新增类传最多的当属范晔《后汉书》，共有《党锢》《宦者》《文苑》《独行》《方术》《逸民》《列女》等七类新传，⑤ 反映东汉一朝外戚、宦官轮流专权及党锢之祸等历史现实。这些类传，也大部被后代史书所承续。

---

① 薛居正等：《旧五代史》，北京，中华书局，1976。
② 欧阳修：《新五代史》，北京，中华书局，1974。
③ 司马迁：《史记》卷86、卷119、卷121~122、卷124~129，北京，中华书局，1959，第8册，第2515~2538页，第10册，第3099~3103、3115~3155、3181~3283页。
④ 班固：《汉书》卷88~93、卷97，北京，中华书局，1962，第11册，第3589~3742页，第12册，第3933~4012页。
⑤ 范晔：《后汉书》卷67、卷78、卷80~84，北京，中华书局，1965，第8册，第2183~2224页，第9册，第2507~2543页，第9~10册，第2595~2806页。

陈寿《三国志》人物类传仅有《方技传》一种，传记形式相对单一。这大约是由于陈寿分三书记载三国历史，不便于设置人物类传所致。郝经融三国史事于一书之中，因此《续后汉书》设置了《儒学》《文艺》《行人》《义士》《高士》《死国》《死虐》《技术》《狂士》《叛臣》《篡臣》《取汉》《平吴》和《列女》十四个类传，只是在各类传中，再分别按汉、魏、吴的顺序记载历史人物，保持了史学的优秀传统。其中，《儒学》《文艺》《义士》《高士》《技术》《列女》六传，都是纪传史书的传统类传，如《儒学》源起《史记》，《文艺》《高士》《技术》《列女》见于《后汉书》，《义士》出自《晋书·忠义传》，郝经只是承前史类目来记载三国人物。

《续后汉书》的《死国》《死虐》两传，是继承欧阳修《新五代史》而加以创新。其实，这一类传可推源于前史的《忠义》《诚节》《节义》等传。欧阳修认为，五代时期士人少节无耻，"以苟生不去为当然"，"欲全其节而不二者，固鲜矣"。"故吾于死事之臣，有所取焉"。因此，《新五代史》专门设置两个类传，以"全节之士"王彦章等三人入《死节传》，而以"其初无卓然之节，而终以死人之事者"张源德等十五人入《死事传》，表彰在朝代禅替之际尽忠于本朝的死者。① 郝经《续后汉书》继承欧阳修设置二传的思想，其《死国列传序》云："人之所重，莫重于死。死得其所而与生同，偷生不死而与死同，死非其所与不死同……故莫重于死，莫难于处死也。"死有多种，有死其身者，有死其节者，有死其官者，至于"卫君匡国，折败以死，死其国者也"。所以，《续后汉书》设立《死国列传》，记载这一类人物。《死国列传》的内容颇为复杂，包括多种情况：其一，如"孔融消责曹操，嶷然存汉，犯难而继之以死"，这是为保存东汉政权而死者。其二，如蜀汉"末帝之亡，北地王谌、诸葛瞻、傅金父子死于汉"，这是为蜀汉灭亡而死者。上述两种人共同组成《死国列传》的汉传部分。其三，"及司马懿翦灭曹宗，夏侯玄、李丰、许允、王经慨然付之一死，王陵、毋丘俭、诸葛诞相继称兵，以讨贼为名，志乎卫君匡国，不幸颠蹶覆灭……死于其国者也"。这些人是为捍卫曹魏政权而死，收入《死国列传》的魏传部分。其四，如留赞、吕据、朱异、张悌等人，为东吴政权而死，录入《死国列传》的吴传部分。无论这些人为哪一个政权而死，郝经认为他们都死于卫君匡国，是死得其所的，值得青史表彰，故"著为《死国篇》，表其义概，

---

① 欧阳修：《新五代史》卷 32《死节传》、卷 33《死事传》，北京，中华书局，1974，第 2 册，第 347～353 页，第 355～367 页。

庶几篡臣贼子知惧焉"。① 《死虐列传》的情况与《死国传》大不相同。如魏国边让、杨修等人，吴国高岱、于吉等人，他们不是为国而死，而是死于本国君主的虐政，所以郝经创立《死虐列传》，"凡杀不以罪者，如魏、吴诸人，类为《死虐篇》"。这当然只有作为僭伪的魏、吴二国才有，所以《死虐列传》只有魏传和吴传两部分。至于蜀汉的刘"封等八人，皆昭烈、末帝世以罪诛放者，故自为列传云"。②

《叛臣》《逆臣》等类传的设置，则始于欧阳修《新唐书》。《新唐书》首创《奸臣传》，收录许敬宗、李林甫等权臣奸相；创《叛臣传》，收录仆固怀恩、李怀光等抗拒朝命的叛将；创《逆臣传》，收录安禄山、史思明等公然起兵反唐称帝的藩镇。③ 实际上，此前的纪传体史书虽未设置上述类传，却往往将这些人的传记置于全书的最后，视为异类，而不与诸臣列传相混。如班固《汉书》，就将篡汉的外戚《王莽传》，置于《外戚传》《元后传》与最后一卷《叙传》之间。④ 沈约《宋书》，亦将刘劭、刘濬的《二凶传》，放在全书最后的《氐胡传》与沈约《自序》之间。⑤ 魏征《隋书》，干脆将叛将宇文化及、王充等人的传，列为全书最后一卷。⑥ 郝经沿袭《新唐书》，亦在《续后汉书》中设置了《叛臣列传》和《篡臣列传》两个类传。其《叛臣列传序》云："叛者，反君背国不臣之甚者也。"因为"人臣委质，可死而不可叛也。""三国之人，魏为篡汉之盗，吴始叛汉，而终为汉与国，掎角治魏。故汉臣之始入于吴，终降于魏，吴臣之遂降于魏，皆叛臣也。"⑦ 但是郝经的《叛臣列传》，只收录了孟达和黄权二人，都是由蜀汉降魏的将领，与其序所云并不相符。不过，郝经的着力处原不在《叛臣传》，而在于《篡臣列传》。其《篡臣列传序》云："夫取不以道曰篡"，这是"王法所不赦，《春秋》所必绝……以为乱臣贼子戒。"郝经认为，以臣篡君而有天下的始作俑者，当为司马氏父子。因为王"莽虽僭窃，继即夷灭而光武中兴；曹氏欺夺，虽有中国而帝统自在昭烈，天下犹夫汉也。至司

---

① 郝经：《续后汉书》卷70上《死国列传序》，台北，台湾"商务印书馆"影印清乾隆文渊阁《四库全书》本，1986，第386册，第41~42页。
② 郝经：《续后汉书》卷20《刘封传》新注引《义例》，台北，台湾"商务印书馆"影印清乾隆文渊阁《四库全书》本，1986，第385册，第176页。
③ 欧阳修、宋祁：《新唐书》卷223~225，北京，中华书局，1975，第20册，第6335~6470页。
④ 班固：《汉书》卷99《王莽传》，北京，中华书局，1962，第12册，第4039~4196页。
⑤ 沈约：《宋书》卷99《二凶传》，北京，中华书局，1974，第8册，第2423~2441页。
⑥ 魏征等：《隋书》卷85，北京，中华书局，1973，第6册，第1887~1901页。
⑦ 郝经：《续后汉书》卷74《叛臣列传序》，台北，台湾"商务印书馆"影印清乾隆文渊阁《四库全书》本，1986，第386册，第168页。

马氏父子四世，穿穴缔构，弑一君，废二君，戕落本支，诛除人望，贼杀义士，酷甚新室、曹氏之初，遂取汉、篡魏、平吴，盗有天下，受命而帝，十有八世，载祀二百。自昔篡弑，未有若斯之极也"。自晋而下，宋、齐、梁、陈、隋，后梁、后唐、后晋、后汉、后周，皆弑君篡位，"无讨而有天下，三代二汉之治不复见，生民之祸日深，以篡弑夺攘为常事，三纲沦，九法斁，皆晋启之也"。然而，"当时史臣为尊亲讳，自为一代，不敢贬抑。其一时篡窃臣僚，皆为佐命元勋，犹未既备责也。至后世著述者因仍不革，是奖篡也，不可以训"。所以，郝经《续后汉书》特设《篡臣列传》，来"正名定分，以懿、师、昭为首恶。贾充诸人为魏臣而盗魏与晋者，皆以为篡臣。如宣王、景王、文王等不制之号，皆削而不书，始终名之，如操之于汉云"。① 查《续后汉书》，《篡臣列传》分为上、下两个子卷，上卷记载司马懿父子、司马孚父子共五人，传记中对于司马懿等人的征伐事迹多削而不载，而特著其篡代之迹以示惩戒；下卷载王沈、贾充等十人，附录六人，曝扬他们协助司马氏篡魏的恶行。

灭汉、平吴是魏晋禅代前后的两件大事，标志着东汉末年以来长达百年的分裂割据局面的结束，天下重新归于一统。为此，郝经特地创置了《取汉》和《平吴》类传，来记载这两个重要的历史事件。魏元帝景元四年（263），司马昭节度邓艾、锺会等军攻蜀，卫瓘以监军从行。陈寿《三国志》卷28有邓艾、锺会二传，却无卫瓘传，仅卷21《卫觊传》后附录"觊蔑……子瓘嗣。瓘咸熙中为镇西将军"一条记载。② 直至唐修《晋书》，才补列《卫瓘传》。③ 郝经《取汉列传》，特地将邓艾、锺会、卫瓘这三位参与灭蜀的将领并列一传，一方面完整记载司马昭灭蜀的全过程，另一方面也使入蜀后邓艾擅权、锺会谋叛、卫瓘平定锺会叛乱并乘机斩杀邓艾的历史事件有了一个最终的结局。虽然今辑佚本《取汉列传》的序文和《锺会传》《卫瓘传》皆佚，仅存《邓艾传》和全卷议、赞，仍能反映郝经的历史观。议云：魏军入蜀后，"锺会徼冀谋叛，邓艾专擅致嫌，卫瓘诡计毙之"，所以司马昭灭汉的结局是"得国而终不振旅"，并无取胜后的得意。对于卫瓘这个历史人物，郝经认为他是导致蜀乱的关键性人物，也是深致谴责的："当会之构艾，瓘能拒之则艾不禽，艾不禽则会不反，乱何自而生哉！"而卫瓘却"与会图艾济其奸，遂并诛灭，独享成功，光贲公衮"。

---

① 郝经：《续后汉书》卷75上《篡臣列传序》，台北，台湾"商务印书馆"影印清乾隆文渊阁《四库全书》本，1986，第386册，第173~174页。
② 陈寿：《三国志》卷21《卫觊传》，北京，中华书局，1982，第3册，612页。
③ 房玄龄等：《晋书》卷36《卫瓘传》，北京，中华书局，1974，第4册，第1055~1061页。

但入晋后,"父子九人一夕并命",最终也没有得到好下场,"于是知天道之不可诬也"。①

郝经《平吴列传序》云:"建安以来,孙氏据有江东,迄晋太康,六七十年,叨僭大号,抗衡中国,漂骸江汉,衁血淮海",已经成为妨碍统一的地方割据势力。"晋既代魏……乘孙皓之凶虐,东西万里,六道并进……夷险清秽,天下始一……此晋氏有功于天下之大者也"。因此,郝经收录羊祜、杜预等六位西晋平吴将领列为一传,并特地取名为《平吴列传》。其自叙命名的宗旨云:"平者何?定也。至是而天下始定,太平可期也。何以不书灭?灭者,亡国之善辞,上下之同力,灭者无罪,灭之者有罪。孙皓暴虐,复不死国,焉得为灭?书平,尊晋也。尊晋,所以罪吴也。故取平吴诸将列于终篇,以卒三国之事云。"②尽管西晋是司马氏父子篡夺曹魏政权建立的,但是对于西晋平吴完成统一的历史功绩,郝经还是予以充分肯定,这是承认社会进步的历史观。

在《续后汉书》十四类传中,最具特色的还是《狂士》与《行人》两个类传。汉魏末年,社会的剧烈动荡和经学的腐朽,引起士风丕变。这一时期的士大夫,纷纷抛弃儒家的传统经典,转而探讨道家的《老子》《庄子》以及《周易》三书。他们崇尚虚无,空谈名理,甚至毁弃儒家的传统礼法,越名教而任自然,开启了玄学的风尚。玄学之士在《三国志》和《晋书》中,都只是列名一般列传,而没有设置荟萃玄学人物的专门类传。郝经敏锐地觉察到士风的变化,在《续后汉书》中专门设置《狂士列传》,收录王弼、嵇康、阮籍、向秀、郭象等二十位玄学之士(附录六人),以凸显社会思潮的巨大变化。自然,一向遵从儒家正统学说的郝经,对玄学持批判态度。其《狂士列传序》指出:老子"言道之体而不及用,一之乎无为",尚未为害于道。庄子将道推于极致,入于虚无,"以礼为桎梏,谓放旷为达","自帝尧、舜、禹、汤、文、武、周公、孔子及孔门高弟,无不毁訾诟病,以尊老聃氏","人道颓圮而天下乱矣"。但是在战国秦汉时期,尊奉老、庄的还只是"方士逸民与道家者流尔,名教之人犹未溺乎其中也",对社会的危害还不太大。"汉魏之季,何晏、王弼始好老、庄,尚清淡,谓之玄学。学士大夫翕然景向,流风波荡,不可防制。于是嵇康、阮籍、籍兄子咸、山涛、向秀、王戎、刘伶皆一时名流,跌宕太行之阿,

---

① 郝经:《续后汉书》卷76《取汉列传议》,台北,台湾"商务印书馆"影印清乾隆文渊阁《四库全书》本,1986,第386册,第199页。
② 郝经:《续后汉书》卷77《平吴列传序》,台北,台湾"商务印书馆"影印清乾隆文渊阁《四库全书》本,1986,第386册,第200页。

号竹林七贤，蔑弃礼法，褫裂衣冠，糠秕爵禄，污秽朝廷……乃敢非薄汤、武，至于败俗伤化，大害名教……而咸子瞻、孚，族子修、裕与毕卓、谢鲲、胡母辅之之徒，纵为奇诞，公卿大臣亦皆从臾，隳败纲维，顿废机要，视天下国家邈然无情，而王衍为尤甚。卒使八王称兵，二帝失尊，僭乱之祸，古所未有也。"因此，"若嵇、阮诸人，非避世也，非保身也，乃真狂尔。故目为狂士，而著于篇"。①

如果说，《狂士列传》意在展示社会思潮的变化，那么，《行人列传》则是郝经人生遭际的反映。中统元年(1260)，郝经为蒙古国信使出使南宋，被宋朝长期羁縻于真州。为了完成通好弭兵的使命，郝经曾多次移文宋朝的有关机构，直至上书南宋皇帝，前后凡数十万言，皆无回报，直到至元十二年(1275)，才得以返回元朝。前后十六年的出使拘执生活，使郝经备尝行人的艰辛。据苟宗道《郝公行状》记载："公在真州所居之馆，故总制厅事也。馆门肩镯牢固，无故不复启钥。院中旧有大树数株，尽皆斫去。墙高丈余，上则树以芦栅，下则荐之以棘，外则掘壕堑，置铺屋。兵卒坐铺者恒百余人，昼则周围觇伺，夜则巡逻击柝，所以防闲挫抑者无所不至。"艰苦的生活环境，归国无望的精神痛苦，加之郝经御下颇严，随行人员遂于至元三年(1266)春发生变乱，有斗杀致死者。郝经被迫与苟宗道、魏斌，马德麟、孔晋等六人出居仪真新馆，"片天之下，四壁之内，秋霖夏暑，不胜其苦"。如此又是九年。然而，郝经益振其刚大之气，日以著述为事，自期于不朽。② 亲身经历使郝经对于行人，尤其是保全气节完成使命的行人有着深切的同情，第一次在纪传体史书中设置了《行人列传》，专门记载使臣的事迹。郝经认为，三国时期，"行人往还皆安危存亡大计，重于周秦汉初之世。汉吴初合而胜赤壁，吴魏初合而胜荆州，汉吴再合而胜汉中，吴魏再合而胜猇亭，汉吴复合而首尾并进，声罪致讨，孙权出濡须，诸葛亮军渭南，魏人大震，君臣旰食。行人之职，顾不重哉！故取汉、吴行人之尤彰灼者著于篇"。《续后汉书》的《行人列传》，记述了蜀汉使臣邓芝等三人，东吴使臣顾徽等十二人(附录一人)，却没有记载魏、晋的使臣。这是由于"魏、晋虽亦通使于吴，而约质不终"，因此"削而不录"。③ 不仅如此，据《郝公行状》，郝经在仪

---

① 郝经：《续后汉书》卷73上《狂士列传序》，台北，台湾"商务印书馆"影印清乾隆文渊阁《四库全书》本，1986，第386册，第122~123页。
② 苟宗道：《故翰林侍读学士国信使郝公行状》，见郝经：《郝文忠公陵川文集》卷首，明正德李瀚刊本，1507，第23~24页。
③ 郝经：《续后汉书》卷67《行人列传序》，台北，台湾"商务印书馆"影印清乾隆文渊阁《四库全书》本，1986，第385册，第683页。

真期间还著有《行人志》一书，当是记录古今使臣的专著。可惜延祐刊刻郝经遗作时未及此书，遂至湮没无闻。

郝经《行人列传》，对蜀汉的行人邓芝和宗预尤为赞叹。这两人都是在蜀汉危难之时授命出使的。邓芝在刘备永安去世、刘禅以幼弱即位之际出使孙吴，终于重结两国盟好，共同对魏。宗预则是在诸葛亮逝世五丈原的危急时刻出使孙吴，使两国尽释猜疑，重新修好。郝经在《邓芝传》和《宗预传》议云："昭烈偾军崩殂，孙曹方睦，掎角危汉。芝慨然奉命，直以诚信开示利害，折权之奸强，援离而复合，携党而孤贼，使大势在我，首尾并进，声罪致讨，终汉之世，贼常罢于奔命……可谓社稷臣矣。宗预当孔明薨谢之际，猜阻方生，而道二国之言无私，至使权感慨流涕，非诚信之笃，能若是乎！"①郝经本人也是在宪宗蒙哥战死，忽必烈即位，北方诸王不靖的危难时刻奉命出使南宋，寻求订立两国和约。虽因贾似道等人的困沮，未能完成使命，但十六年的羁縻生活并没有使郝经屈服。据《元史·郝经传》记载："经还之岁，汴中民射雁金明池，得系帛，书诗云：'霜落风高恣所如，归期回首是春初。上林天子援弓缴，穷海累臣有帛书。'后题曰：'中统十五年九月一日放雁，获者勿杀，国信大使郝经书于真州忠勇军营新馆。'"②这是效法西汉苏武出使匈奴之事，而郝经最终也同苏武一样，"全节不屈，龙钟皓首而归"。③雁足诗虽不见于《陵川文集》和《郝公行状》，然而在元朝流传广泛，著名学者吴澄、袁桷、王逢、宋濂对此皆有题咏，④可见在人们心目中，的确将郝经视为江南苏武。

三、承上启下的四夷列传

《四夷列传》4卷，是《续后汉书》列传的第三部分。郝经《四夷总序》指出："建安末，乌桓、鲜卑始甚，曹操诛蹋顿，王雄刺轲比能，而二寇

---

① 郝经：《续后汉书》卷67《行人列传》，台北，台湾"商务印书馆"影印清乾隆文渊阁《四库全书》本，1986，第385册，第685页。
② 宋濂等：《元史》卷157《郝经传》，北京，中华书局，1976，第12册，第3709页。
③ 苟宗道：《故翰林侍读学士国信使郝公行状》，见郝经：《郝文忠公陵川文集》卷首，明正德李瀚刊本，1507，第25页。
④ 吴澄：《题郝陵川雁足系诗后》，见《临川吴文正公集》卷45，江西抚州，明成化刊本，1484，第22页。袁桷：《题郝伯常雁足诗》，见《清容居士集》卷12，上海，商务印书馆《四部丛刊》影印元刊本，1929，第9页。王逢：《读国信大使郝公帛书》，见《梧溪集》卷1，台北，台湾"商务印书馆"影印清乾隆文渊阁《四库全书》本，1986，第1218册，第572～573页。宋濂：《题郝伯常帛书后》，见《文宪集》卷13，台北，台湾"商务印书馆"影印清乾隆文渊阁《四库全书》本，1986，第1223册，第638～639页。

衰。及中国折裂，诸葛亮渡泸深入，讨雍闿，禽孟获，南土心服而不复叛。孙氏抚有交趾闽粤，而无蛮祸。故终三国之世，边徼不警。"尽管三国时期没有出现严重的少数族问题，但是自西汉宣帝时匈奴呼韩邪单于款塞入朝，匈奴、鲜卑、羯、氐、羌等少数族逐渐进入中原地区，与汉族杂居，为其后北方五胡十六国局面的形成打下了根基。及西晋衰败，"诸部皆谓晋室可取而代，一旦群起，并吞割据。于是氐人为成、为秦，匈奴人为汉、为赵，羯人为后赵，羌人为后秦，鲜卑人为五燕，诸种人为五凉，无复二汉之世而祸乱滋炽矣。皆植根于汉，滋蔓于三国，而昌炽于晋。是孰使之然哉？中国之德衰而尚力故也"①。

自司马迁始，历代史家都非常注重对少数族和外国历史的记载。《史记》设置《匈奴》《南越》《东越》《朝鲜》《西南夷》和《大宛》六个列传，记述先秦以来与中原地区交往较多的各族。②《汉书》承袭《史记》诸传，只是将《大宛列传》扩充为《西域列传》，记载西域五十一国的情况。③《后汉书》设置了《东夷》《南蛮西南夷》《西羌》《西域》《南匈奴》《乌桓鲜卑》六个列传，记载东汉时期的各族情况。④ 而陈寿《三国志》，仅《魏书》有《乌桓鲜卑东夷列传》1卷，专门记载东北地区的少数族，⑤ 不足以接续以上三史，说明西晋以后五胡十六国局面的形成。因此，郝经《续后汉书》设置了《北狄》《西戎》《东夷》《南蛮》四个列传，其中《北狄传》《西戎传》又各分上、下卷，下列北狄、乌桓、鲜卑、羌、西域六十国、东夷、南蛮、西南夷八个子目，分别记载各少数族和外国情况。

值得重视的是，郝经《四夷列传》不是单纯记载三国时期的民族情况，而是上探秦汉，下迄东晋十六国，取材于《史记》《汉书》《后汉书》《三国志》和《晋书》，并参考裴松之《三国志注》所引鱼豢《魏略》等书。记载不求详备，而是注重有关历史盛衰的重大事件，以探讨各族、各国与汉族政权的关系，说明五胡十六国局面的形成缘由。遗憾的是，《四夷列传》阙佚严重，《四夷总序》和八篇分序，阙《西域》《南蛮》《西南夷》三序；六个子卷之后的议与赞，仅存《西域传》和《南蛮传》两卷；各族小传四十二篇，仅存《匈奴传》等六篇；至于西域六十国，也只存安息、大秦等数国。通

---

① 郝经：《续后汉书》卷79上《四夷总序》，台北，台湾"商务印书馆"影印清乾隆文渊阁《四库全书》本，1986，第386册，第215页。
② 司马迁：《史记》卷110、卷113~116、卷123，北京，中华书局，1959，第9册，第2879~2947、2967~2998页，第10册，第3157~3180页。
③ 班固：《汉书》卷94~96，北京，中华书局，1962，第11~12册，第3743~3932页。
④ 范晔：《后汉书》卷85~90，北京，中华书局，1965，第10册，第2807~2998页。
⑤ 陈寿：《三国志》卷30，北京，中华书局，1982，第3册，第831~863页。

过尚存材料，我们只能略窥《四夷列传》的大概，已无法详知其原貌。

第四节　八录的设置与变通

陈寿《三国志》无书志一体，成为三国历史记载的缺憾。郝经《续后汉书》增设了《道术》《历象》《疆理》《职官》《礼乐》《刑法》《食货》《兵》八录，凡21子卷，意在补充《三国志》体裁的缺失，记录典章制度的因革损益。

一、八录的设置与特点

书志也是纪传体史书的重要组成部分。司马迁《史记》，在纪、传、世家、表诸体之外，设置《礼》《乐》《律》《历》《天官》《封禅》《河渠》《平准》八书，分类记载汉武帝以前的典章制度。[①] 班固《汉书》，并《史记》八书为《律历》《礼乐》《食货》《郊祀》《天文》《沟洫》六志，又增补《刑法》《五行》《地理》《艺文》四志，共计十志，记述典章制度在西汉的发展演变。[②] 书志一体，遂成为纪传体史书的传统体裁。范晔修《后汉书》，十志未成而被杀，南朝梁刘昭取司马彪《续汉书》八志补之，即将《汉书》十志裁去《刑法》《食货》《沟洫》《艺文》四志，而增补《百官》《舆服》二志，记述东汉的各类典制。[③] 但是，陈寿《三国志》只有纪、传而无表、志，凡天文灾变等事皆具于纪传。其后的纪传体正史，或如《汉书》四种体裁并存，或仿陈志削去表或志不一，志书的类目亦有删补调整。

郝经《续后汉书》原名《三国志》，所以改志为录，设八录记述典制沿革。八录的设置原因有二：

其一，由《续后汉书》的改作宗旨和体裁决定。郝经认为，《史记》等前三史的帝纪，大抵模仿《春秋》《左传》等编年史，事详而辞略。凡天文灾变，郡国废兴，礼乐刑法，因革大端，四夷兴衰等事，先简略记录于帝纪，然后详载于有关的书志和列传，这就有重复记载之嫌。陈寿《三国志》无书志，上述各事或具于纪传，与前三史相比，固然避免了重复的弊病。但是，"以魏为正统帝纪，凡天变、外夷之事皆录于魏。《吴书》故有者，则录于吴。谓蜀不置史，灾异靡书，故二主传皆不录"。《续后汉书》改以蜀汉为正统，升刘备父子为帝纪，黜曹魏为列传，则天文历法等事，"移置于汉纪则失实，存之魏传则失体。故汉纪、魏、吴传皆不录，类之

[①] 司马迁：《史记》卷23～30，北京，中华书局，1959，第4册，第1157～1444页。
[②] 班固：《汉书》卷21～30，北京，中华书局，1962，第4～6册，第955～1784页。
[③] 司马彪：《后汉书》志第1～30，北京，中华书局，1982，第11～12册，第2999～3684页。

于八录，国别以见，不复重出其事"。① 这样处理，既解决了史书体裁上的矛盾，又避免了重复，一举而两得。

其二，弥补陈寿《三国志》的缺失。郝经指出，《史记》帝纪之后有十表八书，《汉书》亦有八表十志，《后汉书》虽无表，却补有八志。只有陈寿《三国志》志、表全无。而且，三国时期正是"天光分曜，海宇幅裂，律吕失次，礼乐废缺，官号不一，刑法无章，国异政，家殊俗，不为考定，则散无统纪"。《三国志》不作表、志，不仅在史书体裁上缺少二体，不够完备，也使当时的各项典章制度付之阙如，无从考究。因此，郝经"援三史例，取汉、三国、晋书为之论著，为《道术》《历象》《疆理》《职官》《礼乐》《刑法》《食货》《兵》凡八篇"，以弥补《三国志》在体裁和历史记载上的不足。②

《续后汉书》八录的时间断限亦不限于三国，而是根据前三史志书的记载情况各有区别，各录的编写体例也有创新，与前史不尽相同。八录中，《历象》《疆理》《职官》《礼乐》《刑法》《食货》六录是传统的志书题材。其中《刑法录》全卷佚失，已无从考察。《历象录》总括前史《天文》《五行》《历法》三志的内容，下分太极、天地、日、月、五行、灾异等25个子目。各子目都有序论一篇，论述天体运行、五行生克、灾异产生的道理，而没有记载三国时期天文、五行、灾异的具体情况。这大概是由于陈书无志，文献无征所致。历法一目则断自东汉末至三国，记载汉灵帝时制定的《乾象历》和魏明帝时制定的《景初历》，并收录魏太史丞韩翊、尚书郎杨伟等人有关历法的议论。这些均采自《晋书·律历志》，只是前后的序文和论、赞出自郝经。

《史记》无《地理志》，仅《夏本纪》前选录《禹贡》一文，记载古代的地理概况。《汉书》首创《地理志》，记录西汉的地理状况。《后汉书》改称《郡国志》，主要记载东汉一朝的行政区划。由于历代地理沿革、土风物产、贡数赋艺、道里户口、川薮山镇前三史都已有所记载，郝经《疆理录》不再重复，只是区别三国分界，分别记述各国所属州郡。其中蜀汉仅有益州一州；曹魏据有司隶、豫州、冀州、兖州、徐州、青州、幽州、并州、凉州、秦州的全部，以及荆州、扬州的部分；孙吴占有扬州、荆州的大部，以及交州、广州的全部。此外，《疆理录》还记载了各州郡的废置情

---

① 郝经：《续后汉书》卷2《昭烈皇帝纪》新注引《义例》，台北，台湾"商务印书馆"影印清乾隆文渊阁《四库全书》本，1986，第385册，第27页。
② 郝经：《续后汉书》卷83上《八录总序》新注引《义例》，台北，台湾"商务印书馆"影印清乾隆文渊阁《四库全书》本，1986，第386册，第252页。

况，非常简明。

郝经认为，自东汉光武中兴，省并官职，节省经费，恢复西汉惠帝、文帝时之清静，推本秦人之简质，所以东汉官制堪称一代盛典，可与三代比隆。两汉官制，原有应劭《汉官仪》《汉书·百官公卿表》和《后汉书·百官志》为之记载。到三国分裂割据，各国官制又有所变化。所以《续后汉书》的《职官录》，以东汉官制为依据，"推本三代秦汉之初，稽考魏吴沿革，以迄于晋"。实际上，《职官录》主要根据《汉书·百官公卿表》和《后汉书·百官志》，参考《晋书·职官志》的材料，对三国官制只是存其大略，所载多为汉代制度，这自然也是文献阙征所致。①

《续后汉书》的《礼乐录》包括前史《礼乐》《祭祀》等志的内容。郝经《礼乐录序》指出，礼乐制度始于上古而备于西周，至周衰遂礼崩乐坏。秦人专尚法律，两汉礼乐制度只满足于一时需要，始终未能恢复古制。"然汉礼虽不逮三代，历年四百，其典故仪则度数亦多矣"。所以，《礼乐录》要"推本二帝三王六经经制，以稽秦汉三国得失"。《史记》的《礼书》《乐书》《封禅书》，通论古代礼乐祭祀制度的兴起和衰落，以及汉初的情况。《汉书·礼乐志》《郊祀志》沿袭《史记》，也是主要记载西汉礼乐祭祀制度的发展演变。直至东汉末蔡邕作《朝会车服志》、西晋司马彪作《续汉书·礼仪志》《祭祀志》，才开始分类记述各项礼仪祭祀制度的仪法典则。南朝梁刘昭依据汉典注释《后汉书》，"汉之遗制犹可见也"。至于礼制的分类，《晋书·礼志》和《新唐书·礼乐志》都是根据《周礼》，按吉、凶、宾、军、嘉五礼，分类记载各项礼仪。郝经认为，五礼只是礼的运用，而天、地、人才是礼的纲要。因此，《礼乐录》没有因袭前史对礼制的分类，而是把各项礼仪分为天、地、人三大类。其中天类包括郊、朝日、夕月等二十个子目，地类包括社稷、军社、籍田、封禅等九个子目，人类包括明堂、辟雍、宗庙、朝会等二十九个子目。乐则分为律吕、声音、代乐三大类目。按照新的分类体系，记载礼乐祭祀制度。②

郝经认为："理材足食，经国之急务，先王之所甚重，故为八政之首。"所以，《食货志》是对一个历史时期社会经济和国家财政状况的重要记录。《史记·平准书》和《汉书·食货志》，记录了从汉高祖到王莽时期的社会经济变化和国家赋税收入。但是《后汉书》八志中无《食货志》，东

---

① 郝经：《续后汉书》卷86上《职官录序》，台北，台湾"商务印书馆"影印清乾隆文渊阁《四库全书》本，1986，第386册，第441~442页。
② 郝经：《续后汉书》卷87《礼乐录序》，台北，台湾"商务印书馆"影印清乾隆文渊阁《四库全书》本，1986，第386册，第481~483页。

汉的经济财政遂付之阙如。因此，郝经《食货录》断自东汉初年，迄于晋初，采摭《后汉书》与《晋书·食货志》中有关东汉与三国的零星材料，记其大概。由于史料的缺乏，《食货录》在今存七录中最为简略，除去序文论赞，不过一千七百余字，实不足以反映当时的经济情况。①

《兵志》在纪传体史书中出现较晚，直到欧阳修《新唐书》方始创立，分府兵、𢎞骑、藩镇、禁军等四部分，记载唐代军事制度的发展演变。由于《史记》《汉书》《后汉书》及《晋书》对兵制皆无记载，所以郝经《兵录》只能"弋猎残缺，推本于六经，左契子史，折中兵家"，以"补前史之未备"。《兵录序》首先采录《汉书·艺文志》，追述先秦至西汉兵书的发展及分类，然后自创体例，将兵制分为兵道、兵制、兵阵、兵教、兵法、兵柄、兵将、兵地、兵机、兵气、兵占、兵攻、兵守、谲兵、夷兵十五类，上始先秦，下至三国，分类为文记载。不过《兵录》亦佚失严重，十五类中仅存兵道等五类，卷后议、赞亦缺，难以窥其原貌。②

二、《道术录》的创立

八录中的真正创新之作，是《道术录》。在纪传体史书中专辟一志，记述思想学术的形成演变，这是前所未有的。《宋史》首创《道学传》，记述宋代兴起的理学思潮及其代表人物。但是，《宋史》的编修是在元朝末年，成书已晚于《续后汉书》近八十年。郝经设置《道术录》，显然受到宋代理学道统思想的影响。在历史上，强调儒家传道的统绪，发端于孟子。《孟子·尽心下》云："由尧、舜至于汤，五百有余岁，若禹、皋陶则见而知之，若汤则闻而知之。由汤至于文王，五百有余岁，若伊尹、莱朱则见而知之，若文王则闻而知之。由文王至于孔子，五百有余岁，若太公望、散宜生则见而知之，若孔子则闻而知之。由孔子而来至于今，百有余岁，去圣人之世若此其未远也，近圣人之居若此其甚也，然而无有乎尔？则亦无有乎尔！"③以继承孔子儒家正统自命。唐代韩愈有感于儒学的衰落和佛教的兴盛，模仿佛教传法的《佛祖统纪》，明确提出儒家的道统学说："斯吾所谓道也，非向所谓老与佛之道也。尧以是传之舜，舜以是传之禹，禹以是传之汤，汤以是传之文、武、周公，文、武、周公传

---

① 郝经：《续后汉书》卷89《食货录》，台北，台湾"商务印书馆"影印清乾隆文渊阁《四库全书》本，1986，第386册，第560~565页。
② 郝经：《续后汉书》卷90《兵录序》，台北，台湾"商务印书馆"影印清乾隆文渊阁《四库全书》本，1986，第386册，第566~567页。
③ 朱熹：《孟子集注》卷14《尽心章句下》，北京，中华书局，1983，第376页。

之孔子,孔子传之孟子。轲之死,不得其传焉。"①并以孟轲的继承者自任。北宋理学家继承韩愈的道统论,程颐以明道为"孟子之后,传圣人之道者,一人而已",②抛开韩愈,将程颢直接上承孟子。南宋黄榦《朱熹行状》,又以周敦颐、程颢、程颐、张载和朱熹,作为孟子之后儒家道统的承继者。③

郝经《道术录序》又将道统由尧、舜上推到伏羲:"自伏羲画卦造书契,而道术始有传。次历神农、黄帝、少昊、颛顼、高辛,至于帝尧,始以言传。于是尧传之舜、舜传之禹,禹传之汤,汤传之文、武、周公,文、武、周公传之孔子,孔子传之颜、曾,曾子传之子思,子思传之孟子……自是而后失其传矣。"接着,郝经着重论述了孟子死后的混乱局面:"孟子没,虚无驳杂,纵横、刑、名、兵、农者流哄起而哗于世,不复有孟子者与之辨,道术遂差而尽为异端矣。派弊蜂涌,波秦浸汉,蔓长株滋,为六家九流,而黄老、申韩为甚,自天子大臣莫不以为治体国程。董仲舒请罢黜百家,虽略禁止,终不能用真儒而复六经之正,于是汉四百年杂而不纯,无三代之治。东京再叶,妖梦怵心,佛法始入。至于魏世,中国之人遂祝发夷服,为僧以奉之。王、何之徒,复尚老庄,为清谈。异端之祸,蠹弊二汉,老佛之盛,复兆端三国,自是而道术亡矣。"④同时,在两汉时期的史书中,也没有确立儒家的正统地位。司马迁作《史记》,收录其父司马谈《论六家要旨》,"乃先黄老而后儒术,遂失道术之正"。班固《汉书》作《古今人表》,"亦不著圣贤之传",居然使唐尧与夏桀并列,颜渊与盗跖混杂,"卒使道术不明,异端邪说得以行胸臆,作威福,悖理伤道,乱心术而杀天下"。⑤所以,郝经特著《道术录》,以恢复儒家道统的正宗地位:"推本伏羲至于孟子,以明道术之正;自荀卿至于扬雄,以明道术之差;自杨、墨至于仙、佛,以明异端之祸:故总

---

① 韩愈:《原道》,见《朱文公校昌黎先生集》卷11,上海,商务印书馆《四部丛刊》影印元刊本,1929,第3页。
② 程颐:《明道先生门人朋友叙述序》,见《二程文集》卷12,台北,台湾"商务印书馆"影印清乾隆文渊阁《四库全书》本,1986,第1345册,第724页。
③ 黄榦:《朝奉大夫文华阁待制赠宝谟阁直学士通议大夫谥文朱先生行状》,见《勉斋集》卷36,台北,台湾"商务印书馆"影印清乾隆文渊阁《四库全书》本,1986,第1168册,第428页。
④ 郝经:《续后汉书》卷83上《道术录序》,台北,台湾"商务印书馆"影印清乾隆文渊阁《四库全书》本,1986,第386册,第252~254页。
⑤ 郝经:《续后汉书》卷83上《道术录》新注引《义例》,台北,台湾"商务印书馆"影印清乾隆文渊阁《四库全书》本,1986,第386册,第255页。

为道术篇云。"①

郝经《道术录》分为正传、诸子、百家、异端四个子目。正传收录伏羲、尧、舜、禹、汤、文王、武王、周公、孔子、颜子、曾子、子思、孟子十三位儒家道统的传承者,说明儒学正统之所在。诸子只载荀卿、董仲舒、扬雄三名儒家后学,指出他们与儒家正统学说的差别。百家通论战国秦汉时期诸子百家的学说和影响。异端分为杨墨、老庄、管商、申韩、仙、佛六家,记述各家的异端思想及其流变。这些人物事迹多在先秦两汉时期,除佛教关涉曹魏,甚至远及南朝梁武帝和北魏孝明帝外,其他皆与三国无关。这种情况,原不合于修史法则,所以,为《续后汉书》作辑本的四库馆臣特加按语说明:郝"经之意,盖以治天下以本于道术,道术之得失系乎政治之盛衰,故特为是录。其持议甚正,有益治体,不必定以史法绳之也"②。

至于孟子之后道统的传承,郝经的看法并不像理学家那样褊狭。其《道术录议》云:"自孟子后五百余年而有诸葛亮,又三百余年而有王通,又二百余年而有韩愈,又三百余年而有欧阳修、司马光、周敦颐、邵雍、程颢、程颐、张载、朱熹,皆慨然以身任道,康济斯民。"除宋代理学家之外,又补充了诸葛亮、王通、韩愈、欧阳修、司马光五人。郝经认为,由于"六经诸儒之道术具在,后之人亦弘之而已,又何患乎异端哉"。③所以,后来者只要能弘扬儒学,排斥异端,以道自任,自然就是道统的接续人。那么,郝经《续后汉书》设立《道术录》,提倡儒家道统,排斥异端思想,不也正是以道统的后继者自任么!

第五节 《续后汉书》的注释与成就

一、苟宗道与《续后汉书新注》

史书的注释,多是后人为前史而作,以便人们正确理解和通晓史文原意。如《史记》有宋裴骃《集解》、唐司马贞《索隐》、唐张守节《正义》,《汉书》有唐颜师古注,《后汉书》纪传与志分别有唐李贤注、梁刘昭注,

---

① 郝经:《续后汉书》卷83上《道术录序》,台北,台湾"商务印书馆"影印清乾隆文渊阁《四库全书》本,1986,第386册,第254页。
② 郝经:《续后汉书》卷83下《道术录》后附按语,台北,台湾"商务印书馆"影印清乾隆文渊阁《四库全书》本,1986,第386册,第292页。
③ 郝经:《续后汉书》卷83下《道术录议》,台北,台湾"商务印书馆"影印清乾隆文渊阁《四库全书》本,1986,第386册,第292页。

《三国志》有裴松之注。郝经《续后汉书》却与他史不同，它在问世伊始，就与苟宗道《续后汉书新注》互相伴随。事实上，《新注》的撰作，是在郝经指导下，与《续后汉书》的编纂同时进行的，以起到解释和补充《续后汉书》的目的。可以说，二者的作者虽然不同，《新注》却有着自注的性质，是《续后汉书》无可置疑的组成部分。

《新注》作者苟宗道与郝氏有数代之谊。宗道字正甫，号确斋，祖籍孟州河阳（河南孟县）。父苟士忠原为河阳大姓，金末任孟州义兵都统，保守青龙山。金哀宗天兴元年（1232），蒙古军南下，河南战乱，苟士忠携家北迁保州清苑县（河北保定），隐居不仕二十余年。时郝经父郝思温亦从河南避乱保州，与苟士忠同里闬，二人相得甚洽。① 苟宗道初事郝经父静直先生，既而又受学于郝经，② 沉郁力学，志行特达。元宪宗八年戊午（1258），宪宗以怀州、河阳为忽必烈汤沐邑，郝经作为忽必烈藩府成员，亦得赐第于怀州，赐田于河阳。其时苟氏已回归祖籍河阳，桑梓阡陌恰与郝经赐田相接。③ 次年，蒙古军分东西两道攻宋，忽必烈率东师攻荆鄂，奏任郝经为江淮荆湖南北等路宣抚副使，经遂辟苟宗道为宣抚司都事。

中统元年（1260），郝经出使南宋议和，"苟宗道以门生从行，为行府都事，治书状、都管二事"。④ 郝经羁縻于宋境凡十六年，"不与世接，反得究竟平生著述"。⑤ 宗道一面问学于郝经，一面协助经著述不辍。据《陵川文集》，至元元年（1264），宗道曾为郝经整理旧稿，编定其诗文杂著为《甲子集》。⑥ 至元九年，郝经改作三国史，宗道为之作《续后汉书新注》羽翼其书。⑦ 至元十年，郝经据《续后汉书》八录中的《历象录》作《玉

---

① 郝经：《河阳逸士苟君墓铭》，见《郝文忠公陵川文集》卷35，明正德李瀚刊本，1507，第31页。
② 苟宗道：《续后汉书新注序》，见郝经：《续后汉书》卷首，台北，台湾"商务印书馆"，1986，第385册，第25页；郝经：《先父行状》，见《郝文忠公陵川文集》卷36，明正德李瀚刊本，1507，第10～11页。
③ 郝经：《殷烈祖庙碑》《镜芗亭记》，见《郝文忠公陵川文集》，明正德李瀚刊本，1507，卷34，第4～5页；卷27，第1～2页。
④ 郝经：《河阳逸士苟君墓铭》，见《郝文忠公陵川文集》卷35，明正德李瀚刊本，1507，第31页。
⑤ 苟宗道：《故翰林侍读学士国信使郝公行状》，见郝经：《郝文忠公陵川文集》卷首，明正德李瀚刊本，1507，第27页。
⑥ 郝经：《甲子集序》，见《郝文忠公陵川文集》卷29，明正德李瀚刊本，1507，第1页。
⑦ 苟宗道：《续后汉书新注序》，见郝经：《续后汉书》卷首，台北，台湾"商务印书馆"影印清乾隆文渊阁《四库全书》本，1986，第385册，第24～25页。

衡真观》，宗道又为之作《音注》。① 而郝经在至元二年著《春秋外传》，也是因为"甲子春（至元元年），宗道请传《春秋》之学，且志其说，而无书以为据，乃以故所记忆者为《春秋外传》"。② 至元八年秋，郝经《寿正甫书状》诗云："一纪乃能同患难，数杯聊复慰生平。""新书总付徐无党，半臂谁添宋子京。"并注明："时余改修《三国志》，正甫为余集注，故有徐无党、宋子京之句。"③ "一纪"句，指苟宗道随郝经出使南宋，十二年"缱绻淹抑，日夕相从"，患难之谊非同寻常。"新书"句，则将宗道比作协助欧阳修改作《新唐书》的宋祁，以及曾从欧阳修受业并为其《新五代史》作注的徐无党，足见郝经对苟宗道依重之深。

至元十二年四月，郝经一行终于返回大都，同年七月经即去世。苟宗道以门生为之作长文《故翰林侍读学士国信使郝公行状》，详细记述郝经的家世、生平和著述。宗道本人也因多年师从郝经，"遂以儒学名家，诗文书画皆有晋唐风致"。至元、大德间，历任监察御史、南台治书侍御史、江北淮东道肃政廉访副使，官至国子祭酒。④

苟宗道《续后汉书新注序》云：

> 三国事涉汉、晋，参出互见，百有余年。诸所记注，不啻数十百家……皆各著一国之事，以自名家。独陈寿合魏、蜀、吴总为《三国志》，号称良史。然其事多疏略，故宋文帝命裴松之为注，大集诸家之书，补其阙略，各具本文下，且为考正，辨其得失。其诸书疏援引事类，出异书者注之，事显者则不注。今宣相陵川先生更正陈志，凡裴注之事，当入正文者则为删取，其乖戾不合不可传信者则置之，命宗道掇拾，具注新书本文下。陈志之评、裴注之论，亦为具载。其义理悖误者，则以所闻于先生余论为之辨正。凡书疏议论所引古今事类，裴注之未备者，皆为补苴，事已见者不重出，无所考者则阙之。先生比为新书，先作《义例条目》以明予夺之旨，今各具本文下。其书法则复发凡举例，以见其义。宗道初事先生之父静直先生，既又受学于先生。先生之开府南阳，辟宗道为属掾。奉使入宋，又辟充典

---

① 郝经：《玉衡真观序》，见《郝文忠公陵川文集》卷29，明正德李瀚刊本，1507，第18页。
② 郝经：《春秋外传序》，见《郝文忠公陵川文集》卷28，明正德李瀚刊本，1507，第13页。
③ 郝经：《寿正甫书状》，见《郝文忠公陵川文集》卷13，明正德李瀚刊本，1507，第20页。
④ 李贤等：《明一统志》卷2《保定府·人物》，台北，台湾"商务印书馆"影印清乾隆文渊阁《四库全书》本，1986，第472册，第54页。

书状,缱绻患难,十有三年,故不敢不承命,亦庶几附骥尾而厕名于大典之末云。①

通过这篇序文,我们可以得知:

首先,苟宗道《新注》是奉郝经之命撰集的,也是与《续后汉书》的写作同时进行和完成的。至元九年(1272)十月十五日,郝经为《续后汉书》成书作自序。这一年正是郝经出使南宋的第十三年,苟宗道《新注序》亦作于是年。

其次,苟宗道《新注》主要借鉴裴松之《三国志注》。《新注》在形式上模仿裴注,并不独立成书,而是将注文分散于郝经《续后汉书》正文之下,以起到补充和羽翼的作用。在史料上,《新注》大量取材于裴注,以保存其中的丰富资料。在命名上,郝经书仍陈志旧名,称《三国志》,所以苟宗道注亦继裴注之名,称《三国志新注》。

再次,《新注》的撰作体例,也与裴注类似,主要不是训释音义,注解文辞,而是要说明郝经《续后汉书》的义例书法,保存史料,辨正悖误,并补充裴注之未备。

根据苟宗道序文考察《新注》,可知《新注》的内容主要有以下四个方面:

其一,说明郝经《续后汉书》的义例和书法。郝经在改编《三国志》之前,曾先作《义例条目》一篇,以说明自己的改作宗旨和全书体例。但《续后汉书》成书时,《义例》并没有以独立的篇章存录在其书的书首或书尾,而是成为《新注》的首要内容。在现存四库辑本的《续后汉书》中,尚保存郝经《义例》十四则,都散录于《新注》的有关条文中。比如有关书名仍用陈寿旧称的《义例》,就附录于郝经《自序》的《新注》之下;② 而改编陈寿《蜀书·先主传》为《昭烈皇帝纪》的一则《义例》,则收载于《昭烈皇帝纪》卷首的《新注》之中。③ 郝经《续后汉书》还有严格的书法规则,因此发凡举例以说明该书书法,也是《新注》的重要内容。如《昭烈皇帝纪》在记载"何进诛宦官,不克,死之"文下,即有《新注》云:"凡死国死官得其死者,曰死之。"而在初平"三年夏四月,董卓伏诛"条下,又有《新注》云:

---

① 苟宗道:《续后汉书新注序》,见郝经:《续后汉书》卷首,台北,台湾"商务印书馆"影印清乾隆文渊阁《四库全书》本,1986,第385册,第24~25页。
② 郝经:《续后汉书自序》附新注,见《续后汉书》卷首,台北,台湾"商务印书馆"影印清乾隆文渊阁《四库全书》本,1986,第385册,第24页。
③ 郝经:《续后汉书》卷2《昭烈皇帝纪》附新注,台北,台湾"商务印书馆"影印清乾隆文渊阁《四库全书》本,1986,第385册,第27页。

"凡有罪当诛者,曰伏诛。"至"李傕、郭汜等反,陷长安,杀司徒王允",则《新注》又云:"凡杀不以罪,及两下相杀,皆曰杀。"①这些都是对郝经《续后汉书》书法的举例说明。

其二,尽量保存陈志与裴注的原有史料。郝经在改编《三国志》时,充分利用了史料丰富的裴松之《三国志注》,凡是陈志疏略可据裴注补充之处,都取裴注录入史书正文,其余的部分则由苟宗道《新注》掇拾,各具于本文之下,以尽可能保存史料,并说明去取之由。如陈寿《三国志·蜀书·先主传》,在记载刘备归附荆州刘表时,只云因荆州豪杰多归附刘备,刘表疑心,阴御之。裴松之注据《世语》,补入刘表宴请刘备,蒯越、蔡瑁欲乘机取备,备发觉出逃,策的卢马跃檀溪之事,且引"孙盛曰:此不然之言。备时羁旅,客主势殊,若有此变,岂敢晏然终表之世而无衅故乎?此皆世俗妄说,非事实也。"②郝经《续后汉书》,将马跃檀溪之事直接录入史书正文,而将孙盛评语存入苟宗道《新注》,并在其后加按语云:"按陈志,'豪杰归先主者日益多,表疑其心,阴御之',则越、瑁之谮或有之,檀溪之急,似不为妄,今取之是已。"③

其三,凡陈寿的评语、裴松之的议论,有合于义理者,《新注》亦予以收录。《续后汉书》各卷都有郝经亲撰的议、赞,说明自己对历史人物、事件等的看法或评价。但对陈寿在《三国志》每卷之后的评语及裴松之注中所发的议论,郝书也没有完全删除,只要合于义理者,都收录在《新注》中予以保存。如《昭烈皇帝纪》,在卷末章武三年"夏四月癸巳,帝崩于永安宫,年六十三"条下,《新注》就节录陈寿评语曰:"先主之宏毅宽厚,知人待士,盖有高祖之风焉。及其举国托孤于诸葛亮而心神无二,诚君臣之至公,古今之盛轨也。"而删去其中"机权干略,不逮魏武,是以基宇亦狭。然折而不挠,终不为下者,抑彼之量必不容己,非唯竞利,且以避害云尔"数句。其后苟宗道又特注云:"凡陈志评与本议不同而有义理者,则载本传下,蔑劣不成章者,则皆略去云。"④又如《孙权传》,载嘉禾二年(233)三月孙权不听顾雍等人劝谏,派太常张弥将万人出使公孙渊之事,《新注》即引裴松之议云:"权愎谏违众,信渊意了,非有攻伐

---

① 郝经:《续后汉书》卷2《昭烈皇帝纪》附新注,台北,台湾"商务印书馆"影印清乾隆文渊阁《四库全书》本,1986,第385册,第28~29页。
② 陈寿:《三国志》卷32《蜀书二·先主传》,北京,中华书局,1959,第4册,第876~877页。
③ 郝经:《续后汉书》卷2《昭烈皇帝纪》附新注,台北,台湾"商务印书馆"影印清乾隆文渊阁《四库全书》本,1986,第385册,第32页。
④ 郝经:《续后汉书》卷2《昭烈皇帝纪》附新注,台北,台湾"商务印书馆"影印清乾隆文渊阁《四库全书》本,1986,第385册,第43页。

之规，重复之虑，宣达锡命，乃用万人，是何不爱其民，昏虐之甚乎！此役也，非惟暗塞，实为无道。"①事实上，不仅陈寿、裴松之的评议，《新注》还大量收录了鱼豢、《傅子》、孙盛、袁宏、习凿齿等人的议论，以尽可能保存前人的史论。对于前人史论的不合理处，苟宗道《新注》亦据郝经之论予以辨正。如《张昭传》记载张昭晚年劝谏孙权，权不用其言，昭遂杜门不出，不与朝会。《新注》先引习凿齿曰："张昭于是乎不臣矣。夫人臣者，三谏不从则奉身而退，身苟不绝，何忿恚之有……今权悔往之非而求昭，后益回虑降心，不远而复，是其善也。昭为人臣，不度权德，匡其后失，夙夜匪懈，以延来誉。乃追忿不用，归罪于君，闭户拒命，坐待焚灭，岂不悖哉！"其后苟宗道批判云："昭志存汉室，权之僭号皆所不与。身受付托，不用其言，遒其狂悖，投万众于海壖，则权固无面目见昭，与权君臣之义已绝矣。习氏乃责昭以不臣，过矣。"②苟宗道认为，张昭志存汉室，不参与孙权僭号，正合于郝经的蜀汉正统论。所以习凿齿指责张昭不合于君臣之义，才是义理悖误，必须予以驳正。

其四，苟宗道《新注》还大量引用《左传》《战国策》《史记》《汉书》等史书，为《续后汉书》所载书疏议论引征的古今事类作注，以补裴松之注文之未备。如《昭烈皇帝纪》，载建安二十四年（219）春群下上昭烈为汉中王表云："周监二代，并建诸姬，实赖晋郑，夹辅之福。"苟宗道即引《左传》注曰："昔武王克商，光有天下，封其兄弟之国者十有五人，姬姓之国者四十人，皆举亲也。"又引《史记》注曰："犬戎杀幽王，晋文侯、郑武公立故太子宜臼，是为平王。"③此外，《新注》还收录了许多魏晋时人的著名文章，以丰富《续后汉书》的内容。如《狂士传》中的《王衍传》，苟宗道就在《新注》中全文收入了裴頠《崇有论》和王坦之《废庄论》。④ 不仅如此，《新注》甚至引用唐、宋、金人的史书和著作，来充实《续后汉书》。如《取汉传》中的《邓艾传》，《新注》引用唐杜佑《通典》，以注释邓艾《济河论》。⑤《马超传》，《新注》引用南宋朱熹《资治通鉴纲目》及其注文，详解

---

① 郝经：《续后汉书》卷50《孙权传》附新注，台北，台湾"商务印书馆"影印清乾隆文渊阁《四库全书》本，1986，第385册，第456页。
② 郝经：《续后汉书》卷54《张昭传》附新注，台北，台湾"商务印书馆"影印清乾隆文渊阁《四库全书》本，1986，第385册，第496~497页。
③ 郝经：《续后汉书》卷2《昭烈皇帝纪》附新注，台北，台湾"商务印书馆"影印清乾隆文渊阁《四库全书》本，1986，第385册，第39页。
④ 郝经：《续后汉书》卷73下上《狂士传·王衍传》附新注，台北，台湾"商务印书馆"影印清乾隆文渊阁《四库全书》本，1986，第386册，第155~156、157~158页。
⑤ 郝经：《续后汉书》卷76《取汉传·邓艾传》附新注，台北，台湾"商务印书馆"影印清乾隆文渊阁《四库全书》本，1986，第386册，第193页。

马超奔汉中依张鲁事。① 至于《诸葛亮传》,苟宗道共 11 处引用南宋张栻《忠武侯传》,6 次引用胡寅《斐然集》,详述诸葛亮生平。②《文艺传》中的《路粹传议》,《新注》还援引《宋实录》所载元祐元年(1086)吕惠卿责授建宁军节度副使的敕文,以及《金实录》所载金太宗降封辽主元祚为海滨王的诏书。③ 这说明《新注》的取材,不仅限于裴松之《三国志注》,而是广泛征引来补充裴注之不足,丰富《续后汉书》的内容。

苟宗道《新注》不仅说明《续后汉书》的义例书法,而且收录丰富的史料和议论以充实完善该书,两者在内容上既有分工又有统一,成为《续后汉书》不可或缺的组成部分。

二、《续后汉书》的成就与问题

郝经《续后汉书》,是宋元以后改编三国史的多次尝试之一。稍前于此,有南宋萧常《续后汉书》49 卷和李杞《改修三国志》67 卷,其后,又有明谢陛《季汉书》60 卷。所有这些改作,无一例外,都是在朱熹《资治通鉴纲目》影响下,以黜魏帝汉为宗旨,而且皆为纪传体史书。不过,由于作者的差异,往往具有不同的结构与风貌。李杞《改修三国志》佚失不传,谢陛《季汉书》又因义例繁杂名目失当多受讥议,今以编纂时间稍早的萧常《续后汉书》为参照,进一步总结郝经三国史的成就与问题。

萧常,吉州庐陵(江西庐陵)人,南宋乡贡进士。"初,常父寿朋病陈寿《三国志》帝魏黜蜀,欲为更定,未及成书而卒。常因述父志为此书,以昭烈帝为正统",④ 作帝纪 2 卷、年表 2 卷、列传 19 卷、⑤ 吴载记 12 卷、魏载记 9 卷,又别为《义例》1 卷、《音义》4 卷,凡 49 卷。因"古以班固史为《汉书》,范晔史为《后汉书》",遂称《续后汉书》,以正其名。⑥ 宁

---

① 郝经:《续后汉书》卷 16《马超传》附新注,台北,台湾"商务印书馆"影印清乾隆文渊阁《四库全书》本,1986,第 385 册,第 159 页。
② 郝经:《续后汉书》卷 15《诸葛亮传》附新注,台北,台湾"商务印书馆"影印清乾隆文渊阁《四库全书》本,1986,第 385 册,第 133~148 页。
③ 郝经:《续后汉书》卷 66 中下《文艺传·路粹传议》附新注,台北,台湾"商务印书馆"影印清乾隆文渊阁《四库全书》本,1986,第 385 册,第 635~636 页。
④ 永瑢等:《四库全书总目》卷 50 萧氏《续后汉书提要》,北京,中华书局,1965,上册,第 450 页;又见萧常:《续后汉书》卷首,台北,台湾"商务印书馆"影印清乾隆文渊阁《四库全书》本,1986,第 384 册,第 392 页。
⑤ 萧常:《续后汉书》只设 18 列传,然其中《诸葛亮传》分上、下两卷,故实际列传卷数为 19 卷。参见《续后汉书目录》,萧常:《续后汉书》卷首,台北,台湾"商务印书馆"影印清乾隆文渊阁《四库全书》本,1986,第 384 册,第 386 页。
⑥ 周必大:《续后汉书序》,见萧常:《续后汉书》卷首,台北,台湾"商务印书馆"影印清乾隆文渊阁《四库全书》本,1986,第 384 册,第 394 页。

宗庆元六年(1200),周必大为成书作序,早于郝经《续后汉书》七十二年。

萧常与郝经《续后汉书》,虽然同为熔铸三国历史于一书的纪传史,两者的体裁结构却不尽相同。萧书设纪、表、传、载记四体,刘备父子升入帝纪,蜀汉群臣收录列传,尊为三国时期的正统王朝;吴、魏二国则分列载记,降为僭伪政权。而郝书不设载记,只分人物列传为汉、魏、吴三部分,分别收录三国人物。但是,将魏、吴君臣与东汉、蜀汉群臣同列传记,非但不合伦类,而且传记一体过于庞杂,体裁措置并不合宜,显然不如萧书收入各自载记,内容有序,体裁分明,也更能凸显贬黜魏、吴的改作宗旨。《四库提要》称萧书"义例精审,颇得史法",[1] 即主要由此。然而,陈寿《三国志》无年表、书志,多受后世批评。负责监督刊刻郝经遗著的元江西行省儒学提举冯良佐即云:"前史纪传外有书志,所以载三才之奥,礼乐食货兵刑官职之异,而(陈)寿皆未及,尤史笔之欠。此紫阳朱文公诗云'后贤合更张',感叹所繇发也。后紫阳百余年,徒增阅史者之慨。"[2]以无书志体,为《三国志》帝魏之外的主要问题。萧常《续后汉书》补立年表,却因袭《三国志》不设书志体裁,典章制度的沿革演变仍付诸阙如。郝经增立八录,以 21 子卷的大量篇幅,追溯汉晋之间的学术思潮、天文历象、地理职官、礼乐刑法、食货兵政,尽力弥补《三国志》体裁、记载的阙失。此外,萧书虽在《三国志·方技传》的基础上,增补孝友、忠义、隐逸三种类传,分类记述历史人物,却远远不能与郝书的十四类传相比。这些,无疑是郝书体裁设置的优长,尤能体现郝经对传统史书体裁的继承与创新。

史书的记载时限和内容,萧郝二书亦大有不同。萧书"起昭烈章武元年辛丑,尽少帝炎兴元年癸未",[3] 以蜀汉政权的建立和灭亡为断限,意在接续范晔《后汉书》,记述三国并立四十三年的历史。该书《章武以来吴魏年表》,分上中下三栏,上栏起章武元年(221),止炎兴元年(263),列蜀汉年号以纪年系事,中下二栏,分列吴、魏纪年与大事,即"以孙、曹事迹,参会汉氏之纪元,列之于表",[4] 如实呈现三国分立的历史现实。

---

[1] 永瑢等:《四库全书总目》卷 50 萧氏《续后汉书提要》,北京,中华书局,1965,上册,第 451 页。

[2] 冯良佐:《续后汉书后序》,见郝经:《续后汉书》卷首,台北,台湾"商务印书馆"影印清乾隆文渊阁《四库全书》本,1986,第 385 册,第 25 页。

[3] 周必大:《续后汉书序》,见萧常:《续后汉书》卷首,台北,台湾"商务印书馆"影印清乾隆文渊阁《四库全书》本,1986,第 384 册,第 394 页。

[4] 萧常:《续后汉书》卷 4《章武以来吴魏年表序》,台北,台湾"商务印书馆"影印清乾隆文渊阁《四库全书》本,1986,第 384 册,第 417 页。

根据上述史书断限，萧常《续后汉书》的列传部分，只记载诸葛亮、关羽、张飞等蜀汉群臣，而不收录袁绍、袁术、刘表、刘璋等东汉末年的风云人物。萧氏《义例》即规定："凡《后汉书》有传者，兹不复出。事偶相涉，则随事而书。"① 这样的处理，的确使《续后汉书》时限严整，列传专一，却无从展示汉末群雄逐鹿的发展演变，说明三国分立局面形成的历史原因。实际上，如此严格的三国史断限是难以遵循的。萧常也不得不在表体中，首先设立《建安以来诸侯年表》，上列建安元年（196）至二十五年（221）的东汉献帝纪年，下设刘玄德豫州、刘璋益州、刘表荆州、袁绍冀州、袁术扬州、孙策江东、曹操兖州、吕布徐州等八栏，② 以大事年表的形式，简要记述汉末诸侯割据征战的纷繁复杂的历史发展，为三国鼎立的历史背景做出交代。而在纪、传二体中，亦不免时时突破时限，上溯东汉。如《昭烈皇帝纪》的纪年，即始于献帝建安元年（196），而述事更追溯到灵帝中平元年（184）黄巾起义。至于吴载记中的孙坚、孙策，魏载记中的曹操，更是存世于章武之前的东汉末年人。郝经《续后汉书》承继陈寿《三国志》，上起东汉献帝初平元年（190），下至西晋武帝太康元年（280）东吴灭国，记载三国时期91年的历史。尽管关键性的首卷年表全卷遗失，无法窥其原貌，但据全书记载推测，其格式也应是汉、魏、吴三国分栏，以汉朝纪年对应魏、吴年号，分年记录三国大事。只是在时间断限上，大概不会始于昭烈章武元年（221），而应上推至献帝初平元年。与此相应，人物传记部分，郝书也设置了《宗室诸刘传》和汉臣传中的东汉臣属诸传，记载刘宠、刘璋、董卓、袁绍等汉末人物。考虑到完整展示三国历史形成演变的全过程，陈寿《三国志》与郝经《续后汉书》的历史断限，毋宁说较萧书更为合理。

就史书修纂而言，萧郝二书也有着不同的原则。萧书取材于陈寿《三国志》和裴松之注，"多援裴注以入传"。在吴、魏、汉三部分，基本上是削减吴、魏，增补汉列传，以羽翼蜀汉的正统地位。以萧书比较《三国志》，吴载记较《吴书》"废传二十"，魏载记较《魏书》"废传八十九"，而汉列传则较《蜀书》"增传四十二，废传四，移《魏志》传入汉十"。这些增传"亦皆取材于（裴）注。间有注所未及者，建安以前事则据范书，建安以后则不能复有所益"。即萧常《续后汉书》的史料，全部来源于《三国志》和裴

---

① 萧常：《续后汉书》卷末《义例》，台北，台湾"商务印书馆"影印清乾隆文渊阁《四库全书》本，1986，第384册，第688页。
② 萧常：《续后汉书》卷3《建安以来诸侯年表》，台北，台湾"商务印书馆"影印清乾隆文渊阁《四库全书》本，1986，第384册，第413页。

注，仅建安以前史事稍据范晔《后汉书》补充，而不参考他书。其原因是，萧书的修纂宗旨"在书法不在事实"，重在以"义例精审""笔削谨严"黜魏帝汉，① 而非增益史实。"名义至重，信古今之不渝，书法匪轻，虽毫厘之必计"，② 这正是萧常进书南宋朝廷时标明的编纂准则。而郝经之书，虽更正统纪的改作宗旨与萧书无异，但同时还注重史书规模的扩大，史事、史论的保存增益，以改变《三国志》记载的疏略和讹误。非但体裁由纪、传二体扩充为表、纪、传、录四体，卷帙也自陈寿《三国志》65卷，拓展为90卷、130子卷。郝书的取材，虽然主要依据《三国志》和裴注，"即《三国志》旧文，重为改编"，③ "凡裴注之事当入正文者，则为删取"，④ 却也重视参考《史记》《汉书》《后汉书》《晋书》和《资治通鉴》，"以裴《注》之异同，《通鉴》之去取，《纲目》之义例，参校刊定，归于详实"。⑤ 此外，郝经还尽可能关注到古代文献、魏晋名篇和唐宋著述。

与上述修纂原则相适应，郝经《续后汉书》的新注，也与萧书的注释大相径庭。萧书自注不与史文相接，而是在44卷正史之外，别作《音义》4卷，意在简要训解史文的音读、名物、典故、地理、职官、人物等，以为正史之补充，并不以保存史料为主。这样，裴注中的大量史料和后人评论，凡未被增入《续后汉书》者，就全部弃置无用了。而郝书的苟宗道《新注》，直接列于《续后汉书》正文之下，与注释对象紧密衔接，且以解说义例书法、收辑不便录入正史的史料议论为重，以充实完善该书。这就保存了大量前史及注文中的相关资料，以及前代史家学者的论说评议，从而弥补订正《三国志》的疏略讹误。较之萧常《音义》，苟宗道《新注》无疑与郝经《续后汉书》的联系更加密切，也更具有文献价值。

然而，郝经毕竟不是史学家，《续后汉书》的失误也在所难免。如士燮、太史慈皆为吴臣，而郝经录之汉臣列传。又如黄宪卒于东汉安帝时期，葛洪显于东晋元帝之朝，郝经却收入汉《高士传》和吴《技术传》。"其他晋、汉诸臣，以行事间涉三国而收入列传者，不一而足"。这些人物收

---

① 永瑢等：《四库全书总目》卷50萧氏《续后汉书提要》北京，中华书局，1965，上册，第451页。
② 萧常：《进续后汉书表》，见《续后汉书》卷首，台北，台湾"商务印书馆"影印清乾隆文渊阁《四库全书》本，1986，第384册，第394页。
③ 永瑢等：《四库全书总目》卷50郝氏《续后汉书提要》，北京，中华书局，1965，上册，第451页。
④ 苟宗道：《续后汉书新注序》，见郝经《续后汉书》卷首，台北，台湾"商务印书馆"影印清乾隆文渊阁《四库全书》本，1986，第385册，第25页。
⑤ 郝经：《续后汉书自序》，见《续后汉书》卷首，台北，台湾"商务印书馆"影印清乾隆文渊阁《四库全书》本，1986，第385册，第24页。

录的失当,或与郝经意欲改变《三国志》的疏略,扩充《续后汉书》的规模相关。至于设置八录,其初衷是在弥补陈书无志的缺陷,但因文献阙征,虽杂采前后史之文以充实,却不能尽如人意。而其中"纪载冗沓,失于限断,揆诸义例,均属未安"。以至于《四库提要》批评,郝书虽"持论颇为不苟,而亦不能无所出入"。同时,由于元初上距三国已逾千年,时代久远,大量当时的历史记载和文献资料已佚失无存。又由于拘禁条件所限,《续后汉书》取材不够广博,史料上没有更多新的价值,也是它流传不广驯致散佚的原因所在。

《四库提要》云:"经敦尚气节,学有本原,故所论说,多有裨于世教。且经以行人被执,困苦艰辛,不肯少屈其志,故于气节之士低徊往复,致意尤深。读其书者,可以想见其为人,又非萧常、谢陛诸家徒推衍紫阳绪论者比也。"[①]认为郝经《续后汉书》的意义与价值,主要在道德教化层面,而不是史书的体裁义例,似不是深入研究后的公允之论。[②]

[①] 永瑢等:《四库全书总目》卷50郝氏《续后汉书提要》,北京,中华书局,1965,上册,第451页。
[②] 本章原题《郝经〈续后汉书〉平议》,刊于《北京师范大学学报》(社会科学版),2003年中国古籍研究专刊,第49~70页,本书收录时有增补修改。

第四章　元代策问的发展与特点

策问又称策题，是策试的考试题目；对策，则是策试的答卷。元代的策问和对策，依据考试的不同类别，分别属于科举文献与学校文献。

策试在古代中国源远流长。汉文帝以政事书于简策，考问各郡国推举的贤良文学直言极谏之士，要求其逐条对答作为施政参考，并借以简拔官员，此为策试之滥觞。① 自汉武帝接受公孙弘建议，为太常博士设弟子员习学《五经》，策试又成为太学考察博士弟子通晓经学、选拔任用的考试方式。② 因而，政事与经义，是汉代策试的主要内容。颜师古《汉书注》即云："对策者，显问以政事经义，令各对之，而观其文辞定高下也。"③然汉代儒学定于一尊，以经义决政事，策问往往以政事与经义相贯通，对后世影响极大。

魏晋隋唐，释教玄风竞相煽炽，儒学式微，明经一科遂不为士人所重，而词章转盛。宋朝理学兴起，《五经》《四书》乃重拾权威，为学校、科举之首务，政事、时务之指南。元代以蒙古族入主中原，科举一业，风雨飘摇。所行策问，则时务、经史判然两途，其旨固在保证统治民族特权，而终不厌汉族士人之心。明清策问重新合二为一，回复传统，适见积势所趋，殆非人力所可违。

第一节　传世策问与对策

元初迟迟未开科举，策试仅存在于各级学校考试中。延祐以后，策试成为科举中重要的考试项目，继而影响各级学校，由此促成策问的大量涌现。

现今存世的元代策问，据笔者汇集整理，大约 207 篇，基本出自元人别集及元代总集《国朝文类》，也见于《元统元年进士题名录》及《全元

---

① 班固：《汉书》卷 4《文帝纪》，北京，中华书局，1962，第 1 册，第 127 页；卷 49《晁错传》，第 8 册，第 2290~2299 页。
② 范晔：《后汉书》卷 44《徐防传》，北京，中华书局，1965，第 6 册，第 1500~1501 页。
③ 见班固：《汉书》卷 78《萧望之传》，北京，中华书局，1962，第 10 册，第 3272 页。

文》辑录之地方志。① 根据策试的性质,元代策问可以大致分为科举策问与学校策问两部分。明确标识的元代科举策问共 46 道,包括殿廷御试 15 道,省部会试 8 道,各行省乡试 23 道;再加上高丽国科举策问 7 道,凡 53 道,约占全部策问的 26%。明确标识的学校策问 122 道,其中国子学策问就有 116 道,在元代策问中数量最多;另有宪试、乡校堂试等地方学校策问 6 道,共占全部策问的 59%。此外,还有典吏策问、家塾策问、未标明考试类别的其他策问 32 道。其实,即便没有说明考试情况的策问,也大多是学校策问,这可据作者的经历身份知晓。如刘敏中,至元、大德间曾任国子司业、国子祭酒,他的 3 道策问,当是国子学策试的问题。而刘壎,至元三十一年(1294)为建昌路学正,至大二年(1309)任延平路学教授;陆文圭,至元末任教吴县学,泰定、天历间就馆容山;同恕,延祐间为奉元路鲁斋书院山长;刘岳申,亦曾任永丰县儒学教谕。他们文集中的 19 道策问,应该都是地方学校策问。由上可知,传世元代策问,绝大多数属于科举文献或学校文献。②

　　当然,传世策问,毕竟只是元代策问的一小部分。元朝科举,自延祐至元统共七科,其后停罢六年,至正元年(1341)重开科举,到二十六年又九科,凡十六科。根据元制,每届科举有乡试、会试、廷试三级策试各一场,而且乡试又分为十一行省、二宣慰司、四个直隶省部路分凡十七处举行。每场策试,又需拟定蒙古色目策问、汉人南人策问各两道以备选用。仅就科举策问而言,元朝就有廷试策问与会试策问各 64 道,乡试策问近 1100 道。③ 而存世的元朝科举策问不过 46 道,尚不足 4%。至于国子学与地方学校、书院的策问,就更无从估算了。

　　传世元代策问的作者,可以确知者 27 人。其中科举策问的作者,都是主持考试的考官。延祐科举程式规定,会试的考试官由中书省先期选委,廷试更要奏请皇帝委任。他们多为在朝的著名儒臣,如袁桷,延祐五年、泰定元年两任廷试读卷官,至治元年任会试考官;虞集,泰定元年、四年两任会试考官,至顺元年为廷试读卷官;马祖常,泰定四年、至顺初年两任会试考官,泰定四年与王士熙同为廷试读卷官;苏天爵,至正五年充廷试读卷官。乡试考官,上都、大都由中书省礼部选差,各

---

① 《元统元年进士题名录》,北京,书目文献出版社《北京图书馆古籍珍本丛刊》影印清影元抄本,1990,第 21 册,第 375~419 页。按:至顺三年十一月壬辰,元宁宗懿璘质班崩。至顺四年六月己巳,顺帝妥懽帖睦尔即位,当年十月戊辰,即改元元统元年。故至顺四年进士,一般称元统元年进士。其实当年廷试时间,是在至顺四年九月初三。
② 参见本书附录三《元代策问及策试类别表》。
③ 详见本书第五章《乡试策问与对策》。

行省则由行中书省与行御史台、廉访司官员会同商议，于"见任并在闲有德望文学常选官内选差"。① 吴澄，延祐四年为江西乡试考官；袁桷，延祐四年、泰定三年分任大都、江浙乡试考官；黄溍，先后为上都、江西、江浙乡试考官；吴师道，亦曾为江西乡试考官。至于李齐贤、李穀，先后主持高丽国科举。而学校策问的作者，一般是各级学校、书院的学官，尤其国学策问的作者，都是国子监或国子学官员，如吴澄，至大二年至四年间任国子监丞、国子司业；而姚登孙、蒲道源、柳贯、黄溍、吴师道，分别在延祐到至正初担任国子博士、国子助教等学职。其他策问的作者，如上所述，也多为国子学或地方学官。此外，作者中有不少人参加过科举。如吴澄、陆文圭是宋咸淳中的乡贡进士，陆氏又在延祐四年、七年两中元朝乡举；而马祖常、欧阳玄、黄溍、宋本、吴师道、李穀，分别是延祐二年、至治元年、元统元年进士。若据元朝特有的四人等制分析，则作者除马祖常为色目人外，其余汉人 12 名，南人 14 名，二者基本平衡。不过，汉人中宇术鲁翀是女真人，李齐贤、李穀是高丽人，反映了元朝多民族的特色。当然，策问作者绝大多数还是汉族学者。

与策问相对应的文献是对策，即策试的答卷。元代还有对策 32 篇存世，其中 16 篇出于《元统元年进士录》，其他则散见于作者文集，也有少数保存在地方志中。这些对策，有 27 篇与策问相因应，只有 5 篇策问已佚，但是可以通过对策知晓策问的主旨。对策以科举策为主。三级科举对策就有 24 篇，占全部对策的 3/4，又以廷试策居多，有 18 篇，乡试 5 篇，会试仅 1 篇。其他对策也或与科举有关。如李穀延祐七年策，是高丽国的科举对策。而赵汸至正五年对策，则是对虞集为江西宪试草拟的《问江右六君子策》试作解答。只有陆文圭《墙东类稿》的五篇对策和朱德润的平江路对策考试情况不详。在对策的时间上，又以延祐至至顺的科举前期最多，有 28 篇，占对策的 7/8，至正年间的科举后期仅 4 篇。就对策的作者而言，25 名作者中蒙古、色目、汉人、南人四等人都有涵盖。其中蒙古 1 名，色目 2 名，汉人 3 名，南人 17 名，另 2 篇虽作者姓名不详，但是其身份是元统元年（1333）的左榜进士，则可以肯定为汉人或南人。上述作者构成，也与科举考试的参加者主要是汉人和南人相符。②

由于策试多是以对策的方式征询朝廷急务与施政方针，故元代策问

---

① 宋濂等：《元史》卷 69《选举志一·科目》，北京，中华书局，1976，第 7 册，第 2020 页。
② 参见本书附录四《元代对策及策试情况表》。

领域广泛、内涵丰富，是了解时政大纲、制度演变、学术思想及主要社会矛盾的珍贵文献。以科举中 15 道廷试策为例，考问的内容就涉及致治之本、统理之术、礼乐郊庙、皇族世臣、吏治法律、铨选考课、教化风俗、时政先务，甚至儒家道统、议行武举等诸多方面。至于学校策问，领域就更加宽泛。如黄溍的四十三道《国学策问》，既关注学校、士习、经史、诸子等国学直接相关的内容，也涉及科举、荐任、铨选、考课等选举问题；既讨论礼乐、井田、封建、正朔等古代制度，更咨询吏治、刑法、钱币、马政、劝农、救荒、教化、风俗等当世政务。而以对策与策问相对读，则可以更为细致详尽地了解当时士人对上述疑难的认识和设想。因此，元代策问与对策，非但揭示当时社会面临的政治、经济、思想、文化诸多问题，也体现出作者对现实问题的观察与思考。

第二节　元代策问的发展阶段

以延祐科举为标志，元代策问可分为前后两个阶段。前期策问存留很少，且没有对命题和答卷的明确规范。而科举恢复以后，策问则主要受科举程式的规范和影响。

一、延祐科举前的元代策问

延祐以前策问，目前所见只有胡祗遹《试典史策问》2 道、刘壎《策问》4 道、刘敏中《策问》3 道、吴澄《私试策问》12 道，共计 21 道，仅占传世策问的 1/10。这种情况，实与当时学校的考试制度相关联。科举实行前，元代在中央与地方都设置儒学，每年从生员中考选贡士，或充吏职，或任学官。根据至元二十四年（1287）国子学定制，"凡读书必先《孝经》《小学》《论语》《孟子》《大学》《中庸》，次及《诗》《书》《礼记》《周礼》《春秋》《易》。"由"博士、助教亲授句读、音训"，再作讲说。此外还有"对属、诗章、经解、史评，则博士出题，生员具稿"，俟博士判定，始录附课簿，以凭年终考较。[①] 地方的路府州县儒学及书院，在至元、大德间，小学生员诵读《孝经》《小学》《四书》与《通鉴》，大学生员始习学《五经》，亦与国子学课程相同。地方的课试制度，是"每月从教官出题，或赋论、经义、史评之类"，"教官考较，逐月载籍，岁终计其分数，以考优

---

① 宋濂等：《元史》卷 81《选举制一·学校》，北京，中华书局，1976，第 7 册，第 2029 页。

劣"。① 可知，此时科举未开，策试只是学校课试的多种形式之一，尚未受到人们重视，这应是前期策问保存很少的基本原因。

延祐前策问的另一特点是形式不一，尚没有对命题和答卷作明确规范，多依作者的身份、职任而各具特色。如胡祇遹《试典史策问》，是选任吏员的考试，故或责问官吏奢华，或探究考课失当，都关乎铨选时弊。② 刘壎《策问》则主旨不一，有的考究经典抵牾，有的讨论历代赀选，甚至追寻善恶报应、鬼神有无，直接暴露当时的社会风气，与其长期担任地方学官有关。③ 至元、大德间曾任国子司业、国子祭酒的刘敏中，文集收录策问三道，其三云：

> 礼义以待君子，刑罚以待小人。是知刑罚之设，所以辅教化，成治道，有不得而已焉者也。而其用有轻重之宜，宽猛之别。或当轻而重，或当重而轻，或宽而太宽，或猛而太猛，于是顽纵之风形，惨酷之怨兴，而治道失矣。今欲使轻重得宜，宽猛适中，其亦有道乎？二帝、三王逮汉、唐而下，其刑法之得失，可以为法，可以为戒者，愿有以论之。④

与此相类，三道策题都文字简短，问题单一，在一二百字之间，分别考问国家用人、经费、刑罚等三方面时政。这样风格的时务策，又与当时国学生员的构成大有关系。

元朝的国学生员，主要是七品以上"随朝百官近侍蒙古、汉人子孙"。⑤ 前期国子学，蒙古、色目生员一直占有相当大的比例。至元二十四年（1287）国子学制度规定："其生员之数，定二百人，先令一百人及伴读二十人入学。其百人之内，蒙古半之，色目、汉人半之。"⑥ 即国学生员由蒙古、色目、汉人三部分组成，而且最初是以蒙古、色目人占绝大

---

① 《庙学典礼》卷 5《行台坐下宪司讲究学校便宜》，参见《行省坐下监察御史申明学校规式》，杭州，浙江古籍出版社《元代史料丛刊》本，1992，第 99、109 页。
② 胡祇遹：《试典史策问》，见《紫山大全集》卷 23，台北，台湾"商务印书馆"影印清乾隆文渊阁《四库全书》本，1986，第 1196 册，第 429～430 页。
③ 刘壎：《策问》，见《水云村泯稿》卷 13，台北，台湾"商务印书馆"影印清乾隆文渊阁《四库全书》本，1986，第 1195 册，第 491～493 页。
④ 刘敏中：《问刑罚轻重宽猛策》，见《刘敏中集》卷 16，长春，吉林文史出版社，2008，第 194 页。
⑤ 宋濂等：《元史》卷 7《世祖纪四》，北京，中华书局，1976，第 1 册，第 135 页；卷 87《百官志三》，第 7 册，第 2193 页。
⑥ 宋濂等：《元史》卷 81《选举制一·学校》，北京，中华书局，1976，第 7 册，第 2029 页。

多数。刘敏中的策问，即针对这些汉文化水平有限的国学生员而拟。不过，即便是简单的时务策，也仍然包含着历史的内容，生员需从二帝、三王直至汉、唐的演变中，寻求时政的借鉴。

前期策问最值得关注的，还是吴澄的国子学《私试策问》。私试，是为选拔优秀生员参加岁贡公试的国子学内部考试，每月初二举行，分孟、仲、季月分别考察经义或策问、表章、诏诰等。至大二年（1309），江西抚州大儒吴澄入朝就任国子监丞，四年升司业。其为国子学私试拟定的策试题，内容涉及公族、宰相、台谏、著作与中书制度、馆阁、史馆、监司、将帅、守令、学校、铨选、任子等十二个方面，无一不是朝廷的大纲时政。吴澄的策问有着与刘敏中相似的特色：其一，策题简短，少者不足百字，多者亦不过二百言，而且问题非常明确，便于诸生对题意的理解。其二，虽然考问时务，却无一不由历史故事入手，再进而问及时政。如关于学校的策问曰：

> 古者学、校、庠、序之名，同乎？司乐、学政、国子之制，异乎？六德六舞、干戈羽钥之制，何以殊？礼乐诗书、乡司徒之教，何以别？置子弟员五十人，而至百人、千人，而至三千人，何以盛？圜桥亿万计，黉舍千八百室，与每岁课三科，岁复增二科，何以精？国子三百人，太学五百人，四门千三百人，又何以盛？鹿鸣之歌，燕堂之琴，举成送尚书，何以精？博士弟子领于太常，得乎？国子监隶太常寺，当乎？举司隶之幡，与救朱穆、皇甫规者，孰优？拒朱泚之乱，与褒陈仲举、留阳城者，孰胜？教牢修之书，何以乎？喉张显之诬，何因乎？愿闻所以得学校之道。①

此则策问的主旨是议论学校设置，却要求生员借由古代庠序，汉代博士弟子员，直至唐代国子学、太学、四门学分立的历代学校制度及其典故、人物，来探讨当代的学校之道。显然，吴澄的《私试策问》虽然考问时务，没有较好的史学修养，是很难应答的。

由上可知，延祐科举之前，即使面对大量汉文化与经史水平有限的蒙古、色目生员，国学策问也很少考单纯的时务策，而往往是自历史导

---

① 吴澄：《私试策问》，见《临川吴文正公集》卷2，江西抚州，明成化刊本，1484，第21页；又见苏天爵：《国朝文类》卷46，上海，商务印书馆《四部丛刊》影印元至正西湖书院刊本，1929，第7～8页。

源来探究时政。这自然是由于，很多时政问题都有着历史渊源，不可能完全离开历史来讨论时务。更重要的是，政治必须导源经史，是汉代以来儒学的基本特征，也是拟定策题的传统思维。应该说明，历史是经学之外元代学校教育的重要内容。在地方学校与书院，《通鉴》是小学生员就要学习的课程。至元定制的国子学课程虽然没有开列史书，但日常考课中既有"史评"，历史自然也是必修课程。甚至元朝的蒙古国子学与地方蒙古字学，也是"以《通鉴节要》用蒙古语言译写教之"。① 可见司马光《资治通鉴》，是当时最受重视的历史教材。这是学校策问可以上溯历史的基本保证。但也必须指出，时务策兼及历史，对于蒙古、色目生员而言，显然有些勉为其难。元代科举，策问分为时务策与经史时务策两途，既以恢复科举满足汉族士人的需要，也以相对简单的时务策保证蒙古、色目人的进士途径，或即由此而来。

二、科举程式中的元代策试

自隋炀帝以试策始置进士之科，策试成为科举考试的重要形式，并由此影响到各级学校考试。唐代科举多途，策试类型亦有多种。进士、明经等重要科目必考的时务策，是当时的主要策试。此外，弘文馆、崇文馆生需答经义策或史策，秀才科要考方略策。高宗、玄宗时，为推动习读《老子》，又"加试贡士《老子》策"。② 文宗大和八年（834），礼部进士考试第二场，"试策五篇，问经义者三，问时务者二"。③ 宋、金初年，策试也以时务策为主。然而，以时务贯穿经史的汉代传统也时有体现。唐代宗宝应二年（763），礼部侍郎杨绾疏奏贡举之弊，请求科举对策"皆问古今理体及当时要务"，④ 应是经史与时务结合的策试。宋哲宗元祐四年（1089），规定经义、诗赋两科进士最后一场均考"子史、时务策二道"，将策试的范围推广到诸子与史学。⑤ 钦宗即位，臣僚亦上言："科举取士，要当质以史学，询以时政。今之策问，虚无不根，古今治乱，悉所

---

① 宋濂等：《元史》卷81《选举制一·学校》，北京，中华书局，1976，第7册，第2027页。
② 欧阳修等：《新唐书》卷44《选举志上》，北京，中会书局，1975，第4册，第1161～1164页。
③ 宋仁宗宝元中李淑对策，见脱脱等：《宋史》卷155《选举志一·科目上》，北京，中华书局，1977，北京，中华书局，1977，第11册，第3612页。
④ 刘昫等：《旧唐书》卷119《杨绾传》，北京，中华书局，1975，第10册，第3431页；欧阳修等：《新唐书》卷44《选举志上》，北京，中华书局，1975，第4册，第1166页。
⑤ 脱脱等：《宋史》卷155《选举志一·科目上》，北京，中华书局，1977，北京，中华书局，1977，第11册，第3620页。

不晓。"①也是吁请时务策源出于史。金章宗"泰和元年，平章政事徒单镒病时文之弊，言：'诸生不穷经史，唯事末学，以致志行浮薄。可令进士试策日，自时务策外，更以疑难经旨相参为问，始发圣贤之微旨、古今之事变。'诏为永制。"由此，"泰和格（贡举条格），复有以时务参以故事及疑难经旨为问之制"。② 这些既是时务导源于经史的儒家传统理念的继承，又反映随科举考试自多科向单科演进，策试亦由多种类型向综合型发展的趋势。

有元科举，虽自世祖朝即多次议行，却因蒙古统治者的成见和守旧贵族大臣的反对，数十年未能举行。③ 直至皇庆二年（1313），仁宗方下诏开科取士。④ 元朝科举虽然姗姗来迟，却仍然是元代史上的一件大事。尤其对于承袭儒家思想和学术的传统士人而言，科举意味着朝廷对儒学的肯定和实行汉制的进步。毕竟，科举是透过儒学经典的考试来选拔人才，又是皇帝亲自主持考试的国家抡才大典，无论蒙古学还是回回学，都不可能有相似的典礼。⑤

延祐科举对策试的影响，一方面，是促成元后期策试的频繁和策问的大量出现；另一方面，就是在策试类型上，时务策与经史时务策的分立。

皇庆年间颁布的科举程式及中书省续降条目规定：无论乡试、会试，蒙古、色目人的第二场，汉人、南人的第三场，都要考策一道。御试更是仅试策一道。因而，策试是元代科举中惟一从各行省乡试、礼部会试直到殿廷御试都要举行的考试形式，也是无论蒙古、色目人，还是汉人、南人都必须参加的考试科目。与科举程式相适应，延祐二年的国子学贡试法亦规定，国子学私试，每季度孟、仲两月考问经学；季月，上二斋汉人生员，于策问、表章、诏诰内抽考一道，而中二斋的蒙古、色目生员，则仅试策问一道。因此，策试也是国子学选拔高等及分生员的重要考试之一。而高等生员，又是国子生参加集贤院和礼部考选贡士的公试

---

① 脱脱等：《宋史》卷157《选举志三·学校试》，第11册，第3669页。
② 脱脱等：《金史》卷51《选举志一》，北京，中华书局，1975，第4册，第1138、1143页。
③ 参见陈高华等：《元代文化史》第三编第二章三《科举取士制的确立》，广州，广东教育出版社，2009，第375～378页。
④ 宋濂：《元史》卷81《选举志一·科目》，北京，中华书局，1976，第7册，第2018页。
⑤ 元代科举规模不大，取士人数也很有限。终元之世，凡开16科，取进士1303名，非但远远不能与唐、宋相比，甚至不如金朝。因此，元代科举的意义，主要不在于扩大儒士的入仕途径，改变官员的组成等实际效果，而在于对政治、思想、文化的多方面影响。参见陈高华等：《元代文化史》第三编第二章三《科举取士制的确立》，广州，广东教育出版社，2009，第375～386页。

或科举考试的基本资格。① 根据上述规定，元朝凡行科举16次，计有殿廷策试16场、会试策试16场、乡试策试逾270场，每场策试又需拟定两等级策问共4份以备选用。即有元一代，仅科举策问就有1200多道，国子学与地方学校的策题更难以数计，这是延祐以后传世策问占绝大部分的原因所在。

元朝是蒙古贵族建立的政权，为了保持自己的特权地位，维护对占人口绝大多数的汉族及其他少数民族的统治，元朝实行蒙古、色目、汉人、南人四等人区分的民族等级制度。这是元朝的政治特点，也是蒙古贵族统治的基础。四等人制是元代最基本的制度，贯穿于政治、经济、军事、文化等各个方面，在科举制度中，则表现为科举程式的等级规定。以蒙古、色目人为一等级，汉人、南人为另一等级，二者分卷考试，分榜录取，在考试场次、命题范围、答卷要求及取士名额上都有严格的等级差异。这种差异，体现于每一级、每一场考试中，具体到乡试、会试，御试三级都要举行的策试，则是时务策与经史时务策的分立。时务策是专对蒙古、色目人的策试，"以时务出题，限五百字以上"；经史时务策是对汉人、南人的策试，"经史时务内出题，不矜浮藻，惟务直述，限一千字以上成"。② 不仅命题的范围由时务扩展到经学和史学，答卷的字数要求也多出一倍。汉、唐、宋、金的策试，虽然也有时务策、经义策、子史策、方略策等区别，但或因考试科目的不同而设置，或为增进士人的经学、子史修养而实行。元代的时务策与经史时务策，则不单单是命题范围和答卷难度的差异，更重要的是考试对象的等级区分。其实质，在于保障蒙古、色目人在科举中的优势和特权，维护不平等的民族等级制度。

科举的实行又进而影响各级学校。延祐二年，国子学亦制定新的《贡士法》，举凡三等六斋的设置，《四书》《五经》等级区别的课程安排，以及

---

① 至正初恢复科举，规定国子学三年累计高等生员120名，与举人共同参加会试、廷试，从中选拔18名进士，实现了国子学贡士考试与科举考试的合一。见宋濂等：《元史》卷81《选举制一·学校》，北京，中华书局，1976，第7册，第2032页；卷92《百官志八·科举附录》，第8册，第2344页。王建军：《元代国子监学生的出路》云：顺帝复科举后，"国子监的公试与科举会试同期举行。三年中获高等生员资格的120人参加朝廷为他们单独举行的考试"，似不确。参见氏著《元代国子监研究》第五章第三节，澳门，澳亚周刊出版有限公司，2003，第323页。《元史》卷6《顺帝纪三》即明言：至元六年"十二月，复科举取士制。国子监积分生员，三年一次，依科举例入会试，中者取十八名。"第3册，第859页。卷81《选举志一·学校》亦曰："命所贡生员，每大比选士，与天下士同试于礼部，策于殿廷。"第7册，第2032页。

② 宋濂等：《元史》卷81《选举志一·科目》，北京，中华书局，1976，第7册，第2019页。

年资、科目不同的私试规制，无不与新的科举程式相因应，以适从蒙古、色目与汉人两级区分的人材储养和选拔制度。① 而策试的类型与规则，也自然与科举如出一辙。

第三节　元代策问的主要特点

一、时务策与经史策

根据科举程式对策试类型的划分，元后期策问可分为时务策与经史时务策（简称经史策）两类。前者一般是单就朝廷时政设问，基本不涉及经史，策题较短，问题明确，主要考察举子是否具有洞悉天下民隐及政事利弊的识见与才能；后者则要在经学、史学的领域内命题，或考察经史的理解与辨析，或由经史推问时政，策题相对较长，问题复杂，举子非有较深的经史修养则不能应答。

所以，延祐以后各级科举考试的策试题目，往往会标明考试的等级与对象，以示区别。如金华学者黄溍文集中保存的科举策题，就有《会试汉人南人策问》1道，上都、江浙《乡试蒙古色目人策问》2道，江西、江浙《乡试南人策问》2道。② 苏天爵文集亦有《廷试汉人南人策问》《拟廷试蒙古色目策问》各1道。③ 有些学者的策问，虽然没有明确标识，但从策问形式与命题范围，还是可以判断其类别。以下试举两道廷试策问为例，分析时务策、经史时务策的各自特点。其一：

　　文武之道，有国家者不可偏废也。文艺对策，取学问之士，我朝已行之矣。独武举未讲，非所以备文武之道也。方今四海亿兆之众，蕴畜才能者，岂无其人乎？夫武职子弟，袭受世赏，衣食为事，游媚富贵，使之将万人，率千夫，其于功勋之裔，则至厚矣。国家何赖焉！兹将议立武举，以求草泽弓马膂力之夫，谋略技能之士，以应武选，其策何先乎？必功勋世臣之裔，草泽有能之人，兼用并置，仍不戾于时宜，何者为便益之道乎？

---

① 宋濂等：《元史》卷81《选举志一·学校》，北京，中华书局，1976，第7册，第2030页。详见本书第六章第一节《国子学与国学策问》。
② 黄溍：《金华黄先生文集》卷20，上海，商务印书馆《四部丛刊》影印元刊本，1929，第1~3页。
③ 苏天爵：《滋溪文稿》卷24，北京，中华书局，1997，第411~412页。

子大夫学通今古之制,褎然来廷,其悉以对,朕将亲览焉。①

廷试仅考策一道,是以皇帝的名义出题设问,将朝廷的大政方针,考问经由礼部会试选拔出来的进士,鉴别他们的政治识见及才能。因而,廷试是科举中最高级别的考试,也是最重要的策试。根据延祐以来的命题规制,先期由读卷官拟定策题四道,"缮写进呈",由"御笔点用其二"。②泰定四年,马祖常以太子左赞善、翰林直学士充廷试读卷官,拟定廷试策问二道,此为其第一策。策问提出,元朝武职,以功勋子弟世袭受赏,年久弊生,惟以衣食游媚为事,不堪任使。如今朝廷已兴文举,又议立武举,希望进士对武举设置提出合宜的措施,以便功臣世裔与草泽武士能够兼用并置,去除积弊。这是希图对传统军事制度进行改革的大胆设想,虽然元朝未能实行。马祖常为色目人,延祐首开科举,马氏乡试、会试皆第一,廷试因必以蒙古人居榜首,故屈居第二,由此名动京师。③他的两道廷试策问都很简洁明确,字数在二百至二百五十言之间,一议开武举,一讨论吏治与刑法,都是只问时政,不涉及经史,是比较典型的考问蒙古、色目进士的时务策。

文宗至顺元年(1330),翰林直学士知制诰同修国史兼经筵官兼国子祭酒虞集为御试读卷官,拟制策四篇以进。其文集及《国朝文类》中,都仅收廷试策问两道,且题前无"拟"字,大概是为皇帝点定的实际试题。其第二策曰:

> 朕闻:伏羲、神农、黄帝之事,见于《易》;尧、舜、禹、汤、文、武之治,存乎《书》。皆圣人也,其号名虽殊,而治化则一。日月星辰之为天,丘陵川泽之为土,君臣父子夫妇长幼之为人,三极之道,有以异乎?宗庙也,朝廷也,师旅也,礼乐也,佃渔也,耕桑也,时之所尚,虽小有损益,其为治之具,

---

① 马祖常:《拟廷试进士策问》一,见《石田先生文集》卷8,元后至元扬州路儒学刊本,1339,第10页。
② 苏天爵:《书泰定廷试策题稿后》,见《滋溪文稿》卷30,北京,中华书局,1997,第511~512页。
③ 苏天爵:《马文贞公墓志铭》云:马氏廷试"居第二甲第一人",见《滋溪文稿》卷9,第139页。许有壬《马文贞公神道碑铭》作廷试第二人,见《至正集》卷46,清宣统聊城邹氏石印乾隆抄本,1911,碑志3第61页。宋濂等《元史》卷143《马祖常传》从之,北京,中华书局,1976,第11册,第3411页。按:其时无论蒙古、色目榜,还是汉人、南人榜,第一甲进士仅一名,故第二甲第一人即廷试第二名。

岂有易于此者乎？然而伏羲、神农、黄帝之所以为伏羲、神农、黄帝，尧、舜、禹、汤、文、武之所以为尧、舜、禹、汤、文、武，可得而别欤？伏羲之卦，文王申之；神禹之畴，武王询之：文无异也，道无异也。然伏羲之作，造化备矣，何以犹待于文王？武王之心，神明通矣，何以犹待于箕子？然则群圣之奥，有待于后世者，犹无穷乎？子大夫习之于师，考之于古，得之于心，宜之于今，亦素有其说乎？朕诚以为非伏羲、神农、黄帝无以为道，非尧、舜无以为德，非禹、汤、文、武无以为功。心术之精微，制作之会通，子大夫其悉陈之，朕将亲览焉。①

全问约三百五十字，篇幅稍长于马祖常的时务策。更要紧的是策问的经学要求，应考者非但要透过《周易》的伏羲画卦、文王重卦，《尚书》的洪范九畴，来探讨伏羲、神农、黄帝直到尧、舜、禹、汤、文王、武王的九圣之道，分辨其间的细微差别；还必须根据《古文尚书·大禹谟》中"人心惟危，道心惟微，惟精惟一，允执厥中"的十六字心传，来系统阐述宋代理学标举的儒家道统。策问的经学范围，已然超出蒙古、色目人应当学习的《四书》，而涉及《五经》。显而易见，这是一道考问汉人、南人的经史策，策问难度明显增大。这固然符合汉人、南人的知识结构和思维习惯，却也是二者考生中选比例较少所不得不然。

科举中时务与经史时务策的分立，必然影响到各级学校尤其是国子学，在国学私试和地方学校的策试中，也要作同样的区分。黄溍文集中，即有《国学蒙古色目人策问》18道、《国学汉人策问》25道，应当是他在后至元元年至六年(1335~1440)任职国子博士期间，为国子学私试拟定的策题。此外，黄氏文集中还有《堂试蒙古色目人策问》1道，《堂试汉人南人策问》3道，可能是黄溍至正初年担任江浙等处儒学提举时，为地方学校拟定的策题。② 有些学者的策问虽然没有标明考问对象，仍可加以区分。如吴师道《国学策问》四十道，其中前二十一首策问篇幅较短，少者仅六十余字，长者也不足二百言，且问题比较简单，只问时政，较少涉及经史，应是对蒙古、色目生员的时务策。后十九首则篇幅较长，多在

---

① 虞集：《廷试策问》，见《雍虞先生道园类稿》卷12，台北，新文丰出版公司《元人文集珍本丛刊》影印明初覆元刊本，1985，第5册，第406~407页；又见苏天爵：《国朝文类》卷46，上海，商务印书馆《四部丛刊》影印元至正西湖书院刊本，1929，第16~17页。
② 黄溍：《金华黄先生文集》卷20，上海，商务印书馆《四部丛刊》影印元刊本，1929，第3~18页。

三百字以上，最长者达五百字，问题颇为复杂，或考问经史，或由经史问及时政，应该是对汉人生员的经史时务策。

以下分别列举黄溍的两类国学策问，稍作辨析。其《国学蒙古色目人策问》问曰：

> 古之为国者必务训农，其民富而俗醇，良有以也。方今朝廷重臣，既专领司农之官，郡县长吏，又兼任劝农之职，而田里之间，地有遗力，人多游心。谈者率以为，田不井则背本而趋末者众，是固然矣。夫井地之法既未易卒复，若何而能使守本业者有以尽其力，逐末作者有以易其心？幸试陈之。
>
> 盖闻君子学道则爱人，小人学道则易使。今之君子知学道者，诚有之矣。小人而能学道者，初不多见也。伊欲以斯道觉斯民，使化行俗美而比屋可封，则为君子者，不得不任其责。请试言之，以观二三子之自任者何如也。
>
> 钱出于古，而交、会创于近代。然所谓交、会者，必以钱为之本。盖合券所以取钱，非以彼易此，使之舍实钱而守虚券也。方今钞法独行，而钱遂积于无用之地。立法之初，固有因有革，及其既久，亦宜有变通之道焉。请试言之，以待执事者之财择。
>
> 除盗救荒，非无良法，然莫若思患而豫防之。乃今圣仁在上，威行惠孚，蚁聚之众，固已肃清，菜色之民，殆将苏息。及是时也，儆戒无虞，蓄积备具，有不可不素讲者。二三子傥有志焉，于从政乎何有！请试陈之，以俟有司者之询访也。①

以上四则蒙古、色目策问，或言务本抑末之策，或求化民成俗之术，或询变通钱币之道，或征除盗救荒之法，都是讨论政事、简洁明晰的时务策。

黄氏《国学汉人策问》第五首云：

> 国朝之制，策士必以经史、时务。时务诚未易知，经出于圣人，亦不容拟议也，姑以史事言之。左氏之所传，太史公之

---

① 黄溍：《国学蒙古色目人策问》四、十二、十五、十六，见《金华黄先生文集》卷20，上海，商务印书馆《四部丛刊》影印元刊本，1929，第4、6～7页。

所纪，立法何不同欤？班固、荀悦、范晔、袁宏、陈寿之流，互有祖述，孰为得失欤？欧阳子《唐书》，法太史公者也；司马公《通鉴》，法左氏者也；而皆不能免先儒之讥，是盖有其说矣。然《纲目》之作，或因其旧，或革而正之，其是非去取，可得而闻欤？方今六馆之士，奋自儒科而居编摩论撰之列者，踵武相接也。二三子于昔人之是非得失，安可无夙讲而为之折衷欤？愿试陈之，以观所学。①

这是一首专门探讨史书体裁与方法的史策，与朝野当时议修宋、辽、金三史的吁请相呼应。考生对策，应比较《左传》《汉纪》《后汉纪》等编年史，与《史记》《汉书》《后汉书》《三国志》等纪传史，在史书体裁上的继承演变。策问还特意标举北宋著名史学家欧阳修《新唐书》和司马光《资治通鉴》，两书虽各有所长，却仍不能免于讥议，因而要求考生探讨两书的得失，并说明朱熹《资治通鉴纲目》对《通鉴》的因革损益，作为元代修史者之借鉴。策问的范围，从先秦两汉直到南宋，涵盖了元以前众多的史学名著，其目的，显然是考察国学中的汉人生员，在史学上的蕴蓄和识见。

《国学汉人策问》第八首言：

三代之兴，皆改正朔。夏建寅，商建丑，周建子，此三代之正朔也。而《甘誓》有三正之言，则三代之前，三正既迭用矣。黄帝、颛顼之历，尧之授人时，舜之协时月正日，果何所建欤？前乎夏、商，既建寅矣，以汤、武、周公之圣，何为不能踵而行之？而行夏之时，犹有待于孔子然后定欤？建子者，一阳之生，天道之始也；建寅者，三阳之长，人事之始也。商之建丑，独何义欤？秦之建亥，亦商、周有以启之否欤？先儒谓三代改正朔而不改月，数以《诗》《书》言之，月固不改矣。考之《孟子》，则月盖未尝不改也。何其不同欤？由汉迄今，率用夏时，是无容议矣。然语古而无征，习今而不察，亦君子所耻也。试索言之。②

---

① 黄溍：《国学汉人策问》五，见《金华黄先生文集》卷20，上海，商务印书馆《四部丛刊》影印元刊本，1929，第9页。
② 黄溍：《国学汉人策问》八，见《金华黄先生文集》卷20，上海，商务印书馆《四部丛刊》影印元刊本，1929，第10页。

此则策问，是对汉人生员经学修养的考核。考生既要根据《尚书》《诗经》《孟子》等儒家典籍，说明夏、商、周三代正朔历法的沿革演变，又需辨析经典记载之间的矛盾抵牾，倘无对经典的通习熟诵，是难以应答的。

二、时务源于经史

鉴于科举程式对经史时务策的规定，故延祐元年（1314）江浙行省乡试，就已经出现经史与时务关系的讨论。这是元朝举行科举以来的首届乡试，其为世人关注可知。

> 经史所载，皆时务也。读《虞书》，则知尧、舜之务；读夏、商、周之《书》，则知禹、汤、文、武、周公之务。读史亦然。至于史，则时与务靡然俱下，何欤？无乃知为务以救时，而不知稽经以为务欤！钦惟皇上神圣冠伦，嗣大历服，祗若祖训，以科举取士，岂徒务以经术变前代设科之陋而已？盖务得真儒而用，使风移俗易，臻至治也。混一以来，垂四十年，草创因循，至于今日，官冗吏污，民嚚俗敝，有矣！欲致隆平，当去太甚。然则官冗不可不汰也，当如汉光武吏职减损，十置其一欤？吏污不可不惩也，当如隋文帝使人遗以钱帛，受者加罪欤？民嚚而争讦相尚，当如赵广汉者钩距求情，痛绳以法欤？俗敝而奢侈无节，但令如贾谊者太息于庶人帝服、倡优后饰欤？自古一法立，一弊生，弊生则又为之法，于是法如牛毛，弊如蜂午，时与务靡然俱下，由此故也。然则使人何以无幸爵之心，而不壅铨曹？何以使吏消黩货之念，而不干邦宪？何以使民知逊悌？何以使俗知礼节？古之治天下者，经具焉，而何务为之本？知经之要，明务之本，逢今之时，平天下犹运之掌上耳。魏征论五帝三王不易民而化，封德彝非之曰："魏征书生，岂识时务！"彼不知教化乃时务也。魏征言焉，太宗纳焉，是以有贞观之治。尝闻："取法于上，仅得其中。"使皇元之治止如贞观，而不进于唐虞三代之隆，果有真儒出焉，将其心愧耻矣！诸君钦听明诏以来，念此至熟也。其稽经以对，副圣天子侧席真儒之意。①

---

① 无名氏：《经史时务策问》，见陈栎：《陈定宇先生文集》卷13，清康熙陈嘉基刊本，1696，第21~22页。

策问开宗明义，指出经史所载皆是时务。后世政治日益衰颓，正是由于只知为务以救时，而不懂得稽经以为务。策问要求考生借鉴经史，以寻求拯救元朝官冗、吏污、民嚣、俗敝等四方面时弊的措施，还特举唐代魏征与封德彝的争论，阐明经史的教化功能，才是真正的时务之所在。这道专对南人策问的主旨，并非要对时务策与经史时务策的划分提出异义，更不欲对蒙古、色目人只考时务策不及经史进行质疑；仅仅是向参加考试的南士强调时务与经史之间不可分割的关系，从历史上证明经史时务策的合理性。有意思的是，策问出现的本身，却刚好反证了只问时务不言经史的荒谬，凸显了时务策与经史时务策分卷等级策试的不合理。而这恰恰是命题者始料不及的。

徽州路休宁县朱学学者陈栎的对策，即在策题基础上，对时务与经史的关系作了进一步申发。对策首先将经与理学倡言的儒家之道相联系，提出："经所以载道，道之体，必达于事之用；史所以载事，事之用，必本于道之体。"其所谓"事"，当即时务。儒家经典承载的道，与史书记录的历代时务，正是体与用的关系。根据策问的要求，陈氏将官、吏、民、俗四事贯穿经史，逐一检讨了清官冗、涤吏污、化民嚣、移俗敝四大时务的历史经验，然后指明："时务之中，教化与焉"，"徒知为务以救时，而时卒不可救"。他以为这正是三代之后时与务靡然衰弊的原因所在。因为"时务，事也；教化，道也"。只有"不徒时务之末，必本之以教化之道"，才有可能纠正时弊，平治天下。对策至此还未竟其意，陈氏又特别标举《大学》一经的正心平天下之道，希望透过正天子之心，来匡正朝廷、百官，乃至正万民、正四方而天下平。[①] 对策明确了经因载道而为本，时务只是道之运用，很好辨析了两者的关系。陈栎亦以对策在乡试中脱颖而出，中选举人。

值得注意的是，在实际策试中，议论时务也确实很难脱离经史。元后期的时务策，往往难以单纯讨论时政，而不出现经史的内容。苏天爵《拟廷试蒙古色目策问》曰：

> 朕闻昔者帝王之有天下也，或创业艰难，或继体守文，虽所遇之时不同，及其成功一也。夫周之文、武、成、康，德业尚矣。汉之高祖、文、景，唐之太宗、明皇，其治功尚有可议

[①] 陈栎：《经史时务策》，见《陈定宇先生文集》卷13，清康熙陈嘉基刊本，1696，第22~25页。

者乎？我太祖皇帝肇启洪基，世祖皇帝混一区夏，列圣相继，治底隆平。朕承天地之休，居亿兆之上，夙夜祇畏，罔敢逸豫。载惟祖宗之治，所当先者何欤？成周圣王，汉、唐英主，其得其失，所当鉴者何欤？子大夫悉心以对。①

这是一道专为蒙古、色目人拟定的时务策，考问的是当朝的政治应以何者为先务。然而，讨论时政，除应熟悉本朝列祖的武功文治外，更需要借鉴古昔圣帝明王的统治之道。因此，策问要求从周、汉、唐三朝的历史中总结经验教训，以指导当世的政治。这说明科举程式虽然以时务策与经史策相分离，然而，科举一旦实行，即很难防止传统儒学思维的渗透。

事实上，元代不少有识之士已经对蒙古、色目人只考时务策而不涉及经史提出质疑。后至元间任职国子博士长达六年的黄溍，在蒙古、色目人策问中就曾提出：

  昔安定先生之教学者，有经义斋，有治事斋。治事者，人治一事，又兼一事，故其出而仕，多适于世用，若老于吏事者，由讲习有素也。夫穷经而不能致用，则经为空言矣。作事而不师于古训，则其为事，亦苟焉而已矣。是果可歧而二之欤？然以其成效观之，则又如彼何欤？诸君子朝斯夕斯，所谈者无非经义也，所治事果何事欤？幸试以素所讲习者，言之毋让。②

北宋学者胡瑗教授湖州时，设立经义、治事两斋，讲明《六经》与治道，以经义结合时事教授诸生，庆历时遂为太学所取法。其精神即弟子刘彝所言："以道德仁义教授东南诸生"，"明夫圣人体用，以为政教之本"，③为后儒奉为圭臬。黄溍即据此设问，说明穷经而不能致用，经就只是空言；而治事不师于古训，也只能是苟且之政。所以，经义与治事二者，实不能歧为二途，委婉地对时务策不涉及经史提出疑问。

---

① 苏天爵：《拟廷试蒙古色目策问》，见《滋溪文稿》卷24，北京，中华书局，1997，第412页。
② 黄溍：《国学蒙古色目人策问》十三，见《金华黄先生文集》卷20，上海，商务印书馆《四部丛刊》影印元刊本，1929，第6页。
③ 朱熹：《宋名臣言行录》前集卷10《胡瑗》，台北，台湾"商务印书馆"影印清乾隆文渊阁《四库全书》本，1986，第449册，第118页。

黄溍的另一首蒙古、色目人策问也指出：

> 学者，将以行之也。所学何道欤？所行何事欤？弦歌之化，本于四科之文学，后世专门名家，犹有以儒术饰吏者，以经义决事者矣。夫何古道湮坠，士习日偷，群居则玩愒空言，而指簿书钱谷为细务；从政则苟徇吏议，而视仁义礼乐为虚文。不几于所学非所行，而所行非所学欤？二三子蒙被乐育，以幼学为壮行之地，可无所熟讲而素定欤？孔门远矣，西汉之士，有不可企而及者欤？愿试陈之，无以让为也。①

文学、政事，同属孔门四科，本是孔子之教中密不可分的内容。汉代犹有公孙弘等以儒术缘饰吏治，董仲舒等用经义决断政事。然而，后世习经学者以政事为细务，从政者以经典为虚文，导致学行分离，士习浇薄。策问虽指后世为言，实际针对的还是元代政治趋向之下的士风，而经史、时务策的分立，也是促成学术与政事异途的原因之一。孔门四科出于《论语》，虽然也是儒家经典，却是无论蒙古、色目，还是汉人、南人都必须学习和考试的《四书》之一。策题从《论语》中设问，进而联系到当代士风，虽是对蒙古、色目生员的时务策，却巧妙地将经史与时务融为一体，尤可见作者的别具匠心。

继黄溍之后就任国子博士的金华学者吴师道，在其《国学策问》中，更进一步倡言经史是时务之本：

> 经载圣人之道，史记历代之事。经史者，时务之所从出，而经又史之所从出也。以道制事，则经不可以不明；以古准今，则史不可以不讲。舍经史而谈当世之务，可乎？今策试之法，或止以时务而不及经史。不及经史者，岂专以时务为急乎？抑虽不明言经史，而经史自有所不能外欤？史犹可置也，经者，道之所存而事之本也，其可置欤？有司必不以浅待诸生，而诸生之所自待者，亦必不尔，愿闻以祛所惑。②

吴氏认为，经史是圣人之道、历代之事的载体，是时务的本原。舍经史

---

① 黄溍：《国学蒙古色目人策问》二，见《金华黄先生文集》卷20，上海，商务印书馆《四部丛刊》影印元刊本，1929，第3页。
② 吴师道：《国学策问》七，见《吴师道集》卷19，长春，吉林文史出版社，2008，第393页。

则时务无从谈起，而经又尤其是史与万事之本。这一思想，其实是陈栎延祐对策的概括。然而，元朝科举与国学的策试法，蒙古、色目人只考时务策而不及经史，是失其根本的。策问明确表达了吴氏对时务策、经史策截然区划的不同意见，也因此期待蒙古、色目生员亦以经史自励，而不满足于只谈时务不通经史的浅薄。当然，上述解释，还只是策问文字的表面意涵，更深层次的寓义乃在于元朝的政治，即朝廷的一切大政方针，都应该导源于经史，尤其是儒家的经典，才能改变因循苟且、世事日坏的状况，真正实现理想中的唐虞三代之治。可惜，这在"蒙古至上主义"的元朝，① 只能是汉族儒士的一厢情愿。

当然，时务源于经史，不仅仅是吴师道等学者的个人识见，也反映出客观现实的变化。至正二年（1342），元顺帝在停罢科举两届之后，下诏重新恢复，程式已有所改变。在乡试、会试第一场的经学考试中，蒙古、色目人原只考《四书》经问五条，现减去二条，而加考《五经》义一道；汉人、南人原考《四书》明经、经疑二问，五经义一道，现减去《四书》疑一问，而改考《五经》疑。此外，汉人、南人第二场辞赋考试的内容，也由原本的"古赋、诏诰、章表内科一道"，增加为古赋必考，另于诏诰、章表内再选考一道。② 科举程式的调整，加重了《五经》在考试中的份额，并首次对蒙古、色目人提出修习《五经》的要求，反映出蒙古、色目人经学修养的逐渐提高，以及整个科举考试难度的增加。这样的调整，也势必影响到各级学校尤其是国子学的课程设置和考试规则。同时也应看到，科举的经学考试，虽然蒙古人、色目人与汉人、南人同样增加了《五经》的比重，但在科举和国学考试中占有重要地位的策试，却依然是时务策、经史策两歧分立，就更显其落后于形势。吴师道时务源于经史的主张，正是要为推进策试制度的改革而张目。

由此出发，吴师道的国学策问，也往往是时务、经史交相设问。一方面，在对蒙古、色目生员的策问中，以时务兼出经史。如：

《书》曰："无旷庶官，天工人其代之。"谓不可阙人废事也。《立政》有"三宅""三俊"之目，则已用、未用言之，俊所以为宅

---

① 参见（日）村上正二：《关于元朝的文化政策——蒙古至上主义与儒者文化》，载《历史教育》，1960年第2卷第8期；转引自张帆：《元代经筵述论》，《元史论丛》第五辑，北京，中国社会科学出版社，1993，第156页。
② 宋濂等：《元史》卷81《选举志一·科目》，北京，中华书局，1976，第7册，第2019、2026页。

之本也。今天下之广，职官之众，取人之路不为狭矣。而在廷之官，或尚有缺，诸道风纪之正使，大郡之牧守，往往虚焉，岂果无其人耶？抑艰其选而不轻畀耶？夫才不储则乏，不养则衰，失之于平时而索之于一旦，不可得也。国家之于储养，未尝不加之意，且若何而储，若何而养，必有其道矣。试一言之，可乎？①

这是由《尚书·皋陶谟》的"无旷庶官，天工人其代之"与《立政》的"三宅""三俊"发端，问及元朝的人才储养。又如：

> 古之帝王，资学为先。故石渠制决，金华劝讲，崇儒问道，有自来矣。讲读设官，昉于唐世。方今建明，著为令典，积诚启沃，必得其人。将在廷儒学之士，自充选欤？抑若河南布衣者，亦当进列欤？专任兼领，孰为当欤？员不必备，惟其人欤？②

"君德成就责经筵"，天子的儒学习养，是历代士大夫都极为重视的大问题。尤其是对蒙古族为统治民族的元朝而言，更关系到能否承继中原正朔、弘扬道统、崇儒重道的根本。因此，吴师道以帝王经筵作为《国学策问》首章，是有其深意的。皇帝日讲官员的选任，是仅从在朝任职的儒臣中简任，还是也应进用如宋儒程颐这样的"河南布衣"？讲官应该专任，还是也可兼任他职？策问直入主题，要求诸生就经筵讲官的身份职任进行讨论，是一道很明确的时务策。师道虽考问诸生，自己实已有定见。西汉甘露中，开石渠阁会议以定《五经》同异，宣帝临决称制。北宋元祐初，程颐自"河南布衣"擢升崇政殿说书，为年幼的哲宗进讲经义，且以为讲官不当兼任他职，使得积诚意以感上心。这些典故，早已是儒学史上为人称道的佳话。诸生对策，也只有透过上述历史故实，方能很好阐发帝王经筵的重要意义。

还应指出，吴师道此问并非泛泛而发，而是有着深刻的现实背景。至元元年（1335），顺帝妥懽帖睦尔即位第三年，听从执政的丞相伯颜等蒙古重臣的建言，"诏罢科举"。其时顺帝年仅十六。至元六年（1340），

---

① 吴师道：《国学策问》十九，见《吴师道集》卷19，长春，吉林文史出版社，2008，第395~396页。
② 吴师道：《国学策问》一，见《吴师道集》卷19，长春，吉林文史出版社，2008，第392页。

才又接受翰林学士承旨巙巙建议,"复科举取士制"。① 命下之日,师道虽曾"与士大夫举手相庆",② 又岂能无日后翻覆之虞?在汉族儒士看来,科举之兴废,关乎道统之存亡;而道统之转移,又系乎帝王之态度。故而开设经筵,施教于异族皇帝,冀其忻慕儒学,实乃刻不容缓。有元正式开设经筵是在泰定元年,时间又晚于科举。至正元年(1341)顺帝立宣文阁,才有较为完善的经筵制度。元朝的经筵讲官一般不是专任,多由中书省、翰林院官员兼任,又以翰林为主,故有"经筵亦归翰林"之言。③ 吴师道任国子博士期间,曾经翰林学士承旨巙巙、翰林学士朵尔质班推荐,以其"明于道德性命,通于礼乐刑政,操行清白,志节刚方",堪任翰林国史。④ 而两位荐举者,同时正兼任知经筵事。因此,吴氏关于经筵的思考,是冀希顺帝能以汉宣帝、宋哲宗为典型,崇儒重道。然而,元代毕竟是异族天子,欲其向化华风,谈何容易。元初许衡虽登于庙堂,实则世祖于儒学并不热衷。汉族儒士期望借经筵来"致君尧舜上",只能是一种幻想。事实上,较之历代汉族王朝,元代经筵对政治的影响微乎其微。而师道堪任翰林国史的推荐,结果也只能是"未报",顺帝不予理睬。

另一方面,在对汉人的策问中,吴师道则多由经史推致时政。如:

> 三皇之名,经始见于《周官》,未尝称其人以实之也。孔安国序《书》,以伏羲、神农、黄帝为三皇,或谓本《易·大传》。然《大传》曰:伏羲氏没,神农氏作,神农氏没,黄帝、尧、舜氏作,亦无明文也。司马迁《史记》以轩辕下属之五帝,而小司马《补记》,则以伏羲、女娲、神农为三皇。又有天皇、地皇、人皇之号,大与此异,而说出于谶纬杂记,其果可取以为据乎?外史掌三皇之书,不言三坟也。左史倚相能读三坟,不云三皇也。孔氏以三坟五典合之三皇五帝,可谓有征矣?《书序》之文,

---

① 分见宋濂等:《元史》卷38《顺帝纪一》,北京,中华书局,1976,第3册,第829页;卷40《顺帝纪三》,第3册,第859页。
② 吴师道:《送曾子白下第南归序》,见《吴师道集》卷15,长春,吉林文史出版社,2008,第315页。
③ 宋濂等:《元史》卷139《朵尔直班传》,北京,中华书局,1976,第11册,第3357页。参见张帆:《元代经筵述论》,见《元史论丛》第五辑,北京,中国社会科学出版社,1993,第136~159页;陈高华:《元代文化史》第三编第二章一《经筵制度的设立》,广州,广东教育出版社,2009,第352~362页。
④ 杜本:《吴师道墓志铭》,见《吴师道集》附录,长春,吉林文史出版社,2008,第430页。

先儒颇疑之，遂以是为一定不可易之论，可乎？且三坟言大道，夫子岂得去之而断自唐、虞乎？世有《三坟书》，出宋元丰中，果古书乎？伏羲画卦，著于《易》矣，神农、黄帝之说，杂见于阴阳、道家、农家、方药诸书，其果可尽信乎？前代古帝王之祭，不独三皇也。祭三皇著令于唐。夫其开天建极，功被万世，固当在所尊。我朝大建宫宇，春秋祭祀，甚盛典也。顾乃属之医家者流，而限为专门曲艺之祖，议礼之意，其可得而闻欤？繁欲究名号之是非，核书文之真伪，订祀典之当否，谈三皇者，不可以不知也。其明辨而详陈之，以验所学，且以观卓识焉。①

策问首先就古代经史记载中多有歧义的三皇设问，考察生员的经史修养与对典籍矛盾记载的辨析能力；进而探究三皇与《三坟》的关系，以及宋代始出的《三坟书》之真伪；最后指明，尽管历代典籍对三皇记载有异，但都视其为中国传统文化的始祖，而受到历代帝王的崇祀。宋代兴起的理学，更奉之为上古圣帝明王的发端，儒家道统的开启者。元朝在京都及地方郡县大建三皇庙，春秋祭祀，如儒学孔庙释奠礼，却仅仅尊奉为医学始祖，这当然是以道统承载者自任的儒家学者所无法认同的。策问对元朝三皇庙制的合理性提出质疑，其深意也正在于此。

综上所述，无论是以时务策兼及经史，或是由经史策推问时政，都是出自元代学者时务源于经史、与经史密不可分的思想。尽管时务策与经史时务策两分的策试制度，终元之世未能改变，然而洪武十七年(1384)与顺治二年(1645)分别颁布的明、清科举程式，都明确规定乡试、会试第三场策试，"试经史时务策五道"，并一直沿用至清末，最终回归到经史策与时务策的合一。② 而元代时务策与经史策的分离，有违策试由分科多种向综合型演变的基本趋势，恰恰从一个侧面反映出历史发展的曲折。③

---

① 吴师道：《国学策问》二十九，见《吴师道集》卷19，长春，吉林文史出版社，2008，第399页。
② 张廷玉等：《明史》卷70《选举志二·科目》，北京，中华书局，1974，第6册，第1694页；赵尔巽等：《清史稿》卷108《选举志三·文科》，北京，中华书局，1976，第12册，第3148页。
③ 本章原题《时务策与经史策》，刊于《历史文献研究》总第29辑，上海，华东师范大学出版社，2010，第221~233页，本书收录时有增补修改。

第五章　乡试策问与对策

乡试策问和对策，是科举中乡试策试的考题与答卷，是元代策问的一个重要组成部分，属于科举文献。本章选取科举策问中最富内涵、最具特色的乡试策问和对策为研究对象，考察元代乡试制度下的策问情况，辨析它的地方特色及与朝廷时政之联系。

第一节　元代的乡试与乡试策问

乡试是元代科举三级考试的第一级，也是其中惟一的地方考试。根据皇庆二年(1313)颁布的科举程式及中书省续降条目，元代乡试每三年一届，分十七个考区举行，包括大都、上都、真定、东平四直隶省部路分，河东、山东二宣慰司，河南、陕西、辽阳、四川、甘肃、云南、岭北、征东、江浙、江西、湖广十一行省。乡试的时间，一般是在会试、廷试前一年的八月下旬。每届乡试各地共考选贡士 300 名赴京参加会试，其中蒙古、色目、汉人、南人四等人各 75 名，似乎公允，实则应试者绝大多数是汉人和南人，因而在贡士的员额上，对蒙古、色目人无疑有着巨大的优惠。① 元代科举实行蒙古、色目人与汉人、南人分场考试、分别命题，蒙古、色目人乡试只考经学、策试两场，汉人、南人则须加考词赋一场。策试是四等人都必须参加的考试科目，蒙古、色目人安排在八月二十三日，汉人、南人在八月二十六日，均为各自乡试的最后一场。策试命题(策问)与答卷(对策)要求也不同，蒙古、色目人"以时务出题，限五百字以上"，汉人、南人则须在"经史时务内出题，不矜浮藻，惟务直述，限一千字以上成"。②

传世的元代乡试策问只有 23 篇，在有元近 550 场乡试策试、1100 份

---

① 宋濂等：《元史》卷 81《选举志一·科目》，北京，中华书局，1976，第 7 册，第 2021 页。参见本书附录五：《元代乡试考区与贡士员额表》。
② 宋濂等：《元史》卷 81《选举志一·科目》，北京，中华书局，1976，第 7 册，第 2018~2020 页。

乡试策问及备选策问中，不过占2%。① 此外还有乡试对策5篇，其中2篇与策问相因应，另外3篇虽策问已佚，仍可从对策中了解策问的主旨。以作者而言，策问作者12人，汉人4名(包括女真人)，南人6名，不详者2名。对策作者5人，1名高丽人，属于汉人，4名南人。虽缺少蒙古及色目人，却也符合策问作者和乡试应考者绝大多数是汉人与南人的历史事实。所存策问与对策的时间，延祐至至顺年间有策问18篇、对策4篇，至正以后仅策问、对策各1篇，另有策问4篇未能确定考试时间，是知绝大部分作于元顺帝至元停罢科举之前。就考区而论，策问有大都6篇、上都1篇、陕西3篇、征东1篇、江浙4篇、江西8篇；对策为征东1篇、江浙4篇。虽然只有6个路、省，不足以涵盖17处考区，但其中既有蒙古、色目考生会聚的大都路与上都路，又有乡试水准最高、南士云集的江浙和江西行省，也有汉人考生为主的陕西省，甚至边远的征东行省。何况，存留策问与对策最多的江浙、大都、江西三地，同时也是贡士员额最多，乡试影响最大的三个考区。因此，乡试策问与对策虽然传世者不多，却仍不失其代表性。②

策问的主要内容，是当朝时务及与之相关的经史问题。由于乡试属地方选举，各考区自行命题，故乡试策问必然带有很浓的地方色彩，既要应对不同的地方事务，又须关照本地区主要考生群体的特征。同时，乡试又具有会试、廷试的预试性质，还必须重视朝廷急务、大政方针及学术动向。故而乡试策问在元代科举策问中，往往具有更多的特点。本章尝试分析乡试策问所反映的地方特色、考生群体差异，以及探讨当世急务、注重士风经学、咨询制度政事等面向，揭示其与元朝政治文化的联系。

第二节　乡试策问的地方特色

作为科举中惟一的地方考试，乡试策试经常会问及地方政事与要务，还需要照顾不同考区应试群体的差异，故乡试策问往往具有地方特色。

---

① 元朝凡举行科举16次，其中乡试分17个考区，至正十九年以后，又增设福建行省乡试。每次乡试，蒙古、色目与汉人、南人分别进行策试，每场策试还需草拟两份策问以备选用。故有元一代，各地乡试约275次，策试550场，策问1100篇。不过元末战乱，自至正十九年始，即有部分省司无法举行乡试，故实际场次与策问数难以确计。

② 参见本书附录六：《乡试策问及对策表》；附录七：《乡试策问及对策分析表》。

一、应对地方事务

乡试考区，各有其不同的地方要务。即如作为元朝都城的大都、上都，与原南宋统治区的江浙、江西等省，所要应对的地方事务自然大不相同。而这些地方时政，常常是乡试策问考察的重要内容。

大都是元朝的京师，在元代十七处乡试考区中，有着特殊的地位和影响。大都路的乡试考官，由中书省礼部直接选差在京的翰林国史院、集贤院或中书省官员充任，而策问也常常涉及京师特有的一些问题。

京师的粮食供给，一直是元朝的重要问题。《元史》云："元都于燕，去江南极远，而百司庶府之繁，卫士编民之众，无不仰给于江南。"元朝最初是由运河与陆路辗转运输粮食以供给大都，"劳费不赀，卒无成效"。[①] 至元二十年(1283)，丞相伯颜开海运之策，每年春、夏二次运江南之粮入京师。最初一年不过 4 万余石，最多时达 300 多万石，基本解决了这一问题。不过，一旦遭遇水旱灾荒，漕运不足，大都食粮仍会发生困难。延祐前期，民生安泰，每年海运至京的粮食稳定在 230 万～240 万石左右，供应充裕，谷价低廉。延祐四年(1317)的大都乡试策问，即不失时机地提出京师粮食储备问题。这道策问的作者，是当年的大都乡试考官袁桷。袁桷(1266～1327)，字伯长，号清容居士，江浙行省庆元路鄞县(浙江宁波)人。袁氏自大德初年荐任翰林国史院检阅官，历仕应奉翰林文字、同知制诰兼国史院编修官、翰林修撰、待制、集贤直学士，在京都任职近二十年，熟知风土民情，对京城的粮储挽输有切身体会。策问指出，"京师天下之本，实粟重内，理所当急"。"圣天子惠养元元，实粟内畿，间遇不登，漕运或不能足"。如"今天时雨泽，上协圣心，中外丰熟"，"上下给足"，正当议行京师储粮，以备不虞。策问举西周统计民数、汉代设置常平仓、唐朝京师转输三例，要求考生说明如何预为设防，以便水旱虽多而民不病。更在探讨本朝便宜之法，是建立社仓，"藏富于民"？还是官府收储，以防"谷贱伤农"？如藏富于民，如何使"贫者得济"？若官为收储，"积岁朽腐"，又"何以处之"？期望"习进士业者，通识时务，宜陈说便利，以俟(朝廷)讲明焉"。[②]

京师是首善之区，其官员拣任与治道，非但关系都城的稳定和繁荣，而且足以仪表天下。至正元年(1341)大都秋闱，陈旅即于策问中着重探

[①] 宋濂等：《元史》卷 93《食货志一·海运》，北京，中华书局，1976，第 8 册，第 2364 页。

[②] 袁桷：《大都乡试策问》，见《清容居士集》卷 42，上海，商务印书馆《四部丛刊》影印元刊本，1929，第 1～2 页。

讨京师地方官的为治之道。陈旅（1287～1342），字众仲，江浙行省兴化路莆田县（福建莆田）人。荐任闽海儒学官，后游京师，受到马祖常、虞集赞赏。泰定四年（1327），以荐授国子助教，执教国学六年。元统二年（1334），出为江浙儒学副提举。后至元四年（1338），复入朝任应奉翰林文字，升国子监丞，先后任京职近十年，对京城事务民风亦有深入了解。至正元年，陈旅受聘大都乡试考官，其策问首先指明："京师，天下风俗之枢机也。""然而五方聚居，习尚不纯，而豪侈逾僭、奸诈窃发者，往往有之。"故其长官职任重大，惟"能以柱后、惠文弹治之者"，或"能宣上教化以表率之者"，方可胜任。① 陈旅以西汉历史为鉴，历举"前有赵、张，后有三王"，说明这五位京兆尹虽"皆以能名"，其治理之道却各具特色：赵广汉"善为钩距以得事情"，张敞"越法纵舍辅以经术"，王尊"文武自将"，王章"刚直守节"，王骏则"功无可纪而人称之"。② 希望诸生辨析五者不同的治道，并参考隽不疑、黄霸、孙宝等地方官的卓异治迹，为本朝大都路长官"取法"。策问还进一步提出任人与任法的均衡问题："汉于京兆，委寄之专，使人人得为条教，以自致其力。"自为条教，即各地郡守为便民，得以因时因地制定相应规章，此即西汉地方吏治成功之道，备受后世推崇。然而，元代蒙古、色目人当权，往往恃势凌法，间有汉人、南人，亦惟禀承上司，谨守成法。故陈旅特地揭出："专任人而不任法，则民有受其虐者矣。端任法而不任人，则中材以下救过不给，又何暇论绳墨之外哉。"要求考生透过历史，结合当世，讨论如何做到"任法而无拘牵之弊，任人而无纵恣之虞，人得尽其才，法得达其用，使首善之地治效彰著，以表仪于天下"。③ 可见，陈旅此策专为大都治理而发，极具针对性。

原属南宋统治区的江南诸行省，面临的问题显然与大都、上都及北方各省有所不同。天历二年（1329）江浙乡试的南人策问，即追询公田和盐法这两项东南地区的最大弊政。此策问今已不存，作者亦不详，然当年中举的冯勉对策却得以幸存，其云："执事发策秋闱，下询承学，首及

---

① 陈旅：《至正元年大都乡试策题》，见《陈众仲文集》卷13，元至正刊明修本；今见李修生主编：《全元文》，南京，凤凰出版社，2004，第37册，第296～297页。柱后、惠文，古代御史所戴冠名，亦指代担任弹纠之职的御史等官员。
② 参见班固：《汉书》卷76《赵广汉传》《张敞传》《王尊传》《王章传》，卷72《王骏传》，卷71《隽不疑传》，卷89《循吏列传·黄霸传》，卷77《孙宝传》，北京，中华书局，1962，第10册，第3199、3216、3226、3238页，第3066页，第3035页，第3628页，第3257页。
③ 陈旅：《至正元年大都乡试策题》，见《陈众仲文集》卷13，元至正刊明修本；今见李修生主编：《全元文》，南京，凤凰出版社，2004，第37册，第296～297页。

东南公田、盐利之弊。"明言策问的宗旨。冯勉,字彦思,江浙行省池州路建德县(安徽东至)人。皇庆间,师从程端礼于建德县学。延祐中为县学教谕,刊行程氏《读书分年日程》,并以之教授诸生。天历二年(1329),参加江浙乡试中选,次年举进士。冯勉乡试对策认为,宋代"公田之赋倍蓰于民田,而又限之以定额,饶沃者输税仅足,而徒有耕耨之苦;硗瘠者输赋不给,而民常有终岁之忧。富者以是而日就贫困,贫者以是而日就流亡。且世为之害,而莫得以贸易之"。因而历代田赋之弊,莫过于宋代公田。元朝平定江南,田赋不求羡余,急征划除殆尽,"独公田之弊,有司失于申明奏减"。① 即如江浙省松江府上海县,"岁收官粮十七万石,民粮三万余石",② 可见元代江浙公田比例之大,田赋之重。对策将公田之弊推之宋代,元朝只是因循未改,委婉地暴露出公田对元代江南经济、民生的残害。冯勉进一步指出,即便公田"历年既久,厥数猥多",无法一旦尽蠲,亦可"核其田之肥硗,较其赋之虚实,果可征者而征之,果可去者而去之",③ 从而减轻百姓负担,去除江南积弊。

  盐法是元朝重要的财政收入,"国之所资,其利最广者莫如盐",④ "供国家之需至广也"。冯勉对策云,元初盐法"与民同利",禁止"高价桩配""急征其直","置买用食从民便",故不致为害。其后管理者"未尽得人","度口计升,月考赢屈","以锱铢之微利、耳目之所不及而笞辱"有司,致使"郡县不得不下虐于乡都,抑配农民,占认引数,追系鞭挞",遂重为民害。冯氏认为,"诚使能毋急征其直,而民不被抑配之苦,能必听从民便,而官不受三犯之责",方能"上不失国家之课,下不失官民之心"。由此,对策强调,"蠲公田之弊,在于申明源流之害,蠲盐利之弊,在于遵守祖宗之法",而二者的关键,"在于得人而用之,则事不终日而理矣"。"公田而不得其人,则因循苟且,而不能以申明其害;盐利而不得其人,则贪昧隐忍,而不能以遵守其法"。只有选择"明理慎行之士而用之,二者之弊庶可以去矣"。⑤ 显而易见,江南的公田、盐法问题,朝廷的弊政才是根本原因。而冯勉作为应考的南士,既然无法直接批评朝廷政策,也就只能申明公田源流之害,祖宗盐法之利,寄望于地方长官的贤明,以求适当减轻其弊而已。

---

  ① 冯勉:《解试策》,见管森:《建德县志》卷19,清道光刊本,1825,第1页。
  ② 宋濂等:《元史》卷65《河渠志二·吴松江》,北京,中华书局,1976,第6册,第1636页。
  ③ 冯勉:《解试策》,见管森:《建德县志》卷19,清道光刊本,1825,第1页。
  ④ 宋濂等:《元史》卷94《食货志二·盐法》,北京,中华书局,1976,第8册,第2386页。
  ⑤ 冯勉:《解试策》,见管森:《建德县志》卷19,清道光刊本,1825,第1~2页。

东南地区的水利建设，关涉国计民生，也曾是江浙乡试的策题：

> 先儒以经义、治道分斋教诸生，而水利居其一。然则水利，亦儒者之所当知也。古所谓水利，曰河渠，曰沟洫。沟洫施于田间，故其效易见；河渠限于地势，故其功难成。方今言东南之水利，莫大于吴松江。视古之河渠与沟洫，其为力孰难而孰易？其为利孰少而孰多？诸君子习为先儒之学，必夙讲而深知之矣。幸试陈之，以裨有司之余议。①

依据皇庆科举程式，江浙乡试每届考选蒙古贡士5名，色目贡士10名，员额之多，在十七个考区中仅次于大都。这道策问文字简约、宗旨明确，即是对江浙蒙古、色目考生的乡试策题。北宋名儒胡瑗在苏州、湖州任教期间，一反崇尚辞赋的当世学风，设立经义、治事二斋教授诸生。经义斋讲明六经，治事斋研习治民、讲武、水利、算历等治理之道，庆历中遂为北宋太学所取法。② 策问首举此例，意在说明水利是江浙地区的当务之急，即便蒙古、色目人，只要他们希望透过科举入仕，亦须通晓水利问题。

当时的江浙水利，以吴松江的治理最为紧要。吴松江是浙西诸水由太湖入海的重要通道。由于潮汐来往，逆涌沙石，上湮河口，所以宋代专门设置撩洗军人，负责修治。元平南宋之后，罢散军士，不复修浚，加以势豪之家，趁机租占河道为田荡，致使"河口湮塞，旱则无以灌溉，涝则不能疏泄"，"水旱连年，殆无虚岁"，不惟农桑失利，而且"亏欠官粮，复有赈贷之费"。即如上海县岁收官粮17万石，民粮3万余石，追延祐七年、至治元年（1320～1321）连续两年灾伤，即损失税粮10.7万余石。③ 元朝以"江浙税粮甲天下"，而太湖、吴松江流域的"平江、嘉兴、湖州三郡，当江浙什六七"。④ 故吴松江的疏浚治理，是江浙行省不容忽视的要务。至治三年（1323），江浙省臣委嘉兴路高治中、湖州路丁知事，"同本处正官体究旧曾疏浚通海故道，及新生沙涨碍水处所，商度开涤"。其中平江路合浚河道55处，松江府合浚河渠23处，"其豪势租占荡田妨

---

① 黄溍：《江浙乡试蒙古色目人策问》，见《金华黄先生文集》卷20，上海，商务印书馆《四部丛刊》影印元刊本，1929，第2页。
② 黄宗羲、全祖望：《宋元学案》卷1《安定学案》，北京，中华书局，1986，第1册，第24页。
③ 宋濂：《元史》卷65《河渠志二·吴松江》，北京，中华书局，1976，第6册，第1635～1637页。
④ 宋濂等：《元史》卷130《彻里传》，北京，中华书局，1976，第10册，第3163页。

水利者，并与除辟"。次年，行省上奏朝廷，"吴松等处河道壅塞，宜为疏涤，仍立闸以节水势"。得旨准拟疏治，遂于是年冬季开工修浚。① 策问作者黄溍(1277~1357)，字晋卿，江浙行省婺州路义乌县（浙江义乌）人。延祐二年(1315)进士，曾任台州宁海县丞、石堰西盐场监运、绍兴路诸暨州判官等江浙地方官十多年。至顺、后至元间，黄溍入朝为应奉翰林文字、国子博士，至正元年(1341)又出任江浙等处儒学提举，故能熟知江浙政事，并在策问中征询行省要务。

不同的乡试考区，所需应对的地方政务与社会问题亦有差异，这是乡试策问富于地方色彩的原因所在。上述四篇策问及对策，或探求治理之道，或征询地方急务，或商榷政事积弊，充分体现了乡试策问的地方特色。

二、关照应试群体

乡试策问除关注地方政务外，还明显顾及各考区主要应试群体的特征，及其面临的主要问题。

元代乡试有着严格的地域规定，与试者必须是"从本贯官司于路府郡县学及诸色户内推选，年及二十五以上，乡党称其孝悌，朋友服其信义，经明行修之士"，"冒贯者治罪"。② 规定对汉人、南人的限制更为突出，汉人只能在大都、上都、真定、东平、河东、山东、河南、陕西、辽阳、四川、甘肃、云南、岭北、征东十四处参加乡试，南人更被局限在江浙、江西、湖广、河南四考区。而蒙古、色目人在十七个考区都设有名额，可以在其附籍的任一省、路参加乡试。

乡试的贡士员额，原则上每届 300 名，四等人各 75 名，名额相等。但是，不同考区内的员额比例却存在极大差异，大致可分四类：其一，大都、上都、甘肃、云南、岭北、辽阳、征东考区，蒙古、色目的贡士员额明显优于汉人，如大都、上都、甘肃，二者的比例是 5∶2，岭北甚至达到 5∶1；其二，真定、东平、河东、山东、陕西、四川考区，蒙古、色目与汉人的贡士名额大体持平；其三，江浙、江西、湖广考区，南人贡士员额优于蒙古、色目，比例约 2∶1；其四，河南情况则较为特

---

① 宋濂等：《元史》卷 65《河渠志二·吴松江》，北京，中华书局，1976，第 6 册，第 1635~1637 页。
② 宋濂等：《元史》卷 31《选举志一·科目》，北京，中华书局，1976，第 7 册，第 2018、2023 页；又见《元典章》卷 31《科举程式目》，北京，中国广播电视出版社，1987；《通制条格》卷 5《学令·科举》，北京，中华书局，2001。

殊，是四等人都有贡士员额的惟一考区，其中蒙古、色目和汉人名额大致相当，而南人稍低。① 可见员额的分配比例，基本取决于各考区应试的主要士人群体。如大都、岭北等第一类地区，大体是都城和西部、北部边疆行省，蒙古、色目考生相对集中；真定、东平等第二类地区，多是原金统辖区，以汉人为应试主体；江浙等第三类地区，属南士群体为主的原南宋地区；而河南，则原金、宋统辖区兼而有之，考生亦以汉人和南人为主。由于各考区应试的主要士人群体有所不同，其身份资质和面临的问题也自然有别，从而导致乡试策问呈现差异，尤以大都路与江浙行省最为鲜明。

大都作为元朝京城，是蒙古、色目人聚居的中心，也是蒙古、色目科举考生最为集中的区域。因而大都路乡试蒙古、色目员额最多，冠于全国。在每届35名贡士中，蒙古15名，色目10名，所占比例高达5/7。与此相似的还有上都路，每届14名贡士中，蒙古6名，色目4名，也占到5/7。鉴于考选对象以蒙古、色目人为主，所以大都、上都乡试，往往关注蒙古、色目的特有问题。如天历二年(1329)大都乡试策问：

> 诵《唐风》者，慕尧之遗俗；歌《豳》《雅》者，念周之初基：载籍可稽也。国家龙兴朔方，浑厚之风，雄武之气，所以度越百王，奄有四海者也。当是时，国人忠君亲上之诚，一出天性。既而高昌亲附，乾竺、大夏诸国景从，域葱岭，民流沙，碣石以北，祁连以西，皆隶职方。收其豪杰而用之，亦既尊尚国人之习，而服被其风矣。承平既久，散处宇内，名爵之所砥砺，才谞之所滋演，捷出百家，未有纪极。虽风气大开，文治加盛，势有然者，然而黜浮而崇雅，去漓而还淳，岂无其道欤？亲笔札者兼弓矢之艺，饫膏粱者知稼穑之难，其教当何先欤？别氏族以明本原，同风俗以表归会，其政有当讲者欤？才谞既培养矣，名爵既锡予矣，其所以图报称者以何事欤？愿悉以对。②

策问含蓄地指出，蒙古初起朔方，国人风气浑厚，出于天性。其后征服西域诸国及东北，色目豪杰亦能尊尚蒙古风习。迨灭金平宋，天下一统，蒙古、色目人散居宇内，朝廷锡予名爵，培养才谞，待遇优渥，反有浮华之

---

① 参见本书附录五《元代乡试考区与贡士员额表》。
② 欧阳玄：《乡试策问》，见苏天爵：《国朝文类》卷47，上海，商务印书馆《四部丛刊》影印元至正西湖书院刊本，1929，第4～5页。

风，浇漓之俗。因此，策试考问蒙古、色目人别氏族、同风俗、黜浮华、崇教化的措施，以及如何报效国家等问题。策问作者欧阳玄（1283～1357），字原功，号圭斋，湖广行省湖南道浏阳州（湖南浏阳）人。延祐二年（1315）进士，先后任平江州同知、芜湖州尹、武冈县尹等地方官。泰定中，入朝为国子博士，升国子监丞、翰林待制，兼国史院编修官，曾摄行院事，"日直内廷，参决机务"，① 对大都蒙古、色目贵族重臣贪淫奢华风尚，有较多地了解。欧阳玄赞成元代大一统。杨维桢《正统辨》力辟元承辽、金之统，极论元当承宋统。此论一出，玄即允为"百年公论"。② 然元代蒙古、色目人渐失淳朴旧俗，放纵无度，无疑成为危及社会稳定的灾难。欧阳玄能在蒙古、色目考生会集的大都路乡试中，针对二者的危害，提出挽救之策，亦非偶然。

如果说大都为蒙古贵族集中之区，江浙经济文化最为发达，则是汉族文人荟萃之地。与蒙古、色目考生相较，汉人、南人要面对的问题显然不同。延祐元年（1314）江浙乡试的南人策问，是一道《经史时务策问》。其命题背景，是上年仁宗颁行的元朝科举程式规定，科举中的策试，蒙古、色目只考时务，汉人、南人则不仅考问时务，还应远溯时政的经史背景来命题，意在增加汉人、南人的考试难度，既保证科举对蒙古、色目人的优待，也便于在考生云集的汉人和南人中鉴拔人才。策问开宗明义，指出"经史所载，皆时务也"。后世政治衰颓，正是由于统治者只"知为务以救时，而不知稽经以为务"。仁宗皇帝首开"科举取士"，并非"徒务以经术变前代设科之陋"，而是"务得真儒而用，使风移俗易"，以臻于至治。策问列举官冗、吏污、民嚣、俗敝等当朝面临的四大弊端，要求考生借鉴经史，寻求拯救时弊的措施。策问又特举唐代为例："魏征论五帝三王不易民而化，封德彝非之曰：'魏征书生，岂识时务！'彼不知教化乃时务也。魏征言焉，太宗纳焉，是以有贞观之治。"指出阐明经史的教化功能，才是真正的时务之所在。③ 这道专对南人的策问，意在向应考的南士强调时务与经史之间密不可分的关系，以证明经史时务策的合理性。徽州休宁朱学学者陈栎的对策，根据策问思路，详细论述经因载道

---

① 危素：《大元故翰林学士承旨光禄大夫知制诰兼修国史圭斋先生欧阳公行状》，见《危太朴文续集》卷7，吴兴，刘氏嘉业堂刊本，1913，第7页。
② 张廷玉等：《明史》卷285《文苑列传一·杨维桢传》，北京，中华书局，1974，第24册，第7308页。
③ 无名氏：《经史时务策问》，见陈栎：《陈定宇先生文集》卷13，清康熙陈嘉基刊本，1696，第21～22页。

而为本，时务只是道之运用，很好辨析了两者的关系。① 陈氏亦通过此次乡试中选举人。

这里要说明的是，讨论经史与时务关系的策问出现于江浙行省，实非偶然。江浙是原南宋都城所在地，人文荟萃，也是科举应试者最为密集的行省。延祐元年首科乡试，江浙应试者"一千二百有奇"。② 至正元年顺帝复行科举以后，每科"应诏而起者不下三四千人"。③ 所以，江浙乡试在元代十七考区中员额独多，每届贡士43名，甚至超过大都路。其中除蒙古5人、色目10人外，南人贡士28名，在可以考选南士的江浙、江西、湖广、河南四省中，也是名额最多者。这道元朝首次乡试的策问，探讨汉人、南人最为敏感的经史时务策，显然考虑到江浙乡试的主要对象，是儒学和科举水平最高、参加者最多的南士群体。

上述两问，就是根据不同的考生群体而设计策试命题的突出例证，体现了元代科举应试者的多样性，以及乡试的地域特点。

第三节 乡试策问与朝廷时政

乡试毕竟是元代科举三级考试的第一级，作为会试、廷试的预选考试，乡试自然会关注后二者的命题方向，因而朝廷时政，也是乡试策问的重点问题。

一、探讨当朝急务

不同时期朝廷面临的紧要政务，经常是乡试策问的重要考题。泰定前后的三史编修、天历年间的赈灾与恢复治安，就属于这样的策试问题。

泰定三年（1326）大都乡试策问，着重提出宋、辽、金三史的纂修问题：

> 赵宋立国三百余年，辽、金二氏与之终始，其君臣嫕恶，其俗化隆污，其政事号令征伐礼乐之得失，皆宜传诸不朽，为鉴将来。然当世史官，记传丛杂，不可尽信，虞初稗官之书，

---

① 陈栎：《经史时务策》，见《陈定宇先生文集》卷13，清康熙陈嘉基刊本，1696，第22～25页。参见本书第四章第三节二《时务源于经史》。
② 参见胡长孺：《送忻都朱卢饶诸生会试京师诗序》，见叶盛：《水东日记》卷12，北京，中华书局《元明史料笔记丛刊》本，1980，第127页。
③ 程端礼：《江浙进士乡会小录序》，见《畏斋集》卷3，台北，台湾"商务印书馆"影印清乾隆文渊阁《四库全书》本，1986，第1199册，第653页。

又不足征。昔《晋书》成于贞观，唐史作于庆历，盖笔削之公，必待后世贤君臣而始定。圣天子方以人文化天下，廷议将并纂三氏之书，为不刊之典。左氏、史迁之体裁何所法？凡例、正朔之予夺何以辨？诸君子其悉著于篇，用备采择。①

前朝史的修撰，始议于元世祖中统二年(1261)初立翰林国史院，翰林学士承旨王鹗即提出编纂辽、金史的设想。② 至元十三年(1276)平南宋，又收集"宋史及诸注记五千余册，归之国史院"，③ 以备宋史纂修。仁宗延祐间，宋、辽、金三史修撰再次提出，并在朝廷集议，终因"旧史多阙轶"，④ 及"互以分合论正统，莫克有定"而未能举行。然三史纂修，实为元朝的当务之急。时任太常博士的虞集于廷议云："三史文书阙略，辽、金为甚。故老且尽，后之贤者见闻亦且不及，不于今时为之，恐无以称上意。"⑤明确指出修撰三史的紧迫性。英宗即位，右丞相拜住"独秉国钧"，"欲撰述辽、宋、金史"，责成翰林直学士、同修国史袁桷。⑥ 袁桷草拟《修辽金宋史搜访遗书条例事状》上奏朝廷，详细开列征寻书目，并提出宋史修纂原则和对一些重要历史问题的看法。⑦ 至治元年(1321)，袁桷担任礼部会试考官，在其命题的策试中探讨《尚书》《春秋》《史记》《通鉴》四书的编修特点，纪传、编年两种史书体裁的源流演变，最后云："我国家隆平百年，功成治定，礼乐方兴，纂述万世之鸿规，敷阐无穷之丕绩，吾儒之事也。故乐与诸君子讨论之。"⑧显然有意为三史编修征询建议并抡选人才。

修史之事，虽因"南坡之变"、英宗和拜住被杀而告终止，不过，三

---

① 宋本：《乡试策问》，见苏天爵：《国朝文类》卷 47，上海，商务印书馆《四部丛刊》影印元至正西湖书院刊本，1929，第 4 页。
② 宋濂等：《元史》卷 160《王鹗传》，北京，中华书局，1976，第 12 册，第 3757 页。
③ 宋濂等：《元史》卷 156《董文炳传》，北京，中华书局，1976，第 12 册，第 3672 页。
④ 虞集：《跋孟同知墓志铭》，见《雍虞先生道园类稿》卷 33，台北，新文丰出版公司《元人文集珍本丛刊》影印明初覆元刊本，1985，第 18 页。
⑤ 虞集：《送刘叔熙远游序》，见《雍虞先生道园类稿》卷 21，台北，新文丰出版公司《元人文集珍本丛刊》影印明初覆元刊本，1985，第 9 页。
⑥ 苏天爵：《元故翰林侍讲学士知制诰同修国史赠江浙行中书省参知政事袁文清公墓志铭》，见《滋溪文稿》卷 9，北京，中华书局，1997，第 135 页。
⑦ 见袁桷：《清容居士集》卷 41，上海，商务印书馆《四部丛刊》影印元刊本，1929，第 31~40 页。参见陈高华等：《元代文化史》第三编第六章第一节《宋辽金三史的修纂》，广州，广东教育出版社，2009，第 536~547 页。
⑧ 袁桷：《会试策问》，见《清容居士集》卷 42，上海，商务印书馆《四部丛刊》影印元刊本，1929，第 2~3 页。

史修撰应为朝廷急务，已是当时诸多有识之士的共见。袁桷的思想，也影响到其门生翰林国史院属官宋本。宋本(1281~1334)，字诚夫，大都路(北京)人。幼年，从父官游学杭州、归州、武昌、江陵等地，曾补江陵路儒学弟子员。延祐七年(1320)参加大都路乡试，以第一名中举。至治元年(1321)，又以左榜进士第一，授翰林修撰、同知制诰，兼国史院编修官。泰定间，历任监察御史、国子监丞、兵部员外郎、中书左司都事等。宋本任职翰林国史院期间，曾参与编修《仁宗实录》，并受知于袁桷。而袁氏命题的至治元年会试，又是宋本所亲历。泰定初年，袁桷虽已辞归，然有关三史修纂的廷议仍在举行，"将并纂三氏之书，为不刊之典"。泰定三年，宋本受聘为大都乡试同考试官，遂承继袁桷，在策问中进一步讨论宋、辽、金三史的体裁、凡例与正朔，为朝廷纂修三书提供借鉴。

至和元年(1328)七月，泰定帝病卒，蒙古贵族之间，为拥立泰定幼子或武宗之子而爆发大规模战争。天历二年(1329)四月，战事以武宗之子的胜利告终。八月，文宗毒死兄长明宗，正式登上帝位。战争的破坏和连年的自然灾害，造成民生凋敝，社会动荡，应对灾荒与恢复治安成为朝廷的当务之急。天历二年江西乡试的两道策问，即针对当时江淮亢旱不雨，赤地千里，米价腾涌，社会动荡，提出应对灾荒和辖制军队两个问题。其中有关荒政的南人策问云：

> 国家土宇之广，岁入之丰，而调度实繁，郡县寡储。年或不登，则所在告匮，茫然不知所措，赈救一仰于兼并之家，至不爱名器以假之，丁未之灾，亦可监矣。比岁水旱相仍，间有乐土，民仰懋迁，未至大困。今夏亢阳，徂秋不雨数月，江淮南北，赤地数千里，米价翔贵，饥馑之忧，兆于此矣。朝廷虽设义仓，有司漫为文具，缓急不可倚也。《周官》荒政十有二，可历举而讲求欤？开仓发粟，伺得请则常缓不及，当早计而先定欤？督籴劝分，使民重困而无实惠，何术而能周防欤？儒者之虑，常失之过。今之灾未若丁未之甚，然有备无患，亦不可以缓也。继今而后，义仓之政，若何而无弊？李悝之平籴，耿寿昌之常平，亦在所当行欤？诸君子以经术、时务出为世用，其毋以过虑为嫌，出位为讳，悉心以陈，将以转而告之上。①

---

① 吴师道：《江西乡试南人策问》，见《吴师道集》卷 19，长春，吉林文史出版社，2008，第 389 页。

元朝荒政，包括蠲免差税、朝廷赈贷、常平义仓、督劝富户平价粜粮或施赈等措施，其中前二者是赈灾的主要方式。蠲免差税，需要地方申报灾伤情况，经朝廷验实，确定减免的额度。朝廷赈贷，也必须呈报中书省核实批准，才能开仓赈济，地方官无权根据灾情便宜处置，故常常迟缓不及。常平仓、义仓制度，始于世祖至元六年（1269）。义仓设于乡社，"社置一仓，以社长主之，丰年每亲丁纳粟五斗，驱丁二斗，无粟听纳杂色，歉年就给社民"，是民间备灾粮仓。常平仓立于路府，"丰年米贱，官为增价籴之；歉年米贵，官为减价粜之"，是官府救灾粮仓。二仓设置的初衷，是"使饥不损民，丰不伤农，粟直不低昂，而民无菜色"。然而"行之既久，名存而实废"，① 到天历年间，早已是"有司漫为文具，缓急不可倚"了。此外，劝率富户平粜或施赈，原本也是赈灾的权宜之计，但是由于官吏贪暴，强制实施，反而"使民重困而无实惠"。至于地方官府，由于元代赋税收入绝大多数输送中央，郡县存留无几，故一遇灾荒，除仰仗兼并之家外，毫无御灾能力。天历二年，大规模战事刚刚结束，文宗新近复位，未暇顾及大范围的灾荒和社会混乱，更增加了救荒的困难。面对大旱和随之而来的饥馑，策问要求考生借鉴《周礼》记载的十二项荒政，重点讨论当今的救灾事宜：朝廷赈济，如何预先措施以免延误；劝富粜赈，如何避免强迫而有实惠；常平、义仓，如何恢复旧制而去除积弊，以供江西行省从事救灾。

辖制军队，恢复治安，也是天历年间当政的要务。帝位更迭导致的战争，严重破坏了社会秩序。为了征讨支持泰定幼子、拥兵抗命的四川行省平章囊加台，文宗先后调发湖广、河南、江浙、江西、山东等地军队，造成各省的动荡混乱。天历二年江西乡试的备用策问，就尖锐地指出："我朝承平，兵久不试，边徼材武所萃，备则严矣；内郡武臣，继袭者多不更事，兵惰律废，殆无所用之。去岁西陲小警，江淮遣戍，命下，或群起剽劫杀伤，城邑震扰，野无居人。部统者莫之谁何，甚则纵之为奸，未获分毫之力，而良民先被其害。"事后，当政又"不敢痛惩，务为姑息，此风甚不可长也"。策问认为，出现混乱局面的原因，在于军队平时缺乏训练教化，不明义理所致。因此，策问要求诸生考察《周礼·大司徒》记载的军事训练方法，汉、唐两朝选拔将领的规制，近代武举对兵法方略和军事技能的考核，以及军士孝悌忠信的教化，使军队闲习有素，

---

① 宋濂等：《元史》卷96《食货志四·常平义仓》，北京，中华书局，1976，第8册，第2467页。

训御有方，临事足以折冲，仓卒可以无患，为国家长治久安服务。①

上引两道策问皆出自江浙学者吴师道，不过，这并非吴氏避居于书斋的杞忧，而是亲历赈灾抗暴之后的深刻思考。师道是江浙行省婺州路兰溪州（浙江兰溪）人，自幼习儒，曾从许谦问学，以发挥义理、攘辟异端为先务。至治元年（1321）中进士，授高邮县丞，疏通水利，勘察灾情，有善治之名。泰定中，调宁国路录事。宁国路治宣城，自古为雄富之邦，又是江东建康道的治所，地大民众，政繁事夥。录事则"掌城中户民之事"，② 佐路总管府和廉访司长官为治。据《吴师道墓表》，天历元年，"征兵江淮，以遏西师。掌兵者统御无状，军士肆为攘夺"，"人或忼不与，则纵火杀伤人。城人震栗，府县吏胥皆闭门自守，无敢谁何"。师道"乃单骑按行，捕杀伤人纵火者，榜掠市门外"。"会诸路兵涉道为暴，君昼则综理官事，夜则巡视营落，兵众詟服，城人以宁"。天历二年，"大旱，黎民阻饥，宣城一县，仰食于官者三十三万口。廉访使者议赈民，以君摄（宣城）县事，措置荒政"。师道首倡"礼劝大姓"，"平估而粜者一万余石"，又"籍其户为九等，得（施赈）粟三万七千六百石，以均赋饥人"。次年春，"二麦犹在田"，吴氏又预先"建白廉访使者，转以闻中书、御史，得官粟四万石，赃罚钱七百三十定"，并"劝分旁郡，得钞三万七千七百定"，"以等第分与民"，"三十余万人，皆赖以不困"。③ 由于亲自参与赈灾，吴师道对荒政利弊有切身体会，曾倍尝劝赈的艰难。一方面，"民之诉不能自食者余五十万口，老弱累累，日数千百，拥府县门不去"；另一方面，"豪民大家，方惧己削，显抗阴沮，怨怒谤讟群起"。以致师道曾与同事申彦直语"事之难，仰屋太息，继以痛哭"。④ 而为维持治安，制止军队横暴，吴氏又曾受到"必杀录事"的死亡威胁。因而，吴师道的乡试策问，绝非对时政的泛泛讨论，而是具有很强的针对性和现实意义。

荒政、治安二问，还只是吴师道对当朝急务的思考，至于他为江西乡试草拟的第二道备选策问，则展示出吴氏对文宗即位后朝政改革的期待和设想。这首长达八百言的南人策问首先揭明："有国家者，必稽古以为治；为子孙者，必视祖以为法。""远稽诸古，近法乎祖，而治道毕矣。"

---

① 吴师道：《拟江西乡试策问》之一，见《吴师道集》卷19，长春，吉林文史出版社，2008，第390页。
② 宋濂等：《元史》卷91《百官志七·诸路总管府》，北京，中华书局，1976，第8册，第2317页。
③ 张枢：《元故礼部郎中吴君墓表》，见《吴师道集》附录，长春，吉林文史出版社，2008，第425~426页。
④ 吴师道：《赠申彦直序》，见《吴师道集》卷14，长春，吉林文史出版社，2008，第289页。

策问明确提出复行常朝、设置谏官、确定给事中职掌、兼用钱币四项应当恢复的古制，参用南北士人、科举荐征并行两项应当效法世祖的旧制。师道自至治元年中进士到天历二年的十年中，一直辗转地方郡县，尚未任职朝廷，但他以稽古制、法世祖为名，列举的朝政、官制、货币、铨选等多方面改革建议，却能切中元朝统治体制的积弊。尤其是皇帝不常朝，政事取决于少数大臣近侍；币制混乱，影响经济、财政；歧视南士，"一宪府椽亦屏而不用"等项，更是亟待更化的根本性弊端，反映了以吴师道为代表的有识之士，对朝政改革的深入思考。策问最后曰："诸君子平居问学，有志当世，察于古今之宜熟矣。凡此历代之所不废，祖宗之所已行，有关于世务之要者，是用乐闻启告，以裨政化。"①要求考生对改制发表建言，意在造成广泛的社会舆论，促成新朝更化。然而，新即位的文宗并无意进行真正的体制改革，吴氏的策问也自然束之高阁，未被主考官选用为当年的乡试策题。

二、注重士风经学

士人的风习时尚，经学的源流演变，关乎朝廷时政，也是历代策试的传统命题。元代乡试中的汉人、南人策问，亦往往涉及上述问题。

至顺三年（1332）陕西行省的一道乡试策问，即以士风为题。该策共设三问：其一，学以致用，自古而然。《论语·侍坐》，孔子亦许仲由、冉求、公西赤为邦之志。今科举之士，有志于用世，"当以何为体，以何为用"？其二，剖析孟子辟异端诸说，观察考生对异端学说的精察明辨。其三，科举考试，"言之者则皆谈仁与义矣，听之者亦取其说之合经矣，用之者自夫州县以达朝廷矣"，如何做到听言观行，循名责实。② 上述三问，论及士人学养和异端辟除，其核心却在科举取士的标准与利弊。这是延祐科举以来亟待探讨的问题，为世人所关注。是年陕西乡试的另一道策问，对此作了更为明确地引申：

> 国家设进士之科，于今七举矣。廷对入官者，不啻五百人而多，其政事文学卓然见称于时者，仅不及半。将遴选之不精而侥幸欤？抑既得之后自满，弃其旧学犹弊屣欤？或为利欲所

---

① 吴师道：《拟江西乡试策问》之二，见《吴师道集》卷19，长春，吉林文史出版社，2008，第390~391页。
② 蒲道源：《乡试三问》之二，见《顺斋先生闲居丛稿》卷13，清爱日精庐藏影抄元刊本；今见李修生主编：《全元文》，南京，凤凰出版社，2004，第21册，第244页。

牵，而不能守其素欤？莫可得而究也。今欲使人人奋励，精白其心，益黾勉其学。居馆阁者，其文章足以黼黻皇猷；登台省者，其政事足以贞固干事，化民善俗；居守令者，其廉足以律身，而抚字无愧于古之良吏：将何道以致之？夫前代以词赋设科，得人犹有可称者。矧今日以其浮华纤巧废之，而专尚经学，宜有敦厚朴实任重致远之材。今乃如是，况敢望制礼作乐，以兴太平之治欤？学者当无负圣朝作养举用之意，详悉以对，庶得观其志焉。①

自延祐肇开科举，到至顺三年乡试已是第七届，以进士入仕者439人，能以文章、政事著称的却不足半数，其原因究竟何在？是遴选不精？还是士人抛弃旧学，或为利欲所诱？策问要求诸生就此进行讨论，以期科举之士能不孚众望，在各自职任上都做出卓越成绩，甚至辅佐朝廷制礼作乐，以兴起太平之治。策试的问题并不复杂，却有着深刻的现实背景。

有元科举在世祖时即已正式提出，并经集议，订立程式，成宗、武宗朝，又有大臣、学者多次建言。但是，由于朝廷中守旧的蒙古、色目权贵及少数出身吏员的汉人官僚的反对，迁延近五十年未能实施。仁宗即位，虽科举得以正式下诏颁行，反对的声音却并未止息，"上而大臣且笑且怒，下而素以士名耻不出此，亦复腾鼓谤议，赞其成者才数人耳"。延祐之后，凡帝位更迭，辄有动摇科举的议论出现。"盖设科来，列圣首诏，必有因而摇之者。庚申之春（英宗即位），则剥复之机系焉。癸亥冬（泰定登基），惴惴几坠"。②科举兴废始终是朝廷激烈论争的重大问题。攻击者或言儒士迂阔，可任用者寥寥；或曰"科举取士，实妨选法"；或指责科举之士冒认籍贯，虚报年龄，"有假蒙古、色目名者"，"举子多以赃败"，③甚至"有人取凡败于货瘝阙官者列于朝"，④"群然鼓簧，谓士不足用，科举无补于国计，不罢不止"。⑤实际上，元朝吏道杂而多端，选

---

① 蒲道源：《乡试三问》之三，见《顺斋先生闲居丛稿》卷13，清爱日精庐藏影元抄本；今见李修生主编：《全元文》，南京，凤凰出版社，2004，第21册，第245页。
② 许有壬：《送冯照磨序》，见《至正集》卷32，清宣统聊城邹氏石印乾隆抄本，1911，第19页。
③ 宋濂等：《元史》卷142《彻里帖木儿传》，北京，中华书局，1976，第11册，第3405页。
④ 许有壬：《送冯照磨序》，见《至正集》卷32，清宣统聊城邹氏石印乾隆抄本，1911，第18页。
⑤ 揭傒斯：《送也速答儿赤序》，见《揭文安公文集》卷4，南昌，《豫章丛书》编刻局刊本，1920，第5页。

官的主要途径，"首以宿卫近侍，次以吏业循资"，① 而科举这一传统的入仕渠道则壅滞狭仄。朝廷规定科举三年一届，每届取进士100名，相对唐、宋、金各朝名额都要少得多。而且至顺之前的六届，取士皆不满额，累计不过439名，平均每年不足25人，远远不能与通过怯薛（宿卫）和吏员入仕的官员相比。何况有幸中进士者，亦只授翰林国史院编修、检阅、集贤院修撰、秘书监校书郎、典簿等文学侍从，或路府录事、州同知、判官、县丞等地方小官，根本不能握持权柄，影响政局。正如揭傒斯所言："新荑稚蘖不足以胜夫深根固蒂，牛羊日夜又从而牧之，信道笃者类指为迂阔，稍出芒角为国家分忧者尽格之下位，急功利者遂从而弥缝附会，觊旦夕之余景，而不知已为他人所衔辔矣。"②这才是进士出身者难以政事、文学著称的根本原因。在无能触动基本政治体制的前提下，只能首先保住科举制度得以延续，而其希望所在，则是通过获得科名者卓有建树，方可改变视听，影响朝局。故士人的风习德行，不仅涉及个人的荣辱，更关乎科举的兴衰。正是在这样严酷的背景下，坚守儒学传统，加强自身修养，检束个人德行，成为科举之士必须首先讲究的内容，这就是上述两道策问的主旨所在。

策问作者蒲道源（1260～1336），字得之，号顺斋，陕西行省兴元路南郑县（陕西汉中）人。早年居乡教授，"以濂洛诸儒之说倡于汉中"，曾为郡儒学正。蒲氏为学，"务自博以入约，由体以达用，真知实践，不事矫饰"，"教人具有师法，大抵以行检为先"，是讲求操守、重视践履、富于识见的儒家学者。皇庆二年至延祐七年（1313～1320），蒲道源入朝任翰林国史院编修官，进国子博士，"以性理之学施于台阁之文"。而其子蒲机，适中延祐五年进士，"士大夫尤以为荣"。③ 这又是蒲氏策问关注科举与士风的个人因素。事实证明，策问所及绝非蒲道源的杞人之忧，不过三年，后至元元年（1335）十一月，守旧的蒙古权臣伯颜、彻里帖木儿等，即以种种理由要求顺帝"诏罢科举"，④ 而且一停就是两届。直至至元六年顺帝清除伯颜势力，科举方得以重新举行。

《六经》是儒学的基本典籍，也是科举考试的主要依据，因而，《六

---

① 朱德润：《送强仲贤之京师序》，见《存复斋文集》卷4，上海，商务印书馆《四部丛刊续编》影印明成化刊本，1934，第16页。

② 揭傒斯：《送也速答儿赤序》，见《揭文安公文集》卷4，南昌，《豫章丛书》编刻局刊本，1920，第5页。

③ 黄溍：《顺斋文集序》，见《金华黄先生文集》卷18，上海，商务印书馆《四部丛刊》影印元刊本，1929，第5页。

④ 宋濂等：《元史》卷38《顺帝本纪一》，北京，中华书局，1976，第3册，第829页。

经》的源流演变，自然成为科举策问的重要内容。尤其元朝科举，标榜"经学实修己治人之道，词赋乃摘章绘句之学。自隋、唐以来，取人专尚词赋，故士习浮华"。因而元朝"专立德行明经科"，① 经学为首要考试科目，遂更为士人瞩目。"执事先生发策秋闱，问以六经之学，俾条陈以对"，这是至正元年（1341）常州无锡学者王寔的乡试对策，尽管该策问未能传世，但据王寔对策，仍可了解当年江浙乡试南人策问的宗旨。王寔，字安节，少励志于学，曾参加乡试，以直言未能中选，遂以著述为事，至正间以文名江南。其对策首先指明："六经载圣人之道以行于世，犹万古行天之日月也"，"不明六经，不足以为吾儒之致用。"而从事科举者"方以经术用世"，故必须对《六经》之学考核精详。对策依《易》《书》《诗》《春秋》《礼》的顺序，逐条阐述《五经》及其注释的渊源流变。其《诗》说云：

> 《诗》之《集传》，考亭子朱子晚年笔力，一洒汉、唐训诂之陋，诚可谓无憾者矣。而序文之去，断断然以为非孔子所作，其浅近反戾于经，有不合者，朱子则既屡辩之矣。若夫协音韵以谐其读，分经纬以释其辞，而宏博硕大之学，本诸古而得于心传之妙，不可轻议之者。若齐之辕固、燕之韩婴、鲁之申公，亦皆有所授受，则或失之繁，或失之偏。而苌之学，以其列诸国而无不备，国风、雅、颂无有或偏，所以独行于世，而不可以齐、燕、鲁三国之《诗》并言也。朱子取之，其以是欤！

对策虽也论及齐、鲁、韩三家诗的失传与《毛诗》独行的原因，但其重点，却在说明朱熹《诗集传》对《诗经》的羽翼和汉唐注疏的纠正之功。非但《诗经》如此，其他各经，对策虽也略述其渊源，最终则无不以程朱理学注释为归依。以为"六经之道，赖圣人修正而后明；六经之传，得考亭训释而大义阐"。可见，对策虽以六经之学入手，其主旨乃在论证以程朱理学传注为元朝科举标准的合理性。至正元年的乡试，是顺帝恢复科举后的首次乡试，科举程式作了部分调整：一方面，经学传注仍以程朱理学为中心，这是不容更改的原则。即"方今设科取士，俾各专一经。《易》则主于程氏、朱氏，《诗》《书》则本于朱、蔡二氏，《春秋》则兼用三传、胡氏"。只有《礼记》一经，由于没有适合的朱学注释，仍"用古注

---

① 宋濂等：《元史》卷81《选举志一·科目》，北京，中华书局，1976，第7册，第2018页。

疏","尚有待于大贤之生,以启后学之愦愦者"。① 另一方面,在经学考试中,削减《四书》的份额而增加《五经》的比重。非但汉人、南人《五经》试题重于《四书》,而且原本只考《四书》的蒙古、色目人,现在也必须选修《五经》之一,才能参加科举。这说明,随着科举的发展,"《四书》赋题,世已括尽",不得不兼用"五经为疑问",② 以增加经学考试的难度;也反映出蒙古、色目人儒学与应试水平的提高。而此年江浙乡试策问,强调《六经》源流和程朱传注,显然意在与新调整的科举程式相因应。

　　有的儒学经典,虽未能列入元朝科举程式,却也因为其实际价值,受到士人关注。例如《周官》一书,记载先秦官制及政治经济思想。秦焚灭典籍,《周官》在西汉最为晚出,且其内容与《尚书》《礼记·王制》《孟子》等书多有牴牾,又残佚《冬官》1 卷,汉人补以《考工记》,所以在先秦典籍中争议最多。西汉古文经学家刘歆,以其为"周公致太平之迹",为王莽改制提供理论依据;而东汉今文经学家何休,则以为是"六国阴谋之书",屏弃不取。唐代经学统一,贾公彦为郑玄《周礼注》作疏,《周礼》正式列为儒家经典。王安石新政,又特作《周官新义》颁行天下,以为变法基础和科举准的,更加重了《周官》的歧疑。元朝科举,礼学只考《礼记》,《周官》不列入经学考试科目。但是,对该书的讨论并未减少,虞集、柳贯、吴师道、苏天爵等人的科举策问或国学策问,都曾据《周官》命题。黄溍任江西乡试考官,更以专策探讨《周官》的性质、保存、缺补、记载异同诸问题。黄氏认为,"国家以经术取士",是书虽"不列于科目",然而"厥今朝廷内建六曹,盖古六官之遗意也","其成法固在所取","有可举而行者"。因此,"诸君子为有用之学",《周官》一书亦当"熟讲之"。③可见,为朝廷的官制建设提供经典参证,是黄氏策问命题的真正宗旨。

　　由上可知,无论是士风的讨论,还是经学的辨析,并不是纯粹的学术探讨,而是与科举制度、朝廷政事密切相关,体现了乡试策问仍须以时务为中心的特点。

---

① 王寔:《策一道》(江浙乡试),见《听雪先生集》卷 1,上海图书馆藏清抄本;今见李修生主编:《全元文》,南京,凤凰出版社,2004,第 49 册,第 62~65 页。参见宋濂等:《元史》卷 81《选举志一·科目》,北京,中华书局,1976,第 7 册,第 2019 页。
② 许有壬:《送冯照磨序》,见《至正集》卷 32,清宣统聊城邹氏石印乾隆抄本,1911,第 18 页。
③ 黄溍:《江西乡试南人策问》,见《金华黄先生文集》卷 20,上海,商务印书馆《四部丛刊》影印元刊本,1929,第 1~2 页。

三、咨询制度政事

　　为朝廷的制度完善与政事变革建言，也是乡试策题的重要内容。毕竟，策试以时务为主，在这方面，乡试与会试、廷试并无二致。而制度与政事，正是时务的主要内容。例如延祐四年吴澄为江西行省乡试拟定的三道策问，分别考察朝廷礼乐、法律和刑罚制度。[①] 天历二年吴师道江西乡试策问，探究官吏铨选与荐辟。[②] 至顺三年蒲道源陕西乡试策问，讨论礼乐、风俗与民食。[③] 而孛术鲁翀大都乡试策问，关注礼乐、刑政与士农工商。[④] 苏天爵大都乡试策问，征询古今历法。[⑤] 黄溍上都乡试策问，追问人才、征徭、崇儒与吏治，[⑥] 而他的江浙乡试策问，商榷古今赋税和选举制度。[⑦] 甚至至顺三年征东行省乡试策问和高丽人李穀的对策，也是考究古今皇朝的财用盈虚和户口增减。[⑧]

　　礼乐制度，是古代皇朝的基本制度，也是科举策问着重考察的问题之一。乡试虽然是地方考试，但策问中相关的讨论并不少见。至顺三年（1332）蒲道源的陕西乡试策问，引征《论语》，论述礼乐与刑政之关系，还只是理论上的一般探讨。孛术鲁翀大都乡试策问，则进一步关注礼乐制度的古今演变。如礼由三代损益，到汉叔孙通定朝仪、唐开元礼及宋、金两朝的发展，乐在近古及元朝的变革等等。鲁翀（1279～1338），字子翚，女真人，居河南邓州顺阳（河南淅川东南）。以荐入仕，扬历中外，任职翰林国史院、廉访司、御史台、中书省、国子监、集贤院等机构。曾为太常礼仪院佥事、院使，参与纂修《太常集礼》，并佐文宗亲祀天地、社稷、宗庙，故对元朝礼乐制度有清晰的了解。他认为，"礼，天地之节

[①] 吴澄：《丁巳乡试策问》三首，见《临川吴文正公集》卷2，江西抚州，明成化刊本，1484，第6～8页。
[②] 吴师道：《江西乡试策问》（蒙古色目），见《吴师道集》卷19，长春，吉林文史出版社，2008，第389页。
[③] 蒲道源：《乡试三问》之一，见《顺斋先生闲居丛稿》卷13，清爱日精庐藏影元抄本；今载李修生主编：《全元文》，南京，凤凰出版社，2004，第21册，第244页。
[④] 孛术鲁翀：《大都乡试策问》，见苏天爵：《国朝文类》卷47，上海，商务印书馆《四部丛刊》影印元至正西湖书院刊本，1929，第2～4页。
[⑤] 苏天爵：《大都乡试策问》，见《滋溪文稿》卷24，北京，中华书局，1997，第409～410页。
[⑥] 黄溍：《上都乡试蒙古色目人策问》，见《金华黄先生文集》卷20，上海，商务印书馆《四部丛刊》影印元刊本，1929，第1页。
[⑦] 黄溍：《江浙乡试南人策问》，见《金华黄先生文集》卷20，上海，商务印书馆《四部丛刊》影印元刊本，1929，第2～3页。
[⑧] 无名氏：《乡试策问》，李穀：《乡试策》，均见李穀：《稼亭先生文集》，韩国，成均馆大学校大东文化研究院影印本。

也","乐,天地之和也",纲常教化之所系,天下治忽之所关。因此,策问注重当朝礼乐制度的改革,以求"尽古昔之道,适时措之宜"。① 上述二策,礼乐还只是问题之一,至于延祐四年(1317)吴澄的江西乡试策问,则是一道讨论礼乐的专策:

> 昔在有虞,伯夷典礼,后夔典乐。逮至成周,宗伯、司乐,悉属春官。周道衰微,礼乐在鲁,韩起得见周礼,季札得观周乐。周之经制,破坏于秦。汉定朝仪,杂采秦制。鲁两生谓礼乐百年而后可兴,故文帝谦让未遑。至于武帝,而后号令文章,焕然可述。然古制不复,君子不无憾焉。天佑国家,光启文治,学校盛,贡举行,礼乐之兴,于其时矣。厥今玑衡历象,太史掌之,舆图职贡,秘书掌之,至精至详,度越千古。独太常礼乐,尚循近代之遗。伊欲大备皇元之典,若之何而为礼?若之何而为乐?必有能明制作之本意者,庶几有补于明时。②

吴澄指出,仁宗延祐之治,儒学兴盛,科举复行,礼乐制度的改革也适当其时。元朝太史院制定的授时历,秘书监执掌的舆图职贡,都已经"至精至详,度越千古",只有"太常礼乐,尚循近代之遗"。不同时间,不同行省,吴澄与孛术鲁翀的乡试策问却不约而同提出礼乐的复古问题,其实并不偶然。元朝肇兴朔漠,朝会燕飨之礼,多从蒙古旧俗。世祖至元八年(1271),始命刘秉忠、许衡制定朝仪。此后,凡皇帝即位,诸王、外国来朝,册立皇后、皇太子,郊庙祭祀,群臣朝贺等,多用朝会之仪,"而大飨宗亲,锡宴大臣,犹用本俗之礼为多"。至于乐,则是西夏旧乐、金朝遗制与宋代雅乐兼容并蓄。"大抵其于祭祀,率用雅乐,朝会飨燕,则用燕乐,盖雅俗兼用者也"。③ 可见,恢复古代礼乐,固然出于儒家以上古三代为理想的传统思维,却也反映了元代礼乐古制与旧俗兼用的现实状况。正所谓"古制不复,君子不无憾焉"。由此,两位考官方异口同声要求诸生,考本末与精粗,"明制作之本意",以期完善当代的礼乐制度。

---

① 孛术鲁翀:《大都乡试策问》,见苏天爵:《国朝文类》卷47,上海,商务印书馆《四部丛刊》影印元至正西湖书院刊本,1929,第2~4页。
② 吴澄:《丁巳乡试策问》之一,见《临川吴文正公集》卷2,江西抚州,明成化刊本,1484,第6~7页。
③ 宋濂等:《元史》卷67《礼乐志一》,北京,中华书局,1976,第6册,第1664页。

吏治是古代皇朝政事的重要方面，尤其在以宿卫近侍和吏业循资为主要入仕途径的元代，官员缺乏正统儒学思想熏陶和长治久安的政治眼光，文化素质较低，无社会责任感、道义感，只知刻薄百姓，聚敛营私，官吏的贪腐成为统治的痼疾。因此，关于吏治的讨论，也是乡试策试的常见命题。黄溍上都乡试策问，即提出"吏治非不严，而未能发奸擿伏"。[1] 袁桷泰定三年(1326)江浙乡试策问，则以专策讨论官吏的贪廉。策问指出："用贤之道，治天下国家先务也。人才之贤否，本乎心术之邪正。邪正者，义利公私之辨，君子小人之所由以分。"袁氏列举儒家经典和汉代历史的诸多例证，探讨官吏贪廉与国家治乱的关系，说明"官吏之贪廉，其于政事之臧否，民生之休戚，所系至重也"。策问将官吏贪廉的讨论归结到本朝："方今圣明在上，荐绅之士分布中外，封赠足以遂显扬，禄廪足以供事育，而十二章之典又严且密也，刑赏劝惩之道亦至矣。然廉者守法奉公，未必见知；贪者嗜利营私，不为少戢。岂刑赏之外，犹有当加意者欤？"[2]要求考生为吏治的清明提供意见。

同年，江浙士人汪克宽从乡试对策角度，对吏治问题作了全面探究："执事先生发策秋闱，下询末学，以究时务之实，举昔人论吏治之八计为问。"说明当年江浙乡试的南人策题有两问：其一，时务与经术的关系；其二，吏治八计。汪氏认为，三代以上，经术施于治道，孔子删《诗》《书》，赞《易》象，定《礼》《乐》，修《春秋》，遂使唐虞三代之治道，悉具于《六经》之策。秦汉以后，治道隐于经术，虽有董仲舒、倪宽、刘向等少数儒士能即经术求治道，然不能通治道之大体，故行事亦未能尽善。隋唐科举，明经、宏词分科取士，治道别于经术，章句之徒遂与案牍之吏如冰炭之不侔。惟有"圣朝兴崇文治，取士以德行为首，较艺则以经史、时务兼之，将欲求治道于经术。其中选者，俱授州县之官，使朝廷之行皆合六经，而牧民之职多出儒士，甚盛举也"。[3] 汪氏从经学与科举发展的视角，总结经术与治道密不可分的关系，最后归结到元朝的科举程式，可谓切中策题设问的关键。

至于吏治八计，出自唐代名臣陆贽。唐德宗初立，遣使巡行天下，陆贽请以"八计听吏治"，即就户口丰耗、垦田盈缩、赋役薄厚、案籍繁

---

[1] 黄溍：《上都乡试蒙古色目人策问》，见《金华黄先生文集》卷20，上海，商务印书馆《四部丛刊》影印元刊本，1929，第1页。
[2] 袁桷：《江浙乡试策问》，见《清容居士集》卷42，上海，商务印书馆《四部丛刊》影印刊本，1929，第3~4页。
[3] 汪克宽：《省试策》，见《环谷集》卷3，清康熙《汪氏三先生集》刊本，1679；今见李修生主编：《全元文》，南京，凤凰出版社，2004，第52册，第137~140页。

简、囚系盈虚、奸盗有无、选举众寡、学校兴废八项,考核地方官员政绩。① 汪克宽认为:"八计之策虽不尽出于经史,而圣贤之大意不越是矣。经术而施之治道,不过如此而已矣。"故对策逐条辨析古代户口、垦田等八计的情况,着重说明其在今朝的设施之要:"今求户口之增,不必待十年而生聚也,但轻其徭税,俾安其业,家给人足,无流离转徙之患,则户口丰而抚字称矣。""今田不可复井也,欲求垦田之多,不必如李悝尽地力,但核劝农之实,加优恤之方,罢妨农之务,则垦田广而本末辨矣"等等。② 以八计考吏治,是对地方官员的全面考察,实际已突破官吏贪廉的狭隘命题,而涉及朝廷的铨选制度。因此,汪氏将八计与元朝考课官吏的五事相比较:

> 国朝之典,凡州县之官,以五事为殿最,给由、铨注则验之,即所谓稽抚字,稽本末,稽廉冒,稽听断,稽禁御者也。他如学校、选举之事,则令风宪之司以纠察之。盖如陆宣公之八计,自有吻合焉者,而古人三考黜陟,不外是矣。然愚窃谓:兴崇学校,选举人材,非细务也。宣公所以先户口、垦田,而终之以二事者,所以庶而富、富而教之意也。然学校不修则民不知义,人材不举则吏不称职,二者为政之所当重也。今国家之法,长吏给由而不述其事,吏部铨注而不考其绩,虽曰风宪纠察,而或失其详,得非善政之小疵欤?五事之备,往往未观其成效,得非州县之官未尽出于科举,而政治不本于经术之故欤?抑朝廷千里之远,给由或得以诈伪,恐考绩者犹有未尽其实欤?执事先生欲求设施之要,则愚已粗陈于前,欲其八计之成效,则在考绩之核实而已矣。

学校、选举二计,关系教化的兴衰与官吏的素质,是为政的当务之急。吏治八计始以户口、垦田,终以选举、学校,实际蕴含着孔子既庶而富、既富而教的治国之道。至元八年(1271),元朝"诏以户口增、田野辟、词讼简、盗贼息、赋役均五事"考核地方守令,③ 而不包括选举、学校二项,虽有御史台、廉访司等风纪官员负责纠察,铨选制度仍付诸阙

---

① 欧阳修、宋祁:《新唐书》卷 157《陆贽传》,北京,中华书局,1975,第 16 册,第 4911 页。
② 汪克宽《省试策》实际只论述了户口、垦田、赋役、囚系、奸盗、选举、学校七项,而漏掉案籍一项。
③ 宋濂等:《元史》卷 82《选举志二·铨法上》,北京,中华书局,1976,第 7 册,第 2038 页。

如。而五事之核察，又不见实效，究其根由，则在地方官多不出于科举，以致政治不本于经术，以及官吏考核失实所致。对策于此，已经触及到元代选举制度的根本，即官员选任多出于宿卫与吏员，而非科举之士的弊端。相同见解，又见于黄溍、吴师道的策问。黄溍质疑："唐之循资"，"迄今以为定格，其果皆无弊乎？"①吴师道更尖锐指出："国家幅员既广，职官亦众，铨衡进叙，专以年劳，由是选法多壅，简拔未精，清浊混淆，贤愚同贯，积久成弊，有识患之。"②有鉴于此，汪氏对策特标举学校和选举二项，以求解决之道："今学校不必复兴也，但能择师儒之官，而讲习无虚日，敦养育之规，而既禀无侵渔，使所养皆在儒生，而儒生尽得其养，则学校兴而教化勤矣。""今选举之法不必更定也，但核荐举而革冒滥，厚敦遣而公遴选，弃其小以取其大，因其文以观其心，数年之后，人才既盛，又当增中选之额，则选举众而风化行矣。"③对策提出的解决方式，是一面由崇兴儒学而培养人才，一面借扩大荐举和科选而任用儒士，逐步改变元朝的官员构成，最终澄清吏治。

汪克宽（1304～1372），字德辅、仲裕，学者称环谷先生，江浙行省徽州路祁门县（安徽祁门）人。泰定三年（1326）江浙行省乡试中举，次年会试下第，遂弃科举，尽力于经学著述与教授。明初与修《元史》，书成辞归。汪氏是元后期江南较有名气的经学家，数与郑玉讲论理学，意气相得，有辅翼程朱经学传注的著述多部。他的对策，代表了当时江南的有识之士，改革吏治与选举，废除朝廷对儒士尤其是南士不平等待遇的殷切期望。

除了礼乐、吏治、铨选诸方面，历法、赋税、财政、刑法等制度，人才、崇儒、风俗、户口、四民等政务，也都是乡试策问中反复出现的热点命题，体现了元代乡试，对朝政的多方面关注与设想。

策试是科举三级都要考察的惟一科目，也是蒙古、色目、汉人、南人各等级士子都须应对的考试。乡试策试的考试方式、命题原则、对策要求，与会试、廷试并无二致，然而，命题的内容和取向，则与二者既有联系，又有所区别。乡试作为国家抡选人才的初级考试，须与会试、

---

① 黄溍：《江浙乡试南人策问》，见《金华黄先生文集》卷20，上海，商务印书馆《四部丛刊》影印元刊本，1929，第2～3页。
② 吴师道：《江西乡试策问》（蒙古色目），见《吴师道集》卷19，长春，吉林文史出版社，2008，第389页。
③ 汪克宽：《省试策》，见《环谷集》卷3，清康熙《汪氏三先生集》刊本，1679；今见李修生主编：《全元文》，南京，凤凰出版社，2004，第52册，第137～140页。

廷试相接续,需要士子关注朝廷的大政方针和当务之急;同时,乡试考区面临不同的地方事务和亟待解决问题,应试群体的身份资质又各各有异。因而,较之会试、廷试,乡试策问与对策视野开阔,题材丰富,问题尖锐,特色鲜明,能够更全面地反映当时的政治、社会、文化、学术状况,也更适宜各地儒家学者发挥其远见卓识。现存的乡试策问与对策虽然非常有限,仍然是了解和研究元代历史与文化的富于价值的资料,值得认真关注探讨。[①]

---

① 本章原题《元代乡试策问与对策》,刊于《元代文献与文化研究》第一辑,北京,中华书局,2012,第271~293页,本书收录时有修改。

第六章 吴师道的《国学策问》

国学策问是国子学的策试考题,是元代策问的另一个重要组成部分,属于学校文献。一些担任过国子监、国子学职务的学者,在文集中保存了自己撰拟的国学策问,其中尤以吴澄、柳贯、黄溍、吴师道文集的国学策问数量较多,也自成系统。本章即以吴师道四十道《国学策问》为例,探究其与元代国子学及政治、社会、文化的关系。

第一节 国子学与《国学策问》

至元六年(1340),元顺帝在罢行科举五年后,下诏整顿学校,复行科举。朝廷的这番改制更化,自然需要妙拣名儒以教国子。于是,金华学者吴师道由中书省左司郎中吕思诚、御史台都事孔思立推荐,自常选中擢任国子助教。吴师道(1283~1344),字正传,江浙行省婺州路兰溪州人(浙江兰溪),至治元年(1321)进士,曾任高邮县丞等地方官员近二十年。受命后,吴师道于是年秋北上京师,至正元年(1341)春升国子博士,直到三年春因母忧南还,前后执掌国子学教事近三年,在其诗文集中,留下《国学策问》四十首,成为研究元后期国子学、科举及诸多社会问题的珍贵文献。

元朝的国子学隶属国子监,正式设置并确定制度于世祖至元二十四年(1287),是对各族官员子弟及俊秀士子实施儒学传统教育的最高学府,也是国家储养和选拔人才的最重要机构。[①] 国子监设祭酒一员、司业二员,"掌学之教事";监丞一员,"专领监务"。国子学设博士二员,"掌教授生徒,考较儒人著述、教官所业文字";助教四员,同掌学事,"分教各斋生员"。国子学的生员,是"七品以上朝官子孙",另外,"随朝三品以上官得举凡民之俊秀者入学,为陪堂生伴读"。[②] 至元二十四年,确定

[①] 由于元朝是蒙古族居统治地位、多民族共存的政权,所以中央朝廷同时设置蒙古国子学、回回国子学和国子学三所学校,分别实行不同的教育。本章探讨的国子学,隶属国子监,是实施儒学传统教育的最高学府,也是三所学校中规模最大者。参见萧启庆:《大蒙古国的国子学——兼论蒙汉菁英涵化的滥觞与儒道势力的消长》,见《蒙元史新研》,台北,允晨文化实业股份有限公司,1994,第63~94页。

[②] 宋濂等:《元史》卷87《百官志三·国子监》,北京,中华书局,1976,第7册,第2193页。

生员额 200 名，先令 100 人入学，其中蒙古 50 人，色目、汉人共 50 人。成宗大德十年(1306)闰十月，正式定蒙古、色目、汉人生员 200 人。另选通晓经学者 20 名，作为国子伴读，大德七年(1303)增为 40 名。

国子学的教育，以儒家传统的经学为主。至元二十四年学制规定："凡读书必先《孝经》《小学》《论语》《孟子》《大学》《中庸》，次及《诗》《书》《礼记》《周礼》《春秋》《易》。"①即从《孝经》《小学》《四书》等较为浅近的儒家经典开始，作为初级课程，而以传统的《五经》作为高级课程。学习方式也自最简单的句读、音训入手，由博士、助教亲自传授，再进到经义的讲说。此外，还有对属、诗章、经解、史评等文字作业，由博士出题，生员具稿，录于课簿，作为考较的依据。无论课程内容、讲授方式，国子学都是从最初级的起始，与当时国子学生员大量是汉文化水平有限的蒙古、色目人相关。

国子学设置之初，以培养人才为主，选拔人才为辅。这是由于元代仕进多途，国子学并非为朝廷贡举人才的主要途径。而且至元、大德时，国学生员以蒙古、色目人为主。他们是朝廷品官子弟，可以通过恩荫入仕，国子学的主要职责，是提供初步的汉族传统文化和经学教育，为其将来仕进做准备。因而，当时国子学向朝廷贡士的名额十分有限。大德八年(1304)，始定国子生每三年向朝廷贡士 3 名，蒙古、色目、汉人各 1 名。十年，改为三年各贡 2 人。

元中期科举制的颁行，引起国子学制度的重大变革。首先是生员和贡士的员额有了大幅增长。至大四年(1311)、延祐二年(1315)，仁宗两次下诏，增国子生至 400 员，其中蒙古、色目与汉人各占半数。贡士名额也增加为每年 6 名。②

更重要的是，对应新颁布的科举程式，于延祐二年制定国子学贡试之法，要点有三：

其一，升斋等第。国子学分设六斋，各斋生员不等。下两斋称游艺、依仁，教授诵书讲说、小学属对等初级课程。中两斋称据德、志道，讲说《四书》、课肄诗律等，是蒙古、色目生员必须学习的中级课程。上两斋称时习、日新，讲说《易》《诗》《书》《春秋》等五经，习明经义等程文，是完成中斋学习后的汉人生员必须修习的高级课程。每季度考核各斋所习经书课业，以及是否违犯学规，以次递升。

---

① 宋濂等：《元史》卷 81《选举志一·学校》，北京，中华书局，1976，第 7 册，第 2029 页。
② 宋濂等：《元史》卷 24《仁宗本纪一》、卷 25《仁宗本纪二》，北京，中华书局，1976，第 2 册，第 545、571 页。

其二，私试规矩。汉人在上两斋，蒙古、色目在中两斋，实际学习二年以上，且未犯过错者，允许参加国子学私试；实际学习三年以上，可以充贡举。私试科目，汉人：孟月试《四书》经疑一道，仲月试《五经》经义一道，季月于策问、表章、诏诰内选考一道。蒙古、色目人：孟、仲月各试《四书》明经一道，季月试策问一道。成绩评定，以辞理俱优者为上等，准一分；理优辞平者为中等，准半分。岁终通计全年积分，至八分以上者升高等生员，以40名为额，其中蒙古、色目各10名，汉人20名。选出的高等生员，年终由礼部与集贤院共同主持公试，选取贡士6名入仕，蒙古、色目、汉人各2名。

其三，黜罚科条。即对不努力学习、违犯学规的各级生员的处罚条例，对汉人生员尤其严厉，凡"三年不能通一经及不肯勤学者，勒令出学"。[1]

国子学积分贡试法，既参考了宋代太学的三舍法，更与新的科举程式密切结合。皇庆科举程式规定，无论乡试与会试，蒙古、色目人都只考两场："第一场，经问五条，《大学》《论语》《孟子》《中庸》内设问"；"第二场，策一道"。而汉人、南人则要考三场："第一场，明经、经疑二问，《大学》《论语》《孟子》《中庸》内出题"，还需加考经义一道，于《周易》《尚书》《诗》《礼记》《春秋》五经内各治一经；"第二场，古赋、诏诰、章表内科一道"；"第三场，策一道"。御试，四等人同样试策一道。[2] 由于蒙古、色目人在科举中只考《四书》与策试，所以，他们在国子学中不必修习上斋的《五经》及古赋、诏诰、章表等高级课程，即可以参加私试与贡举选拔。而汉人生员，则必须在学习完上斋的《五经》和辞赋等课程后，才允许参加私试和贡举。可见，无论三等六斋的设置，小学、《四书》《五经》三层次课业的安排，以及私试科目的设定，都与新的科举程式相对应。

顺帝至正二年(1342)，科举在停罢两届之后重新恢复，促成国子学进一步改革。废除以往与科举制并行的贡士公试，改为每三年高等生员120名，依科举例与各省举人共同参加会试、御试，从中选拔贡士18名，即蒙古、色目、汉人南人各6名，与通过乡试考中的进士一体授予

---

[1] 宋濂等：《元史》卷81《选举志一·学校》、卷172《齐履谦传》，北京，中华书局，1976，第7册，第2030~2031页；第13册，第4030页。

[2] 宋濂等：《元史》卷81《选举志一·科目》，北京，中华书局，1976，第7册，第2019页。

官职,实现了国子学贡士与科举制的合一。①

由科举程式与国子学贡试法可知,策试非但是科举中重要的考试科目,也是国子学选拔高等及分生员的主要考试之一,而高等生员,又是国子生参加贡士公试或科举的基本资格。

身为国子博士的吴师道当然清楚地意识到,国子学的地位是"天子之学,首善四方者也"。② 博士又是国学的最高教官,"通掌学事,分教三斋生员,上严教导之术,下考肄习之业"。③ 不但平日要亲授句读、音训,讲说《四书》《五经》经旨,还要负责下、中、上三等六斋生员每季度的升斋考试,特别是主持上、中四斋有资格生员每月一次的国子学私试,年终时根据积分选拔40名高等生员,以备参加科举。因此,为国学生员的日常学习与各级考试命题,并评定成绩,是博士的一项重要职责。《国学策问》,即是吴师道任博士期间,为国子学策试拟定的试题。

吴师道《国学策问》包涵着众多的领域与丰富的内容,譬如礼乐制度、选举制度、赋役制度、法律制度、古今学术、民族政策、京师事务等等。其中赋役制度,考察盐法、官田、榷酤等江浙财赋问题,以及差役、雇役、义役等南北役法的差异。法律制度,包括律学设置、舆服禁制、盗贼禁治、狱囚审决及古今刑法制度的探讨。民族政策,涉及对蒙古、色目科举程式的质疑,国子学中二者生员的冗滥,是否建立蒙古、色目姓氏制度等问题。而京师事务,则关注到大都的游民、和籴与古今风俗等方面。④ 反映了吴师道并非是只知皓首穷经的学者,也对元朝面临的政治、经济、思想、文化诸问题有着广泛关注和深切思考。这当然与他丰富的社会经验以及长达二十年任职地方官员的经历相关。下文仅选取与国子博士的职任最为切近,也是吴师道关注和探讨最多的三个面向,即变通礼乐制度、厘清科举铨选、辨明古今学术,对《国学策问》试作探究。

第二节 变通礼乐制度

礼乐制度是中国古代社会的基本制度,任何封建皇朝,都不能不重

---

① 宋濂等:《元史》卷40《顺帝纪三》、卷81《选举制一·学校》、卷92《百官志八·科举附录》,北京,中华书局,1976,第3册,第859页;第7册,第2032页;第8册,第2344页。
② 吴师道:《与孔用道都事书》,见《吴师道集》卷11,长春,吉林文史出版社,2008,第209页。
③ 宋濂等:《元史》卷81《选举志一·学校》,北京,中华书局,1976,第7册,第2029页。
④ 吴师道:《国学策问》,见《吴师道集》卷19,长春,吉林文史出版社,2008,第392~403页;参见本书附录八《吴师道〈国学策问〉主题表》。

视和讲求礼乐。对于蒙古贵族建立的元朝而言，它还具有是否承认和传承中原传统文化的意义。元代的礼乐制度，基本创立于世祖时期，成宗、仁宗、文宗等朝，又各有推进。元顺帝即位，中书右丞相伯颜秉政，专权自恣，一反仁宗、文宗以来有意文治、推行汉法的政策，排斥儒士，废止科举，省、院、台、部、宣慰司、廉访司等长官概用蒙古、色目人，禁止汉人、南人等执持兵器、习学蒙古文字，甚至请求顺帝尽"杀张、王、刘、李、赵五姓汉人"。① 这些倒行逆施，代表了部分落后、保守的蒙古、色目贵族的意愿，民族矛盾更加激化，也加速了社会动荡。至元六年（1340）二月，顺帝在御史大夫脱脱的协助下罢逐伯颜。至正元年（1341），命脱脱为中书右丞相，掌军国重事。于是，"悉更伯颜旧政，复科举取士法，复行太庙四时祭"，"开马禁，减盐额，蠲负逋，又开经筵，遴选儒臣以劝讲"，采取一系列变革措施，史称脱脱更化。②

在元后期的金华学者中，吴师道原以经学见长。③ 他在科举中以何经中选进士，文献阙载，目前尚不清楚。然据友人张枢《吴君墓表》，师道有经学著述多种，《易》《书》《诗》皆有《杂说》，《春秋》有《胡氏传附辨》。④ 礼学虽未有著作，却有《仪礼经注点校记异》，即以南宋吕祖谦与元许谦两家的《仪礼》经注点本相对勘，摘取二者点句的差异疏列，并加按语说明缘由；⑤ 文集中亦有关于礼的文章多篇。⑥ 足证其兼通诸经，对礼学亦有相当的研究。师道掌教国子，正值顺帝倡兴儒学、恢复科举、推行礼制之时，因此，他的策试考题，自然要与至正初年朝廷的改元更化相因应，而礼乐制度，尤为其中的重要内容。四十首策问中，涉及礼乐者就有十四首，既探讨古代礼制，更规范当世礼乐，直接反映了至正初年的礼制更化。

---

① 宋濂等：《元史》卷39《顺帝本纪二》，北京，中华书局，1976，第3册，第839、843页。
② 宋濂等：《元史》卷138《脱脱传》，北京，中华书局，1976，第11册，第3343页。
③ 王祎：《宋景濂文集序》即云：在元后期婺州学者中，继柳贯、黄溍而作者，"为吴正传（师道）氏、张子长（枢）氏，吴立夫（莱）氏。吴氏深于经，张氏长于史，而立夫之学尤超绝，其文皆可谓善于驰骋者焉"。《王忠文公文集》卷5，明嘉靖张斋刊本，1522，第2页。
④ 张枢：《元故礼部郎中吴君墓表》，见《吴师道集》附录，第427页。吴师道经学著述今皆不传，仅存《春秋胡氏传附辨杂说序》《读易杂记后题》二文，可见概要：《吴师道集》卷14、卷17，长春，吉林文史出版社，2008，第291、356页。
⑤ 吴师道：《仪礼经注点校记异后题》，见《吴师道集》卷18，长春，吉林文史出版社，2008，第365页。
⑥ 吴师道：《仪礼堕祭说》《社主说》《题仪礼点本后》，见《吴师道集》卷10、卷18，长春，吉林文史出版社，2008，第188~191、384页。

一、探讨古代礼制

古代礼乐自有其源流，欲为当世礼乐制度提供借鉴，势必要从经典与史籍的记载中，去追溯古代礼制的发展演变。因此，考究古代礼制，是吴师道《国学策问》的基本内容，涉及巡狩、朝会、朝仪、射礼、释奠礼、乡饮酒礼、社制等多项制度。

即如巡狩、朝会，是唐虞三代治理天下的重要制度，不过，儒家经典中的记载却是各不相同。非但举行的时间各异，而且成就的事功亦殊。《策问》二十六，要求诸生考辨《尚书》《周官》与《礼记·王制》的不同记载，讲而通之，以明其制。①

射礼是古代择士贡贤的重要典礼，其记载散见于各种礼书。《仪礼》有《乡射礼》《燕礼》和《大射》篇，《礼记》也有《射义》与《燕义》篇。《策问》三十一以此设问，欲诸生区分大射、宾射、燕射的不同仪制，辨别天子、诸侯、大夫、士的等级差异，以及射礼中的诸多问题。策问还要求考生讨论崇尚武力的"主皮之射"，或曰"贯革之射"，与《论语》中孔子"射不主皮"之说的违戾之处，以明确射礼的主旨，在于"观德行"，而非较技艺。师道还特别注意到，《论语·八佾》"子曰：君子无所争，必也射乎！揖让而升，下而饮，其争也君子"一章，郑玄、王肃与朱熹《论语集注》在句读上有微细差异，要求国子生根据礼典，探究郑、王"揖让而升下，而饮"，与朱熹"揖让而升，下而饮"的不同，并说明朱熹不从郑、王之说的理由。② 这首策问，既有经典歧义的探讨，又有经文句读的辨析，更重要的还是指导学生对古代射礼的理解和会通。

《策问》还考问古代的社主制度。社是土地之神，也是祭祀土地神的神庙，社主则是土地神的牌位。古代典籍对于社主的记载多有分歧。比如社主的材质，或言木，或言石，即使同一部《周官》，《大司徒》与《小宗伯》亦有所不同。而言木者，有"三代之松、柏、栗，齐之枥，汉之枌、榆"的差异；言石者，也有"吕不韦、许慎、崔灵恩之说"之不齐。又如社主的大小、形制，亦难以统一。以往学生皆"口熟其文而未究其义"，因此，策问要求诸生"稽经而考古"，不仅应熟诵经典之文，而且要穷究其

---

① 吴师道：《国学策问》二十六，见《吴师道集》卷19，长春，吉林文史出版社，2008，第397~398页。
② 吴师道：《国学策问》三十一，见《吴师道集》卷19，长春，吉林文史出版社，2008，第399~400页。

义，考辨分明。① 应该指出，吴师道策问考察的命题，并非率意而为，多是他经过深入研究或考证、有所心得的问题。比如社主制度，师道即有《社主说》一文，对古代典籍中的不同记载与历代诸家论说，进行过细致地考证辨说。②

不过，考察古代礼制，并非吴师道策问的主旨。通晓古代礼制的目的，还在于博古以通今。因此，吴氏对于历代礼制的发展演变，及其对当世的影响，都极为重视。朝廷典仪，"所以辨君臣之等"，是历代皇朝最为关注的礼典。叔孙通率领弟子制定的朝仪，竟然使汉高祖慨叹"吾乃今日知为皇帝之贵也"，③可见其对专制皇权的重要。《策问》三十二考究古代朝仪，虽要求国子生根据经典，辨明周制外朝、内朝、燕朝的区别、位置和执掌，讨论东汉经学家郑众与郑玄注释的异同，了解汉、唐以来历代朝仪的变化，然其归结点，却在元代的朝仪：

> 洪惟我朝，制不相袭，惟正旦、天寿节御朝受贺，常日不复讲。岂以为烦而止耶？抑以为果可废邪？万一修明旧章，则必将有考于此，有志当世者，甘出叔孙通诸生下乎？辄因是以觇博古通今之学。④

蒙古族建立的元朝，"肇兴朔漠，朝会燕享之礼，多从本俗"。世祖至元八年（1271），虽命刘秉忠、许衡始制朝仪，但在很多朝廷盛典上，"犹用本俗之礼为多"。⑤即便七十年后的至正初年，一年中仍止于正旦和天寿两节，天子才举行朝仪接受庆贺，平日则废置不讲。对于传统的儒家学者而言，这不是厌倦繁琐礼仪的小事，而是朝廷能否放弃蒙古旧俗，遵行传统礼制的根本性问题。策问要求诸生讲求"博古通今之学"，了解古今朝仪的发展，寻找元代朝制的特点，以便朝廷一旦修明旧典，复行古制，即可有所据依。显然，吴师道是以为汉代创立朝仪的叔孙通自任，期望能够推动元朝礼乐制度的改进。

除朝廷大典之外，吴师道还关注学校和地方的礼仪。中国自唐代开

---

① 吴师道：《国学策问》三十三，见《吴师道集》卷19，长春，吉林文史出版社，2008，第400～401页。
② 吴师道：《社主说》，见《吴师道集》卷10，长春，吉林文史出版社，2008，第190～191页。
③ 司马迁：《史记》卷99《叔孙通列传》，北京，中华书局，1959，第8册，第2723页。
④ 吴师道：《国学策问》三十二，见《吴师道集》卷19，长春，吉林文史出版社，2008，第400页。
⑤ 宋濂等：《元史》卷67《礼乐志一》，北京，中华书局，1976，第6册，第1664页。

始庙学合一，凡官办儒学，都有孔庙和学校两部分，孔庙祭祀成为学校的重要活动，具有倡明教化的功能。① 而在元代，儒学和孔庙的兴衰，又折射出朝廷是否承认传统文化、尊崇儒学。元朝在大都、上都、曲阜设置宣圣庙，地方路府州县儒学及书院亦各有兴建。武宗至大元年(1308)，诏尊孔子为"大成至圣文宣王"，仁宗、文宗朝，又陆续以颜子、曾子、子思、孟子配享，汉儒董仲舒、宋儒周敦颐、程颢、程颐、张载、邵雍、司马光、朱熹、张栻、吕祖谦、元儒许衡从祀。大都宣圣庙，建于国子学以东。国学生除每月朔、望二日拜谒外，每年春、秋二季的仲月上旬丁日都要举行释奠礼。释奠礼，本是古代学校祭奠先圣先师的礼仪，后世逐渐演变为祭祀孔子的专门典礼。国学诸生躬与祭孔盛典，"周旋于堂陛之间，执事于笾豆之列"，自然需了解其渊源、明习其礼仪。《策问》二十八考察古代经典中的释奠礼，更涉及孔庙的创立发展、先圣称号的加封、弟子从祀的确定、孔庙的布置像设、祭器的陈列等诸多问题，借以总结历代"兴袭之由，得失之故"，指导和规范元朝的释奠礼。②

乡饮酒礼，是"尚贤而尊长"的地方礼仪，非但行于上古，汉、唐、宋亦相沿不辍。朱子以《仪礼》为礼经，有《乡饮酒礼》；《礼记》为其疏义，有《乡饮酒义》。然考案二篇，却多有牴牾不合之处，故唐孔颖达《礼记正义》，言《乡饮酒义》兼有四事，不专释《仪礼》。乡饮酒礼在元代，朝廷没有明令实施，只是部分地方长官时或举行，诚为阙典。吴师道期望乡饮酒礼能够"出自朝廷，颁示海内，使斯民犹获见三代揖让之容，以为革心向化之助，岂非治世之令典欤"？因此，《策问》三十八要求诸生讲论二文异同之故，参证先儒诸说，辨明其义，以俟"他日举而措之"，有司得以采择。③

由上可知，吴师道关于古代礼制的策问，多是通过考察古代经典的记载，了解历代制度的变迁，以期对当世的礼乐有所指导与帮助。其服务和促进至正礼制更化的宗旨，是非常明确的。

二、规范元朝礼乐

吴师道探讨古代礼制，博古以通今，其归结点还在规范当代的礼乐

---

① 参见陈高华等：《元代文化史》第二编第三章《国学的建立》，广州，广东教育出版社，2009，第218～219页。
② 吴师道：《国学策问》二十八，见《吴师道集》卷19，长春，吉林文史出版社，2008，第398页。
③ 吴师道：《国学策问》三十八，见《吴师道集》卷19，长春，吉林文史出版社，2008，第402页。

制度，这是不言而喻的。有关郊庙礼仪乐器、三皇庙祭祀、民间礼仪规范等策问，就提出这方面的问题与思考。

郊祭大典，是古今帝王敬天尊祖的重要象征，"有国家者莫先焉"。吴师道特以三首策问进行探讨。《策问》十七首先提问蒙古、色目生员，郊祭天地是否应形成制度，定期举行：

> 郊之祭也，圣王之所以敬天而尊祖也，有国家者莫先焉。方今当太平之期，海宇晏清，民物阜康，肇举殷礼，宜也。然是礼之行，必将具仪物，丰赏赉，则财不免于费；恩泽覃及，则官不免于滥壅；宽宥普行，则刑不免于纵。三者将何以处之？不轻于行者，岂不以此之故欤？其思所宜，以佐在廷之议。①

显而易见，师道以为，郊祀作为中国传统礼乐制度中最重要的祭典，元朝亦当定期举行，方能符合大元的"圣朝形象"。虽然举行郊祭，也会带来财物靡费、官路壅滥、刑狱宽纵等弊病，职此之故，朝廷不轻易举行。但是，只要有合宜的对策防止弊端，就可以兴举斯礼，绝不能因噎废食。故而策问命诸生提出适宜的建议，以协助朝廷对郊祭礼仪的讨论。《策问》二十一，又就郊庙乐器的声容器数发问，要求诸生"详考以对，务为精凿可行"，以"合于古制、古法"。②

《策问》三十六，进一步就古今郊祭礼设问，指出："先王之世既远，礼乐之书散亡，其存于经者残缺简略，后儒又以意为之说，使行者莫之适从。"特别是礼乐中最重要的郊祭礼，"异说尤甚"。比如：

> 天体惟一，而或以为六。圜丘、南郊，或以为一，或以为二。昊天上帝著矣，而复有天皇大帝之称。五行之帝信矣，而或出五人帝之号。或以一岁而二祭，或以一岁而九。或以为日用冬至，或以孟春上辛。此皆大相舛异者……至于圜丘、方泽，天、地分祭，时日、坛壝、乐舞、器币，亦复不同，此礼文之甚明者。历代混而为一，恬不为怪。宋人集议，互相是非。苏氏专引《昊天有成命》之诗，以为合祭之证，而不知其误。其雄

---

① 吴师道：《国学策问》十七，见《吴师道集》卷19，长春，吉林文史出版社，2008，第395页。
② 吴师道：《国学策问》二十一，见《吴师道集》卷19，长春，吉林文史出版社，2008，第396页。

辨历诋,足以移人,而先儒深不然之,谓自古未尝有此渎乱庞杂之礼。然当时分祭,仅仅一行,明知其谬,而后卒不能改。先儒之说虽明,顾未有按据以从事者,其故何哉?

这首策问是对经史修养较高的汉人国子生提问,所以,吴师道历举古代载籍的舛异,宋人集议的混乱,非但要求就古代郊祭礼的天地分祭、时日坛墠、乐舞器币等制度进行细致考辨,厘清这一古代记载与后人议论都极为混乱的祭祀大典,同时还须批判北宋苏轼的天地合祭说,申明朱子的分祭理论,以便"修明旧章,讲求盛典,一破千古沿袭之陋",① 为国家建立合符古代的郊祭制度。

元朝的郊祀礼基本承袭前代,却存在两方面问题:其一,不分南郊、北郊,天地合祭。其实合祭并不始于元朝,而是由来已久。"汉承秦弊,郊庙之制,置《周礼》不用……迨其季世,乃合南北二郊为一。虽以唐、宋盛时,皆莫之正。"②成宗大德九年(1305),朝臣集议提出南、北郊分祭:"今当循唐虞三代之典,(南郊)惟祀昊天上帝。其方丘祭地之礼,续议以闻。"武宗至大二年(1309)、仁宗延祐元年(1314),朝臣又两次"请立北郊",都因故中辍,直至元末。③ 受南宋理学大师朱熹的影响,元朝的许多儒家学者包括吴师道都认为,天子的郊祀礼,"贵诚而尚质,务在反本修古,不忘其初而已"。④ 根据《周礼·春官·大司乐》的记载,冬日至,于地上圜丘礼天神;夏日至,于泽中方丘礼地示。即古代礼仪是天地分祭,而西汉末年以来的合祭制度,是王莽之制,不合于古。因此,宋代苏轼与朱熹之间合祭、分祭的歧义,就不止是不同学说的争论,而且关系到是否恢复古代礼制的关键性问题。可见,师道策问的要义,仍然是依据古礼改革和完善元朝的郊祭制度。

其二,有元郊祭一直是派遣大臣代祀,而不能做到天子亲祀,这又是不合古法的。英宗曾有意亲郊而未遂,直到至顺元年(1330)十月,文宗始"亲祀昊天上帝于南郊,以太祖配"。故《元史》曰:"自世祖混一六合,至文宗凡七世,而南郊亲祀之礼始克举焉。"⑤顺帝至元六年,罢逐

---

① 吴师道:《国学策问》三十六,见《吴师道集》卷19,长春,吉林文史出版社,2008,第401页。
② 宋濂等:《元史》卷72《祭祀志序》,北京,中华书局,1976,第6册,第1779页。
③ 宋濂等:《元史》卷72《祭祀志一·郊祀志上》,北京,中华书局,1976,第6册,第1782、1784、1785页。
④ 宋濂等:《元史》卷72《祭祀志序》,北京,中华书局,1976,第6册,第1779页。
⑤ 宋濂等:《元史》卷72《祭祀志一·郊祀志上》,北京,中华书局,1976,第6册,第1792页。

伯颜，监察御史呈奏："古者宗庙四时之祭，皆天子亲享，莫敢使有司摄也……自陛下即位以来，于今七年，未尝躬诣太庙，似为阙典。方今政化更新，并遵旧制，告庙之典，理宜亲享。"顺帝遂于是年十月初四日亲祀太庙。① 在此之后，皇帝亲祭南郊也提上议事日程，终于至正三年十月，顺帝"亲祀昊天上帝于圜丘，以太祖皇帝配享，如旧仪制。右丞相脱脱为亚献官"。② 此时，吴师道虽已因丁忧辞国子博士南还，但他关于古今郊祭礼的讨论，的确不是泛泛而发，而是有着经世致用、为元朝恢复古代郊祭制度提供理论依据的切实宗旨。

三皇祭祀著于朝廷法典，始于唐代。元成宗元贞元年（1295），命天下通祀伏羲、神农、黄帝三皇。于是京师与地方郡县纷纷建立三皇庙，每年春、秋二季祭祀，如宣圣庙释奠礼。③ 元代三皇庙制亦有其特殊性，即庙学合一，不但三皇庙与医学同设一处，而且春秋祭祀，亦由医官主持。吴师道《国学策问》亦对此提出疑问：

> 前代古帝王之祭，不独三皇也。祭三皇著令于唐。夫其开天建极，功被万世，固当在所尊。我朝大建宫宇，春秋祭祀，甚盛典也。顾乃属之医家者流，而限为专门曲艺之祖，议礼之意，其可得而闻欤？④

尽管历代典籍对三皇记载有异，然都视之为中国传统文化的始祖。宋代兴起的理学，更将其奉为古昔圣帝明王的发端，儒家道统的开启者。元朝将三皇祭祀列入国家礼典，春秋祭祀，如孔庙释奠礼，却仅仅尊奉为医学始祖，这当然是以道统承载者自任的儒家学者所无法认同的。策问对三皇祭礼的合理性提出质疑，其深意也正在于此。在众多学者的促进下，至正九年，顺帝终于接受江西肃政廉访使文殊讷呈奏，对京师三皇庙祭祀做出改进，由"上遣中书省臣代祀"，"如国子学宣圣庙春秋释奠"

---

① 宋濂等：《元史》卷77《祭祀志六·至正亲祀太庙》，北京，中华书局，1976，第6册，第1912~1915页。
② 宋濂等：《元史》卷77《祭祀志六·至正亲祀南郊》，北京，中华书局，1976，第6册，第1909页。
③ 宋濂等：《元史》卷76《祭祀志五·郡县三皇庙》，北京，中华书局，1976，第6册，第1902页。
④ 吴师道：《国学策问》二十九，见《吴师道集》卷19，长春，吉林文史出版社，2008，第399页。

之礼。①

　　礼乐制度不仅是朝廷典仪，也是社会教化的重要途径。因而，吴师道对民间的礼仪规范也非常在意。《策问》三十五提出：

　　　　治天下者莫大于礼，所以辨上下、定民志也。冠、婚、丧、祭，民用尤切，前代皆有成式。今冠礼废久，世不复知有成人之义。婚礼坏于随俗，丧礼坏于异端，庞杂不经甚矣。近世司马公《书仪》、朱子《家礼》，号为适古今之宜。好礼之家或所尊用，然不免于讪笑，非出朝廷著令使通习之，殆于不可。然《家礼》后出，颇采《书仪》。《书仪》所有，或《家礼》所无。又窃闻《家礼》乃未定之本，为人所窃去，未及修补，今所行者是也。然则二书，当通考而损益之欤？或止用其一欤？《家礼》之外，尚有可议者欤？谓宜定为式程，颁之天下，使民习于耳目而不异，则教化行而风俗美，其不在兹欤？②

冠、婚、丧、祭四礼，是民间切要的日用礼仪，关系到辨上下、定民志，是治理天下、厘正风俗的莫大之务。后世礼制废坏，宋代出现司马光《书仪》和朱子《家礼》两部礼书，为好礼之家所尊用。然而，民间礼仪的规范，尚有待于朝廷立法。于是，师道要求诸生考较两书之异同、修订之合宜，以便朝廷定为程式，颁行天下，教化风俗，补救世弊，其规范民间礼仪的主旨，也是显而易见的。

三、倡兴礼学

　　既要复兴古礼，则礼学自然为吴师道所关注。《国学策问》二十七提出，自汉代以来，《礼》就是《五经》之一，是儒家崇奉的重要典籍。历代确定的礼学经典有三部，《周礼》《仪礼》与《礼记》。周代，《诗》《书》《礼》《乐》是贵族教育的主要科目，而《易》掌于太卜，《春秋》藏于国史，并非施教之具。直到孔子作《易传》、修《春秋》，后人始并列《六经》。又因《乐经》失亡，经止存五。自汉以来，《五经》即有固定的次序：

---

①　宋濂等：《元史》卷77《祭祀志六·三皇庙祭祀礼乐》，北京，中华书局，1976，第6册，第1915页。

②　吴师道：《国学策问》三十五，见《吴师道集》卷19，长春，吉林文史出版社，2008，第397页。

> 夫《易》兼天人之奥，为五经之原，是不可不尊；而《春秋》乃圣人之权衡，非学者所可骤语。故自汉以来，列五经之序，则首《易》，次《书》《诗》《礼》，而终之以《春秋》，其体统次第，有确然不可紊者，非以为有优劣也。①

科举兴起以来，学者各专一经，也须兼通他经。但是元代经学所趋，是"习《易》《书》《诗》者固不乏"其人，习《春秋》者"比比皆是"，而习《礼》者乃绝少。何况元代科举只考《小戴礼记》一部，已非礼学三经之全。这一风尚，也确实为元朝科举证实。据《元统元年进士录》统计，其年汉人、南人进士 50 名，除 3 人因《进士录》阙字不详外，考《易》者 9 人，《书》《诗》各 13 人，《春秋》11 人，而考《礼记》者仅江浙行省延平路将乐县儒户张本 1 人，② 礼学之衰微可知。是以吴氏强调，《礼》是"圣人所急"的切用之学，首当探究，却"置而不讲"；而《春秋》是圣人之权衡，非学者可以率意谈说，理应置后者，反倒"靡然而争先"。这不仅是时人好尚之偏颇，更是执掌科举权衡者的重大失误。因而，吴师道特以此设问，警醒国学诸生应重视礼学。③

与元代轻忽礼学的学术风尚相联系，科举中有关礼学经传的规定亦与他经有所不同。皇庆科举程式最重要的意义，就是在历史上首次将程朱理学悬为官方学术与国家取士的最高准则。一方面，《四书》成为元代科举中，无论蒙古、色目还是汉人、南人都必须修习的课程，也是乡试与会试中首先考问的科目，使之超居于《五经》之上，成为最重要的儒家经典；另一方面，在经学考试中，无论《四书》《五经》，都要以程朱理学的注释作为解答标准。《四书》必须"用朱氏《章句集注》"回答，而不得使用汉、唐或其他宋人的注疏。即使传统的《五经》，也要以程朱理学家的注释为主。《诗》以朱熹《诗集传》为主，《尚书》以朱熹弟子蔡沉《书集传》为主，《周易》以程颐《易大传》、朱熹《周易本义》为主。以上三经，只是兼用古注疏。《春秋》并用《左传》《公羊传》《谷梁传》及私淑于二程的胡安国《春秋传》。惟一的例外是《礼记》，因为朱熹没有对《礼记》的专门注释，

---

① 以上只是吴师道对经学的认识，并不都符合经学发展的历史。即如《五经》次序，吴氏所言是汉代古文经学家的排列，而今文经学家的顺序是《诗》《书》《礼》《易》《春秋》。
② 参见《元统元年进士提名录》，北京，书目文献出版社《北京图书馆古籍珍本丛刊》影印清影元抄本，1990，第 21 册，第 375～388 页；《元统元年进士录》，杭州，浙江古籍出版社《元代史料丛刊》本，1992，第 171～224 页。
③ 吴师道：《国学策问》二十七，见《吴师道集》卷 19，长春，吉林文史出版社，2008，第 398 页。

所以只能仍用汉唐注疏。① 这无疑成为元代程朱学者的缺憾。其实，朱熹并不是没有礼学著述。朱子认为，在礼学三经中，《周官》是纲，《仪礼》是礼之本经，而《礼记》诸篇则是疏义，三者固有本末相须不可或缺之联系。故朱熹以《仪礼》为经，而取《礼记》及诸经史杂书所载有关于礼者附于本经之下，兼采后儒注疏加以解说，草为《仪礼经传通解》37 卷。弟子黄榦及杨复，又相继作《续解》29 卷。不过，朱熹的礼学著述，却被元朝科举所忽视，这是必须加以补救的。

因此，身为金华学者而以传播程朱理学为己任的吴师道，在提倡国子学与科举重视礼学的同时，又特就科举程式中礼学考试的规定而专拟策问：

> 《礼古经》者，今《仪礼》也；《记》数百篇，二戴删之，今《礼记》，小戴书也；《周官》最后出，立于学官：所谓三礼是也。前代三礼列明经、学究科，士犹诵习而知其说。王安石废《仪礼》，度数之学遂绝不道，谈虚文而已……方今设科，仅止《礼记》。《仪礼》废久，固莫之异。若《周官》者，岂以其间有与他书不同而疑之欤？抑以用之者徒多事而无益欤？以唐太宗之英君信其可行，关洛诸儒而曾无异论，世之诋毁者，可尽信欤？朱子为正学之宗，他经训义皆所遵用，礼书乃其用意者，而独在所不取，何欤？谓宜表章《通解》一书，与三礼并，其精治者，优异以待之可也。明体适用之学，莫大于此，而去取之际，不能无疑，愿从诸生质之。②

吴氏指出，汉代原有三礼。宋初三礼列明经、学究科，士人犹知诵习。王安石变法，颁行《三经新义》，废弃《仪礼》而取《周官》。至元朝科举，则仅考《礼记》，已失三礼之全。至于朱子及门人的《仪礼经传通解》与《续解》，以《仪礼》为经，综合诸礼，"可谓礼书之大全，千古之盛典"。而且朱子集理学之大成，其《四书》和其他各经注释，元朝科举都已经采用，唯独朱子着意编著的礼书，却摒弃不取，这是不可思议的。因此，策问期望朝廷在科举中重视礼学，恢复《周礼》的地位，并且表章朱熹的《通解》，与三礼并行，凡能精治其书者，则以优异选拔任用，从而倡兴这门

---

① 宋濂等：《元史》卷 81《选举志一·科目》，北京，中华书局，1976，第 7 册，第 2019 页。
② 吴师道：《国学策问》二十三，见《吴师道集》卷 19，长春，吉林文史出版社，2008，第 396 页。

明体适用之学。师道之于申明礼学，尤其是朱熹礼学，可谓曲尽心力。

礼学向称难治。由于礼书记载的抵牾阙略，许多古代制度后世已难以明晰。汉代以《仪礼》为经，《礼记》为羽翼经典的传记，固然是根据两者成书的时代与当时的实际功用，也是由于汉代距古尚近，对古代礼仪还有一定的传习与了解。然而，随着时代的发展，制度的变化，记载古代具体礼仪制度的《仪礼》日渐失去其价值，而通论礼制意义的《礼记》反而受到人们重视，超居于《仪礼》之上。这是时代发展的必然。唐初孔颖达《五经正义》，弃《仪礼》而取《礼记》，就很好地反映了经学发展的必然趋势。可见，朱熹以《仪礼》为经、《礼记》为疏义的理论，并不符合礼学发展的方向。不过，作为程朱理学的信从者，吴师道固然赞同朱子礼学，但也并非泥古不化。他关注古代礼制的考辨，通达历代制度的变迁，最终目的还是要为当世的礼乐制度提供参考和依据。师道的博古通今之学，目的无疑在于通变今制。

第三节　厘清科举铨选

元朝国子学与科举，同属国家选举制度。国子学以人才储养为主，选贡为辅，科举则是国家选拔人才的最高典礼，两者之间有着密切的联系。出身科举而又亲任国子学官的吴师道，关注国子学与科举制度，是很自然的。

科举的实行虽然体现了元朝在汉化方面的很大进步，扩大了汉族士人的入仕途径，但民族等级差别在科举制中仍然异常突出。四等人制原是元朝的政治特点，也是蒙古族统治的基础，反映在科举中，则表现为科举程式的等级规定。以蒙古、色目人为一等级，汉人、南人为另一等级，二者分卷考试，在考试场次、试题范围、答卷难度及取士名额上都有很大差异。考试场次，前者乡试、会试都只考两场，第一场经学，第二场策试；后者要考三场，增加词赋一场。考试范围，前者经学只考《四书》，策试只考时务策；后者则经学加试《五经》，策试扩大到经史策。答卷难度，前者《四书》经问五条，只要求据《章句集注》作答，实际仍是记诵之学；后者引据朱注外，还要"以己意结之"，且有"三百字以上"的篇幅要求，《五经》义更需"五百字以上"。策问的字数要求，也是前者五百字以上，后者则需一千字以上。至于取士的名额："天下选合格者三百人赴会试，于内取中选者一百人，内蒙古、色目、汉人、南人……各二十五人。"①虽然四等人相同，但考虑到总人口的巨大差异，对蒙古、色目人无疑有极大的优惠。

不单科举制，这种民族等级制度在国子学也有充分体现。如国学生员的名额，至元二十四年初立时规定，生员二百名，蒙古占一半，色目、汉人共占另一半。元贞、大德以后，生员的比例有所变化，汉人生员逐渐增加，到延祐时似已占到一半。延祐二年《国子学贡试法》规定：每年从国学中考选高等生员40名，其中"蒙古、色目各十名，汉人二十名"，② 可反映当时生员的实际比例。至正五年（1345），国子祭酒苏天爵奏请在延祐二年生员400名的基础上，再"增添生员一百名，内蒙古、色目五十员，汉人五十员"，③ 证实这个比例一直维持到元末。至于南人，则一直被排除于国学正式生员之外，虽然也有少数人读国学，但主要是在国子监、学及中央朝廷任职的南人官员子弟，④ 而且人数极少。虞集即云：至正初年，"成均弟子员常五百六十人，江南之士在列者数人耳"。⑤说明直至元末，国学生员中始终没有南人的正式员额。⑥ 国子学的课程设置与升等、私试规则，对蒙古、色目与汉族生员，亦有不同的等级规定。国子学的贡士制度，同样依不同人等各有名额。大德八年（1304）始定国学贡士制度，蒙古、色目、汉人各占1/3。延祐贡试法规定，每年通过国子学私试，从四百生员中选拔高等生员40人，蒙古、色目各10名，汉人20名，似乎对后者略有优惠。然而，再经公试选取贡士6名，还是三种人各2名。至正恢复科举后，国子学贡士考试与科举制并轨，依然是每届蒙古、色目各取6名，汉人、南人共取6名，而且

---

① 宋濂等：《元史》卷81《选举志一·科目》，北京，中华书局，1976，第7册，第2019、2021页。
② 宋濂等：《元史》卷81《选举志一·学校》，北京，中华书局，1976，第7册，第2030页。
③ 苏天爵：《乞增广国学生员》，见《滋溪文稿》卷26，北京，中华书局，1997，第431页。
④ 如吴澄之孙吴当，在澄任职国子监时"侍其祖至京，补国子生"。见宋濂等：《元史》卷187《吴当传》，北京，中华书局，1976，第14册，第4298页。又如贡师泰，延祐五年（1318）因父贡奎迁任翰林待制，而进入国子学。见朱铎：《玩斋先生年谱》《纪年录》，揭汯：《贡公神道碑铭》，见《贡氏三家集·贡师泰集》附录二，长春，吉林文史出版社，2010，第460、462、465页；宋濂等：《元史》卷187《贡师泰传》，北京，中华书局，1976，第14册，第4294页。
⑤ 虞集：《倪行简墓志铭》，见《雍虞先生道园类稿》卷47，台北，新文丰出版公司《元人文集珍本丛刊》影印明初覆元刊本，1985，第6册，第402页。
⑥ 至正二年（1342）再行科举，规定国子学三年累计高等生员120名，与举人共同参加会试、廷试，从中选拔18名中试者入仕。其中蒙古、色目各6名，汉人、南人共6名，虽也承认国学有少数南人生员的现实，然而，考虑到苏天爵的上奏，证明南人在国学生员中，始终没有正式员额。参见陈高华等：《元代文化史》第三编第四章《国学和地方学校的发展》，广州，广东教育出版社，2009，第439页。

授予的官阶亦有等差：蒙古人从六品出身，色目人正七品出身，汉人、南人从七品出身。

由于对色目特别是蒙古人入学与贡举的过份优崇，致使国学中二者生员冗滥，因而造成其贡举之途的壅塞。吴师道特地策问蒙古、色目生员：

> 古者胄子之教，专为公、卿、大夫、士之子设也。今国子学弟子员，有蒙古、色目、汉人之别。蒙古、色目，宜任优崇，故沿牒而至者不限远外。而蒙古之视色目尤优，牒保者不必其子孙弟侄也。遂至滋多，混淆壅塞，其为朝臣者之子弟，乃或待次数年而不得进。盖议法之初，未料其弊之至此也。今欲循教胄之义，而适古今之宜，使序进者疏通而无弊，其何以处之？①

蒙古、色目人依恃特权，广牵博引，大量涌入国子学，这是生员冗滥、贡举壅塞的真正原因。而且滥员充陈，也势必使国学难于施教。华夷之别，本是儒学教育的传统命题。而在蒙古族统治的元朝，汉族士子反而堕于被压制、受歧视的地位。尤其是南人，在进入学校、参加科举、选任官员等方面处处受限。吴师道正是南人，自不能无切肤之痛。上述策问，虽然言辞都十分委婉，却切中时弊，指明元朝在学校和科举中实行四等人制带来的恶果。

科举复行之后，科举与荐举制度之间的关系，也是吴师道注意的一个问题。元朝选举冗滥，有怯薛任官、荫叙、荐举、学校、科举、吏员选补等多种，正所谓"仕进有多歧，铨衡无定制"，"吏道杂而多端"。②荐举亦是朝廷选用人才的一条途径，名目有遗逸、茂异、求言、进书、童子举等多种。尤其是遗逸一科，国初科举未行，当时的许多名儒硕彦，如许衡、刘因、萧㪺、吴澄等，都曾以荐举进入朝廷。延祐开始科举之后，荐举制度仍并行不废。延祐七年(1320)十一月，仁宗诏曰："比岁设立科举，以取人材，尚虑高尚之士，晦迹丘园，无从可致。各处其有隐居仁义、才德高迈、深明治道、不求闻达者，所在官司具姓名，牒报本

---

① 吴师道：《国学策问》十三，见《吴师道集》卷19，长春，吉林文史出版社，2008，第395页。
② 宋濂等：《元史》卷81《选举志序》，北京，中华书局，1976，第7册，第2016页。

道廉访司，覆奏察闻，以备录用。"①又屡诏求言，以任用其人。其他著书立言、裨益教化者，亦斟酌录用。然而，科举与荐举并行，一面科举进士难中，另一面举荐之牒易得，反而成为一些奔竞之徒的终南捷径，引起有识之士的关注。故吴氏在《国学策问》中，以三策集中探讨二者关系与利弊。策八从选举制度的源流着手，提出古代乡举里选，容或不公，却无不实之弊；后世科举考试，可谓至公，而得人反不如古。要求考生找寻当时科举制度的问题所在。策九又专就本朝的荐举设问："国朝铨选属之省部，而贵人百司得以荐举，亦良法也。"然近年出现干请奔竞之私，滥冗壅滞之弊，故荐举或废而不行。师道因此考问诸生，是否应该由于弊病就罢绝荐举，如何做到"人无滥举，举不失人，合乎古之意，而不碍今之法"。②以上两策考察蒙古、色目生员，还较为简单，策二十二对汉人生员，问题就更为复杂：

> 近者贡士之外，复有遗逸之科。盖深藏山林、高蹈丘园者嫌于自进，而有司不能尽举尔。然夫子尝曰"举逸民"，则古已然欤？三代时乡举里选之公，士之怀德抱艺者，未尝隐而不见，然耕莘、筑岩、钓渭之流，何以不与于贤能之书乎？汉之严光、唐之阳城、温造不可尚矣，其他不免钓采华名、捷径索价之讥，则为是举者，亦有得有失欤？国朝初年，征用儒雅，耆硕魁垒之彦，接迹于朝，当是时，科目未举也。设科以来，得人可数矣。特行负其言者，或出其间，别开是途，或足以矫之欤？人心浇讹，清议泯泯，彼方沮于进士之多艰，而幸于举牒之易得，纷然杂起，一郡动数十人，遗逸必不若是多也。本以待特起之才，而反资奔竞之辈，真其人者必耻于同列，则遗逸愈不可得，其制法殆有可议者欤？诸生其明思以对，期于贤无遗而举不滥，岂不美哉！③

考生非但要从三代汉唐历史中，举例说明古代荐举的利弊，更需就本朝开科之后，荐举并行造成的不得人才、反资奔竞的弊病，提出可行的对

---

① 宋濂等：《元史》卷81《选举志一·学校》，北京，中华书局，1976，第7册，第2035页。
② 吴师道：《国学策问》八、九，见《吴师道集》卷19，长春，吉林文史出版社，2008，第394页。
③ 吴师道：《国学策问》二十二，见《吴师道集》卷19，长春，吉林文史出版社，2008，第396页。

策，以期达到贤者无遗而荐举不滥。实际上，吴师道对荐举制的冗滥，早已深致不满。他在《送吴学录德基序》中就曾叹息：

> 教官选坏久矣，未若隶各道者之尤甚也。自屠沽负贩，以至贱隶杂色，无不得假是名者，可为吾道长太息……今之为是者，问其名则曰德行文学也，晦迹丘园也。吁！德行不可诘也已，遗逸之科，朝廷所以待特起之士，安用此嵬琐辈累十百哉！妄伪风靡，廉耻道丧，必有任其咎者，而莫之敢言也。①

师道对元朝荐举制度的反感，在这段序文中已表达得淋漓尽致。

吴氏还对当时一些不合理的铨选制度提出质疑。比如州县官员"最为近民，休戚所系"，故其选任不可不慎。而有元一代，郡守多缺，县令猥冗不称，甚至未尝亲民而辄任此官，导致地方政治的混乱。所以，吴氏要诸生就铨选之宜、荐举之方陈述所见，以观远识。② 又如县尉、巡检的委任。二者皆为武职，职务主要是察奸捕盗，县尉又参与审理刑狱，官职虽卑，却是人命所关。然而县尉一职，往往任用刚由恩荫入仕之人，既不娴熟弓马，又无实际审案经验，却要处置重刑。而本当授任教官的书生，却又须借注巡检以入流官。③ 吴氏就此设问，亦希望能渐次改革这些用人失当的铨选制度。

第四节　辨明古今学术

身为国子博士，吴师道对古今学术及其流变都非常熟悉和关切。《国学策问》二十四，专门考究战国诸子，问题涉及老、庄、杨、墨、农、法等各家，而其着重点，则在辟异端之说，以明圣贤之学。④ 不过，吴氏更为重视的，还是宋元义理之学：

---

① 吴师道：《送吴学录德基序》，见《吴师道集》卷15，长春，吉林文史出版社，2008，第320页。
② 吴师道：《国学策问》十六，见《吴师道集》卷19，长春，吉林文史出版社，2008，第395页。
③ 吴师道：《国学策问》十，见《吴师道集》卷19，长春，吉林文史出版社，2008，第394页。参见洪丽珠：《从捕盗官到牧民官——以县尉为中心观察元代读书人的仕宦困境》，见《中国传统文化与元代文献国际学术研讨会会议论文集》，北京，中华书局，2009，第780~804页。
④ 吴师道：《国学策问》二十四，见《吴师道集》卷19，长春，吉林文史出版社，2008，第397页。

三代而上，义理素明，学者习而知之，故其材成德立，皆能有益于人之国家，而治效之盛，非后世可及。吾夫子语门弟子，未尝及性，而言仁亦无正训，是时犹不待辨而明也。孟子时则已不然，故举而号于人，曰"性善"，曰"仁人心"，大者如此，他概可知矣。孟子没而道无传，由汉逮唐，诸儒之所诵说，学者之所讨论，皆未能灼然有见于道。士生其间，不过随世以就功名，而所立卒不逮古者，职此之由欤？近世大儒特起，始有以续千载不传之绪，性命道德之旨，天人皇王之奥，焕然大明，家习而人诵，三尺童子亦能言之，可谓盛矣。其学之所成就，宜可以为圣为贤，出而见于用，宜皆可以致斯世斯民于三代之上，然较功程能，视汉、唐得人反或不及，其故何哉？昔犹可诿曰道之不明，今何所诿乎？岂义理之学，果无益于治欤？抑学者未能实知之，虽知而未能实践之欤？诸生学于此，将出而用之者也。幸推言其然，毋使以儒诟病者得以借口。①

这道长篇策问，首先标举理学道统论，以有宋理学大儒上承孔、孟之道，接续千载不传之绪，使性命道德之旨，天人皇王之奥，焕然大明于后世。宋代理学之成就，本应为圣为贤，致斯世斯民于三代之上，然而其社会功用，反不如汉、唐，其故何在？理学在宋朝多次遭逢党禁，未能上升为朝廷认可的学术，尚可推说"道之不明"。元朝至皇庆开科，科举诏书已明确推尊程朱理学为官方学术与国家取士最高准的。按理，本朝政治应超乎宋朝之上。然事实却并非如此。是理学本身无切于实用？抑或学者于如何学以致用尚未了然？质言之，义理之学对于国家治理，其功效究竟何在？作为一名习学儒道、将以之用世的国子生，是不可不反复讲明的。表面视之，师道是将原因归结到学者士子自身，然"推言其然"一语，针对"以儒诟病者"而发，实已不仅限于学者一端，而包涵对儒学本身的命运以及与之相关的科举前景的担忧。吴氏这种特殊的敏感，实有其深刻的现实根源。

　　自延祐开科举，至元统元年（1333）凡举行七科，共取进士539名，蒙古、色目、汉人、南人大致各居1/4。尽管科举程式对蒙古、色目人

---

① 吴师道：《国学策问》二十五，见《吴师道集》卷19，长春，吉林文史出版社，2008，第397页。

有着极大的优待，但依然遭到守旧蒙古贵族的强烈反对。毕竟，科举是透过儒学考试来选拔人才，是皇帝亲自御试的国家抡才大典。至元二年十一月，在权相伯颜的主持下，即位不久的顺帝接受中书平章政事彻里帖木儿的建议，下诏罢科举，从而引发激烈地朝争。监察御史吕思诚等十九人列罪状弹劾彻里帖木儿，顺帝不允，反出思诚为广西廉访司佥事。而吕思诚，正是后来推荐吴师道任教国学的荐主。时罢科举诏已书就而尚未用玺，中书参政许有壬入朝，与中书右丞相伯颜展开激烈论争：

> 有壬乃曰："科举若罢，天下人才觖望。"伯颜曰："举子多以赃败；又有假蒙古、色目名者。"有壬曰："科举未行之先，台中赃罚无算，岂尽出于举子？举子不可谓无过，较之于彼则少矣。"伯颜因曰："举子中可任用者唯参政耳。"有壬曰："若张梦臣（起岩）、马伯庸（祖常）、丁文苑（哈八石）辈皆可任大事。又如欧阳原功（玄）之文章，岂易及邪？"伯颜曰："科举虽罢，士之欲求美衣美食者，皆能自向学，岂有不至大官者邪？"有壬曰："所谓士者，初不以衣食为事，其事在治国平天下耳。"伯颜又曰："今科举取人，实妨选法。"有壬曰："古人有言，立贤无方。科举取士，岂不愈于通事、知印等出身者？今通事等天下凡三千三百二十五名，岁余四百五十六人。玉典赤、太医、控鹤，皆入流品。又路吏及任子其途非一。今岁自四月至九月，白身补官受宣者七十二人，而科举一岁仅三十余人。太师试思之，科举于选法果相妨邪？"（伯颜无言以对）翌日，崇天门宣诏，特令有壬为班首以折辱之。有壬惧及祸，勉从之。治书侍御史普化诮有壬曰："参政可谓过河拆桥者矣。"有壬以为大耻，遂移疾不出。①

由论争可知，为汉族士人极为看重的科举取士，在仕进多途的元朝，所占比例其实微乎其微。何况在进士之中，汉人、南人也仅居半数。即便如此，科举制作为朝廷推行汉法的象征，仍为保守的蒙古重臣所不容。《元史》记载：

---

① 宋濂等：《元史》卷142《彻里帖木儿列传》，北京，中华书局，1976，第11册，第3405页。

> 初，彻里帖木儿之在江浙也，会行科举，驿请考官，供张甚盛，心颇不平，故其入中书，以罢科举为第一。事先，论学校贡士庄田租可给怯薛衣粮，动当国者，以发其机，至是遂论罢之。①

仅止学校贡士庄田的田租，可以供给皇帝宿卫这一简单的理由，竟能动摇汉族士人视为国家根本制度的科举，足见有元科举制度的根基有多么脆弱。尽管伯颜对科举与进士的指责，全部被许有壬驳回，依然无能挽回科举在实行二十一年后被废止的命运。有壬是延祐二年元朝第一届进士，在朝维护科举甚力，却被迫成为宣读罢科举诏的"班首"，承受"过河拆桥"的讥讽，确是奇耻大辱！

虽然科举只停罢了两科，却给在朝汉族儒士留下深刻的教训，使之重视检讨科举罢废的原因。职任国学最高教官，吴师道清楚地认识到：

> 科举、学校，相表里者也。由儒而仕者，不为进士，则为教官。科举废而学校存，柄国者岂不以学校为至重哉！科行二十年，所得可数。其英隽明达为时伟器者不少，不幸而有滥厕其间者，往往速戾败官。议者遂相诟病，以一概百，直决绝之而后已，可胜叹哉！②

科举与学校，本是相互依存的选举制度。科举一旦废止，学校亦难以独盛。历科进士中，真正的治国之才固然不少，却也有贪赃枉法者厕身于中，从而引起对科举制度的攻诘。此外，"近年士习既殊，高者务求异于前哲，卑者不过争为揣摩笼络之说，文气卑下，骫骳日甚，识者已逆知有中更之事"。③ 士风文气的衰颓，也是儒学、科举被当政诟病的借口。正是有见于此，吴氏才在上篇策问中告诫国子生员，不但要真正通晓义理之学，而且要力行实践，不使攻击儒学者得以借口。师道向国子生员反复强调义理之学，是因为诸生多要通过科举进入仕途，而"义理者科举之原也"。苟能明于此，"则辞不患其不达，艺不患其不精，固足以当德行、经术之选，而修己治人，不至于迷晦乖错"。④ 这关系到扭转世

---

① 宋濂等：《元史》卷142《彻里帖木儿列传》，北京，中华书局，1976，第11册，第3406页。
② 吴师道：《赠姚学正序》，见《吴师道集》卷15，长春，吉林文史出版社，2008，第303页。
③ 吴师道：《赠胡生序》，见《吴师道集》卷15，长春，吉林文史出版社，2008，第302页。
④ 吴师道：《送王仁昭序》，见《吴师道集》卷14，长春，吉林文史出版社，2008，第295页。

风，巩固科举及澄清吏治，国学生员必须重视讲习，身体力行。

身处异族统治之下的吴师道，自觉意识到学术之明晦，乃道统维系不绝之根本，而巩固科举，又有待于士风的匡正。《国学策问》三十四，再次由经学发展入手，对元朝的士风提出批评。儒家经典的发展，经暴秦焚书之祸，汉初已残缺不完，致使《书》有古文、今文之异，《诗》有淫邪之杂，《春秋》有三传异同，《周官》则难合于其他礼书。汉儒株守章句家法，不能兼通诸经，而又增析窜移，使经典愈失其旧。唐修《五经正义》统一经学，不容再有异说。宋初，疑经之风渐起，迄理学大儒张载、二程、朱熹，讲明义理，订定经传，又标举《大学》《论语》《孟子》《中庸》四书，以为《五经》之纲领，发挥精蕴，可谓质诸往圣而不悖，俟之来世而不惑。因此，元朝"建学设科，尊崇表章，使学者有所据守，此先王一道德、同风俗之盛典也"。儒家经传经过理学诸儒的整理订正，阐发精义，只需尊信即可，不容再加质疑，这是吴师道的基本思想。然而，喜新厌旧之徒，穿凿附会，汨乱成说，迷惑后学，靡然成风，适足以投合反对儒学者之所欲。是以，策问责求诸生悉心"明圣朝同道之意，惩陋儒诡经之失"，以纠正士风的偏颇。自然，吴氏也承认，"论圣人之经于残缺之余，固未尝以为全可通而无疑"。事实上，师道本人在经学研究中，也曾表达过不同于理学名儒的见解。如其序《诗集传名物钞》，即就许谦对《诗经》中所谓"淫邪"诸篇的处理提出异议。[1] 但他认为，自己的用意是羽翼理学经说，而不是与之立异。所以，吴氏对经学的实际态度，是遵循孔子"多闻阙疑"的原则，"阙其所当缺，通其所可通，以会圣人之心"。[2] 应该说，这是实事求是的治经态度。

从纠正当代士风出发，吴师道对元代的著书授官令表示异议。圣人述作《六经》，本为明道辟害，固有所不得已。汉以后诸儒为之传注，以使读者通晓。尤其是宋代义理之学兴起，诸儒讨论折衷，已称完备。虽然经传的阙讹依然存在，无穷之事理亦有待后人，但其本原纲领之正，固已无容于增益立异。故而，元朝表彰宗主程朱理学经注，以之齐道德而同风俗。前代有价值的著述，或官府给札抄录，或作者去世后献之朝廷，并没有以著书谋取仕进者。元朝颁布的著书授官令，本意是擢任非常之士，却引起一般"不知妄作之徒，剽窃绪余，掇拾浅陋，无关于义

---

[1] 吴师道：《诗集传名物钞序》，见《吴师道集》卷15，长春，吉林文史出版社，2008，第306～307页。

[2] 吴师道：《国学策问》三十四，见《吴师道集》卷19，长春，吉林文史出版社，2008，第401页。

理，无裨于政教，纷纷争起，奔走自售"。而负有考校之责的各级学官，却反而"假借以成其干请之私"。致使"其甚者，逞私说，肆不根，习非圣以自诡，反前人以为高，所谓诐淫邪遁，当深拒而痛绝者，乃使之刊布学官，以惑乱后生小子之视听，亦可叹也"！这也是国学不得不讲究的重要问题。故师道请诸生提出良策，既不失古人精微之意，又有以遏制当世浇薄之风。①

考察时人著作，也是学官的职责所在。《元史·百官志》明载，国子博士有责任"考较儒人著述"。吴师道对此一职任极为看重，视之为拯时救弊端正学风的手段之一。这在他的《与刘生论易书》中表现得至为明显。对刘生寄呈《周易会通》一书，师道予以详细考较评语。《会通》为鄱阳学者董真卿编集，原名《周易经传集程朱解附录纂注》。其体例是以《易传》附翼《易经》，而无经可附之传，则总附六十四卦之后；又取程颐《伊川易传》、朱熹《易本义》集解其下；而程子经说、朱子《语录》各附录于传之后；再取其师胡一桂《易本义附录纂疏》及其他诸家之说，作为纂注。董书的宗旨，是欲汇辑程、朱的《周易》传注及诸家之说，会而通之，以羽翼程朱《易》学。而且，《周易会通》对后世的影响也很大。明永乐中官修《五经大全》，颁行天下，以为科举考试的标准，《会通》成为编纂《周易传义大全》最重要的依据。即便如此，吴师道对其书仍不加认可。他指出，董书《凡例》违逆朱子宗旨处甚多，并在《论易书》中逐一疏列辩驳。而且师道认为，朱子《易本义》，与程子《易传》体段不同，董氏不当强求会通。至于该书辑录诸家之说，又因缺乏卓识鉴择，以致汩乱穿凿。其他错误，更未可一一缕数。② 由此可见，吴师道考较时人著述的原则，完全以是否符合朱子的意旨为归依，是不可有丝毫违戾的。

至正初年的朝政更化，虽然取得一定效果，却不可能产生根本的变化。即便在礼制上，也无非是恢复太庙四时祭祀，顺帝亲祀太庙、亲祀南郊而已。然而，儒家学者为此而付出的努力和心血却是巨大的，吴师道《国学策问》就是其中的代表。他们期望透过制度的改革，推进朝廷的汉化和政治的维新，最终达到"致君尧舜上"的儒家传统理想。然而，至正更化并没有维持很久，至正四年，脱脱即在朝臣的排挤下去职。其后，

---

① 吴师道：《国学策问》三十，见《吴师道集》卷19，长春，吉林文史出版社，2008，第399页。

② 吴师道：《与刘生论易书》，见《吴师道集》卷11，长春，吉林文史出版社，2008，第207~208页。

财政危机、政治腐败、自然灾害、人民起义相继爆发,元朝的颓势遂不可挽回。

然而,吴师道毕竟是一位有心的学者,他掌教国子学虽然只有短短三年,却在《国学策问》中,为我们展示了元代社会丰富而具体的历史情境。透过策问的研读,我们非但可以了解元代社会面临的诸多问题,更可以知晓师道这样的儒家学者对问题的关注与思考,为理解和研究元代历史和文化提供了富于价值的文献。①

---

① 本章原题《国学策问与礼制更化》,刊于《历史文献研究》总第 30 辑,上海,华东师范大学出版社,2011,第 192~202 页,本书收录时有增补。

第七章　金华学术与《吴礼部集》

金华在宋元称婺州，学术传统源远流长。南宋吕祖谦开启东莱婺学，注重史学与文献之传；而朱熹高弟黄榦下传的北山朱学，则成为宋元之际朱学的重要流派。元代婺州学者吴师道，在表彰北山朱学和重视史学与乡邦文献两方面继承了金华学术的优秀传统。《吴礼部集》汇集吴氏一生创作的诗文，是其人生交游、思想学术与文学成就的真实总结，在元代学术史和文学史上皆有其价值。

第一节　吴师道与金华学术

一、生平与著述

至元二十年（1283），吴师道出生于婺州兰溪。吴氏并非世代簪缨，高祖吴杞、曾祖吴辉都潜美不耀。至祖父吴儒宗始习举子业，宋季补国子学，入元，以纲纪乡学为务。伯父吴辛亦为宋国子待补生，元元贞、大德间曾任金华、仙居教谕。师道生父吴桌，"隐约终身，务培植阴德而已"，并不是读书人。不过师道幼而颖异，祖父儒宗对其钟爱有加，"脱襁褓，卧起饮食挟与俱。能言，口授以书，喜其可教。少长，课以诗赋，兼讲经义"，[①] 并特地命师道过继伯父吴辛为后，以继承吴氏文脉。师道亦每念遗训，为之感激刻励，问学疾力，不督而勤。师道始学，主要源出家学。然而吴氏家族并无深厚的儒学积淀，儒宗虽博通群经，所传习仍只诗赋、经义，以应对科考而已。这却为师道奠定了善记览、工词章的为学基础。

延祐元年（1314），元朝恢复科举。七年后，师道中至治元年（1321）进士，实现了吴氏家族三代以来由科举晋身士族的殷殷期望。其后，他沉浮下僚近二十年，先后担任高邮府高邮县丞、宁国路录事、池州路建德县尹等地方官员。师道虽由儒学入仕，为政却并不懦弱无能。在高邮，

[①] 吴师道：《吴氏家述》，见《吴师道集》卷20，长春，吉林文史出版社，2008，第417~419页。

他明达文法，吏不敢欺，曾修复冲毁的漕渠。任宁国录事，他捕杀肆行攘夺的诸路军卒，安辑市人。天历二年(1329)，宣城大旱，师道摄行县事，赈济饥民三十余万。尹建德，他修复县学，减轻茶税，恢复池州路学田。凡所任皆有守有为，敢于任事，有爱民之声。后至元六年(1340)，元顺帝清除权臣伯颜势力，任用脱脱实行朝政改革，同时恢复科举，复兴文治，拣选名儒入教国子。吴师道因吕思诚、孔思立推荐，入朝为国子助教、博士，教授国子学凡三年。他告诫诸生："圣人之道，至朱子而大明；朱子之学，至许文正公而后定。向非许公见之之确，守之之固，其不为异论所迁者几希。"故其执掌教事，谨遵朱熹之训，执守国初许衡之成法，讲明经义，表章理学，排斥异论，不稍假借。"六馆诸生，无不敬怿，人自以为得师"。[1] 至正三年(1343)，师道丁忧归。四年，因病乞休，朝命以礼部郎中致仕，命未下而师道已卒。

吴师道的著作，据其友张枢《元故礼部郎中吴君墓表》，有《兰阴山房类稿》20卷、《易杂说》2卷、《书杂说》6卷、《诗杂说》2卷、《春秋胡氏传附辨》12卷、《战国策校注》10卷、《绛守居园池记校注》1卷、《敬乡录》23卷。《易》《书》《诗》《杂说》及《春秋胡氏传附辨》今皆不传。《敬乡录》传世本仅14卷，已非完璧。此外，明清书目还著录《吴礼部诗话》《词话》各1卷。

二、表彰传播金华朱学

元代婺州，学术思想有着两方面传统：其一是北山四先生何基等继承的金华朱学，其二是吕祖谦开启的东莱婺学。作为婺州的著名学者，吴师道亦在双方面承袭了金华学术的优秀传统。

表彰北山四先生的金华朱学，是吴师道传承金华学术的一个突出特点。宋元之际，程朱理学在南方早已广泛传播，朱子高弟黄榦下传的金华朱学成为当时朱学的重要流派。北山何基、鲁斋王柏、仁山金履祥、白云许谦四先生都是婺州人，为婺州地区带来浓郁的理学氛围。与金履祥同里的吴师道，也必不可免受到朱学思想的濡染。弱冠，师道读到西山先生真德秀《读书记》，"慨然叹曰：'义理之学，圣贤之道，岂不在于此乎？吾前日之自以为适者，今则深可悔尔。'"[2]始有志于讲求心性义理

---

[1] 张枢：《元故礼部郎中吴君墓表》，见《吴师道集》附录，长春，吉林文史出版社，2008，第426页。

[2] 张枢：《元故礼部郎中吴君墓表》，见《吴师道集》附录，长春，吉林文史出版社，2008，第425页。

的为己之学。至大初年（1308），吴氏闻许谦师从金履祥，得何基、王柏之学，而上溯朱子之传，即作《与许益之书》，向许谦请教持敬致知之说。① 许谦作《答吴正传书》，以南宋李侗告朱子理一分殊之旨，勉励他精修力践，涵泳从容。② 师道虽未及从学仁山，却由此成为白云学侣，以道义交约三十年，共同商榷经学，探讨义理，唱和诗文，在学术思想上，留下金华朱学的深刻影响。许谦的《诗集传名物钞》与点抹《仪礼注疏》，曾经同师道"相与反复论辨"，部分论说直接采录师道之言。③ 吴氏文集中，与许谦有关的诗文近二十篇。师道撰有《易杂说》等经学著作多种，惜皆散佚，只能从其文集的相关序文中，了解他的撰述主旨。是以后世所知吴师道对金华朱学的承传，不在他的经学著述，而是他为表彰传播北山之学所作的诸多努力，主要体现在三方面：

首先，请求设立书院祭祠，表彰尊崇。吴师道曾代人草拟上书，请求朝廷即何基故居设立北山书院，表彰这位"学绍紫阳之传，道著金华之望"的金华朱学开创者。书中逐一列举何基的理学著作，肯定其"平时不轻著撰，惟研究朱子之书……采辑精严，开示明切，实朱学之津梁，圣途之标的"。④ 吴氏还呈请有司，要求在兰溪州学设祠祭祀金履祥，尊崇其对金华朱学的继承。⑤

其次，申请刊刻北山四先生遗著，传播其学说。吴师道代御史孙幹卿草拟公文，申请刊刻何基、许谦著作。公文称颂，"北山何文定公基亲学于勉斋黄氏，得朱子的传"，著作有《大学》《中庸》《易大传》《易启蒙》《通书》《近思录》等《发挥》。其中《大学》等五部《发挥》刊行已久，只有《近思录发挥》未能完成。后经门人金履祥纂次订定，已有全书。《近思录》一书，是朱熹、吕祖谦选编北宋周敦颐、程颢、程颐、张载等四位理学奠基者的言论集，在理学发展史上具有"近世一经"的重要地位。而何基"《发挥》之旨尤为精详"，"并用朱子本旨，不杂他说"，"非泛泛他书之比"。此外，学承金履祥的许谦，作为金华朱学的第四代传人，"绍述宗

---

① 吴师道：《与许益之书》，见《吴师道集》卷11，长春，吉林文史出版社，2008，第198页。
② 许谦：《答吴正传书》，见《许白云先生文集》卷3，上海，商务印书馆《四部丛刊》影印明正统刊本，1929，第14~16页。
③ 吴师道：《诗集传名物钞序》《仪礼经注点校记异后题》，见《吴师道集》卷15、卷18，长春，吉林文史出版社，2008，第306~307、365页。
④ 吴师道：《代请立北山书院文》，见《吴师道集》卷20，长春，吉林文史出版社，2008，第409页。
⑤ 吴师道：《请乡学祠金仁山先生》，见《吴师道集》卷20，长春，吉林文史出版社，2008，第408页。

旨，从游甚众"。其著作《读四书丛说》《诗集传名物钞》，"尤有发明"，惜未刊刻，"四方传录，多以未见为恨"。因此，公文请求在婺州路儒学刊版流布三书，以嘉惠后学，有补教化。①

师道复应许谦门人之请，为许氏《读四书丛说》《诗集传名物钞》二书作序，而于《丛说》表彰尤力。《四书》之学，本是程朱理学的基石与核心。"《四书》得二程子表章，肇明其旨；至朱子《章句集注》之出，折衷群言，集厥大成，说者固蔑以加矣"。朱门后学不为不多，然一传再传之后，或泯没就微，或畔涣离真，"其能的然久而不失传授之正"，则未有如金华朱学四先生。而且，"但熟读《四书》"，又是昔日何基师从黄榦于临川，临别时授受的师训。所以，四先生于《四书》之学，守为家法，用功惟勤。"盖自北山取《语录》精义以为《发挥》，与《章句集注》相发。鲁斋为标注点抹，提挈开示。仁山于《大学》有《疏义》《指义》者，《论》《孟》有《考证》，《中庸》有标抹，又推所得于何、王者，与其己意并载之"。至于许谦《读四书丛说》，更是羽翼《四书章句集注》的功臣。"欲通《四书》之旨者，必读朱子之书；欲读朱子之书者，必由许君之说。兹非适道之津梁，示学之标的欤"！②

至正元年，吴师道出任国子博士，发现国子监、学虽有藏书，却无体现程朱理学特别是金华朱学的点定经书善本。因此，他再次呈文朝廷，请求在国学传习许谦等标点的《四书章句集注》等经典。呈文首先说明："博士之官，掌司书籍，讲授经旨，定正音训，今之职也。"又引先儒之言，辨明章句标点并非无关宏旨："昔人鄙章句之学者，以其不主于义理尔。然章句不明，亦所以害义理。""字书、音韵，是经中浅事，先儒得其大者多不留意，不知此等处不理会，枉费辞说，牵补不得其本义，亦甚害事也。"进而指出，标抹点书之法，始自南宋吕祖谦，而由四先生承其余绪。更重要的是，北山何基从学于朱子高弟黄榦，实得朱学之正传。何基、王柏都有《四书》及《通鉴纲目》点本，弟子金履祥等又祖述何、王。尤其是近时许谦"重点《四书章句集注》，及以廖氏九经校本再加校点。他如《仪礼》，《春秋》《公》《谷》二传并注，《易》程氏《传》、朱氏《本义》，《诗》朱氏《传》，《书》蔡氏《传》，朱子《家礼》，皆有点本，分别句读，订定字音，考正讹谬，标释段画，辞不费而义明"，"真适道之指南也"。这

---

① 吴师道：《代孙斡卿御史请刊〈近思录发挥〉等书公文》，见《吴师道集》卷20，长春，吉林文史出版社，2008，第411页。
② 吴师道：《读四书丛说序》，见《吴师道集》卷15，长春，吉林文史出版社，2008，第305~306页。

些点定本，与延祐科举程式规定的《四书》《五经》理学注本完全契合。所以，师道"特为申明，转闻上司，委通经之士亲赍善本，就其家传录，并广及吕子及何、王、金氏之书，颁之学官，嘉惠后进"，借以改变旧日国学中师异旨殊、不无乖舛的混乱局面，进一步推阐金华朱学在国家最高学府的影响。①

再次，致书史局，总结何基、王柏的生平学术。元顺帝至正三年，诏修宋、辽、金三史，吴师道节录何基、王柏行实，寄呈史局诸公，为《宋史》二人传记提供原始资料。《节录》不但记载何基、王柏的生平为人和治学经历，且详录两位传主的著述、卷帙、刊刻流传，尤其强调金华之学得朱子正传的理学统绪，更用大量篇幅摘录二先生治学及对《五经》《四书》的论学要语。因此，这篇洋洋三千五百言的《节录》，既是何基、王柏的个人传记，更重在总结二先生的思想学术，带有浓厚的学术史特色。② 元修《宋史》，《儒林传》即节取吴氏的《节录》而作何基、王柏二传。③《宋元学案·北山四先生学案》的《何基传》及《何文定语》，完全依据《节录》，未有任何增益，甚至其后黄宗羲的按语，亦摘录吴文而成。《王柏传》与《鲁斋要语》，也是以《节录》为基础，增补若干资料而成。由于何基、王柏的行实后世不传，吴师道的《节录》成为后世记述何基、王柏生平与学术的最基本资料，具有重要的学术价值。

吴师道的上述工作，促进了金华朱学的广泛传播，并将影响推及后世。清人黄百家《北山四先生学案》案语称："白云（许谦）非得子长（张枢）、正传（吴师道），其道又未必光显如是耳。"④如实表彰了吴师道为继承和阐扬金华朱学发挥的重要作用。

三、重视史学与文献之学

重视史学与文献之学，是吴师道传承金华学术的又一特点。金华自宋室南渡，就是文化发达、人才荟萃之地。东莱吕祖谦开启婺学，与朱熹闽学、陆九渊江西之学鼎足而立，成为乾、淳之后南宋的三大学派之

---

① 吴师道：《请传习许益之先生点书公文》，见《吴师道集》卷20，长春，吉林文史出版社，2008，第410页。
② 吴师道：《节录何王二先生行实寄史局诸公》，见《吴师道集》卷20，长春，吉林文史出版社，2008，第414页。
③ 脱脱等：《宋史》卷438《儒林列传八·何基传》《王柏传》，北京，中华书局，1977，第37册，第12979～12982页。
④ 黄宗羲、全祖望：《宋元学案》卷82《北山四先生学案》，北京，中华书局，1986，第4册，第2761页。

一。婺学虽"以性学绍道统",① 却兼承吕氏家学的"中原文献之传",② 讲求"多识前言往行以畜其德"。③ 其特点,一是注重史学,"言性命者必究于史";④ 二是留意考察古今文献,借助对历史与文献的研习,涵养道德心性。受东莱婺学的熏习,吴师道学术也兼有重视史学与文献之学的特色。

吴氏关注史学,在诗文集中有大量反映。卷 10 杂著,有《三国志杂论》《读左传并注数事》《秦隋论》等系列史论;诗集中,有怀古、咏史的专题诗作;卷 19 策问,有关于古代学术与礼乐刑政制度的系统国学策问;卷 16 至 18 题跋中,也有关于汉史、五代史、南宋史的多篇跋文。当然,师道在史学领域最重要的工作,还是作《战国策校注》10 卷,以补正鲍彪《战国策注》。

《战国策》文字讹舛,号为难读,自西汉刘向校书,即已病之。北宋曾巩再校,亦加致疑。东汉高诱作《战国策注》,流传后世。南宋括苍鲍彪以高注疏略谬妄,于是改定次第,补正脱误,又时出己论,重新注释。同时,剡川姚宏亦注是书,依据孙朴校本,荟萃诸家,参校补注,是正存疑。吴师道认为,姚宏注根据高诱注而间有增续,简质谨重,深得古人论撰之意;而鲍氏注尽管有分次章条、详述注说的优点,然率意窜改,谬妄乖误,不容不正。师道于是取姚宏注与鲍彪注参校,而杂引诸书考证,并以吕祖谦《大事记》质正是非,以"明事迹之实,求义理之当"。体例上,师道一仍鲍注篇章次序,而在每条之下,分别以"补曰"增其所阙,"正曰"纠其所失;至于鲍注谬误之处,则直接抹去。师道还特地在卷首保存了刘向、曾巩校定的《战国策》三十三篇四百八十六章旧次第,以与校注中已经为鲍彪更改的篇章次序相对照。卷后又附载李文叔、王觉、孙朴、刘敞诸家跋语,及姚宏、姚宽、耿延禧三序,以便读者了解其书的本末源流。师道复作《战国策校注自序》二首:序一,系统探讨鲍彪《战国策注》的缺失,提出其专据《史记》、引书寡陋、径改本文、强为傅会、史事错讹、论说谬误等六方面问题;序二,肯定《战国策》作为一部记述

---

① 杨维桢:《翰苑集序》,见宋濂:《宋学士文集》卷首,上海,商务印书馆《四部丛刊》影印明正德刊本,1929,第 2 页。
② 脱脱等:《宋史》卷 434《儒林列传四·吕祖谦传》,北京,中华书局,1977,第 37 册,第 12872 页。
③ 黄宗羲、全祖望:《宋元学案》卷 36《紫微学案》全祖望案语,北京,中华书局,1986,第 2 册,第 1233 页。
④ 章学诚著、叶瑛校注:《文史通义校注》卷 5《浙东学术》,北京,中华书局,1985,上册,第 523 页。

战国历史的先秦典籍，虽然没有《春秋》寓褒贬以示大训的圣人之心，而且存在善恶兼书、无所是非、言语夸张、记载失实等错误，却仍然具有"继《春秋》，抵秦、汉，载其行事，不得而废"的史学价值，以及警戒君子、惩创小人的道德价值。① 《四库全书总目》指出，吴氏对鲍注的批评，"议论皆极精审，其他随文驳正，亦具有条理。古来注是书者，固当以师道为最善矣"。② 给予《战国策校注》很高的评价。

　　文献的考补订正，也是吴师道学术的重要内容。在经学典籍之外，吴氏对《太玄》《潜虚》《古三坟书》《灵棋经》《道源文献录》《荀子》《扬子》《文中子》《子华子》《甲乙集》《谗书》《凤髓集》等文献都有所考订，长达二千五百言的《题家藏渊明集后》，更是对陶渊明集的考释之作，还曾与许谦共同补正元赵仁举的《绛守居园池记注》。不过，师道的文献之学，最为关注的还是乡邦文献的辑录与整理。

　　师道幼年随侍祖父吴儒宗，"及见故时遗老谈乡里前辈事，颇窃听一二。遗文残稿，借玩传抄，每乐而不厌，然亦恨其时尚少，弗能问而识其详也"。③ 成年后，有感于斯文沦丧，衣冠道消，而文献故藏，又残阙散佚，或毁于火，即立志辑录整理先贤文献。他曾在乡校堂试中专题策问诸生先贤诗文事迹，竟无有能言之者，④ 慨叹云："前修既远，绪论寖微，晚学之所深恨。"⑤ 因此，师道对乡先贤的事迹、诗文、刻石等都着意搜求，并亲自辑录或协助编次了金似孙、于石、时少章、范浚等乡贤诗文集。元统二、三年（1334～1335），师道为生父服丧里居，即取家藏乡先生遗文逸事裒集之，名曰《敬乡录》。吴氏自序云，兰溪由汉迄宋，上下千数百年，其间多有名世者，而郡志所载仅六人，且仙佛之徒居半，则记载阙略可知。宋室南渡后，兰溪近在畿甸，文学之风，什百于前，硕儒才士，相望辈出，而入元以来未有记载，再过数十年，势必沦丧殆绝。⑥ 至于婺州，宋绍兴二十四年（1154），婺守洪遵修《东阳志》，然记录当代人物仅仅数人，阙遗固多。且最后《事类》1卷，悉录稗官小说、

---

① 吴师道：《战国策校注序》二首，见《吴师道集》卷14，长春，吉林文史出版社，2008，第281～283页。
② 永瑢等：《四库全书总目》卷51《战国策校注提要》，北京，中华书局，1965，上册，第462～463页。
③ 吴师道：《敬乡前录序》，见《吴师道集》卷15，长春，吉林文史出版社，2008，第297页。
④ 吴师道：《乡校堂试策问》，见《吴师道集》卷19，长春，吉林文史出版社，2008，第392页。
⑤ 吴师道：《徐文清公手书杂稿后题》，见《吴师道集》卷17，长春，吉林文史出版社，2008，第359页。
⑥ 吴师道：《敬乡前录序》，见《吴师道集》卷15，长春，吉林文史出版社，2008，第297页。

怪诬猥亵之事,尤详略失当。何况,南宋以来,婺州材贤名卿,肩摩踵接,不可胜数。尤其是吕祖谦,"道德文章,邹鲁一方,师表百世";何基、王柏,"又绍紫阳之的传,至今私淑者犹不失其正,亦盛矣哉"。因此,师道"愚不自量,既集兰溪诸贤,因及一郡"。① 根据吴氏的两篇自序,《敬乡录》原分为前、后二录,《前录》专辑兰溪先贤,《后录》则收存范围扩及婺州全路。著录时间上自萧梁,下迄宋末。体例是每人先次其生平行略,再附录所著诗文;亦有止存篇目,不录诗文,以志阙佚或删汰者。《四库全书总目》指出,金华代出硕儒,师道《敬乡录》收录博要,又在元代以前,文献流传,尤可贵惜。而且其书"编辑宋人小传,犹在《宋史》未成以前,故记载多有异同",可资考证。赞扬师道《敬乡录》,于乡邦文献留存与史事考订均有裨益。据张枢《吴师道墓表》,《敬乡录》原书23卷。然今传本仅14卷,也不再分为前录、后录,说明该书非但已有散佚,而且经过后人的重新编纂。尽管如此,它的文献和史学价值仍为后世所瞩目。《四库总目》即云:"元好问《中州集》以诗存史,为世所重。师道此书,殆与相埒。"②将其与元好问《中州集》同视并重,充分肯定《敬乡录》的成就与价值。

第二节 《礼部集》的价值与版本

至正四年八月,吴师道病卒于兰溪家中,除经史著述外,还留有诗文集20卷。

吴师道早年留心记览,刻意词章,又与黄溍、柳贯等名家迭相唱和,黄溍称其"才思涌溢,亹亹不已,时出为诗歌,清丽俊逸,人多诵称之"。③ 晚年益致力于文章,陈旅评其文风"纡徐委折,含蓄思致",意境深邃。④《四库全书总目》亦推崇师道诗文具有法度,可"裦然升作者之堂","与讲学家以余力及之者迥不同耳"。⑤ 而吴氏文章的主旨,则多在

---

① 吴师道:《敬乡后录序》,见《吴师道集》卷15,长春,吉林文史出版社,2008,第298页。
② 永瑢等:《四库全书总目》卷58《敬乡录提要》,北京,中华书局,1965,上册,第522~523页。
③ 黄溍:《吴师道集序》,见《吴师道集》卷首,长春,吉林文史出版社,2008,第1页。
④ 吴师道:《陈监丞安雅堂集序》,见《吴师道集》卷15,长春,吉林文史出版社,2008,第318页。
⑤ 永瑢等:《四库全书总目》卷167《礼部集提要》,北京,中华书局,1965,下册,第1444~1445页。

推明紫阳朱子之学。黄百家《北山学案》案语，将双峰饶鲁与北山何基这两支朱学高弟黄榦的学传相比较，指出饶鲁后学虽也有铮铮一时者，然再传即衰微不振。而北山一派，非但王柏、金履祥、许谦"纯然得朱子之学髓"，而且柳贯、吴师道等后学又能"得朱子之文澜"，所以，"数紫阳之嫡子，端在金华也"，充分肯定了师道接续北山学统、以文章羽翼朱学的功绩。① 可以说，吴师道的诗文集，在元代学术史和文学史上，皆有其价值。

  吴师道集原名《兰阴山房类稿》，凡赋诗9卷，文11卷，另有《附录》1卷，收录元张枢《元故礼部郎中吴君墓表》、杜本《墓志铭》二文，是至正四年师道卒后，其次子吴沉所编。至正六年九月，友人黄溍作序，称《吴正传先生文集》，是以师道之字题名。至正中刊版行世，改题《吴礼部文集》，则因其致仕时元朝授予礼部郎中，故以官名集。元刊本版式为半页十六行，行二十四字，卷前附有《吴先生小像》及《兰阴山人自赞》。至正刊本清代尚有孤本存世。嘉庆三年（1798），长洲藏书家黄丕烈购得曾经清初季振宜收存的至正本《吴礼部文集》，作《题识》一则，指出当时该本已有阙佚，卷首序文脱落，卷14亦缺第十八页，然无他本可补。② 黄氏藏本后经汪士钟艺芸书舍流入陆心源皕宋楼，陆氏为作跋文二则，统计是集收录诗文"共九百六十首"，比全本仅差两首，说明元刊本残佚尚少。③ 其后，陆氏藏书由心源之子售往日本，收贮《静嘉堂文库》，元刊本《吴礼部文集》国内遂不复存。

  吴师道集在明、清两代未尝重印再版，多以抄本流传。除清修《四库全书》系列抄本外，大陆今存清抄本《吴礼部文集》五部，分藏国家图书馆（二部）、上海图书馆、南京图书馆和中国社会科学院文学研究所。据《四库全书总目》，师道集在清初"流传颇尠，此本（四库底本）乃新城王士禛写自昆山徐秉义家，因行于世"。④ 说明吴集传本鲜少，清前期行世者皆源自新城王士禛抄本，而王本又是抄自昆山徐秉义家藏，《四库》本《礼部集》即来源于此。检徐秉义《培林堂书目》，集部著录"《吴师道集》20卷，

---

① 黄宗羲、全祖望：《宋元学案》卷82《北山四先生学案》，北京，中华书局，1986，第4册，第2727页。
② 黄丕烈：《荛圃藏书题识》卷9，北京，中华书局《清人书目题跋丛刊》本，1993；今见《吴师道集》后人题跋，长春，吉林文史出版社，2008，第435页。
③ 陆心源：《皕宋楼藏书志》卷102、《仪顾堂续跋》卷13，上海，上海古籍出版社《续修四库全书》本，2003；今见《吴师道集》后人题跋，长春，吉林文史出版社，2008，第435~436页。
④ 永瑢等：《四库全书总目》卷167《礼部集提要》，北京，中华书局，1965，下册，第1444页。

一册。又抄一册"。① 说明徐氏确实藏有元刊本，又另有抄本一册，成为清代传世诸抄本之源。黄丕烈所得元刊本，曾是季振宜家藏。季为扬州泰兴（江苏泰兴）人，清初著名藏书家，顺治四年（1647）进士，曾任浙江兰溪知县。而兰溪正是吴师道故里，季氏的元刊本《吴礼部文集》，或是得之于此。季氏后入京，顺治末年任浙江道御史，其书也应随季氏入京，辗转至顺康间烜赫一时的昆山徐氏三兄弟家。徐秉义晚年休致回乡，而昆山、长洲同属苏州府，黄丕烈《题识》云元刊本"是郡城故家物"，所指或许就是徐氏。黄丕烈《题识》根据《四库总目》所言传本来源，以及元刊本中有夹签，应为传录者窜改之处；元刊本序文脱落，清抄本亦无黄溍序，而取《元史·吴师道传》抄于卷首作为序言等情况，首次提出清代传世诸抄本《吴礼部文集》，即是出自这一曾经季振宜、徐秉义收藏，又归于黄丕烈的已有阙佚的元刊本。

然而，清代尚存的这部元刊孤本脱文有限，仅阙序言与卷14的第十八页，而包括《四库》本在内的诸部清抄本《吴礼部文集》却残佚严重。国家图书馆今藏清初抄本《吴礼部文集》一部，② 其中各卷脱残诗文达19首，篇中脱简甚或缺页尚不计入，且抄写极为草率，错讹衍夺，字迹漫漶，多不可辨识。《四库全书》据两淮盐政采进本收录《礼部集》，残佚诗文与前本完全相同，而且前本脱误模糊之处，四库本往往据文意补改，应该是据前本流传之抄本收录。③

民国十三年（1924），永康胡宗楙梦选楼辑刊《续金华丛书》，以清八千卷楼丁丙抄赠本为底本刊刻《吴礼部文集》，这是师道集的第二次刊版行世。丁丙本原在卷1、卷2、卷11、卷12、卷14后各附《补遗》，收录该卷脱落诗文，《金华》本据之不变；又以他校调正卷14《送梁仲庸御史序》以下6篇前后羼乱的篇页，并借张金吾爱日精庐抄本校订文字讹误，卷首则据黄溍《文献集》补入《吴正传文集序》，比之传世各家清抄本，内容已略完备。丁丙本《补遗》共收录诗文18篇，应是原抄本阙失、后据别本补抄的脱文，其篇目与国图清初抄本、文渊阁《四库》本基本相同。④ 又据《金华》本胡宗楙跋，张氏爱日精庐抄本各卷无《补遗》，较丁丙本少

---

① 徐秉义：《培林堂书目》，见《二徐书目合刻》排印本，1915年。
② 此抄本经良惠书院、瞿镛铁琴铜剑楼递藏，今存国家图书馆，书号3613。瞿镛：《铁琴铜剑楼藏书目录》卷22云，"是本尚出明人手录"；上海，上海古籍出版社《续修四库全书》本，2003；今见《吴师道集》后人题跋，长春，吉林文史出版社，2008，第443页。然《北京图书馆善本目录》著录为清抄本。
③ 吴师道：《礼部集》，台北，台湾"商务印书馆"影印清乾隆文渊阁《四库全书》本，1986。
④ 丁丙八千卷楼所藏清抄本《吴礼部文集》，今存南京图书馆，书号1554。

十数首。① 这说明，包括《四库》本在内的所有清抄本都残佚严重，似非出于徐秉义收藏的脱文较少的元刊本，而应是传录自有同样脱文的国图藏清初抄本。前引《培林堂书目》，徐氏在元刊本外，恰恰另藏有抄本一部。这部抄本，方是"王士禛写自昆山徐秉义家，因行于世"的众多清抄本之源。

吴师道集的传世本，尚有明抄本一部。1930 年，藏书家傅增湘在北京文禄堂书铺得见明抄本《吴正传先生文集》20 卷《附录》1 卷，遂以明抄本逐字对勘《续金华丛书》本《吴礼部文集》，先后写下校跋四篇。② 根据傅增湘考察，明抄本蓝格，绵纸，半页十三行，行二十二字。卷 17 后有"侍书洪寿录"小字一行，当是抄录者的题名。抄本首尾完具，卷首虽无元刊本所有的《吴先生小像》及《兰阴山人自赞》，却完整保存了"至正六年九月甲申乌伤黄溍序"。卷末附录《墓表》《墓志铭》后，又据《元史》补抄吴师道本传一篇，亦与元刊本相同。更重要的是，明抄本 20 卷篇目完整，未有阙文，不仅比残佚严重的各家清抄本、《四库》本优越，较补遗脱文的《续金华丛书》本亦多《忆知赋》一篇。同时，《金华》本脱落诗文附存于各卷之后的《补遗》，而明抄本则诗文具列于卷中，篇目次第非常准确。在文字上，傅氏亦据明抄本校订《金华》本讹舛，改正增补凡 1600 余字。此外，明抄本在版本流传上也是别有所自。据该本之后康熙十七年 (1678) 杜楚题跋、甲戌年偶影居士跋及藏书图记，明抄本在康熙十七年原为吴氏裔孙吴贞源藏书，壬申年由偶影居士购存，居士曾从师道后人吴勖借所藏家稿校过，在抄本中留下大量校字。其后，该本经邵晋涵、沈复灿鸣野山房、杨鼎重远书楼、王文进文禄堂等递藏，在版本源流上，较出自昆山徐氏的各家清抄本及《续金华丛书》本都更为可靠。因此，明抄本不惟版本来源最为可信，而且内容更加完整，篇目次第更为准确，文字讹误也较少，故其价值不独在各清抄本之上，也在《续金华丛书》本之上，是传世诸本中除元刊本外最为完备精善者。明抄本《吴正传先生文集》今藏台湾"中央图书馆"，由于它的文献价值，1970 年，该馆将之影印出版，收入《元代珍本文集汇刊》，使得以流传。

---

① 吴师道：《吴礼部文集》卷末，永康，胡氏梦选楼《续金华丛书》刊本，1924；今见《吴师道集》后人题跋，长春，吉林文史出版社，2008，第 445 页。

② 傅增湘短跋一则，写附明抄本之末，另外三则，分见傅增湘：《藏园群书经眼录》卷 15，北京，中华书局，1983；《藏园群书题记》卷 16，上海，上海古籍出版社，1989；《藏园订补邵亭知见传本书目》卷 14，北京，中华书局，1993；今皆见《吴师道集》后人题跋，长春，吉林文史出版社，2008，第 439~442 页。其中《经眼录》与《群书题记》两则，都是多达千言的长篇校跋。

由于元刊本《吴礼部文集》今藏日本静嘉堂文库，难以利用，因此，2008年，吉林文史出版社出版校点本《吴师道集》，即选取传世诸本中时间最早也最完善的明抄本《吴正传先生文集》为底本，[1] 并以国家图书馆藏之清初抄本《吴礼部文集》、[2] 清文渊阁《四库全书》本《礼部集》、[3]《续金华丛书》本《吴礼部文集》三种版本为通校本，[4] 补正明抄本的少数错页与脱漏。校点本在原集之外，还增加了《集外文》4篇、《文集题跋》18篇，收存散佚文章，说明吴集的版本流传，旨在成为吴师道文集最完善的整理本。[5]

---

[1] 吴师道：《吴正传先生文集》，台北，"中央图书馆"《元代珍本文集汇刊》影印明抄本，1970。
[2] 吴师道：《吴礼部文集》，清初抄本，国家图书馆藏书第3613号。
[3] 吴师道：《礼部集》，台北，台湾"商务印书馆"影印清乾隆文渊阁《四库全书》本，1986。
[4] 吴师道：《吴礼部文集》，永康，胡氏梦选楼《续金华丛书》刊本，1924。
[5] 本章原刊《吴师道集》卷首，长春，吉林文史出版社，2008，本书收录时有修改。

第八章　宣城贡氏及其诗文集[①]

　　宣城贡氏在元代是一个仕宦家族，鼎盛时"一门五世，青紫相映，乡人荣之"。[②] 贡氏又代有学人，有诗文集传世者，自元初至明初即有三位，堪称学者世家。贡氏祖籍大名蒲城，北宋靖康间，贡祖文以武德大夫扈宋高宗南渡，[③] 自金陵徙居宁国宣城南湖（安徽宣州），成为宣城贡氏的始祖。贡氏在南宋历代皆有职衔，祖文生尚书省评事贡贤，贤生承信郎贡之琳，之琳生朝奉大夫贡大用，[④] 大用生承节郎贡应霆。应霆子贡士浚，宋末以辞赋中举漕司，次年进士不第，遂厌弃科举。宋亡不仕，隐居南漪湖畔，博综经史，敦尚履操，有古君子之风，称为"南漪先生"。贡士浚虽不仕元，却是宣城贡氏在元代兴起的开启者："贡氏……至秘书府君（士浚）而始大，作南湖书院，延致大儒先生，若眉山牟伯成氏（应龙）、剡源戴帅初氏（表元）为之师，以牗导群子姓比闾族党，敦诗书而悦礼乐。"[⑤] 其子始入仕元朝，次子贡仲坚，任杭州儒学教授。三子贡奎，官至集贤直学士，是宣城贡氏供职元中央朝廷的第一人。其后贡奎长子师谦为集贤院照磨；侄师道累迁翰林待制，与修宋、辽、金三史；侄师刚任杭州西北录事司录事；从孙颖之元末乡试中选，任平江路儒学正；从孙性之，以国子生除主簿、县尉，补福建理官。其中尤以贡奎次子师泰，以国学生中选入仕，扬历中外，官至户部尚书、秘书卿，在元朝职任最高，影响最大。宣城贡氏又以诗文传家，元代有诗集或诗文集传世的就有贡奎《云林集》、贡师泰《玩斋集》和贡性之《南湖集》。2010 年，吉

[①]　本章第一、第三节，与国家图书馆赵文友合著，谨致谢忱。
[②]　李黼：《故集贤直学士奉训大夫贡公（奎）行状》，见《贡氏三家集·贡奎集》附录二，长春，吉林文史出版社，2010，第 134 页。
[③]　贡祖文，据李黼《故集贤直学士奉训大夫贡公（奎）行状》、马祖常《皇元敕赐集贤直学士赠翰林直学士太中大夫文靖贡公（奎）神道碑铭》；而揭汯《有元故礼部尚书秘书卿贡公（师泰）神道碑铭》作"贡文显"，未知孰是。三文今见《贡氏三家集·贡奎集》附录二、《贡师泰集》附录二，长春，吉林文史出版社，2010，第 133、135、465 页。
[④]　此据揭汯：《贡公（师泰）神道碑铭》；而李黼《贡公（奎）行状》则云，贡大用"潜德弗耀"，未知孰是。
[⑤]　徐一夔：《故元将仕郎杭州路西北录事司录事贡府君（仲刚）新阡表》，见《始丰稿》卷 13，台北，台湾"商务印书馆"影印清乾隆文渊阁《四库全书》本，1986；第 1229 册，第 363 页。

林文史出版社出版校点本《贡氏三家集》,首次将有元宣城贡氏的三部别集汇聚一书,有利于保存贡氏家族著作,了解其在元代的发展,及在元史和文学史上的地位与影响。

第一节 贡奎与《云林集》

在元代宣城贡氏家族中,贡奎颇值得关注。他自幼被寄予家族振兴的希望,也能不负厚望,成为入仕中央朝廷并有诗集传世的首位家族成员。大德、天历间,贡奎历任池州齐山书院山长、太常奉礼郎、翰林应奉、江西儒学提举、翰林待制、集贤直学士,以文学侍从元朝。贡奎生平著述繁富,有诗文集七部、120卷,虽其著作大部分已经散佚,传世的仅有《云林诗集》6卷,然而在元朝史和文学史上,仍有其地位和影响。

一、生平与著述

贡奎(1269~1329),字仲章,号云林,士浚第三子。天资聪颖,容仪端重,勤奋好学,十岁能作诗文,其父尝曰:"三郎和易端厚,颖悟若过人者。吾世有蕴德,发必在是儿也。"对其寄予厚望。弱冠,即"于经子史传无所不治,于其章义辞句,类数名制,委曲纤妙,无不究诣。于文章辨议,闳放俊傀,不狃卑近,必以古为归,故出而名振江之南"。[①] 元成宗大德中,贡奎应江浙行省聘请,出任池州路齐山书院山长。[②] 任满,北上京师,赴吏部应选。当时元朝正商议举行郊祀礼,执政大臣认为贡奎年富学强,识鉴清远,论议详明,"置之礼属,必能备讨论,有所裨益",[③] 遂于大德六年(1302)授太常奉礼郎,兼检讨。贡奎上书讨论历代礼制沿革:"先王之制礼,虽节文有经,而本诚贵质。惟不蔽于礼之文,而得礼之意,则可以对越而无慊,不然,烦为之节,无益也。"其建议多

[①] 马祖常:《皇元敕赐集贤直学士赠翰林直学士太中大夫文靖贡公神道碑铭》,见《石田先生文集》卷11,元后至元扬州路儒学刊本,1339,第10~11页;今见《贡氏三家集·贡奎集》附录二,长春,吉林文史出版社,2010,第135~136页。

[②] 齐山书院,在贵池县寿字岩下。宋代始建,元代留存。据王崇:嘉靖《池州府志》卷6《官秩篇·宦籍》"元书院长"条载:"贡奎,宣城人,大德五年任。"《名宦·贡奎传》同。上海,上海古籍出版社《天一阁藏明代方志选刊》影印明嘉靖刊本,1962,第10、34页。按:贡奎若大德五年出任齐山书院山长,又三年任满,不可能大德六年即为太常奉礼郎,姑存疑。

[③] 李黼:《故集贤直学士奉训大夫贡公行状》,见《贡氏三家集·贡奎集》附录二,长春,吉林文史出版社,2010,第133页。

被朝廷采纳。① 大德九年，贡奎迁翰林国史院编修官。武宗至大元年(1308)，转应奉翰林文字、同知制诰兼国史院编修官，预修《成宗实录》。任期将满，因父亲去世，归家丁忧。

仁宗延祐元年(1314)，元朝肇开科举，贡奎亦服阕，出任江西等处儒学提举，次年就职。他在公署屏风上大字题写"读书之中，日有其益；饮水之外，他无所求"，并以身作则，每日端坐堂上，貌谨色和，"讲明道德性理之学"。② 贡奎非常重视教化的社会功能。一次，学校报事迟误，吏逮系数人，奎说："吾以天子命提举儒学，教吾职也，刑奚以为！"立命释放。③ 在职期间，他还负责监造江西行省试院，规制雄伟，江浙行省效仿之。又曾以羡余赀财，刊刻经史子集万余卷，嘉惠后学。贡奎的学行，赢得广大生员的敬服，也由此从学众多，各有进益。延祐五年，贡奎再度入朝，迁翰林待制，预修《仁宗实录》。④ 次子贡师泰亦从游京师，后以荐入国子学。六年夏五月，中书省选派贡奎赴直沽祭祀海神，祭礼毕，谢绝漕府按常例馈赠的礼品而还。

贡奎生性至孝，在朝为官，常思念家中老母，去官奉母之心日甚。英宗至治元年(1321)，贡奎终以母老乞养，辞官还乡，与其兄杭州儒学教授仲坚共同修治园池，移植花木，筑爱日亭，奉母游宴。母子翕和，兄弟怡怡，一门五世，乡里为荣。三年后，又为母服丧，哀泣逾制。

泰定三年(1326)，贡奎服除，起为翰林待制，第三次入朝任职。四年七月，拜集贤直学士，凡议政，必正言不屈。次年春，泰定帝祭祀太室，贡奎摄大礼使，仪度竣整，群司肃然，竣事无违礼。天历元年(1328)，文宗即皇帝位，冬十月，文宗亲祝香币，命贡奎代祠北岳、淮、济、南镇，所至不烦地方官员迎送。二年春，使事告竣，自会稽还宣城，以疾归卧于家。十月初一，谓侄师文曰："吾梦夜赋诗，有云：'竹树萧

---

① 马祖常：《皇元敕赐集贤直学士赠翰林直学士太中大夫文靖贡公神道碑铭》，见《石田先生文集》卷11，元后至元扬州路儒学刊本，1339，第11页；今见《贡氏三家集·贡奎集》附录二，长春，吉林文史出版社，2010，136页。
② 李黼：《故集贤直学士奉训大夫贡公行状》，见《贡氏三家集·贡奎集》附录二，长春，吉林文史出版社，2010，第134页。
③ 马祖常：《皇元敕赐集贤直学士赠翰林直学士太中大夫文靖贡公神道碑铭》，见《石田先生文集》卷11，元后至元扬州路儒学刊本，1339，第12页；今见《贡氏三家集·贡奎集》附录二，长春，吉林文史出版社，2010，第136页。
④ 此据李黼：《贡公行状》、柯劭忞：《新元史》卷211《贡奎传》，上海，上海古籍出版社，1989，第831页；马祖常：《贡公神道碑铭》作《成庙实录》，疑误。

萧夹泉石'，又云'九转丹成生羽翼'，不祥，奈何！"①言毕而逝，终年六十一。

贡奎一生"孝于亲，友于昆季，仁于族党。为人内刚毅，外宽和，居处庄静寡默，临事果断。与人交，重然诺"。② 故去世后，士友纷纷写诗悼念。陆文圭挽诗称赞贡奎"才优如贡禹，经行复精纯"，无愧"林泉隐君子，台阁古名臣"。③ 吴师道挽诗慨叹"文采顿消南国士，仪形空想北门班"，"怅望箫笳动哀曲，湖风吹浪雪堆山"。④ 门生李齐撰《故集贤直学士奉训大夫贡公行状》，记载其生平家世。五年后，元统二年（1334），贡奎长子师谦入京任集贤院照磨，以奎之治行请于朝廷，顺帝特赠官翰林直学士，谥文靖，命作碑文以示宠赉。友人御史中丞马祖常承命，据李齐《行状》，撰《皇元敕赐集贤直学士赠翰林直学士太中大夫文靖贡公神道碑铭》，张起岩书字，许师敬篆额。皆当时知名士。

贡奎自三十出仕，至六十病逝，除归家养母、两次服丧约八年外，仕历凡二十年。其间两任学官，三度入朝，辗转太常寺、翰林国史院、集贤院等机构，无非以文学侍从元朝。《神道碑铭》曰："公负有为之志，不得尽见于事，于势利之会，又不投机以求合取显，以其故终于馆阁文艺之职，而人之被其泽者盖尠。呜呼！此人之所以为公惜，公之所以为公者如此，而臣以此悼公者也。"对于贡奎未能在政治上有所施展深致惋惜。其实，这不过是当时在朝南士普遍的尴尬处境，究其原因，正在于元朝统治者的猜忌和不平等的民族政策。贡奎也因此淡泊自持，不汲汲于荣进，取谢玄始终东山之志，以"云林子"自号。又以"明洁"名堂，期望子孙以经明行修相传承。

贡奎在经学上以礼学为主，多次任职礼官，以博洽古今预定典礼，为天子代祀。晚年曾"粹撷诸礼书，欲定为一家言"，可惜"未就而卒"。⑤ 贡奎还热心汲引后进，非但两为学职，还曾多次担任科举考官。延祐元

---

① 马祖常：《皇元敕赐集贤直学士赠翰林直学士太中大夫文靖贡公神道碑铭》，见《石田先生文集》卷11，元后至元扬州路儒学刊本，1339，第13页；今见《贡氏三家集·贡奎集》附录二，长春，吉林文史出版社，2010，第136页。
② 李齐：《故集贤直学士奉训大夫贡公行状》，见《贡氏三家集·贡奎集》附录二，长春，吉林文史出版社，2010，第134页。
③ 陆文圭：《挽贡仲章学士》，见《墙东类稿》卷17，台北，台湾"商务印书馆"影印清乾隆文渊阁《四库全书》本，1986，第1194册，第766页。
④ 吴师道：《贡仲章学士挽诗》，见《吴师道集》卷7，长春，吉林文史出版社，2008，第118页。
⑤ 李齐：《故集贤直学士奉训大夫贡公行状》，见《贡氏三家集·贡奎集》附录二，长春，吉林文史出版社，2010，第135页。

年，科举肇开，江浙行省请贡奎执掌文衡。当年江浙乡试的南士策问考题，即是一道《经史时务策问》，要求考生说明时务与经史密不可分的联系，论证科举程式规定汉人、南人必须考经史时务策的合理性。① 徽州休宁知名朱学学者陈栎等，就在这次乡试中脱颖而出，成为举人。其后，延祐四年江西行省乡试、七年上都路乡试、至治三年（1323）江浙行省乡试，贡奎都被聘为考官。泰定四年（1327）春，还拜任廷试读卷官，所取多知名之士。当时，北方汉人中进士后，朝中汉人官员往往设宴庆祝，而南士则寂寂无闻。贡奎首先倡议在朝任职的南方官员，为南人进士置酒相贺，"举人皆悦其义"。《行状》赞扬他"士无贵贱，及门，待之皆有恩意"，洵非虚语。

贡奎虽于经子史传无所不治，却是"以文学名家"，② 生平撰作繁富。据李黼《贡公行状》、马祖常《贡公神道碑铭》，计有《云林小稿》《听雪斋纪》《青山谩吟》《倦游集》《豫章稿》《上元新录》《南州纪行》等七部诗文集，③ 凡120卷。可以说，诗文创作是贡奎一生最主要的成就。

贡奎的诗文，最初得自家学。父亲士浚，弱冠即以辞赋中选，参加礼部会试，其后咏歌闲适，开义塾教授乡里。贡奎"以父为师"，④ 十岁即因能诗文"有闻于人"。⑤ 三十岁，遂以文名震江南，而辟齐山书院山长。池州山水秀丽，贡奎暇日游览胜迹，"多声于诗"，诗歌创作又有很大提高，"池人竞传诵之"。⑥ 他的《池州郡斋除夜寄呈家君》二绝云："郡斋寥落夜无眠，纸帐青灯思悄然。不是今生惜今夕，却缘明日是明年。""邻家箫鼓欲忘眠，莫恨空轩独悄然。明日春风堪一笑，痴儿官事了三年。"⑦诗中既有除夜思亲的惆怅，又透露出任满将归的欣喜，在近于散文的自然平易的语调中，蕴含着浓厚的亲情，是贡奎池州诗的上乘之作。

---

① 参见陈栎：《经史时务策》及上附策问，见《陈定宇先生文集》卷13，清康熙陈嘉基刊本，1696，第21~22页。
② 宋濂等：《元史》卷187《贡师泰传》，北京，中华书局，1976，第4294页。
③ 马祖常：《神道碑铭》作《南州纪行》，似为贡奎天历二年奉命南行，代祠北岳、淮、济、南镇期间的作品集；李黼《贡公行状》作《南湖纪行》，疑误。
④ 凌迪知：《万姓通谱》卷91，台北，台湾"商务印书馆"影印清乾隆文渊阁《四库全书》本，1986，第957册，第330页。
⑤ 马祖常：《皇元敕赐集贤直学士赠翰林直学士太中大夫文靖贡公神道碑铭》，见《石田文集》卷11，上海，古书流通处《元四家集》影印元后至元扬州路儒学刊本，1922，第11页；今见《贡氏三家集·贡奎集》附录二，长春，吉林文史出版社，2010，第136页。
⑥ 李黼：《故集贤直学士奉训大夫贡公行状》，见《贡氏三家集·贡奎集》附录二，长春，吉林文史出版社，2010，第133页。
⑦ 贡奎：《池州郡斋除夜寄呈家君二首》，见《贡氏三家集·贡奎集》卷6，长春，吉林文史出版社，2010，第112页。

入朝后，贡奎辗转馆阁，一时交游，如元明善、袁桷、邓文原、马祖常、王士熙、虞集等，都是当时有名望的文学之士，相互唱和切磋，诗文更有了长足的进步。大德八年（1304）春，贡奎与虞集、袁桷、周天凤等六人游览燕京长春宫，登阁临眺。于是托歌诗以见志，用"蓬莱山在何处"为韵，各赋古诗一首；① 又因贡奎别所赋诗唱和，得律诗十三首，编成《游长春宫诗集》1卷，虞集作序，被当时诗坛传为佳话。②

贡奎好古风，尤以五言古诗为多。在传世的6卷诗集中，古风居3卷，其中就有2卷是五言古诗。他的五言古风虽朴质无华，却情谊深厚。如《梦故人》云："千里万里道，三年二年别。鸿雁去复来，我友音书绝。梦中忽一见，款语情更切。觉来失处所，残缸半明灭。相思各天涯，长夜寒栗冽。风霜草木变，贫贱不易节。中心谅谁知？素月当空洁。"③戴良对贡奎的五言古诗更是赞誉有加，"贡先生《晨坐公堂》及《公馆夜坐》二诗，甚有陶（渊明）、韦（应物）思致"，诵读数遍，竟然使自己迁延逾月的脾病，"不觉栩栩然去体"。④ 贡奎的律诗、绝句也多得好评。如五言律诗《枪竿岭》："薄宦辞家远，经秋未得归。直随山北去，却背雁南飞。川净白云起，郊平红树微。忆曾留宿处，立马认还非。"《居庸关蚤行》："茅屋闻鸡起，羸骖并辔行。涧深孤碓响，山暗数灯明。细忆昔题处，空惭不弃名。客愁偏切耳，斜月候虫鸣。"⑤七言绝句《舟中偶成》："稻花水落正鱼肥，湖上孤云带雨归。林影倒涵波镜动，白鸥低傍钓船飞。"⑥诗句明丽爽朗，写景抒情浑然一体，都受到后人称誉。不过，贡奎诗文字较浅易，韵味不浓，又好发议论，以致清人王士禛批评他"境地未能深

---

① 贡奎：《长春宫同伯长德生仪之分韵得山字》，见《贡氏三家集·贡奎集》卷1，长春，吉林文史出版社，2010，第21页。
② 虞集：《游长春宫诗序》，见《道园学古录》卷5，上海，商务印书馆《四部丛刊》影印明景泰翻刊元小字本，1929，第4～5页；今见《贡氏三家集·贡奎集》附录二，长春，吉林文史出版社，2010，第132页。
③ 贡奎：《梦故人》，见《贡氏三家集·贡奎集》卷1，长春，吉林文史出版社，2010，第18页。
④ 戴良：《题贡尚书二诗》，见《九灵山房集》卷22，上海，商务印书馆《四部丛刊》影印明正统本，1929，第3页。贡奎《夜坐二首》，见《贡氏三家集·贡奎集》卷1，长春，吉林文史出版社，2010，第20页。
⑤ 贡奎：《枪竿岭》《居庸关蚤行》，见《贡氏三家集·贡奎集》卷4，长春，吉林文史出版社，2010，第83、82页。
⑥ 贡奎：《舟中偶成》，见《贡氏三家集·贡奎集》卷6，长春，吉林文史出版社，2010，第109页。

造"。① 然而,《四库提要》并不赞同,认为这是"专以神韵求之",更赞扬贡奎"诗格在虞(集)、杨(载)、范(梈)、揭(傒斯)之间,为元人巨擘"。② 袁桷也称赏:"仲章诗律已入唐人风调",③ 而"宗唐复古",正是元代诗歌发展的潮流和风气。④

贡奎亦擅长作文。至大二年,南方大儒吴澄入朝为国子监丞,读到贡奎新作数十篇,称赞他是"江南之英",文章"温然粹然,得典雅之体"。当时,贡奎与元明善、袁桷"俱掌撰述于朝,各能以文自见",吴澄对他们寄予厚望。⑤ 其后,贡奎果然"以文章重一时,多铭名公卿"。⑥《四库提要》即云:"大德、延祐之世,(邓文原)独以词林耆旧主持风气,袁桷、贡奎左右之,操觚之士响附景从,元之文章,于是时为极盛。"⑦《神道碑铭》评价他的文风是"闳放俊傀,不狃卑近,必以古为归"。可惜贡奎的文集已全部遗失,后人辑存数篇,吉光片羽,虽少亦珍。

二、《云林集》的版本与整理

现今传世的贡奎诗文集,名《贡文靖公云林诗集》,其版本就分卷而言,有6卷本与10卷本两种:6卷本包括明弘治范吉初刊本、明抄本、清初抄本、清乾隆《四库全书》系列抄本,10卷本有明万历贡靖国重刊本、清乾隆南湖书塾重刊本、清十万卷楼抄本。

1. 明弘治三年范吉初刊本

贡奎的七部120卷诗文集,原藏宣城南湖贡氏故居。明永乐间,朝廷收集民间藏书,贡奎著作被征入秘府,因家无副本,遂多不传。惟《云林小稿》,幸存贡奎三世孙贡兰(字斯馨)家,原有金华宋濂序。永乐二十二年(1424)七月,贡兰以公事游南京,持贡奎、贡师泰父子《神道碑铭》

---

① 王士禛:《居易录》卷1,台北,台湾"商务印书馆"影印清乾隆文渊阁《四库全书》本,1986,第869册,第318页。
② 永瑢等:《四库全书总目》卷167《云林集提要》,北京,中华书局,1965,下册,第1438页。
③ 诗见袁桷:《清容居士集》卷11,上海,商务印书馆《四部丛刊》影印元刊本,1929,第7页。
④ 参见邓绍基:《元代文学史》第十七章第一节《元诗宗唐得古风气的形成及其特点》,北京,人民文学出版社,1991,第365页。
⑤ 吴澄:《题贡仲章文稿后》,见《临川吴文正公集》卷28,江西抚州,明成化刊本,1484,第22页;今见《贡氏三家集·贡奎集》附录二,长春,吉林文史出版社,2010,第132页。
⑥ 李黼:《故集贤直学士奉训大夫贡公行状》,见《贡氏三家集·贡奎集》附录二,长春,吉林文史出版社,2010,第135页。
⑦ 永瑢等:《四库全书总目》卷166《巴西文集提要》,北京,中华书局,1965,下册,第1426页。

和贡奎《云林小稿》谒见南京国子助教陈崿，请为诗集作序。陈崿，福州（福建福州）人，洪武二十八年（1395）任宣城县教谕，曾欲拜访南湖故居，寻问贡氏父子遗稿而未果。永乐末年，诗集的宋濂原序已经佚失，宋濂文集中亦未收存。陈崿遂应贡兰之请，于洪熙元年（1425）三月作序以传之。

然而，这部陈崿序的贡奎诗集，当时未能刊刻。六十年后，弘治元年（1488）冬，贡奎六世裔孙贡钦为吏部文选员外郎，借奉命册封伊府之便，南归故乡宣城，将家藏贡奎《云林集》、贡性之《南湖集》携至京城，恳请后任礼部尚书、文渊阁大学士李东阳校正。李氏阅后称赞："《云林集》不胜点记，当具存。终元一代，只可让一二家耳。"[1]贡钦复采辑元朝诸大家文集中所载贡奎诗文，得律诗若干首及遗文二篇，编成《贡文靖公云林诗集》6卷《附录》1卷。[2] 弘治三年（1490）冬，宁国知府范吉刊刻《云林集》于宣城学宫，并作序说明编刻原委。范吉字以贞，台州天台（浙江天台）人。该本的行款是，半叶九行十八字，黑口，四周双边。正集6卷，按体裁分类编排，并在目录中标明诗体，其中卷1、卷2为五言古风，卷3七言古风，卷4五言律诗，卷5七言律诗、五言排律，卷6七言绝句。卷首有范吉、陈崿二序。卷末《附录》1卷，收存贡奎遗文二篇。其后又附贡奎生平资料四篇：虞集《游长春宫诗序》、吴澄《题贡仲章文稿后》、李黼《贡公行状》、马祖常《贡公神道碑铭》。

弘治本《云林诗集》仅有6卷，而且只存诗集，没有文集，相较于列编七部凡120卷的贡奎原诗文集，确实是"存一二于什千"。[3] 然而，它是贡奎遗存诗集的首次刊刻，也是现今传世的《云林集》一切版本的祖本，对贡奎诗歌的保存流传，功不可没。据《中国古籍善本书目》，范吉本国内今存两部，分藏国家图书馆、中国社会科学院文学研究所图书馆，后者有明徐燉跋文。日本静嘉堂文库亦存一部，原为清陆心源皕宋楼藏书。

---

[1] 贡钦：《刻贡理官南湖诗集》，见《贡氏三家集·贡性之集》卷首，长春，吉林文史出版社，2010，第489页。

[2] 贡钦是贡氏后裔中，致力于编刻先祖诗文集的最主要人物。天顺七年（1463），贡钦为宁国府学生员时，协助宁国知府沈性编刊贡师泰《玩斋集》。弘治元年（1488），携贡奎《云林集》、贡性之《南湖集》至京城，请李东阳校正，并手自编辑。三年，托宁国知府范吉刊刻《云林集》于宣城学宫。十一年，又亲自刊刻《南湖集》于大名府。对于贡氏三家诗文集的保存和流传，起了重要的作用。贡钦字符礼，明成化二十年（1484）进士、会元，曾任吏部文选清吏司员外郎、郎中，久掌选事，弘治八年，以罪调任大名府同知，后官顺德知府。有才情，善诗文，著有《湖亭集》。

[3] 陈崿：《贡文靖公云林诗集序》，见《贡氏三家集·贡奎集》卷首，长春，吉林文史出版社，2010，第13页。

此外，国内还有弘治本的抄本两部：南京图书馆藏为明抄本，卷1至卷3配清抄本，附清丁丙跋；国家图书馆藏为清初曹氏倦圃抄本。

2. 明万历十一年贡靖国重刊本

九十年后，明万历十一年（1583），贡氏裔孙贡靖国重新翻刻《贡文靖公云林诗集》。靖国伯祖吏部公，即是曾任吏部文选员外郎、首次编定《云林诗集》的贡钦，故靖国是贡奎的八世裔孙。靖国为诸生时，就喜好翻阅先祖诗文。任职刑部后，更反复诵习，"把玩不忍释手"。由于《云林》《南湖》二集"岁月寝久，旧本散失，讹复鱼鲁，心刺刺不忍也"，靖国遂于万历十一年"鸠工庀材，更为翻刻，以广其传。庶乎前人之美能彰，后人之盛可传也"。①

万历本《贡文靖公云林诗集》，据弘治范吉本翻刊，是贡奎诗集的第二次刊刻。该本行款是，半叶九行十八字，白口，四周单边。卷首范吉、陈嵦二序，卷末《附录》1卷，收贡奎遗文二篇，其后又附贡奎生平资料四篇，都与弘治本相同。两本的最大区别是，万历本将弘治本的6卷拆分成10卷，即原卷1分为卷1、卷2，卷2分为卷3、卷4，卷3分为卷5、卷6，卷4分为卷7、卷8，卷5改为卷9，卷6改为卷10，收录诗篇并无增减，编排次序亦无变动。② 万历本国内仅存一部，今藏国家图书馆。此外，南京图书馆藏清十万卷楼抄本一部，也是据万历本抄录，有丁丙跋文。

3. 清乾隆四十一年南湖书塾重刊本

清乾隆四十一年（1776），贡氏后人于宣城南湖书塾再次翻刻贡奎、贡师泰、贡性之三家诗文集，这是相隔近二百年后，贡奎诗集的第三次刊刻。南湖本《贡文靖公云林诗集》据万历本翻刻，也是正集10卷《附录》1卷，卷首范吉、陈嵦二序，《附录》后附传记资料四篇。首叶题"《云林集》，宣城贡仲章著，乾隆丙申年镌，南湖书塾藏板"；行款是半叶九行十八字，白口，左右双边；卷端标注"宣城贡奎仲章甫著，十房嗣孙重刻"。

---

① 贡靖国：《刻理官南湖先生集跋》，见《贡氏三家集·贡性之集》卷末，长春，吉林文史出版社，2010，第576页。贡靖国是贡氏后裔中，致力保存、刊刻先祖诗文集的第二功臣。他于万历十一年（1583），同时翻刻贡奎《云林诗集》、贡性之《南湖诗集》。因贡师泰《玩斋集》，已于嘉靖十四年（1535），由贡氏裔孙贡安国协助宁国府丞徐万璧、宁国府同知李默，将天顺沈性刊版修补重印，流传于世，所以靖国没有再翻刻《玩斋集》。靖国字玄忠，号洪山，万历二年进士，历任户部主政、刑部主政、员外郎、郎中、泉州知府、浙江盐运使司运使。万历二十年致仕，二十八年卒。南湖书塾本《贡理官南湖诗集》卷首，有贡靖国生平简述一篇。

② 参见本书附录九《贡奎〈云林集〉各版本分卷表》。

4. 清乾隆四十五年《四库全书》本

清修《四库全书》，据弘治本收录贡奎《云林集》，校呈时间是乾隆四十五年(1780)五月。四库本的变化是，书前只有四库提要与陈崟序，却删去范吉序；而且只有诗集 6 卷，未收《附录》；书后亦不附传记资料。

吉林文史出版社 2010 年出版校点本《贡氏三家集》，汇集《贡奎集》《贡师泰集》《贡性之集》三部别集。其中《贡奎集》的整理，即根据《云林诗集》的版本源流和各版本特点，选取明弘治三年范吉初刊 6 卷本为校点底本，① 而以明万历十一年贡靖国 10 卷重刊本、② 清乾隆四十五年文渊阁《四库全书》本为通校本，③ 同时，以清乾隆四十一年南湖书塾重刊本为参校本。④ 集外，还参考了元汪泽民、张师愚《宛陵群英集》、明曹学佺《石仓历代诗选》、清陈焯《宋元诗会》、清顾嗣立《元诗选》、清玄烨《御定佩文斋咏物诗选》《御定历代题画诗类》《御选宋金元明四朝诗·御选元诗》《御定渊鉴类函》等选集与类书。

校点本《贡奎集》还增设附录三种：附录一辑存贡奎集外诗四首、集外文五篇，以补《云林集》之未备；附录二汇集贡奎的传记资料五篇，方便读者知晓作者的生平；附录三收载后人题跋八篇，各依写作时间排序，以助读者了解《云林集》的版本及流传。

第二节　贡师泰与《玩斋集》

贡奎次子贡师泰，无疑是宣城贡氏最值得重视的家族成员。他是家族中在元朝职任最高、影响最大、遗存著作也最多的著名学者。他幼承家学，又师从吴澄，入读国子学，受到诸多元代中晚期大家的影响，很早即以文学知名。师泰有杰出的政治才能，所至政绩卓著，但是由于元朝统治者对南士的排斥以及元末战乱，他仕途坎坷，难以发挥才智。师泰一生诗文创作繁富，生前即编有多部文集，虽元末明初多有散佚，仍在元朝历史和文学史上具有较高的地位与影响。

一、生平与学术

贡师泰(1298~1362)，字泰甫，号友迁、玩斋、戾契、㓪㓪等。他

---

① 国家图书馆第 3603 号藏本。
② 国家图书馆第 12228 号藏本。
③ 台北，台湾"商务印书馆"影印清乾隆文渊阁《四库全书》本，1986。
④ 国家图书馆第 22767 号藏本。

幼承庭训，颖悟过人，三岁能诵诗，祖父曾叹为"吾家书厨"。① 仁宗延祐二年（1315），贡奎提举江西儒学，年未弱冠的师泰从行。时元代大儒吴澄适辞国子司业归居乡里，师泰受业其门，深得器重，曾中江西堂试第一。黄宗羲、全祖望《宋元学案》，也因此将师泰收入《草庐学案》，列为吴澄门人。延祐五年，贡奎入朝为翰林待制，师泰从至京师，英宗至治二年（1322），又以大臣荐进入国子学。是时，柳贯、虞集、揭傒斯、欧阳玄等相继为学官，师泰以"缙绅佳子弟出入诸老先生间"，②"讲明论议，涵濡渐渍，所得者深，所蓄者大"。③ 此时，师泰已展露了出众的文学才华，以"能诗文"而"有时名"，④ 尝作《傩神赋》，袁桷"大加赏叹，谓他日必秉文衡"。⑤

据朱镳《玩斋先生年谱》和《玩斋先生纪年录》，泰定元年（1324），贡师泰曾中江浙行省乡试。不过，刘中《户部尚书贡公历官事略》、揭汯《有元故礼部尚书秘书卿贡公神道碑铭》皆无记载；而且该年为会试之年，不当举行乡试，亦不见贡氏有参加会试的记录。直至泰定四年，师泰方在国子学以"积分及期，丁卯科李藻释褐榜登科，授从仕郎、泰和州判官"，以而立之年步入仕途。⑥ 释褐后，师泰并未离京赴任，两年后，又因父贡奎去世而丁艰。至顺三年（1332）服除，改徽州路歙县丞，仍未赴，江浙行省辟为掾史。然而，就职不过两年，顺帝元统二年（1334），在代表守旧蒙古贵族势力的权相伯颜主持下，中书省移文江浙、江西、湖广三行省，不得征辟本省士为掾属，已任者则要在三省之间对调，其他行省亦不得任用江南三省士人。对于这项旨在限制南士仕宦的不平等政策，贡师泰做出强烈反应。他上书丞相，指出"人材之生，无问南北，用材之

---

① 揭汯：《有元故礼部尚书秘书卿贡公神道碑铭》，见《贡氏三家集·贡师泰集》附录二，长春，吉林文史出版社，2010，第465页。
② 陈基：《友迁轩文集序》，见《陈基集》卷18，长春，吉林文史出版社，2009，今见《贡氏三家集·贡师泰集》卷首，长春，吉林文史出版社，2010，第164页。
③ 钱用壬：《玩斋诗集序》，见《贡氏三家集·贡师泰集》卷首，长春，吉林文史出版社，2010，第170页。
④ 余阙：《贡泰甫友迁集序》，见《青阳先生文集》卷4，上海，商务印书馆《四部丛刊续编》影印明刊本，1934，第8页；今见《贡氏三家集·贡师泰集》卷首，长春，吉林文史出版社，2010，第163页。
⑤ 揭汯：《有元故礼部尚书秘书卿贡公神道碑铭》，见《贡氏三家集·贡师泰集》附录二，长春，吉林文史出版社，2010，第465页。
⑥ 此年据刘中：《户部尚书贡公历官事略》、宋濂等：《元史》卷187《贡师泰传》；朱镳：《玩斋先生年谱》《玩斋先生纪年录》，载天历元年；揭汯：《有元故礼部尚书秘书卿贡公神道碑铭》在天历二年，恐误。贡师泰的上述5种传记文献，年代记载多有差异，今均见《贡氏三家集·贡师泰集》附录二，长春，吉林文史出版社，2010，第459～470页。

道，何分远迩"，举唐、宋南方名臣陆贽、张九龄、范仲淹、欧阳修、周敦颐、朱熹等为例，特别是本朝世祖在中书省和御史台都曾任用南士，证明这一政策的荒谬，"不惟远弃历代之嘉猷，实乃近变世祖之良法"。① 同时，他又毅然不从迁调，辞官不仕。至元三年（1337），贡师泰除翰林应奉文字、同知制诰、兼国史院编修官，首次入朝任职。但时隔不久，从兄师道亦入官翰林，师泰为避嫌辞任。迁奎章台典签，又以避父贡奎名讳辞官。遂南还宣城南湖，优游田里近七年，葺爱日亭，奉侍老母；置学田，养子弟之来学者；立义庄，赡宗族之无依者。至元末，又为母张氏服丧。由于两任不赴、二度服丧、三次辞官，所以在入仕第一阶段的十六年中，师泰虽曾五次受到任命，实际任职却不足三年，仕途极不顺畅，却也由此显示了贡氏重名节、有持守、不贪恋官职的高洁人品。

至正四年（1344），贡师泰服阕，出任江浙行省绍兴总管府推官，进入仕途的第二阶段。绍兴路下辖二州六县，地大民众，狱讼号称繁剧。而推官一职，专详审理刑狱。师泰虽以儒者出任，却"诚以本之，恕以推之，刚断以济之，公正以持之"，所以能够判决疑狱，平反冤案，使得"庭无滞讼，狱无冤囚，豪强慹服，善良赖以为安"。② 三年任满去官，士民挽留，省、台、宪府荐章交上。好友王祎为作《绍兴谳狱记》，详细记述其政绩。至正七年十一月，贺惟一（蒙古名太平）为中书左丞相，搜罗天下人才之有政誉者，贡师泰以治行为浙东西第一，得复召入朝为应奉翰林文字，参与修撰《后妃》《功臣》列传。九年，史事毕，迁宣文阁授经郎。五月，又扈从顺帝赴上京，兼经筵译文官，曾进讲"君子喻于义，小人喻于利"，反复于义利之辨。十年，迁翰林待制，俄兼经筵参赞官。又南下代元帝祭祀天妃，自直沽至漳州，凡十七所。十一年，代祀事竣，未还，道拜国子司业，"诸生闻公之至，欣悦倍常"。③

至正十二年三月，元顺帝接受太师右丞相脱脱建议，下诏："南人有才学者，依世祖旧制，中书省、枢密院、御史台皆用之。"④于是首用贡师泰为吏部郎中，未几，改拜监察御史，分巡上京，平反疑狱。《元史·贡师泰传》云："自世祖以后，省、台之职，南人斥不用，及是，始复旧

---

① 揭汯：《有元故礼部尚书秘书卿贡公神道碑铭》，见《贡氏三家集·贡师泰集》附录二，长春，吉林文史出版社，2010，第466页。
② 王祎：《绍兴谳狱记》，见《王忠文公文集》卷11，明嘉靖张斋刊本，1522，第31页；今见《贡氏三家集·贡师泰集》附录二，长春，吉林文史出版社，2010，第453页。
③ 揭汯：《有元故礼部尚书秘书卿贡公神道碑铭》，见《贡氏三家集·贡师泰集》附录二，长春，吉林文史出版社，2010，第466页。
④ 宋濂等：《元史》卷42《顺帝本纪五》，北京，中华书局，1976，第3册，第896页。

制,于是南士复得居省、台,自师泰始,时论以为得人。"十三年,江淮各地爆发反元起义,京师粮食不足。顺帝遣太师右丞相脱脱南征,下诏赦免起义百姓,促使归顺。师泰以吏部侍郎奉使宣喻,并携内帑钱和籴于湖州等路。他不经地方官吏散敛,听任百姓有储粟者自行陈籴,又增粮价2/10,且先付钱,后纳粟,未越月,即得粮六万余石,供给京师。杨维桢撰《吏部侍郎贡公平籴记》,记载其事。① 改兵部侍郎,巡视整饬京师至上都十三处驿站。当时富者倚权势荫蔽,贫者无援日困。师泰不受请托,历究病原,验富贫,均徭役,使豪贵慑服,数十郡贫困驿户得以苏息。十四年,复出巡涿州、良乡等七驿,均平允当如前。转都水庸田使,再次和籴平江等路,得军储一万石,逾月而事集。

  自至正四年任绍兴路推官,至十四年为都水庸田使,贡师泰仕途的第二阶段较为顺畅,成为元世祖之后首位出任中书省和御史台的南士。他也不负众望,虽迁转频繁,职任变化颇大,却能在审理刑狱、教育诸生、整顿驿站、和籴粮储诸方面都做出显著成绩,表现出卓异的政治才能。《贡公神道碑铭》曰,师泰"为政外严内宽,不苛不弛,有古良吏之风",《元史》云其"于政事尤长,所至绩效辄暴著",实非虚誉。

  至正十五年正月,罢都水庸田使,贡师泰除江西湖东道肃政廉访副使,寻升福建闽海道肃政廉访使,六月之任。十月,以礼部尚书召。十一月,又改任平江路总管。时因战乱,海运不通,京师粮食匮乏。元朝设立分海道防御运粮万户府于平江路,希望征集江南粮食,以供给京城。师泰改任平江路总管,或出于他在吏部侍郎、都水庸田使任上擅长和籴的考虑。然而,十三年五月在淮南起兵反元的张士诚,已经先后攻占泰州、高邮、泗州等地,进逼长江。长江南岸的平江路已岌岌可危。有人为师泰安危担忧,劝他"宜迟迟其行",以观时势变化。师泰却以"上命也"而不从,于十二月二十八日就任。② 果然,十六年初,张士诚因淮东饥荒,遣军由通州渡过长江,入常熟,正月三十日即攻陷平江,又连陷湖州、松江、常州诸路,并改平江为隆平府,建都于此。贡师泰官属溃散,怀印与推官俞节欲赴水死义,遇渔人营救,遂隐居吴松江上一年多,寓钓台书院山长吴野(字景文)家,改易姓名为端木氏以避祸,并作《幽怀

---

① 杨维桢:《吏部侍郎贡公平籴记》,见《东维子文集》卷13,上海,商务印书馆《四部丛刊》影印鸣野山房抄本,1929,第1~3页;今见《贡氏三家集·贡师泰集》附录二,长春,吉林文史出版社,2010,第455页。

② 揭汯:《有元故礼部尚书秘书卿贡公神道碑铭》,见《贡氏三家集·贡师泰集》附录二,长春,吉林文史出版社,2010,第467页。

赋》以自见。这篇重要文献，直至明嘉靖七年（1528）宁国知府沈性重编贡师泰诗文集时，尚保存在贡氏裔孙贡钦处。遗憾的是，沈性因此赋"词意颇不类"，可能是对明朝廷有所违碍，未编入《玩斋集》，而是"归之钦，俾自录入家集"，① 以致未能流传后世。否则，元末浙东的历史情景，贡氏当时的境遇心态，读者可以得到更为深切的理解。

至正十七年八月，张士诚归降元朝，贡师泰得以归印江浙行省。十月，行省丞相达识帖睦迩因平江失守并非师泰之过失，以便宜除两浙都转运盐使。师泰就职，即剔除积弊，使奸贪慑服，盐法流通，以资国用。次年八月，又升江浙行省参知政事，到署未阅月，即庶务毕举。不过，此二任皆非元朝直接除授，只是江浙丞相承制所任，故师泰虽尽力职守，却并不合其志趣。

至正十九年正月，为缓解京城粮食困境，廷议罢福建都转运盐使司，设置提举司，起贡师泰为户部尚书，分管以福建、广东盐易米，自海路漕运直沽。在元末各地战乱的情况下，要完成这样的使命是非常困难的。师泰本人也充分意识到这一点，不过，他还是毅然接受任命，一面上书中书省，申明："闽中山多田少，以盐易米，故为便益。福建只恐盐有余而米不足，民将不堪，财竭力尽，人心离散。"提醒当政，此事只可权宜，不能久行；一面自杭州出发赴任。由于道路受阻，师泰在海宁滞留七个月，其年冬，留眷属于海宁，始经会稽、上虞、鄞县，浮海抵达福州。其时舆论多言不便，官仓存盐不满百引，福建郡县又多为起兵者割据，虽名义上禀命行省，而政令难以施行。在这种艰困的情况下，师泰"剪刈魁奸，搜剔宿蠹，分遣僚属，晓喻客商，严制以断私贩，分隔立局以便民食"，居然"逾月，得米五万余石，先漕京师"。② 同时，他再次上书中书省，指出福建已经盗贼充斥，绝无商贾，而且境内素非产米之地，恳切地说明以闽盐易米漕运京师不利于行省治安。然而，元朝当时急需粮食，至于福建的民生与安定，已非当政所及。故二十年九月，元朝以笃列图代任户部尚书。师泰立即退出官邸，出居福州城西香严寺，谢绝有司俸廪，筑高风台、鸣凤亭，日与诸生讲明道德性命之要。二十一年九月，元朝以秘书卿召贡师泰还朝，并命福建行省还其所辞俸禄。又由于福建战乱，次年夏始离福州北上，七月抵达眷属寓居的浙江海宁，十月

---

① 沈性：《玩斋集拾遗编后识》，见《贡氏三家集·贡师泰集》拾遗卷后，长春，吉林文史出版社，2010，第439页。
② 揭汯：《有元故礼部尚书秘书卿贡公神道碑铭》，见《贡氏三家集·贡师泰集》附录二，长春，吉林文史出版社，2010，第467页。

十日即因病去世。

由至正十五年任福建闽海道肃政廉访使，至二十二年病卒，贡师泰仕途的第三阶段历经坎坷。平江路总管将及一月，即城陷出逃，不得不避居吴松近两年。两浙都转运盐使与江浙行省参政二任，又皆出于行省便宜除授，不能真正施展才干。以户部尚书分漕闽广不足一年，又值战乱频仍，民生凋敝，只能出于权宜，勉力而为，并不能做出根本的调整。所以，尽管师泰有杰出的政治才能，却既不能得到朝廷的充分信任，更无力挽回元社将屋的颓势，年仅六十五，即以瘴疠卒于海宁寓所。门生朱鏸编纂《玩斋先生年谱》与《纪年录》，刘中作《贡公行状》，秘书少监揭汯撰《贡公神道碑铭》，记载师泰世系、历官、行事。明洪武初修《元史》，亦于卷 187 收录《贡师泰传》。

贡师泰的学术贡献主要在两方面：其一，他两度担任学官，热衷士子的教育和举用。至正九年为宣文阁授经郎，负责训育功臣子孙，师泰师道甚严，受到三宫赏赉。至正十一年任国子司业，"在监一年，深厌时望"，① 还捐献自己的俸禄，并节约浮费，积累赀材，增"广学舍六十间以及诸生宿处"。② 即使转任他职，师泰于政事之暇亦不忘开门授徒，直至辞世。《神道碑铭》称其"笃淳温厚，乐易可亲，所至之地，学者云集，虽在官次，教亦不倦，前后受业于门者，凡数百人"。《元史》亦赞之"尤喜接引后进，士之贤，不问识不识，即加推毂，以故士誉翕然咸归之"。师泰还多次出任科举考官。至正四年为江浙行省乡试考试官，"得士最盛"。十三年参考大都乡试，"门弟授业者益众"。③ 二十二年主考福建行省乡试，"榜中再举、三举之士过半，尤为士论所归"。④ 此外，据《神道碑铭》，师泰还曾担任国子学公试和会试考官。至正十九年，江浙行省移请主考乡试，师泰因出任户部尚书将督漕闽广而弗就。但他看到由于战乱道路不通，乡试举人赴京参加次年春季会试不便，即建议行省将乡试时间由八月提前到四月，以便贡士可以在五月趁海道风汛入京，受到行

---

① 揭汯：《有元故礼部尚书秘书卿贡公神道碑铭》，见《贡氏三家集·贡师泰集》附录二，长春，吉林文史出版社，2010，第 466 页。
② 朱鏸：《玩斋先生年谱》，见《贡氏三家集·贡师泰集》附录二，长春，吉林文史出版社，2010，第 461 页。
③ 刘中：《贡公历官事略》，见《贡氏三家集·贡师泰集》附录二，长春，吉林文史出版社，2010，第 464 页。
④ 揭汯：《有元故礼部尚书秘书卿贡公神道碑铭》，见《贡氏三家集·贡师泰集》附录二，长春，吉林文史出版社，2010，第 468 页。福建原属江浙行省，元末战乱，曾设置福建行中书省，并于至正十九年初设福建乡试，于本地士人与江西流寓士人中，每届考选贡士十五名。

省丞相赞可，并转奏朝廷。其后，各省皆仿例施行。

其二，贡师泰著作颇丰，有经学注释，亦有多部诗文集。师泰出身世家，夙承家学，又曾从游吴澄，入读国子学，受到袁桷、柳贯、虞集、揭傒斯、欧阳玄等元中晚期大家影响。在经学上，其父贡奎以礼学为主，生前多次担任礼官，预定典礼，晚年曾"粹撷诸礼书为一家言，未就而卒"。① 师泰早年主治何经，史文阙载。但据《年谱》，他在国子学时已"改治《诗经》"，著作亦有《诗补注》20 卷。② 可惜，这部《诗经》注释未见刊刻流传。不过，贡奎之学虽"于经子史传无所不治"，③ 实以文学名家。师泰也并不以经学闻世，而是以诗文创作为主要成就。贡氏自入国学，即以能诗文著称，"平生所为诗文"众多，"亡虑数千百篇"，生前即编有《友迁集》《玩斋集》等多部诗文集。虽经元末战乱，"图书散失"，"文稿存者十亡一二"，④ 仍具有重要价值。贡氏诗文集的元代诸家序，如王祎、钱用壬、杨维桢等，多从元代诗文的发展，探讨其成就与地位。评价其文章"严密清丽，闲深典实"，足以成一家之言；⑤ 诗则格律高雅，清虚简远，得于自然，继虞集、杨载、范梈、揭傒斯元四大家之后，"可谓挺然晚秀"，⑥ 充分肯定了贡师泰在元代文学史上的地位与影响。

二、师泰诗文的元代编集

贡师泰生前，曾多次编录自己的诗文，据李国凤《贡礼部玩斋文集序》、刘中《贡公历官事略》、揭汯《贡公神道碑铭》与元代诸家序文，先后

---

① 李黼：《故集贤直学士奉训大夫贡公行状》、马祖常：《皇元敕赐故集贤直学士赠翰林直学士太中大夫文靖贡公神道碑铭》，见《贡氏三家集·贡奎集》附录二，长春，吉林文史出版社，2010，第 135、137 页。

② 揭汯：《有元故礼部尚书秘书卿贡公神道碑铭》，见《贡氏三家集·贡师泰集》附录二，长春，吉林文史出版社，2010，第 468 页。

③ 马祖常：《皇元敕赐故集贤直学士赠翰林直学士太中大夫文靖贡公神道碑铭》，见《石田先生文集》卷 11，第 11 页；元后至元扬州路儒学刊本，1339，今见《贡氏三家集·贡奎集》附录二，长春，吉林文史出版社，2010，第 136 页。

④ 钱用壬：《玩斋诗集序》，见《贡氏三家集·贡师泰集》卷首，长春，吉林文史出版社，2010，第 170 页。

⑤ 参见揭汯：《有元故礼部尚书秘书卿贡公神道碑铭》，见《贡氏三家集·贡师泰集》附录二，长春，吉林文史出版社，2010，第 468 页；王祎：《贡师泰文集序》，见《王忠文公文集》卷 6，明嘉靖张斋刊本，1522，第 26～28 页；今见《贡氏三家集·贡师泰集》卷首，第 166～167 页。

⑥ 参见黄溍：《贡侍郎文集序》，见《金华黄先生文集》卷 19，第 8～9 页；杨维桢：《贡师泰诗集》；二文今见《贡氏三家集·贡师泰集》卷首，长春，吉林文史出版社，2010，卷首，第 165～166、171 页。永瑢等：《四库全书总目》卷 168《玩斋集提要》，北京，中华书局，1965，下册，第 1451～1452 页。

有《蛴窈集》《友迂集》《玩斋集》《奭㚟集》《东轩集》《备万轩集》《闽南集》《三山稿》《玩斋诗集》《玩斋文集》等多部结集。其中《蛴窈集》至《三山稿》，多是不同时期作品的分别结集，集名或取自作者书斋、自号，或是寓居、任职之所；而《玩斋诗集》与《文集》，则是晚年荟萃诸作的诗文全集。

《蛴窈集》，是有资料记载的贡师泰第一部诗文集。至元三年，师泰自翰林院、奎章阁避嫌辞官，南归宣城南湖养母，六年，又以母卒服丧，直到至正三年服阕，擢绍兴路推官。在长达七年的时间里，师泰曾筑蛴窈、鹨适、粟中春等作为宴息之所，友人王祎为撰《鹨适轩记》，描述其闲适的乡居生活和淡散的处世心态。① 《蛴窈集》的编者与收录情况今虽不详，但据集名，应是师泰南湖时期的作品辑存。

至元三年，贡师泰首次入朝为应奉翰林文字，时青阳余阙亦任职京师，两人以天性迂阔而结为好友。至正八年，师泰再次入朝任翰林应奉，余阙适为翰林待制。阔别十年后再度相逢，余阙惊叹师泰"别后所为诗文甚富，且大进益"，遂以"友迂"为宗旨作序。② 师泰亦取友迂名轩。门生豫章涂贞，为编《友迂轩文集》，收录师泰此期诗文。至正十四年，师泰任都水庸田使者至吴和籴，寓居平江的临海学者陈基见到这部《友迂集》，亦为之作序。

至正十一年，贡师泰拜任国子司业，僦屋京师仁寿坊之北委巷之中，"室中唯砖床木榻几研，揭伏羲《先天六十四卦圆图》于壁，虚其中之方，以示环中之妙，而《河图》《洛书》、周子《太极》诸图，悉列而陈之。经籍之外，无他长物"。新安程文"以君之好读《易》也，请名曰玩斋"，并作《玩斋记》以述之。师泰亦自号"玩斋生"。③ 门生会稽何升，编其诗文为《玩斋集》，有至正十五年翰林侍讲黄溍、金华王祎、监察御史危素三序，其中危素序今已不存。

至正九年贡师泰任宣文阁授经郎时，邯郸赵赘"始至京师，以诸生礼见，得执笔墨承事左右"，于师泰著作曾"饫观而熟味焉"。十五年六月，师泰就任闽海道肃政廉访使，赵赘又随从南行，"暇日辄窃录其歌诗数百篇，藏诸箧笥。门生乃穆泰、阳绸、桂郁、郑贯等，请刻梓以传"，赘遂于十一月序以传之。与以往各集不同，赵赘编序的《玩斋诗集》，只是贡

---

① 王祎：《鹨适轩记》，见《王忠文公文集》卷11，明嘉靖张斋刊本，1522，第19～20页；今见《贡氏三家集·贡师泰集》附录二，长春，吉林文史出版社，2010，第451页。
② 余阙：《贡泰甫友迂集序》，见《贡氏三家集·贡师泰集》卷首，长春，吉林文史出版社，2010，第163～164页。
③ 程文：《玩斋记》，见程敏政：《新安文献志》卷15，明弘治刊本，1497，第4页；今见《贡氏三家集·贡师泰集》附录二，长春，吉林文史出版社，2010，第454页。

氏的诗歌选集，而非特定时期的作品集，"若夫朝廷之制作，金石之纪载，则具有全集在焉"。① 所谓"全集"，当指《友迁》《玩斋》等以往编辑的贡氏诗文集。

至正十六年正月，张士诚攻陷平江。刚刚就任总管的贡师泰避居吴松，改易姓名以避祸，自号庪契子、㚻㚻翁。庪契，又作"㚻㚻"，本意为头倾侧貌，用以比喻曲折倾斜，又有名节不正之意，正是师泰此时心境的真实写照。《㚻㚻集》，当是避祸期间师泰的诗文结集。

至正十七年八月，张士诚归降元朝，十月，行省左丞相达识帖睦迩以便宜除贡师泰两浙转运盐使，次年八月，复升江浙行省参知政事。二任皆非贡氏之志。十八年程文《东轩集序》云："先生脱吴门之难，栖迟海上者三年，益得肆其问学之功。及丞相迫起之，不得已为两浙运使，才志又不得以大展。则抑遏隐忍，以就笔砚之末，载其道于书"，遂成《东轩》《备万轩》二集。"故其陈义之高，属辞之密，深厚尔雅，又非前日《友迁》《玩斋》之比矣！"② 东轩在杭州路学，是师泰任两浙转运盐使时的寓所。备万斋位于杭州新门外，原是徐氏旧宅，师泰为浙省参政时佣居于此，虽木床瓦灶，四壁空无长物，却大书"备万"题颜，且自撰《备万斋记》述其寓旨。③

至正十五年，贡师泰曾任福建闽海道肃政廉访使。十九年正月，又以户部尚书监督漕运，次年初抵达福州，同年九月罢尚书后，又移居城西香严寺，筑高风台、鸣凤亭以娱情，教授诸生为务，直至二十二年七月以秘书卿返回海宁。凡二度居闽，将近三年。《闽南集》《三山稿》，即是师泰晚年居留福建时的诗文集。三山是福州之别称，以州城中有九仙、闽山、越王三山而得名。

贡师泰诗文虽有多次编集，然而，由于频繁的仕历迁转和战乱流徙，先前编定的诗文集已有大量散佚。所以，赴闽前后，师泰门生又对其诗文作了重新整理和编录。至正十九年春夏，贡师泰留居海宁，等待南下福州。桐川钱用壬日陪杖屦，请为编定诗文集。师泰喟然叹曰："自丧乱以来，图书散失，吾文稿之所存者十亡一二。今吾老矣，追思盛年之所作，殆不可复已。然吾胸中之耿耿者犹在，虽孤客远寓，而感时抚事，

---

① 赵赟：《贡礼部玩斋文集序》，见《贡氏三家集·贡师泰集》卷首，长春，吉林文史出版社，2010，第167页。
② 程文：《贡泰甫东轩集序》，见《贡氏三家集·贡师泰集》卷首，长春，吉林文史出版社，2010，第168页。
③ 贡师泰：《备万斋记》，见《贡氏三家集·贡师泰集》卷7，长春，吉林文史出版社，2010，第308页。

未尝不形之咏歌也。"用壬"因发箧中所藏(诗歌),前后得四百余篇,亟欲类之成帙",却因"适有校艺江浙之行"而不果。① 此时,上虞谢肃正从学师泰,"说经之暇,间授以作文赋诗之法",遂"退取先生诗文之稿而读焉,见其名《友迁》者,则武威余公序之;名《玩斋》者,则金华黄公序之;名《东轩》者,则新安程公序之。其论夫行于今而传于后者,何其详且备耶!然考其卷帙,则错乱无几,问之先生,则知皆残缺遗亡于流离患难之余矣"。肃于是"亟与新安胡彦举、钱唐刘中、海昌朱鏸力加搜访,或索之记忆,或求之卷册,或录之金石,得古赋、歌诗、论辨、书启、记序、表状、碑志、赞颂、杂著凡若干卷,而学者犹以未之快睹为慊焉。于是先取诗歌大小三百余篇,缮写成帙,题曰《玩斋诗集》"。② 同年五月、八月、九月,谢肃、钱用壬、杨维桢先后作序。其后,贡师泰入闽任户部尚书,及落职留寓福州,门生刘中、郑桓等又着手编录师泰文集。"以其平日所著曰《友迁》、曰《玩斋》、曰《奥窔集》、曰《东轩》、曰《闽南》等集,类而成编"为《玩斋文集》,③ 于至正二十一年四月,请治书侍御史兼经略史山东李国凤撰序。

至正十五年,何升、赵贽曾分别编辑《玩斋集》与《玩斋诗集》。不过,前者是师泰任国子司业前后的诗文结集,后者只是诗歌选集。而至正十九年、二十一年编定的《玩斋诗集》和《玩斋文集》,则打破以往对各时期诗文的分别结集,将劫后遗存的贡氏诗文重新汇录整理,按诗文体裁统一合编。这是师泰生前,对其一生诗文创作的全面总结,次年十月,贡氏即卒于海宁寓舍。

三、《玩斋集》的版本源流

据刘中《户部尚书贡公历官事略》,师泰"《玩斋诗集》《友迁斋文集》《蠙窍集》《备万轩集》《东轩集》《三山稿》,皆次第刊行于世",即元代编纂的贡氏诗文集,曾有刊刻流行。不过,这些刊本均未能保存至今,刊刻情况也少有记载。后世流传的贡师泰集,并非元代诸编,而是源自明天顺七年沈性重新辑录的《贡礼部玩斋集》。

---

① 钱用壬:《玩斋诗集序》,见《贡氏三家集·贡师泰集》卷首,长春,吉林文史出版社,2010,第170页。
② 谢肃:《贡礼部玩斋文集序》,见《贡氏三家集·贡师泰集》卷首,长春,吉林文史出版社,2010,第169页。
③ 李国凤:《贡礼部玩斋文集序》,见《贡氏三家集·贡师泰集》卷首,长春,吉林文史出版社,2010,第172页。

1. 明天顺七年沈性重编本

沈性字士彝、克徇，号砥轩，绍兴会稽（浙江绍兴）人，明代宗景泰二年（1451）进士。据沈性《重刊贡礼部玩斋集序》，性幼时，其父裕庵曾手抄贡师泰《友迁集》教之，壮年师从豫章罗孟维，又得读《东轩集》，每以不获睹全集为恨。英宗天顺元年（1457），沈性就任宁国知府，属县宣城恰为师泰桑梓，遂从贡氏裔孙贡武、贡钦得所藏《玩斋稿》并《年谱》，然已"首尾脱落，仅得诗文若干首，余无存者"。沈性"于是博求之，大家世族卷轴之所题识，名山胜地碑版之所传刻，又得诗文若干首。合前二集，汇而萃之，各以类从，列为十有二卷"，"为诗、赋、序、记、传、说、箴、铭、赞、颂、问、辨、题跋、碑、铭、志、表、杂著，共六百五十三首。又有《序文》《年谱》，别自为一卷"，"总题之曰《贡礼部玩斋集》"，[①] 于天顺七年（1463）刻之宣城学宫，并作序文说明编刻缘起。在《玩斋集》刊刻过程中，贡钦又从敝箧中搜得师泰遗稿，诗文共81首。沈性仍为校定编录为《拾遗》1卷，刊附《玩斋集》正集之末，复作《后识》一篇，附于该卷之后，记述《拾遗》的编刊与内容。

由此可知，沈性本《贡礼部玩斋集》，只是《友迁》《东轩》二集与晚年编录的《玩斋集》残稿，以及明代重新辑录诗文的重编，远不是贡师泰诗文的全部。经过元末战乱的残损，和明初近一百年的流失，贡氏诗文已经有了大量散佚。尽管如此，沈性本仍是现今传世的《玩斋集》各种刊本、抄本的祖本，对师泰诗文的保存流传起到重要的作用。沈性本《玩斋集》清代尚有流行，常熟张丰玉即有藏本，张金吾爱日精庐曾借以补抄宋宾王手校清抄本的脱文。但据《中国古籍善本书目》，天顺刊本国内各图书馆均未见收藏，海外亦不见著录，疑已不存。

2. 明嘉靖十四年徐万璧补版重印本

明嘉靖十四年（1535），建安人李默出任宁国府同知，编纂《宁国府志》，庠生贡安国典司纂辑，而安国亦为贡氏后裔。[②] 其时，《贡礼部玩斋集》锓梓已将近八十年，刊"板逸者十之三四"，"存者中亦多模糊蠹蚀，艰为全书"。[③] 李默遂商议于宁国府丞西蜀徐万璧，据贡安国家藏《贡礼部玩斋集》全本，将原刊版修补重印，各卷之首标注"宛陵贡师泰著，会

[①] 沈性：《重刊贡师泰集序》，见《贡氏三家集·贡师泰集》卷首，长春，吉林文史出版社，2010，第162页。

[②] 贡安国字玄略，号受轩，师泰七世裔孙，曾任九江府湖口县学谕。

[③] 徐万璧：《补刊贡礼部玩斋集后识》、李默：《贡礼部玩斋集跋》，见《贡氏三家集·贡师泰集》附录三，长春，吉林文史出版社，2010，第471~472页。

稽沈性编"，徐万璧、李默各作跋语附于全书之末，说明嘉靖本的情况，并考订作者生平。

徐万璧嘉靖补版重印本，国家图书馆、北京大学图书馆、武汉大学图书馆、南京图书馆（卷1、8、9配清抄本）及日本静嘉堂文库各有藏本。按沈性序与《拾遗》跋语，天顺本《玩斋集》12卷，收录师泰各体诗文，又有《序文》《年谱》，别为1卷，编定后又补《拾遗》1卷，似乎全书14卷。然今检嘉靖补刊本，则正集诗文仅10卷，即卷1赋、五言古诗，卷2七言古诗，卷3五言律诗，卷4七言律诗，卷5五言绝句、七言绝句、五言排律，卷6序，卷7记，卷8传、说、问、戒、铭、赞、题跋、偈、祭文，卷9碑，卷10墓志铭、墓表；《序文》《年谱》置于卷首，《拾遗》附于正集之后，凡12卷。沈性本今虽不可见，然徐万璧本是据沈性本原版重印，只是对已经漫漶毁损的刊版加以修版补刻，并非重编、重刊，徐万璧、李默跋文中亦无说明，则二者的卷帙似不应有差。可见，沈序所云《玩斋集》12卷，即是包括卷首、正集和《拾遗》的全部卷帙而言。

沈性本与徐万璧本，在收录贡师泰诗文篇目方面并无区别。沈性序、跋云，《玩斋集》正集诗文653首，《拾遗》诗文81首。今核徐万璧本，正集收录诗370题462首，文198首，共660首，比沈序所云多7首。《拾遗》收录诗49题71首，文10首，共81首，与沈跋正合。不过，徐万璧本的目录比正文脱漏诗文篇目7首，而徐本目录又源自沈本目录，则沈性序篇数少于徐本实际收录的7首，或即由目录与正集的差异产生，而非徐本比沈本增补了7篇，否则，徐万璧或李默的跋文中，应该有所说明。

贡师泰诗文集的序文众多，除明天顺七年沈性《重刊贡礼部玩斋集序》外，都是元代各编的序文。徐万璧本依据沈性本，在《玩斋集》卷首，收录杨维桢、赵贽、钱用壬、谢肃、李国凤、王祎、余阙7篇元人序，而于卷末《拾遗》之后，又收录黄溍《贡礼部玩斋集后序》1篇，凡元代8序。核诸典籍，师泰集尚有新安程文序、临海陈基序和临川危素序3篇。程文《贡泰甫东轩集序》，在此后的南湖本、清抄本、四库本《玩斋集》中已被收录。陈基《友迁轩文集序》，今见《夷白斋稿》卷18。《玩斋集》未加收录，或许是因为陈基在元末出仕张士诚政权，官至学士院学士。张氏虽曾一度归顺元朝，但其后又自立为王，于元朝为叛逆，故《玩斋集》特意摒弃陈基序不录。危素为师泰集作序，见于赵贽序文，《玩斋集》未收录，危素文集亦不载，今已不传。

沈性本《玩斋集》卷首，还收录贡师泰传记资料2篇，即师泰门生朱鏒所撰《玩斋先生年谱》《玩斋先生纪年录》。徐万璧本又增补《元史本传》和揭汯《有元故礼部尚书秘书卿贡公神道碑铭》2篇，凡4篇。

在明天顺沈性重编本与嘉靖徐万璧补版重印本之后，根据邵懿辰《增订四库简明目录标注》及邵章《续录》，《贡礼部玩斋集》又有明活字本、余姚史元熙重刊本、海昌桃源朱氏刊本等版本。清乾隆年间，宋宾王曾借明活字本校订自己的清抄本。不过，上述各本今皆不见收藏，故不知其详。

3. 清乾隆四十年南湖书塾重刊本

清乾隆四十年(1775)，贡氏十房裔孙在故里宣城南湖书塾重刊贡师泰集，且在各卷之首，都标注"宣城贡师泰著，会稽沈士彝编，十房裔孙重刻"，说明南湖本也是根据沈性重编本翻刊的版本。然而，南湖本与沈性本、徐万璧本在书名、卷帙、收录诗文等方面，都有很多差异。南湖本书名改称《贡尚书玩斋集》，以与明代的刊本相区别。卷帙上，南湖本虽然也依从沈性本，将师泰诗文分为10卷，却将《拾遗》1卷拆散，把诗文按文体分别插入10卷正集之中。如将《题张平章凝香阁》等5诗，附入卷1五言古诗之末；将《玄石歌次彦昭金宪韵》等5诗，附入卷2七言古诗之末，将《北堂诗序》等3文，附入卷6序文之末等。这样，南湖本就削去《拾遗》1卷，而只有《玩斋集》10卷《附录》1卷了。

收录贡氏诗文方面，南湖本虽云根据沈性重编本，实际却是有所增补，亦多有脱漏。增补者，凡诗10题11首。如南湖本卷2增补《赵子昂吹箫美人图》诗1首，卷4增补《客夜书怀》《麻姑观》等诗2首；卷5之末，又特增刊《补遗》数叶，补录《送顾仲庄之海北》《送刘彦明从经略使还》等诗7题8首，其中6诗辑自清顾嗣立《元诗选》。脱落者，则有诗11题15首，文32篇。如南湖本卷1脱漏《题舒经历澹斋》等诗5首，卷5脱漏《赠吕梁老兵》等诗3题4首；即使分文体插入各卷的《拾遗》，也脱漏《会饮香严寺次李治书韵三首》等七言律诗3题6首。文章，则卷6脱漏《董母孝节诗集序》等序文4篇，卷8脱漏《题新安张吴先世碑后》等题跋3篇，卷9脱漏《重修定水教忠报德禅寺之碑》等碑文2篇；特别是卷10，原有墓志铭27篇、墓表1篇，南湖本仅存卷首5篇墓志，自《元故处士夏君墓志铭》以下23篇墓志铭、墓表全部脱落。此外，全书卷末，还阙漏了沈性《拾遗编后识》和徐万璧嘉靖十四年跋文，而所刊李默《贡礼部玩斋集跋》，也多有脱文。这说明，南湖本依据的沈性重编本，并非全本，已经有严重的阙佚。

南湖本《贡尚书玩斋集》的卷首，亦与沈性本、徐万璧本有极大的不同。在序文部分，南湖本除收入明沈性重刊序，元杨维桢、赵贽、钱用壬、谢肃、李国凤、王祎、余阙诸序外，另补入元程文《贡泰甫东轩集序》，却遗失了原在全书之末的黄溍《贡礼部玩斋集后序》。而在传记资料部分，南湖本遗漏了沈性本原有的朱鏒《玩斋先生年谱》与《玩斋先生纪年录》两篇，而保留了徐万璧本增加的《元史本传》和揭汯《贡公神道碑铭》。此外，南湖本又辑录贡师泰的相关文献十余篇，增补在《玩斋集》卷首。如摘抄清《御制五伦书》《元史续编》《续资治通鉴纲目》《大学衍义补》《宁国府志》《海宁县志》中的相关记载，又节录元人记录师泰事迹的文献，如杨维桢《吏部侍郎贡公平籴记》、王祎《绍兴谳狱记》及刘中《户部尚书贡公历官事略》，丰富了《玩斋集》作者的生平资料。

　　南湖本失刊的诗文，民国中傅增湘曾作过校补。国家图书馆善本室藏有傅增湘校跋之南湖本《贡尚书玩斋集》一部，卷首，傅氏抄补南湖本未收的《玩斋先生年谱》与《玩斋先生纪年录》2文；卷10《贞素先生墓志铭》之后，抄补南湖本该卷脱刊的《元故处士夏君墓志铭》以下墓志铭、墓表23篇；全书之末，抄补南湖本卷9失载的《重修定水教忠报德禅寺之碑》与《佛智普惠禅师碑》（二文混为1篇），以及《拾遗》中脱漏的七言律诗3题6首；又补抄沈性《拾遗编后识》，并过录清代藏书家吴骞的跋文。①不过，傅增湘亦有误补之处。如己巳年（1929），傅氏自"范氏也趣轩钞本《元人小集》中寻出"《姑苏台》等10首诗，作为"贡玩斋佚诗"，补入南湖本卷2七言古诗之末；并于卷首之后的跋文云："海盐范邢村钞本，七古内有《姑苏台》《章华台》《朝阳台》《黄金台》《戏马台》《歌风台》《望思台》《铜雀台》《凤皇台》《凌歊台》各篇，此本失载，别抄附入。"②实际上，这一组《十台怀古诗》的作者并非贡师泰，而是元至正初以礼部郎中致仕的吴师道，收录在《吴礼部文集》卷4。《元人小集》误以吴师道《礼部集》诗，收入贡师泰集，傅增湘遂相沿致误。

　　4. 清乾隆四十一年《四库全书》本

　　清乾隆修《四库全书》，集部别集类亦收录贡师泰《玩斋集》，编卷和内容全同于沈性本，依然是正集10卷、《拾遗》1卷。书首收存明沈性序和元代杨维桢、赵贽、钱用壬、谢肃、李国凤、王祎、余阙、程文序文8篇；《附录》则只有朱鏒《玩斋先生年谱》《玩斋先生纪年录》两篇，而且位置从卷首移置书末。书首冠以四库提要，校上的时间是乾隆四十一年

---

① 吴骞跋，原见国家图书馆藏0652号清抄本《贡礼部玩斋集》残卷之末；今见《贡氏三家集·贡师泰集》附录三，长春，吉林文史出版社，2010，第473页。
② 分见国家图书馆藏傅增湘校跋《贡尚书玩斋集》卷2、卷首。

(1776)十月。

5. 明清诸家抄本

贡师泰《玩斋集》还有较多的私家抄本传世，仅国家图书馆就有明抄本1种、清抄本7种，其中全书5部，残本3种。明祁氏澹生堂抄本，是今存《贡礼部玩斋集》的最早抄本，可惜该本卷帙不全，仅存4卷。在诸多的清抄本中，以国家图书馆藏3617号清抄本《贡礼部玩斋集》较为精善。该本卷首标注"后学会稽沈性编校，后学蕲阳李猷刊"，原抄并不完整，卷首序文有脱页；传记资料仅《玩斋先生年谱》1篇，而无《纪年录》《元史本传》及《神道碑铭》；书后亦无徐万璧、李默跋文。正集卷帙虽全，但卷中诗文脱抄甚多。如卷1脱漏《题舒经历澹斋》1诗，卷3漏抄《送偰元鲁应奉代祠海岳》等诗10题14首，卷4脱略《送台典张子诚辟山北宪史》1诗，卷5脱落《野浦归舟图》等诗5题9首，卷7脱去《终慕庵记》等记文3篇，《拾遗》亦漏抄《会饮香严寺次李治书韵三首》等诗3题6首。不过，尽管原抄本不佳，这部抄本却经过清代藏书家宋宾王和张金吾的多次精心校补。

雍正间，宋宾王对抄本作了首次校勘，除订正文字讹误外，还据顾嗣立《元诗选》等书，补录了抄本脱失的部分诗篇，并作《贡玩斋集存疑目》一篇置于书前，记录校勘中发现的疑误之处，及原本脱页和抄补情况。文云：原抄本"刊误甚多，校阅之下，凡义无疑者，朱笔旁改，识而勿录；义稍涉疑，悉录出，以俟政高明，庶便后阅者。"[1] 宋宾王所补，有沈性重编本原有而抄本脱漏的诗，也有超出沈本的内容。如据《元诗选》补入抄本《拾遗》中的《题颜辉山水》等6首，就是沈性本失收的诗篇。同样，宋宾王也有误补的情况，如雍正五年（1727）四月，宋氏在抄本的《拾遗》部分，"再补《姑苏台》《章华台》等七言古诗共十首"，注明"据明万历间潘讱叔选宋元诗校补"。[2] 这也是潘是仁误以吴师道《礼部集》中诗，收入明万历中编辑的《宋元四十三家集·贡玩斋诗集》，而使宋宾王相沿致误。"乾隆六年（1741）春三月四日，（于）莘客持来（明）活字本"，[3] 宋宾王再次对清抄本《玩斋集》进行校补，基本补全了该本失抄的诗文。

然而，在卷9碑文之末，还存在大段的脱文。即第9篇《重修定水教忠报德禅寺之碑》，在"师因扁其坐禅之室曰天香"之后脱去31行，内容

---

[1] 宋宾王：《贡玩斋集存疑目》，见国家图书馆藏宋宾王、张金吾校补清抄本《贡礼部玩斋集》书首。
[2] 见宋宾王、张金吾校补清抄本《贡礼部玩斋集·拾遗》卷中。
[3] 见清宋宾王、张金吾校补清抄本《贡礼部玩斋集·拾遗》卷末。

包括该文后半部分569字，以及下一篇《佛智普惠禅师碑》的篇题与首行20字，遂使两篇碑文误连为一文。这段脱误，始于明嘉靖徐万璧补版重印本，其后明活字本、南湖刊本、四库本及诸家清抄本多相沿致误。宋宾王校定清抄本《贡礼部玩斋集》时，首先发现脱文问题，并于乾隆六年据明活字本补入《定水碑》41字（实际是清抄本较徐万璧本多脱抄的两行），以及《佛智普惠禅师碑》的篇题与首行。但是，《定水碑》后半篇仍有大段脱文未能补全。宋宾王跋语云："此处固有缺。于莘客持来活字本，补此两行，犹然阙如。而活字本于'天香'下，竟接下篇二行'正月八日终'以下，并两为一，其谬若此。欲讫全前文，当求善本，或于《浙江通志》《慈溪志》中求全之。"①其后，这部宋宾王手校清抄本，流入昭文张金吾爱日精庐，张氏借常熟张丰玉（字子谦）所藏明天顺刊本，补录脱文569字，使两篇碑文终成完璧，并作跋文以说明。②

四、《玩斋集》的校点整理

根据《玩斋集》的版本源流和各版本特点，《贡氏三家集》中《贡师泰集》的整理，选取现今存世的最早刊本，即明天顺七年沈性重编、嘉靖十四年徐万璧补版重印本《贡礼部玩斋集》作为校点底本，③而以傅增湘校补清乾隆四十年南湖书塾刊本《贡尚书玩斋集》、④宋宾王、张金吾校补清抄本《贡礼部玩斋集》、⑤清乾隆四十一年文渊阁《四库全书》本《玩斋集》作为通校本。⑥在贡师泰诗文的校勘中，除以上述三本对勘底本外，还注意充分吸纳宋宾王、张金吾、傅增湘的校补成果。如宋氏对清抄本的朱笔校改，《贡玩斋集存疑目》的校记，尤其是依据宋宾王、张金吾以明活字本、明天顺刊本对卷9《重修定水教忠报德禅寺之碑》与《佛智普惠禅师碑》的抄补，弥补底本的脱误，恢复了两篇碑文的全貌。

贡师泰集的序文，底本卷首原有明代序文1篇，元代序文7篇，卷末元代序文1篇。校点本将卷末黄溍序移置卷首，又据南湖、清抄、四库等三本补入程文序，据《夷白斋稿》补入陈基序，凡收录明序1篇，元序10篇。序文的排列，一方面依从底本，仍将明沈性重刊序置于元代诸

---

① 清宋宾王跋，见宋宾王、张金吾校补清抄本《贡礼部玩斋集》卷9。
② 清张金吾跋，《爱日精庐藏书志》卷34；今见《贡氏三家集·贡师泰集》附录三，长春，吉林文史出版社，2010，第474～475页。
③ 国家图书馆第7737号藏本。
④ 国家图书馆第455号藏本。
⑤ 国家图书馆第3617号藏本。
⑥ 台北，台湾"商务印书馆"影印清乾隆文渊阁《四库全书》本，1986。

序之前；而对10篇元序，则根据写作时间重新排列，依次为至正八年余阙、十四年陈基《友迁集序》，十五年黄溍、王祎《玩斋集序》，赵贽《玩斋诗集序》，十八年程文《东轩集序》，十九年谢肃、钱用壬、杨维桢《玩斋诗集序》，二十一年李国凤《玩斋文集序》，以便读者明晰贡师泰诗文在元代的编集情况。

校点本《贡师泰集》增设附录三种：集外诗文、传记资料、后人题跋。附录一辑存底本失收的贡氏诗文，以补《玩斋集》之未备。凡集外诗11题12首，其中5首出于南湖本《贡尚书玩斋集》，2首辑自明曹学佺《石仓历代诗选》，5首补自清顾嗣立《元诗选》初集。这些诗，南湖本《玩斋集》卷5末《补遗》，清抄本《拾遗》宋宾王校补，亦曾有所收录。集外文12篇，包括序、记、传、题跋、考诸体，分别辑自弘治《句容县志》、崇祯《松江府志》、康熙《海宁县志》、乾隆《诸暨县志》、乃贤《金台集》、陶宗仪《游志续编》《草莽私乘》、郑太和《麟溪集》《敬止录》《永乐大典》及《中国历代绘画——故宫博物院藏画集Ⅲ》等11种文献。附录二汇集贡师泰传记资料13篇，各依写作的先后顺序排列，旨在便利读者了解作者的生平。其中记、序、跋文8篇，是校点本新选录的篇章，作于师泰生前，作者都是贡氏的友朋及门生，或题作者轩斋，或载居官政绩，或为赠别等诗篇的序跋，是其燕居、仕宦、交游诸多方面的真实记录。至于《年谱》《纪年录》《历官事略》《神道碑铭》《元史本传》5篇，则是各版本《玩斋集》原有的篇章，作于师泰去世之后，以对其家世、生平、仕历、为人、著述进行总结。附录三收载后人对《玩斋集》的题跋10篇，包括明徐万璧、李默2篇，清四库提要、吴骞、周广业、张金吾、瞿镛、蒋光煦、丁丙7篇，民国莫伯骥1篇，亦根据作者时代排序，以益于读者通晓贡师泰《玩斋集》的各种版本及其流传。

第三节　贡性之与《南湖集》

元明之际的贡性之，是宣城贡氏家族的又一名诗人。他曾任职元朝，明初隐居不仕，成为杭州、越州一带的著名诗人，与诗画家王冕齐名，有《南湖集》2卷传世，在元代文学史上亦有其地位与影响。

一、生平与诗歌

贡性之字友初,① 号南湖,生卒年不详,② 是集贤直学士贡奎族孙,户部尚书贡师泰族侄。性之在元末,曾北游京师、上都,③ 以国子生除主簿、县尉,有刚直名,后补福建行省理官。至正十八年(1358),贡师泰官浙江行省参政,性之适自上都还钱塘。师泰赠诗二首,其一曰:"嗣宗诸侄仲容贤,客路飘零雪满颠。曾为颂椒留子美,却思戏蜡爱僧虔。十年江海三杯酒,百里溪山一钓船。何日兵戈得休息,敬亭春雨共归田。"爱重之情可见。④ 明洪武初,征录师泰后人,大臣以性之荐,性之辞荐不仕,避居山阴,改名悦。其从弟驾部府君与再从兄司业府君同仕明朝,曾具舟迎归金陵、宣城,皆不往。邑人芮麟亦曾过访性之,怜其羁困,邀与俱归,性之作诗辞谢:"老去亲朋见面稀,见时无计得同归。游丝落絮都成恨,社燕秋鸿各自飞。杜宇叫残孤馆梦,西风吹老故山薇。明年春雨南湖涨,拟把长竿坐石矶。"⑤每有所感,则泫然泣下,形而为诗,劝之仕者,即默不应,遂躬耕渔浦自给,以终其身。门人私谥曰"贞晦"。⑥ 性之无子嗣,惟有一女,嫁刘绩。刘绩祖籍洛阳,祖父刘惇为元浙东廉访使,遂家山阴,子孙皆为越之名儒。这或许也是性之晚年寓居山阴,不归宣城的原因之一。

贡性之工于诗歌,一生诗作颇多,传世的就有四百多首。由于入明隐居不仕,以遗民自处,故感时伤世,思念故国,成为性之诗作的一大特点。如"昔客苏台鬓未霜,不知尘世有悲伤……重来底用嗟兴废,亦有

---

① 贡性之字,明凌云翰赠诗、张舆挽诗及传记资料多作"友初",而瞿佑:《归田诗话》作"有初",贡师泰赠诗作"有亨",未详孰是。
② 陈受培:《宣城县志》卷17《人物·隐逸》云,贡性之"卒年五十",清嘉庆刊本,1808,第2页。而邓绍基、杨镰:《中国文学家大辞典·辽金元卷》云,贡性之生卒年约为1318~1388,北京,中华书局,1992,第112页。皆不知所据。
③ 贡性之:《题肃万邦葡萄》诗云:"忆骑官马过滦阳,马乳累累压架香。酿就瑶浆三百斛,胡姬当道唤人尝。"即是上都之旅的回忆之作。《贡氏三家集·贡性之集》卷2,长春,吉林文史出版社,2010,第572页。
④ 贡师泰:《送有亨侄还钱唐二首》,见《贡氏三家集·贡师泰集》卷4,长春,吉林文史出版社,2010,第258页。田汝成:《西湖游览志·西湖游览志余》卷11、陈焯:《宋元诗会》卷79,皆以贡师泰此诗为贡性之而作;台北,台湾"商务印书馆"影印清乾隆文渊阁《四库全书》本,1986,第585册,第435页、第1464册,第449~450页。
⑤ 贡性之:《赠别乡友芮公》,见《贡氏三家集·贡性之集》卷1,长春,吉林文史出版社,2010,第528页。
⑥ 黎晨:嘉靖《宁国府志》卷8《人文纪中》,上海,上海古籍出版社《天一阁藏明代方志选刊》影印明嘉靖十五年刊本,1962,第15~16页。

咸阳与洛阳。"①"千里江山百战余，年来寸土入皇图。人行共指西施宅，身退谁归范蠡湖？茅屋渐成新里社，居民原是旧流逋。绝怜父老今无几，欲问当时不受呼。"②"鱼龙变化应难测，桑海更迁莫谩忧。世事天时总如此，寄身我亦一浮沤。"③"柳絮随风点客衣，杜鹃啼血唤人归。从今日日拚沉醉，酒醒人间春已非。"④这些诗句，既深深慨叹世事的沧桑，也寄寓了惓惓不忘故国的情怀。又如"慷慨怀丘壑，摩挲惜栋梁。自甘身偃蹇，不复梦明堂。"⑤"不将姓字通朝市，只许诗书遗子孙。我亦江湖倦游客，卜邻他日愿从君。"⑥"白头莫笑孤飞翼，不入喧啾百鸟群。"⑦其不事二姓、终老山林之意，尤灼然可见。

  梅、菊、竹、兰，自古就是诗人吟诵的主题、人品高洁的象征。贡性之也多借题咏，抒发自己的遗民情思。其咏梅诗云："平生心事许谁知，不是梅花不赋诗。莫向西湖踏残雪，东风多在向阳枝。"⑧"北风猎猎吹人倒，门外雪深三尺强。何事梅花偏耐冷？一枝先向雪中芳。""江城钟鼓夜迢迢，霜月多情照寂寥。更有梅花是知己，小窗斜度两三梢。"⑨诗以梅花为知己，透过对雪后梅花的称赏，表达甘作遗民、淡泊自适的自我期许。又如《墨菊》诗："柴桑生事日萧然，解印归来只自怜。醉眼不知秋色改，看花浑似隔轻烟。"⑩赋予菊花遗民情结与反抗意识，表达自己的归隐之志和隐逸之乐。贡氏对陶渊明不仕二朝、进退自如的高尚节操十分赞叹，题《陶靖节像》曰："解印归来尚黑头，风尘吹满故园秋。一生

---

① 贡性之：《重过姑苏有感》，见《贡氏三家集·贡性之集》卷1，长春，吉林文史出版社，2010，第512页。
② 贡性之：《兵后过诸暨》，见《贡氏三家集·贡性之集》卷1，长春，吉林文史出版社，2010，第526页。
③ 贡性之：《重过诸暨观新涨》，见《贡氏三家集·贡性之集》卷1，长春，吉林文史出版社，2010，第527页。
④ 贡性之：《暮春十绝》之三，见《贡氏三家集·贡性之集》卷2，长春，吉林文史出版社，2010，第548页。
⑤ 贡性之：《题抚松轩》，见《贡氏三家集·贡性之集》卷1，长春，吉林文史出版社，2010，第507页。
⑥ 贡性之：《云锦溪》，相类诗句又见《环翠轩》，见《贡氏三家集·贡性之集》卷1，长春，吉林文史出版社，2010，第514、518页。
⑦ 贡性之：《题画花鸟》之二，见《贡氏三家集·贡性之集》卷2，长春，吉林文史出版社，2010，第549页。
⑧ 贡性之：《题梅四首》之一，见《贡氏三家集·贡性之集》卷2，长春，吉林文史出版社，2010，第540页。
⑨ 贡性之：《画梅八首》之五、之八，见《贡氏三家集·贡性之集》卷2，长春，吉林文史出版社，2010，第561页。
⑩ 贡性之：《墨菊》，见《贡氏三家集·贡性之集》卷2，长春，吉林文史出版社，2010，第538页。

心事无人识,刚道逢迎愧督邮。"①这既是对古人的同情性理解,更是遗民心志的自我剖白。性之卒后,友人张舆挽诗云:"百年心事复谁知?过海人传俊逸诗。懒听朝鸡全晚节,惯骑官马说当时。文章自叹无遗荫,冰玉还看有故枝。一代风流俱已矣,晓星残月不胜悲。""玉堂春梦烟云外,茅屋秋风淛水边。惆怅清魂招不返,空歌楚些泪潸然。"②亦对性之自甘贫寒的高士名节深致赞赏。

贡性之与诗画家王冕齐名,是元明间杭州、越州一带的著名诗人。贡钦《南湖集序》云:"时会稽王元章(冕)善画梅,得其画者,谓无贡南湖诗则不贵重。"③贡性之《题画梅》二诗亦曰:"王郎胸次亦清奇,尽写孤山雪后枝。老我江南无俗事,为渠日日赋新诗。""王郎日日写梅花,写遍杭州百万家。向我题诗如索债,诗成赢得世人夸。"说明性之诗名之高,索诗者之众。④何况隐居不仕,往往需要借题诗维持生计,故性之集中题画诗独多,成为其诗作的又一特点。由于写诗常出于生计与应酬,且同一题目须反复吟咏,使性之题画诗难免出现意境浅显、语句重复、千篇一律的情况。明田汝成批评贡性之诗"纤秾乏骨",⑤ 不为无见。清《四库提要》解释贡性之诗受重视的原因,亦曰:"盖(性之)人品既高,故得其题词则縑素为之增价,有不全系乎诗者。"⑥在推崇其高洁人品的同时,也对他的题画诗提出委婉的批评。

尽管如此,历代学者还是给予贡性之诗较高的评价。如《吴山游女》诗曰:"十八姑儿浅淡妆,春衣初试柳芽黄。三三五五东风里,去上吴山答愿香。"⑦性之对此诗颇自赏,特过友人瞿佑诵之。佑亦赞其诗"新嫩奇

---

① 贡性之:《陶靖节像》,见《贡氏三家集·贡性之集》卷2,长春,吉林文史出版社,2010,第546页。
② 张舆:《挽贡友初诗》,见田汝成:《西湖游览志·西湖游览志余》卷11,台北,台湾"商务印书馆"影印清乾隆文渊阁《四库全书》本,1986,第585册,第435页;今见《贡氏三家集·贡性之集》附录二,长春,吉林文史出版社,2010,第579页。
③ 贡钦:《刻贡理官南湖诗集》,见《贡氏三家集·贡性之集》卷首,长春,吉林文史出版社,2010,第489页。
④ 贡性之:《题画梅十首》之一、之十,见《贡氏三家集·贡性之集》卷2,长春,吉林文史出版社,2010,第545页。
⑤ 田汝成:《西湖游览志·西湖游览志余》卷11,台北,台湾"商务印书馆"影印清乾隆文渊阁《四库全书》本,1986,第585册,第435页;今见《贡氏三家集·贡性之集》附录二,长春,吉林文史出版社,2010,第580页。
⑥ 永瑢等:《四库全书总目》卷168《南湖集提要》,北京,中华书局,1965,下册,第1459页。
⑦ 贡性之:《吴山游女》,见田汝成:《西湖游览志·西湖游览志余》卷11,台北,台湾"商务印书馆"影印清乾隆文渊阁《四库全书》本,1986,第585册,第435页;今见《贡氏三家集·贡性之集》附录一,长春,吉林文史出版社,2010,第578页。

巧",而《送戴伯贞还广西》一诗,则"叙事委曲而感慨系之,出诸作之上"。① 田汝成《西湖游览志》,称性之"诗才清丽"。② 如《涌金门见柳》诗:"涌金门外柳垂金,三日不来成绿阴。折取一枝入城去,使人知道已春深。"③ 成为元诗中的传颂之作,钱谦益《列朝诗集》甚至误以为日本贡使的诗,说明其流传之广远。④ 清朱彝尊《静志居诗话》,评论性之诗"滑而不涩,纵而不控,固是云林、玩斋家法",以性之能继贡奎、师泰的诗学家传。⑤ 清顾嗣立《元诗选》,亦举"游鱼出没不多个,白鸟往来时一双";"云将雨意惊秋早,雁带边声入座遥";"晴云接地深遮屋,春水穿船直到门"等联语,赞扬贡氏诗"多杰出之句"。⑥ 说明贡性之诗,在元末文学史上确有一定的地位与影响。

二、《南湖集》的版本与整理

贡氏世居宣城南湖,性之晚年虽隐居山阴,未归故里,却自号南湖先生,以寄寓思乡之情,故其诗集亦称《南湖集》。《南湖集》的版本就卷帙而言,有2卷本与6卷本两种:2卷本包括明弘治贡钦初刊本、万历贡靖国重刊本、清乾隆南湖书塾重刊本、四库全书系列抄本等,6卷本只有清抄本多部。此外,《南湖集》还有一些重要的选本,亦值得参考。

1. 明弘治十一年贡钦初刊本

明弘治元年(1488)冬,贡氏裔孙贡钦为吏部文选员外郎,借奉命册封伊府之便,南归故乡宣城,将家藏贡奎《云林集》、贡性之《南湖集》携至京城,恳请后任礼部尚书、文渊阁大学士李东阳校正。李氏阅后称赞

---

① 瞿佑:《归田诗话》卷下,上海,上海古籍出版社《续修四库全书》影印明刊本,2003,第1694册,第627页。
② 田汝成:《西湖游览志·西湖游览志余》卷11,台北,台湾"商务印书馆"影印清乾隆文渊阁《四库全书》本,1986,第585册,第435页;今见《贡氏三家集·贡性之集》附录二,长春,吉林文史出版社,2010,第580页。
③ 贡性之:《涌金门见柳》,见《贡氏三家集·贡性之集》卷2,长春,吉林文史出版社,2010,第575页;田汝成:《西湖游览志余》,诗题作《湖上春归》,台北,台湾"商务印书馆"影印清乾隆文渊阁《四库全书》本,1986,第585册,第435页。
④ 钱钟书:《宋诗选》注文,曾将周密《西塍秋日即事》诗与贡性之《涌金门见柳》作比较,并说:"贡性之的诗见顾嗣立《元诗选》二集辛集里《南湖集》;徐𤊹《笔精》卷5、钱谦益《列朝诗集》闰集卷六引作日本人诗,袁枚《随园诗话》卷九引作李金娥诗,也许都因为这首诗流传得很广很远,险的回不来老家了。"参见邓绍基:《元代文学史》第二十三章第二节《贡性之》,北京,人民文学出版社,1991,第527、541页。
⑤ 朱彝尊:《静志居诗话》卷4,清嘉庆扶荔山房刻本,1819,第5页。
⑥ 顾嗣立:《元诗选》二集辛集《南湖先生贡性之》,北京,中华书局,1987,下册,第1186页;今见《贡氏三家集·贡性之集》附录二,长春,吉林文史出版社,2010,第581页。

《南湖集》"清新可传",并加以甄选,删去十分之一,归还贡钦。八年冬,贡钦以文选郎中得罪,调任大名府同知。此时,贡奎《云林集》已由宁国知府范吉刻于宣城县学,贡钦遂捐自己俸禄,市材庀工,刊刻《南湖集》,准备任满后携归宣城南湖书塾。李东阳当初削去的诗篇,贡钦临刻时不忍尽删,又选存十之二三,并于弘治十一年(1498)五月作序,说明编刻原委。贡钦字符礼,其高祖驾部府君,明初仕于朝,于性之为从弟,曾"屡遣舟迎抵金陵旧馆,又迎归宣城之南湖",性之"俱不乐从"。[1] 贡钦于性之,实为四世裔孙。[2]

弘治本《贡理官南湖诗集》2卷,是贡性之诗集的初刊本,也是现今传世的《南湖集》一切版本的祖本。然《中国古籍善本书目》未见著录,应已失传。

2. 明万历十一年贡靖国重刊本

现今存世的《南湖集》最早刊本,应是明万历十一年(1583)贡靖国重刊本。靖国伯祖吏部公,即曾任吏部文选员外郎、首次编辑刊刻《南湖诗集》的贡钦,故靖国是贡性之的六世裔孙。靖国为诸生时,就喜好翻阅先祖诗文。任职刑部后,更反复诵习,"把玩不忍释手"。由于《云林》《南湖》二集"岁月寝久,旧本散失,讹复鱼鲁,心刺刺不忍也",靖国遂于万历十一年"鸠工庀材,更为翻刻,以广其传。庶乎前人之美能彰,后人之盛可传也"。[3]

万历本《贡理官南湖诗集》,据弘治本翻刊,是贡性之诗集的第二次刊刻。全书分上下2卷,按诗体分类顺序编排,卷上为七言古诗、五言古诗、五言律诗、五言排律、七言律诗、七言排律,卷下为五言绝句、六言绝句、七言绝句,但不标注诗篇体裁。卷首有明弘治十一年贡钦《刻贡理官南湖诗集》序,卷末附明万历癸未季夏贡靖国《刻理官南湖先生集跋》,说明翻刻缘由。行款是半叶八行十七字,白口,四周双边。据《中国古籍善本书目》,北京市文物局原有万历本《南湖诗集》残本一部,仅存上卷,可惜今已失藏,不知所在。

3. 清乾隆四十一年南湖书塾重刊本

清乾隆四十一年(1776),贡氏后人于宣城南湖书塾再次翻刻贡奎、

---

[1] 贡钦:《刻贡理官南湖诗集》,见《贡氏三家集·贡性之集》卷首,长春,吉林文史出版社,2010,第489页。

[2] 《中国文学家大辞典·辽金元卷》著录贡钦为贡性之六世孙,误,当为贡奎六世孙、贡性之四世孙。

[3] 贡靖国:《刻理官南湖先生集跋》,见《贡氏三家集·贡性之集》,长春,吉林文史出版社,2010,第576页。

贡师泰、贡性之三家诗文集,这是相隔二百年后,性之诗集的第三次刊刻。南湖本《贡理官南湖诗集》2卷,首叶题"《理官集》,宣城贡性之著,乾隆丙申年镌,南湖书塾藏板",行款为半叶十行二十字,白口,左右双边,卷端标注"四代孙钦编次,六代孙靖国重刻,嗣孙重刻",可知南湖本据万历本翻刻。二者分卷与收录诗篇完全相同,只是卷首除贡钦序外,又多收录《宁国府志》《杭州西湖志》的贡性之传记,以及贡靖国生平简述;卷末仍附贡靖国跋文。

4. 清乾隆四十六年《四库全书》本

清修《四库全书》,集部别集类亦收录贡性之《南湖集》2卷,校呈时间是乾隆四十六年(1781)十月。四库本分卷与收录诗篇全同于万历本,但删去贡钦序和贡靖国跋,而代之以《四库》提要。

5. 清抄本

贡性之《南湖集》,还有多部私家清抄本传世。上海图书馆藏有清抄本《贡理官南湖诗集》一部,属于弘治、万历2卷本系列的抄本,不足为奇。据《中国古籍善本书目》著录,国家、上海、南京图书馆另藏有一种6卷本的《南湖集》,值得注意。上海图书馆藏本为清初抄本,是6卷本中抄录时间最早的;而国家图书馆11420号藏本,则有傅增湘校。傅校本首叶题《南湖诗集》,卷首仅标注"宣城贡性之著",行款为半叶九行二十二字,无格。书首有贡钦《南湖诗集序》,卷末却无贡靖国跋语。考察其分卷,可知6卷本实2卷本按诗体拆分而成,即卷1五言古诗,卷2七言古诗,卷3五言律诗、七言律诗,卷4五言排律、七言排律、五言绝句、六言绝句,卷5、卷6七言绝句,且在各体裁诗前加注诗体名,而收录诗篇则全无增减。[①]

6. 明天启二年潘是仁《宋元诗六十一种》本

贡性之集还有一些重要的选本,如明潘是仁《宋元诗六十一种》、明曹学佺《石仓历代诗选》、清陈焯《宋元诗会》、清顾嗣立《元诗选》等都收录贡性之诗选,其中最重要的是《宋元诗六十一种》中的《贡南湖诗集》7卷。潘是仁本《南湖集》选刊于明天启二年(1622),在诸家选集中时间最早,选录诗篇也最多。自弘治本起,无论2卷本的《贡理官南湖诗集》,还是6卷本的《南湖集》,收录贡性之诗都是283题407首,而潘是仁本就选录了其中223题308首,已占全集的3/4。《四库全书总目》卷168《南湖集提要》,书目项标"《南湖集》7卷,浙江鲍士恭家藏本",说明《四

---

① 参见本书附录十《贡性之〈南湖集〉各版本分卷表》。

库全书》编纂时，原准备根据潘是仁 7 卷本收录《南湖集》，后得到 2 卷全本，才作了更替。不过，这也证明了潘是仁本的重要参考价值。潘本的行款是，半叶九行十九字，白口，四周单边；分卷为卷 1 五言古诗，卷 2 七言古诗，卷 3 五言律诗，卷 4 七言律诗，卷 5 五言排律，卷 6 五言绝句、六言绝句，卷 7 七言绝句，其中七言排律则未收。

校点本《贡氏三家集》中《贡性之集》的整理，即根据《南湖集》的版本源流和各版本特点，选取校勘精良、保存完整的清乾隆四十一年南湖书塾刊《贡理官南湖诗集》2 卷本为校点底本，① 而以清乾隆文渊阁《四库全书》抄《南湖集》2 卷本、② 傅增湘校清抄《南湖诗集》6 卷本、③ 明天启二年潘是仁刊《贡南湖诗集》7 卷本为通校本，④ 并取明曹学佺《石仓历代诗选》、清陈焯《宋元诗会》、清顾嗣立《元诗选》、清玄烨《御定佩文斋咏物诗选》《御定历代题画诗类》《御定佩文斋广群芳谱》《御选宋金元明四朝诗·御选元诗》等选集与类书，作为参校。

校点本《贡性之集》的分卷，仍据弘治本、万历本、南湖本、四库本分为上下两卷，卷上依次为七言古诗、五言古诗、五言律诗、五言排律、七言律诗、七言排律，卷下为五言绝句、六言绝句、七言绝句。底本各类诗前，原未标明诗篇体裁，整理时据潘是仁本、傅增湘校清抄本，补入各类诗体名。《贡性之集》还增设附录三种：附录一辑存贡性之集外诗 4 首，以补《南湖集》之未备；附录二汇集贡性之相关的诗文传记 5 篇，便利读者了解作者生平；附录三则收载《南湖集》题跋 2 篇。

校点本《贡氏三家集》的整理出版，不仅首次将宣城贡氏的三部别集汇为一书，有助于了解贡氏家族在元代的发展及其在历史和文学史上的地位和影响，也为保存和流传贡氏三位作者的诗文，提供了较为完备精良的文本。⑤

---

① 国家图书馆第 87988 号藏本。
② 台北，台湾"商务印书馆"影印清乾隆文渊阁《四库全书》本，1986。
③ 国家图书馆第 11420 号藏本。
④ 北京大学图书馆李口 830 号藏本。
⑤ 本章原刊《贡氏三家集》，长春，吉林文史出版社，2010，第 3~11 页，第 147~161 页，第 481~488 页，本书收录时有修改。

第九章　陈基与《夷白斋稿》

陈基是元代文章大家黄溍的高弟、元末著名的诗文家。他一生仕途坎坷、经历曲折，遂绝意仕进，致力于诗文创作。他的诗文集虽极少刊刻，然抄本众多，影响广泛。在元末战乱中，他推动当政表彰民族英雄岳飞，修复杭州西湖书院经史书版，明初参与《元史》修纂，在元代文学史和古文献传承上都有其地位与影响。

第一节　陈基的生平

陈基（1314～1370），幼名无逸，后改名基，字敬初，号韦羌山人、夷白子，元台州路临海县（浙江临海）人。父陈祥"多闻好学，而尤善《老子》清净之说，平居常黄冠鹿裘，与方士游"，① 使陈基幼年即受到道家思想的濡染。陈基九岁丧父，十四岁，与兄陈聚求学杭州。至顺二年（1331），十八岁，师从金华著名学者黄溍，学习传统的儒家经学。陈基出生于延祐元年，正值元仁宗刚刚颁布科举诏书，第一次正式举行乡试。而他的老师黄溍，也正是在次年的会试和殿试中脱颖而出，成为元朝第一届进士。至顺二年，黄溍在任职地方州县十几年后，由御史中丞马祖常推荐，入朝担任应奉翰林文字、同知制诰、兼国史院编修，曾扈从文宗至开平，作《纪行诗》十二篇。同年，黄溍又因父丧丁忧还乡。陈基大约就是在黄溍南归居丧期间，开始从学的。其友顾瑛称陈基"明敏好学，受知于晋卿黄先生，明《春秋》"。② 这应是他为参加科举进入仕途所做的经学准备。

顺帝至元元年（1335），黄溍服阕，转承直郎、国子博士，执教国子学凡六年。年方弱冠的陈基随黄溍游学京师。根据科举程式，三年后，年满二十五岁的陈基即可参加科举考试。正当他期待在科举中崭露头角

---

① 尤义：《陈基传》，原见《夷白集》附录，明弘治张习刊本，1495；今见《陈基集》附录二，长春，吉林文史出版社，2009，第459页。又见钱榖：《吴都文粹续集》卷45，台北，台湾"商务印书馆"影印清乾隆文渊阁《四库全书》本，1986，第1386册，第437～438页。
② 顾瑛：《陈基传》，见《草堂雅集》卷1，台北，台湾"商务印书馆"影印清乾隆文渊阁《四库全书》本，1986，第1369册，第176页。

之时，世事却发生了重大变化。有元科举世祖时即已提出，却由于朝廷中守旧的蒙古、色目权贵及少数出身吏员的汉人官僚的反对，迁延近五十年未能实施，直到仁宗即位，才得以正式下诏颁行。然而，反对的声音并未止息。延祐之后，凡帝位更迭，辄有动摇科举的议论。"盖设科来，列圣首诏，必有因而摇之者。庚申之春（英宗即位），则剥复之机系焉。癸亥冬（泰定登基），惴惴几坠"①。科举兴废始终是朝廷激烈论争的重大问题。至顺四年（1333），年仅十四岁的顺帝即位，守旧的蒙古权臣伯颜执政。两年后，至元元年（1335）十一月，顺帝即接受中书平章政事彻里帖木儿的建议，下诏罢除科举。这对于希望通过科举进入仕途的天下儒士而言，无疑是决定性打击，也直接促成了陈基的学术转向。顾瑛言陈基"后以举子业无益于学，克志为古文诗章，同辈虽极力追之不能及，名重于时"，②成为黄溍的高第弟子。这虽然得益于元文四大家之一的黄溍的指授和陈基本人的性情才气，却也是当时的社会现实所致。

　　科举的停罢，学问的转变，并没有改变陈基进入仕途、在政治上有所作为的初衷。在其后的十几年间，他又曾两度入京，寻求发展。至元四年（1338），陈基再赴京师，与由江浙儒学副提举入朝就任应奉翰林文字的陈旅同舟北上。旅作诗云："我爱天台陈敬初，少日辞家即远图。上书拟献贾生策，入关便弃终军繻。八月官河秋水大，三江亲舍暮云孤。名成归去岁未晚，卜邻有约依东吴。"以年少而才高的西汉贾谊、终军赞勉陈基，并应他的请求，为其改定名与字。③ 陈基客居京师期间，原任国子博士的黄溍，于至元六年调任江浙等处儒学提举，而至正元年（1341）迁国子监丞的陈旅，又于次年七月卒于任所，这使陈基失去了进入国学、谋取仕进的依傍。而此时朝政的重大变化，则是顺帝清除丞相伯颜的势力，任用脱脱掌军国重事，"悉更伯颜旧政"，并于至元六年

---

① 许有壬：《送冯照磨序》，见《至正集》卷32，清宣统聊城邹氏石印乾隆抄本，1911，第19页。

② 顾瑛：《陈基传》，见《草堂雅集》卷1，台北，台湾"商务印书馆"影印清乾隆文渊阁《四库全书》本，1986，第1369册，第176页。

③ 陈旅：《与陈敬初同舟北游题饯行卷》，《陈众仲文集》卷2，元至正刊明修本，第24页；又见陈旅：《赠敬初并改字》，诗序云："敬初幼名无逸，朋友字之曰敬初。比与予同舟北游，谓予言曰：'吾名与字，皆有所未安。盖无逸者，因吴兴陈先生之字也。而敬初云者，揆之《尚书》本义，则近于僭矣。久欲易之，以吾父早世，无所请命。子宗盟之耆长也，幸为我易之。'予遂易其名为基，而易其字为敬初云。"见钱穀：《吴都文粹续集》卷45，台北，台湾"商务印书馆"影印清乾隆文渊阁《四库全书》本，1986，第1386册，第438页。

(1340)十二月"复科举取士法"。① 然而，科举制度的恢复并没有给陈基带来入仕的新希望，因为他的志趣早已由举业转向古文诗章。尽管他以文"名重于时，游京师，公卿争与之交"，② 却未能在仕途上有所遇合。所以，大约至正二年（1342）以后不久，陈基即再次南归，教授诸生于吴。③

至正七年（1347），陈基第三次北游，"泝河洛，上嵩华，过秦、汉之故都，览圣贤之遗迹。复自郑虢，浮孟津，道河内，逾汲郡，达燕赵……炊不暇熟，又度居庸，出云中，涉滦水，抵上京"。④ 同年，黄溍因湖广行省平章朵尔直班、中书左丞相太平力荐，除翰林直学士、知制诰同修国史，六月至上京，召见，兼经筵官。八年夏，升翰林侍讲学士、知制诰同修国史、同知经筵事，与修后妃、功臣传。与此相关，陈基的北游也终于有了收获，得以荐授经筵检讨。⑤ 然而，刚刚踏上仕途的陈基，尚未及施展所学，即横遭不测。

顺帝初即位，立钦察氏为答纳失里皇后，至元三年（1337），因后兄唐其势谋逆罪牵连，被丞相伯颜鸩杀。其时，顺帝宠幸高丽奇氏，生皇太子爱猷识理达腊，欲立为后。丞相伯颜不可，改立弘吉剌氏为伯颜忽都皇后，然皇后无宠，其子真金年二岁即夭折。至元六年伯颜罢相，顺帝遂立奇氏为第二皇后完者忽都，居兴圣西宫。此外，顺帝还立有第三皇后木纳失里，居隆福宫，至正七年卒。至正八年（1348），"监察御史李泌言：'世祖誓不与高丽共事。陛下践世祖之位，何忍忘世祖之言，乃以高丽奇氏亦位皇后。今灾异屡起，河决地震，盗贼滋蔓，皆阴盛阳微之象，乞仍降为妃，庶几三辰奠位，灾异可息。'不听。"⑥ 李泌奏言，与陈基有着重要的关系。尤义《陈基传》记载："其（黄溍）徒有为御史者，以言责咨于基。基谓并后为致乱之本，因草谏章力陈其失，冀君觉悟以正始也。而上方溺爱，诘知其由，欲置基于罪，怒且不可测。"可见当时的情

---

① 宋濂等：《元史》卷138《脱脱传》，北京，中华书局，1976，第11册，第3343页。
② 顾瑛：《陈基传》，见《草堂雅集》卷1，台北，台湾"商务印书馆"影印清乾隆文渊阁《四库全书》本，1986，第1369册，第176页。
③ 陈基：《送宋县尹诗序》："至正改元，余客京师。"《送王本初县尹兼简本中知州》："忆昔至正初，北游客京师。"《跋张彦辅画拂郎马图》："至正壬午（二年），予客京师，而拂郎之马适至。"可见陈基至正二年仍在京师。见《陈基集》卷15、《外集》，长春，吉林文史出版社，2009，第148、300、356页。
④ 陈基：《飞云楼诗序》，见《陈基集》卷22，长春，吉林文史出版社，2009，第203页。
⑤ 据王祎：《书琦无傲被诬事后》，陈基任经筵检讨在至正戊子的后一年，即至正九年己丑（1349）；见《王忠文公文集》卷17，明嘉靖张斋刊本，1522，第8页。
⑥ 宋濂等：《元史》卷41《顺帝本纪四》，北京，中华书局，1976，第3册，第883页。

势,已远非顺帝"不听"而已。陈基由此被迫于至正九年冬避祸南逃。黄溍大约也因此事牵连,于"九年夏四月,浒上章求归田里,不俟报而行。上闻之,遣使者追及武林驿,敦迫还京,复供前职"。十年夏四月,黄溍终于谢官南还。①

长达十五年的努力,三游京师的艰辛,方得到荐任却几陷不测,这一挫折给了陈基沉重的打击。他离开大都辞别友人时不禁感慨丛生:"结发事书史,及壮服冠裳。远游至京师,永言观国光。叨逢尧舜时,拔擢登明堂。佩以明月珠,被之云锦章。驱车未及门,平地生太行。丈夫慕前修,出处岂有常?但念平生友,惜别衢路旁。惟愿各努力,矫首永相望。"②其痛苦失意溢于言表。

回到南方后,陈基奉母避居平江路(江苏苏州),教授诸生自给,暇时则与顾瑛等吴中士大夫诗酒唱和,以诗文自娱。与陈基同门十载并曾同游京师的友人王祎到吴中相访,临别诗赠陈基,感言:"君言禄爵非所愿,但愿击壤歌时雍。却因文章著不朽,韬晦养粹甘为农。顾我所愿颇异子,谓欲与世相奔冲。黄金铸印锦悬绶,时至未敢辞侯封。丈夫出处虽二致,非系愚哲由乖逢。得意觖望亦常事,所贵自宝如瑾琮。"③王祎原与陈基同样志向高远,曾"为书七八千言上时宰",并受到危素、张起岩举荐,却"不报",④当时亦不顺达,颇心存觖望。不同于陈基的是,王祎虽遭受挫折,却仍保持着积极入世的进取心态,故二人趣舍不同却能心意相通。所以王祎借诗相慰勉,也可见陈基因宦途蹉跌,于朝廷仕进似已一时心灰意冷。

陈基"韬晦养粹甘为农"、"但愿击壤歌时雍"的时日并没有维持多久。至正初年,元朝已经面临深重的社会危机。至正十一年(1351)五月,刘福通领导的红巾军在颍州揭竿而起,江淮各地纷纷起兵响应。十三年正月,泰州私盐贩张士诚起兵反元,攻占高邮,自称诚王,国号大周,改

---

① 参见宋濂:《故翰林侍讲学士中奉大夫知制诰同修国史同知经筵事金华黄先生行状》,见《文宪集》卷25,台北,台湾"商务印书馆"影印清乾隆文渊阁《四库全书》本,1986,第1224册,第344页;危素:《大元故翰林侍讲学士中奉大夫知制诰同修国史同知经筵事赠中奉大夫江西等处行中书省参知政事护军追封江夏郡公谥文献黄公神道碑》,见黄溍:《日损斋笔记》附录,台北,台湾"商务印书馆"影印清乾隆文渊阁《四库全书》本,1986,第854册,第711页。

② 陈基:《发大都》,见《陈基集》外集,长春,吉林文史出版社,2009,第294页。

③ 王祎:《十一月十日宿陈敬初馆中临别有作》,见《王忠文公文集》卷2,明嘉靖张斋刊本,1522,第24页。

④ 张廷玉等:《明史》卷179《忠义列传一·王祎传》,北京,中华书局,1974,第24册,第7414页。

元天祐。十六年，张士诚渡江南下，二月攻克平江路等地，改平江为隆平府，据以为都。十七年，张士诚为上游朱元璋所逼，局势日蹇，遂以八月归降元朝，图保一隅。隐居教授吴中且以诗文闻名的陈基，也不可避免与张士诚政权发生关系。至正十六年六月既望，陈基即为张士诚女婿潘元绍作《左丞潘公射吴江佛寺浮图诗序》，① 不过，他当时尚未成为张氏属官。尤义《陈基传》云："属南州用兵，朝廷开行枢密府镇抚南服，起基为都事。"朱彝尊《陈基传》亦曰，"起行枢密府都事"。② 说明陈基为都事，应在张士诚降元、元朝授予太尉、设置行枢密府之后。可以说，张士诚归附元朝，为陈基复出扫除了心理障碍。因为陈基虽然任职张士诚政权，但其官职毕竟是张氏承制所授，名义上仍是元朝的职官。对于曾任元经筵检讨的陈基而言，这一点非常重要。根据陈基《赠医学提举张性之序》《送周信夫序》两文，至迟在至正十八年七、八月间，他已任江浙行枢密府属官，与该府官员有密切交往。③ 至正十八年，张士诚部袭据杭州。十九年，元授士诚弟张士信江浙行省平章政事，统兵镇杭，陈基则以元江浙行中书省左右司员外郎为张士信参佐。二十二年秋九月，张士诚乘朱元璋与陈友谅大战之机向外扩张，南抵绍兴，北至济宁，西距汝颍濠泗，东薄于海，势力达到极盛。陈基亦随军至淮安路，并作《淮南纪行》组诗以纪其事。二十三年春，陈基参与张士信征伐淮南的军事行动，升为郎中。不久，由杭归吴，改参张士诚太尉府军事。同年九月，张士诚叛元自立，称吴王，不再输粮大都。尤义《陈基传》云："及太尉自王于吴，群下同声贺之，而基独谏止。太尉欲杀之，不果。"不赞同张氏叛元称王，对于陈基这样一位曾经仕元的传统士人，是非常自然的，具有相当深刻和普遍的社会背景，然而这却几乎使他招致杀身之祸。其后，陈基"超授内史，迁学士院学士，阶通奉大夫，覃恩二代，凡飞书、走檄、碑铭、传记多出于其手"，说明他在张氏政权中，确实以文章受到重视，但是陈基"每以为忧，而未能去也"。④

寄仕张氏政权，并没有带给陈基多少欢欣，相反，战局的动荡变幻，使他深感忧虑。至正二十年夏，陈基任江浙行省员外郎，参佐平章张士

---

① 陈基：《左丞潘公射吴江佛寺浮图诗序》，见《陈基集》卷19，长春，吉林文史出版社，2009，第180页。
② 朱彝尊：《陈基传》，见《曝书亭集》卷62，上海，商务印书馆《四部丛刊》影印清康熙五十三年本，1929，第5页。
③ 陈基两文，见《陈基集》卷21，长春，吉林文史出版社，2009，第191~193页。
④ 徐乾学等：《资治通鉴后编》卷181《元纪二十九·顺帝》，台北，台湾"商务印书馆"影印清乾隆文渊阁《四库全书》本，1986，第345册，第556页。

信军事，寓居杭州观桥之观巷。他自匾其室曰"三笑轩"，并作《三笑轩记》，自嘲人生的三大无奈："余娶妇二十载，未有胤嗣。今年四十有七，老且至矣，方更得女，此一可笑也。承平盛年，余尝三至京师，觊得微禄以为亲养。间用荐者入朝，同进见忌，寻引避还江南。今亲没已久，齿发变衰，自以为无复有用于世矣。属南北用兵，乃始叨尘仕版，此二可笑也。平居读书，至申、韩、卫鞅之用法，辄嘻然曰：'是何不如周公之平易也！'见人攘臂谈孙吴，辩论锋出，甚可喜而自幸其不能。今忝备官使，辱游枢幕，朝夕从事，乃不离二者之间，此三可笑也。"表达了自己"惴惴焉若缘颠崖，坠深谷，石欲堕而压之者"，对晚年仕宦不以为喜、深以为惧的真实心境。① 陈基在至正后期的诗文中，反复表露上述忧惧的心态，和渴望卸任去职、隐居耕钓而不能的无聊赖。其寄谢中书参政危素诗云："忆昔相从客燕赵，削去涯岸无猜嫌。辱陪五更佐三老，劝讲六经陈二南。御史不容丞相忌，司隶侧目宫臣谗。脱身党籍走吴楚，托迹丘园求孔聃。孰令展禽三见黜，自分嵇康七不堪。平生不解带刀剑，晚岁强使闻韬钤。髀销怕骑将军马，面皱羞著从事衫。折冲师旅非夙习，奔走戎行真可惭。危言重畏速官谤，微禄不逮供亲甘。慰情屡抱擘丝女，与国未办添丁男。胡为长年在道路，席不暇暖突不黔？几回乞身向藩省，未许曝背归茅檐。终当投核谢寮友，径去结屋依山岚。鄙夫出处盖如此，为报先生聊口占。"② 在这首七言长诗中，陈基不但回顾自己早年与危素客游京师、仕途蹉跌的往事，述说晚年不乐仕进却不得不寄居张氏藩篱，为之奔走戎行的无奈，更表明了乞身归隐的强烈心愿。不容忽视的是，陈基当初入仕元朝，得以佐三老五更劝讲《六经》，究竟为其平生得意事。只是不慎犯忌，触怒天子，乃不得已避祸求全，引身南归。其后屈心效力张氏，即恳奏元廷表彰岳武穆并修复西湖书院经史书版，入明又预修《元史》，皆可窥见陈基对元朝的一瓣心香未曾泯灭。

不过，即使在元末战乱中，陈基也利用自己的地位和影响，尽力做一些有利于文化传承的事情。最可注意者约有二端：一是对宋朝抗金将领岳飞的表彰；二是修复西湖书院经史书版。至正二十年春，元江浙行省平章张士信击败朱元璋部将常遇春，杭州得以保全。③ 陈基乘机劝说张士信，修复久已荒芜的西湖岳飞祠庙，恢复其在平江和湖州的祭田，

---

① 陈基：《三笑轩记》，见《陈基集》卷29，长春，吉林文史出版社，2009，第249页。
② 陈基：《谢从义参军自京师还言中书危参政见问且讶无书因述诗寄谢》，见《陈基集》卷5，长春，吉林文史出版社，2009，第43~44页。
③ 参见谈迁：《国榷》卷1，北京，中华书局，1958，第288页。

并代张士信撰文吊祭及撰写《精忠庙碑》，褒扬岳飞的忠诚和功业。他还代张氏奏请元朝，将岳飞列入祀典，与山川群望、历代贤圣忠烈同样著之令甲，春秋致祭。① 至正二十三年，陈基又为重新修订刊刻《金佗稡编》作序，以便这部汇集岳飞传记资料的书籍得以流传后世。② 陈基于表彰南宋抗金将领岳飞如此在意，未尝不是希望借此激励张士诚兄弟对元朝的忠义之心，也由此可知陈基忠于元朝政权的态度，和对儒家"不事二主"传统价值观的持守。

杭州西湖书院，原是南宋太学故址，其中裒辑了大量经史百家典籍的刻板。南宋覆没，太学废弃，改为江南浙西道肃政廉访司治所。至元二十八年（1291），肃政廉访使徐琰始于治所西偏设置西湖书院，并在尊经阁之北建立书库，收藏宋学书板，宋高宗御书石经、孔门七十二子画像石刻都存录于此。元朝末年，书库岁久，屋弊板阙。至正十七年（1357）九月，尊经阁坏，书库亦倾圮，书板散失埋没，刓毁蠹剥。二十一年（1361），陈基建议张士信缮修西湖书院书板，并与同事钱用壬亲自主持，聘请书手、刊工92人，重刊经史子集欠阙7893板，约343万字，缮补损裂漫灭书板1671板，20余万字。同时，礼聘余姚州判官宇文桂等7位学者对读校正，陈基本人亦躬与"手订而目雠之惟谨"。修复后的书板，以次编类，庋藏尊经阁与书库，又编纂《西湖书院书目》加以著录。陈基《西湖书院书目序》指出：天下之治乱，系乎书籍之存亡。"经史所载，皆历古圣贤建中立极、修己治人之迹，后之为天下国家者，必于是乎取法焉。""下至百氏所述，必有裨世教，然后与圣经贤传并存不朽。"元初，收拾南宋太学散亡，"仅存十一于千百，斯文之绪，不绝如线。西湖书院板库，其一也。"期望通过此次修缮，证明"天之未丧斯文也，或尚在兹乎！"③陈基十四岁与兄陈聚求学杭州，十八岁又师从黄溍于此，西湖书院，应是他往昔熟悉的游学之所。在元末兵革抢攘之际，陈基能够借助自己的职位和影响，说服当政修复西湖书院书板，对于中国传统文化的延续与古代典籍的保存流传，功不可没。

迁都平江的张士诚政权，只维持了十余年。解除上游后顾之忧的朱元璋，于至正二十六年（1366）十一月派大军进剿张氏，次年九月辛巳徐达攻克平江，张士诚被俘，部下官员家属及外郡流寓之人凡20余万皆执

---

① 陈基：《代吊岳飞文》《精忠庙碑》，见《陈基集》卷11、卷33，长春，吉林文史出版社，2009，第105、273页。
② 陈基：《金佗稡编序》，见《陈基集》卷22，长春，吉林文史出版社，2009，第202页。
③ 陈基：《西湖书院书目序》，见《陈基集》卷21，长春，吉林文史出版社，2009，第195页。

送建康，陈基亦在其中。① 尤义《陈基传》云："今国家命将平吴，吴臣多见诛戮，而（基）晏然无恐。"正德《姑苏志》卷 57 亦简述："及士诚就俘，基从入京，独得宥全。"其间曲折，文献缺乏记载，已不得其详。想必陈基在脱险过程中，饱尝了艰危困苦的煎熬。洪武二年（1369）二月，明朝开馆纂修《元史》，李善长任监修官，宋濂、王祎为总裁官。陈基以纂修官参与修史，或出于同为黄溍门人的这两位总裁官所荐。同年八月书成表进，陈基列名修史诸臣之中，赐金而还。洪武三年十月壬午，陈基即以疾卒于常熟寓舍，时年五十七。弟子长洲尤义撰《陈基传》，《明史·文苑传》则附于预修《元史》诸人传记之中。陈基诗文集，是其传世的惟一著作。另有《夷白斋尺牍》一书，卷数不详，《千顷堂书目》著录时已阙而不传。②

第二节　《夷白斋稿》的价值与流传

陈基为人谦和慎重，与物无竞，学识渊博，与士人交游唱和，上下古今，出入经史百家，以诗文名重当时。作为黄溍高弟，陈基束发即"克志为古文诗章"，仕途的坎坷，更使他立志以"文章著不朽"，故所至皆有文誉，亦以文章受知张士诚政权，并于明初预修《元史》。同门友戴良称陈基"白发江湖一病身，平生精力瘁斯文"，誉之为"师门伟器"、"藩国奇才"。③ 元人叶兰亦作诗赞曰："陈基善属文，黼藻勒金石。子氏经百家，问难无不识。"④ 至正二十四年，戴良在陈基诗文集序中指出，元"自天历以来，擅名于海内，惟蜀郡虞公（集）、豫章揭公（傒斯）、及金华柳公（贯）、黄公（溍）而已。""学者咸宗尚之，并称之曰虞、揭、柳、黄，而本朝之盛极矣。继是而起以文名家者"，有莆田陈旅、新安程文、临川危素，其后则"得先生（陈基）以绍其声光。""先生黄公之高第弟子，尝负其所有，涉涛江，游吴中。久之，又自吴逾淮，泝黄河而北达于燕、赵，留辇毂之下久之。于时虽未有所遇，然自京师及四方之士，不问识与不

---

① 参见徐乾学等：《资治通鉴后编》卷 184《元纪三十二·顺帝》，台北，台湾"商务印书馆"影印清乾隆文渊阁《四库全书》本，1986，第 345 册，第 606 页。
② 黄虞稷：《千顷堂书目》卷 29，台北，台湾"商务印书馆"影印清乾隆文渊阁《四库全书》本，1986，第 676 册，第 712 页。
③ 戴良：《哭陈夷白二首》，见《九灵山房集》卷 25，上海，商务印书馆《四部丛刊》影印明正统刊本，1929，第 8 页。
④ 叶兰：《题黄廷玉同知晚翠轩》，见《寓庵诗集》卷 2，南昌，江西教育出版社《豫章丛书·鄱阳五家集》本，2007，第 11 册，第 638 页。

识,见其文者,莫不称美之不置。则其得之黄公者,深矣!"除黄溍学传外,陈基还曾拜揭傒斯之门而得其指授,且与陈旅、程文、危素等广泛交游,故其诗文,雍容纡余,驰骋操纵,而又音节曲折,清雅高迈。①陈基弟子尤义亦赞誉其师:"为词必务上法三代,下轶汉唐",故"东南声文为之丕变。远近学者争师之,户外之屦恒满"。因而,陈基诗文集,在元代文学史和古文献传承上都有其地位与影响。

陈基诗文集也有很高的史学价值。通过诗文集,既可以了解陈基的生平、为学与思想,也能够知晓他对元朝、张士诚、朱元璋政权的不同态度。它不仅反映陈基个人的心路历程,尤可探索元明之际处于多个政权之间的东南士人的艰难处境和人生抉择。同时,由于陈基与张士诚政权的密切关系和学士院学士的身份,"凡飞书、走檄、碑铭、传记多出于其手",诗文集也保存了许多张氏政权的文书资料和相关记载,有助于了解当时的历史情境。《明史·陈基传》即云:"初,士诚与太祖相持,基在其幕府,书檄多指斥,及吴亡,吴臣多见诛,基独免。世所传《夷白集》,其指斥之文犹备列云。"②

陈基诗文历史上曾经两次结集:一是陈基生前编定的《夷白斋稿》;二是明人张习重新编刊的《夷白集》。

至正二十四年(1364),陈基委托同门友人戴良编次诗文集,以基书斋命名,题为《夷白斋稿》。全书35卷,凡赋、诗、骚11卷,文24卷,收录诗赋等310首,③ 文145篇,合计455篇。④ 各卷之首,都题有"临海陈基著,金华戴良编"。35卷后,复补《拾遗》文1篇。《夷白斋稿》之外,又有《夷白斋稿外集》1卷,凡诗116首,⑤ 文35篇。卷首亦题"临海陈基著,金华戴良编",似仍为戴良补编。然而,明朱存理《跋夷白斋拾遗》云:"尚宝李公前修郡乘时,先得海虞士人家本一册,复有遗文三十五篇,予悉录之。今得王氏本,相校异同,于海虞本录出,为《拾遗》一卷。吴中尤氏藏遗墨数纸,内有《陈基传》一通,谢徽诗一首,并存《拾

---

① 戴良:《夷白斋稿序》,见《九灵山房集》卷12,上海,商务印书馆《四部丛刊》影印明正统刊本,1929,第10页;今见《陈基集》卷首,长春,吉林文史出版社,2009,第1~2页。
② 张廷玉等:《明史》卷285《文苑列传一·赵壎传》后附《陈基传》,北京,中华书局,1974,第24册,第7318~7319页。
③ 《夷白斋稿》卷10《狼山港寄淮安分省同官》一诗,有目无诗,未计算在内。
④ 戴良《序》云"肆伯伍拾肆篇",实少计算一篇。
⑤ 胡文楷:《夷白斋稿跋》、张元济:《夷白斋稿跋》云,《外集》"有诗一百十七首",实多计算1首。分见上海,商务印书馆《四部丛刊三编》影印明抄本《夷白斋稿》卷末,1935;上海图书馆藏清抄本《夷白斋稿》卷末;今见《陈基集》附录三,长春,吉林文史出版社,2009,第469~470页。

遗》后。"①《四库全书总目》、胡文楷、张元济《夷白斋稿跋》因朱氏《拾遗》亦收遗文 35 篇，与《外集》相同，遂疑《外集》为朱存理所编。至于《外集》尚有诗 100 多首，朱氏未曾提及，或为后人又有所更定。

  《夷白斋稿》与《外集》是陈基诗文集的初编本，但是从未刊刻，一直以抄本流传。现今存世的抄本有 10 余部，分藏国家、北京大学、中国科学院、中国社会科学院文学研究所、上海、天津、浙江等 7 家图书馆及台湾"中央图书馆"。② 清修《四库全书》，亦据《夷白斋稿》《拾遗》《外集》收录陈基集。不过，由于《夷白斋稿》未曾刊刻，传世抄本经辗转誊录，彼此之间文字差异甚大。即如《四库全书》本，一篇数百字的短文，与明抄本文字差互可达数十处，即便一首诗，也往往有多处不同。其中国家图书馆藏明抄本，曾经季振宜、瞿镛铁琴铜剑楼递藏，抄录时间最早，缮写精良，又据明弘治张习刊本有所校订，是存世诸抄本中最精善者。

  明弘治八年(1495)，吴人张习购得《夷白斋稿》半部，又自陈思耘得陈基手稿数十篇，复于友人处借得诗文百篇，分类合编为《夷白集》12 卷，附录明尤义撰《陈基传》1 卷，刊版行世。③ 张习本是陈基诗文的重编本，也是陈基集惟一的刊本，与戴良初编本收录诗文互有出入。其中初编本有而张习本阙者，诗 50 首，④ 文 35 篇；张习本有而初编本阙者，诗 96 首，⑤ 文 23 篇。张习刊本只有两部存世，分别藏于国家图书馆和日本静嘉堂文库。

---

① 朱存理：《跋夷白斋拾遗》，见《楼居杂著》，台北，台湾"商务印书馆"影印清乾隆文渊阁《四库全书》本，1986；今见《陈基集》附录三，长春，吉林文史出版社，2009，第 461 页。

② 国家图书馆藏明抄本 1 部、清抄本 2 部，北京大学图书馆藏清抄本 1 部，中国科学院图书馆藏清抄本 2 部，中国社会科学院文学研究所图书馆藏清抄本 2 部，上海图书馆藏清抄本 2 部，天津市图书馆藏清抄本 1 部，浙江省图书馆藏清抄本 1 部，台北，"中央图书馆"藏清抄 18 卷本 1 部。

③ 参见张习：《刊夷白集录》，见《夷白集》附录，明弘治张习刊本，1495；今见《陈基集》附录三，长春，吉林文史出版社，2009，第 461~462 页。

④ 胡文楷：《夷白斋稿跋》云，初编本较张习刻本"增诗五十二首"。按：初编本《外集·古诗七言》之《南归道中作》，与张习本卷 1《乐府》之《远归曲》为同一首诗；而初编本卷 10《狼山港寄淮安分省同官》有目无诗，不必计算。故初编本较张习刻本实际多诗 50 首。至于陆心源：《夷白斋稿夷白集跋》、丁丙：《夷白斋稿跋》云，"抄本有而刊本佚者，诗五十三首"，则计算有误。分见《仪顾堂题跋》卷 13、《善本书室藏书志》卷 34；今见《陈基集》附录三，长春，吉林文史出版社，2009，第 466~467 页。

⑤ 胡文楷：《夷白斋稿跋》云，张习本有而初编本阙者，"诗九十八首"。按：张习本卷 1《乐府》之《远归曲》，与初编本《外集·古诗七言》之《南归道中作》为同一首诗；张习本卷 4《七言律》之《次韵怀华幼武》，与初编本卷 7 之《次韵怀玉山》为同一首诗；故初编本较张习刻本实际多诗 96 首。至于陆心源：《夷白斋稿夷白集跋》、丁丙：《夷白斋稿跋》云，"刊本有而抄本无者，诗七十六首"，则计算有误。

民国二十五年(1936)，上海涵芬楼据常熟瞿氏铁琴铜剑楼藏明抄本（即今国家图书馆藏本），影印《夷白斋稿》35卷、《拾遗》1篇、《外集》1卷，胡文楷又辑录《补遗》1卷，补充张习本多于明抄本的诗文121篇，①并附录以张习本校订明抄本的《校勘记》1卷，收入《四部丛刊三编》，成为收录陈基诗文最多且文字最精善的版本。

2009年，吉林文史出版社出版校点本《陈基集》，即选用《四部丛刊三编》影印明抄本《夷白斋稿》《拾遗》《外集》及胡文楷辑录《补遗》为校点底本，②而以国家图书馆藏明弘治张习刊本《夷白集》、台湾"商务印书馆"影印清乾隆文渊阁《四库全书》本《夷白斋稿》为通校本。③同时，在综合考察国家图书馆、北京大学图书馆、中国科学院图书馆、中国社会科学院文学研究所图书馆的7种清抄本之后，选取中国社会科学院文学研究所图书馆藏清抄本两种作为参校本，④既保持元代初编本之原貌，又充分吸取张习刊本与四库本、清抄本之优长。

此外，《夷白斋稿》编于陈基生前，收录诗文亦不完备，尽管经过明代张习辑补，集外散佚诗文仍所在多有。故整理本着意辑录，自元顾瑛《玉山名胜集》《草堂雅集》、明袁华《玉山纪游》、但桓《乾坤清气》、钱榖《吴都文粹续集》等23种文献中，搜辑集外诗168首、文6篇，收入《陈基集》附录一《集外诗文》，极大丰富了诗文集的内容，增加了校点本的文献价值。整理本还以附录二收存明尤义《陈基传》与《明史·陈基传》，附录三汇集各版本题跋20篇，保存作者生平和文集版本流传资料，以期成为陈基文集最完备精善的整理本。⑤

---

① 《补遗》之《远归曲》与《次韵怀华幼武》2诗，已收入《夷白斋稿》《外集》及卷7，《补遗》重复收录，实际补充诗96首，文23篇，共119篇。
② 陈基：《夷白斋稿》，上海，商务印书馆《四部丛刊三编》影印明抄本，1935年。
③ 陈基：《夷白斋稿》，台北，台湾"商务印书馆"影印清乾隆文渊阁《四库全书》本，1986年。
④ 两部清抄本原为张寿镛约园藏本，抄录精审，又有校跋，其中甲本有张寿镛跋文，乙本有周锡瓒、王礼培跋语。
⑤ 本章原刊《陈基集》卷首，长春，吉林文史出版社，2009，本书收录时有修改。

第十章　元人文集的整理与总结
——《全元文》编纂特点及得失

　　《全元文》是有元一代用汉文撰写的全部文章的结集,包括单篇散文、骈文和诗词曲以外的韵文,力求完整反映元代文章之全貌。作为一部大型断代文章总集,《全元文》的文章来源主要有二:一是采自元人别集;二是从各种文章总集、类书、地方志、碑刻集等典籍中辑录的散篇。其中,元人别集无疑是元代文章最主要、最基本的载体,因此,《全元文》的编纂,首先意味着对元人文集的全面清理和总结。那么,《全元文》究竟收录了多少元人文集,在文集作者的鉴别上有何思考,对作者代表性文集的选取有何原则,对文集版本的确定有何规范,质言之,该书在元人文集的收录和编纂上有哪些特点与得失,这可能是《全元文》六十册面世之后,学术界首先关注的问题。

　　元朝是中国历史上一个非常有特色的朝代。由于蒙古族政治统治的疏阔,文化宗教政策兼容并包,多民族相互融合,对外广泛交流,元代文化非常繁荣,诗文创作也十分兴盛。清代学者钱大昕《补元史艺文志》著录元代诗文别集的作者 680 多人,就是明证。当然,这些元人别集不可能全部刊行,能够传世的毕竟是少部分。清乾隆修《四库全书》,集部别集类仅收录元代作者 163 人,诗文别集 169 部,其中还包括原集已经散佚、四库馆臣自《永乐大典》中辑录出来的辑本 29 部。① 即使加上《四库全书存目》和《未收书目》的著录,也不过 190 位作者、203 部别集。② 自然,这并非现今存世的元人别集的全部。在《四库全书总目》基础上,对元人文集及版本状况作进一步清理的,是周清澍先生《元人文集版本目录》。③ 除《四库总目》已著录的元代作者外,周书新增补了 82 位元人的别集情况,共收录元代别集作家 270 人,并著录这些别集的版本源流和部分善本的馆藏。《全元文》工作伊始,北京师范大学古籍所即对国内收

---

① 参见永瑢等:《四库全书总目》卷 166~168,北京,中华书局,1965,下册,第 1420~1464 页。
② 参见永瑢等:《四库全书总目》卷 174《别集类存目一》,北京,中华书局,1965,下册,第 1544~1548 页;《四库全书总目》附录《四库未收书提要》,下册,第 1845~1867 页。
③ 周清澍编:《元人文集版本目录》,南京,《南京大学学报丛刊》,1983。

藏的元人别集及其版本、馆藏情况展开了大规模的调查，并在此基础上编制了《国内所藏元人文集版本目录》，不仅著录了国内现存的元人别集，编排了各位作家文集的版本源流，还登录了全国各大图书馆善本的馆藏情况，为《全元文》考察和收录元人别集奠定了基础。毋庸赘言，这些别集包括了诗集、文集、诗文合集、词曲集等多种形式，其中只有文集与诗文合集中的文集部分，才属于《全元文》的收录范围。

第一节 文集作者的鉴别

《全元文》收录元人文集，第一步工作是鉴别应当收录的元代文集作者。通过清理考察，《全元文》最终收录了182位作者的文集，详细情况见本书附录十一《〈全元文〉收录元人文集表》。在对这些文集作者的鉴择中，《全元文》注意到以下五个方面：

一、跨朝代文集作者

元朝一上承金、宋，下启明朝，历年不永。从灭金至元末，不过一百三十五年，若自平宋至元亡，只有九十年，跨朝代的文集作者，在元朝相对较多。因此，跨朝代作者的收录，是《全元文》应该首先考虑的重要问题。在《四库全书总目》等传统书目中，以往被列为元人的文集作者，是《全元文》毋庸置疑的收录对象，但同时，《全元文》还涉及较多以往未被列为元人的跨朝代作者。对于这些人，《四库总目》等传统书目一般是根据作者的政治取向来进行区划。凡金与南宋遗民，即便他们入元后存世了几十年，仍划分为金人或宋人；而那些在元朝生活了大半生的作家，只要他们在明朝担任较高官职，即算作明人。这样一种界定标准，显然不足以反映元代的实际情况，更不适宜《全元文》这部希望反映元代文章全貌的断代总集。事实上，清人钱大昕就已经注意到这个问题，并将金元之际的李俊民、元好问及宋元之交的牟巘、刘辰翁等20余人收入《补元史艺文志》中。[①] 其后，陆峻岭《元人文集分类篇目索引》，选录了宋濂、刘基等16位被《四库总目》列为明代作者的文集。[②] 王德毅《元人传

---

① 钱大昕：《补元史艺文志》卷4，北京，中华书局《二十五史补编》本，1956，第6册，第8422～8434页。
② 陆峻岭编：《元人文集分类篇目索引·文集目录》，北京，中华书局，1979，第5～6页。

记资料索引》，更参考到3位金人、37位宋人和68位明人的别集。① 有鉴于此，《全元文》主编李修生先生拟定《全元文凡例》，其中第二条规定："本书所收作家之时限，原则上承金和南宋，原金朝管辖区作家以金哀宗天兴三年(1234)为上限；原南宋管辖区作家以南宋赵昺祥兴二年(1279)为上限；以元顺帝至正二十八年(1368)为下限。由金、宋入元，由元入明作家，其主要活动在元者，则作为元人收录。"② 根据上述原则，《全元文》收录了40多位未被《四库全书总目》列为元人的跨朝代作者，约占全部文集作者的1/4。

金元交替之际，《全元文》增入李俊民、元好问两位文集作者。元好问(1190～1257)，字裕之，号遗山，太原秀容(山西忻州)人。金兴定五年(1221)进士，历国史院编修、南阳令、内乡令等，官至行尚书省左司员外郎。元好问在金朝生活了四十四年，金亡不仕，故元修《金史》将其收载于《艺文传》下，《四库全书总目》亦著录为金人。但元好问入元亦存世二十三年，且以著作自任，构野史亭著述其上，记录金代君臣言行凡百余万言，为元修《金史》所本。他还纂辑金代诗歌总集《中州集》，校试诸生于东平，讲学于真定封龙书院，又曾谒见忽必烈，请为"儒学大宗师"，被时人目为文坛盟主。所为诗文，亦多作于入元之后。因此，《全元文》收录这位被《四库全书》列为金人的作家，据《四部丛刊》影印明弘治十一年(1498)李瀚刊本《遗山先生文集》40卷，收元好问文章236篇，又辑录集外文27篇，从而保全了蒙古国时期北方文坛的完整风貌。③

宋元之际，遗民众多，蔚成风气，因此，《全元文》增补的跨朝代文集作者也较多，有舒岳祥、梅应发、牟巘等20多人，其中出生年代最早的是舒岳祥。舒岳祥(1219～1298)，字舜侯、景薛，台州宁海(浙江宁海)人。南宋宝祐四年(1256)进士，官奉化尉，终承直郎。宋亡不仕，教授乡里，门人戴表元、刘庄孙等多以文名。舒岳祥少以诗文著称，一生著述众多，达220余卷，仅诗文集就有《荪墅稿》《避地稿》《篆畦稿》《蝶轩稿》《梧竹里稿》《阆风集》等多种。舒氏在南宋生活了六十年，入元后仅存世二十年，故《四库全书总目》将其著录为宋人。然而，舒岳祥在南宋时所作诗文，因宋末战乱，书焚庐毁，已泰半不存，因此他的诗文集多是

---

① 王德毅等编：《元人传记资料索引·引用书目》，北京，中华书局，1987，第1册，第8～12页。
② 李修生主编：《全元文·凡例》，南京，凤凰出版社，2004，第1册，第1页。
③ 元好问：《遗山先生文集》，上海，商务印书馆《四部丛刊》影印明弘治十一年李瀚刊本，1929；今见李修生主编：《全元文》，南京，凤凰出版社，2004，第1册。

入元后撰写编订的。何况舒氏的著述大多散佚，今存《阆风集》12卷，还是四库馆臣辑自《永乐大典》，其中文章29篇，都是入元后所作。所以《全元文》收录了舒岳祥的《阆风集》，并补以集外文1篇，共收舒文30篇。①

宋元之间作者中，传世文章最多的当属牟巘（1227～1311）。巘字献之、献甫，隆州井研（四川井研）人，少时随父迁居湖州。南宋进士，官至大理少卿、浙东提刑。《四库全书总目》以其入元不仕，杜门隐居三十多年，且有故国之思，著录他为宋人。牟巘五十岁时宋亡，入元尚存三十多年。且其从事著述，当在成年之后，则其诗文应以在元代撰写者为多。牟巘有《陵阳先生集》24卷传世，考察集中文章，除表、状、札、启等公牍多宋时文字外，序记、题跋、碑铭则多作于元朝。因此，《全元文》收录牟巘《陵阳集》，得文337篇，补以集外文13篇，应该是适宜的。②

南宋遗民，谢翱颇著名。翱字皋羽，号宋累、晞发子，福州长溪（福建霞浦）人，后徙居浦城。试进士不第。南宋末，招募乡兵投文天祥，任咨议参军。宋亡后流亡两浙。元僧人杨琏真珈发掘宋陵，翱与友人唐珏等密收诸陵遗骨，葬于兰亭附近，种冬青树为记，并作《冬青引别玉潜》诗纪其事。又登严子陵钓台，祭奠文天祥，作《登西台恸哭记》。遗作有诗6卷、文5卷，世无传本，莫知其详。今存谢翱《晞发集》，已非其旧。《四库全书总目》著录谢翱为宋人，然其《晞发集》中诗文，皆宋亡后所作，故《全元文》据明嘉靖三十四年（1555）程煦刊本《晞发集》6卷，收录谢翱文章13篇。③

元明之际的跨朝代文集作者，《全元文》排除了若干在明朝担任较高官职、在政治上有较大影响的人物，如宋濂、刘基、陶安、高启等，而收录了贝琼、危素、王袆等近20人。在这些作者中，出生较早的是钱宰（1299～1394），在元朝生活了七十余年，根据《全元文凡例》，跨朝代作者，"其主要活动在元者，则作为元人收录"的原则，虽被《四库全书总目》列为明人，此次存录《全元文》是毫无疑问的。出生较晚的有唐肃（1331～1374）和殷奎（1331～1376），他们虽在元朝只有三十七年，但是

---

① 舒岳祥：《阆风集》，台北，台湾"商务印书馆"影印清乾隆文渊阁《四库全书》辑录《永乐大典》本，1986；今见李修生主编：《全元文》，南京，凤凰出版社，2004，第3册。
② 牟巘：《陵阳先生集》，吴兴，刘氏嘉业堂《吴兴丛书》刊本，1921；今见李修生主编：《全元文》，南京，凤凰出版社，2004，第7册。
③ 谢翱：《晞发集》，明嘉靖程煦刊本，1555；今见李修生主编：《全元文》，南京，凤凰出版社，2004，第13册。

由于其享年不永,唐肃死于洪武七年,殷奎死于洪武九年,入明时间都不算长,列为元人亦无不当。在明朝生活时间最长的是陈谟(1306～1401),死于建文三年,在明存世三十四年,但其生年较早,在元朝长达六十二年,收入《全元文》也是适宜的。在收录诸人中,元明之际影响较大的文章巨公,当属危素与王祎。

危素(1303～1372),字太朴,号云林,抚州金溪(江西金溪)人。少通五经,游吴澄、范梈、虞集之门。元至正元年(1341),以荐授经筵检讨,预修辽、金、元三史。后历任国子助教、太常博士、国子监丞、礼部尚书、中书参知政事等职,官至翰林学士承旨。明师入大都,危素趋所居报恩寺投井,为寺僧大梓挽起,勉以保全国史,《元实录》因之而无失。洪武二年(1369),授翰林侍讲学士,与宋濂等同修《元史》,兼弘文馆学士。洪武三年,以亡国之臣谪居和州,五年卒。危素博学善文辞,是元明之际的文章大家,有《危太朴文集》10卷、《危太朴文续集》10卷,共收录文章270多篇,又曾先后参与元修宋、辽、金三史和明初修《元史》,其文集对于了解当时的社会与文化具有重要价值。《四库全书总目》列危素为明人。其实危素在元朝生活了六十五年,任职朝廷二十年,历任清要,入明仅存世五年。检阅其文集,大部分文章亦撰写于元朝。因此,危素的文集,成为《全元文》不可或缺的重要内容。①

王祎的情况与危素有较大不同。王祎(1322～1373),字子充,婺州义乌(浙江义乌)人。元末游大都,曾上书时宰论政,不报,隐居不仕。明太祖取婺州,召为江南儒学提举,后同知南康州事,有惠政,累官漳州通判。洪武三年(1370)召修《元史》,与宋濂同为总裁官,书成,擢翰林待制。洪武六年,以招谕云南被杀。王祎幼敏慧,师事文章大师柳贯、黄溍,遂以文章名世,有《王文忠公文集》24卷。他在元朝未任职,入明官至翰林待制,故《四库全书总目》列为明人。但王祎在元朝生活了四十六年,入明仅六年,亦可视为主要活动在元朝者。其集中文章,虽制、诰、诏、表等作于明初,但序、记、论、说、碑、铭等亦多有元末之作,故《全元文》收录明正统七年(1442)鄱阳刘杰刊本《王忠文公文集》,得文章404篇,又辑得集外文6篇,作为元末文章的重要补充。②

对于金元、宋元及元明之际的跨朝代文集作者,《全元文》选录是否

---

① 危素:《危太朴文集》《危太朴文续集》,吴兴,刘氏嘉业堂刊本,1913;今见李修生主编:《全元文》,南京,凤凰出版社,2004,第48册。

② 王祎:《王文忠公文集》,明正统鄱阳刘杰刊本,1442;今见李修生主编:《全元文》,南京,凤凰出版社,2004,第55册。

允当,尚有待于专家的评判。但是重视对这些跨朝代作者的重新甄别收录,无疑是《全元文》的重要特色。当然,这方面工作也难免有失误,譬如朱升、朱同父子。朱升(1299~1370),字允升,学者称枫林先生,徽州休宁(安徽休宁)人。至正四年(1344)举乡荐,八年为池州学正。后以战乱弃官,隐居石门。明太祖下徽州,召问时务,升对以"高筑墙,广积粮,缓称王",太祖善之,授侍讲学士。洪武元年(1368)任翰林学士,定宗庙时享斋戒之礼。二年请老归,次年卒。《四库全书总目》以朱升任明翰林学士,著录为明人。其实朱升在元朝生活了近七十年,入明仅三年,属于《全元文》必然收录的对象。朱升有《枫林集》10卷,其中诗1卷、文7卷、附录、传、赞等2卷,收朱升文章101篇。《四库全书》因朱升以元臣而仕明朝,摒弃不取,仅著录于别集类存目。但《枫林集》今仍有明万历歙邑朱府刊本传世。然而,《全元文》第四十六册,仅从《休宁县志》《新安文献志》等书中辑录朱升散篇文章15首,却忽略了《枫林集》未加收录,实属不应发生的重要疏漏。

朱升之子朱同,字大同,号朱陈村民、紫阳山樵。洪武十年(1377)举明经,典教郡学。十三年召为吏部员外郎,未几升礼部侍郎。朱同有文武才,工书画音律,时称三绝。懿文太子爱其书,甚重之。后坐事死。据范准《书云溪归隐图后》,朱同约生于元后至元末年,三十岁左右入明,死于洪武十八年之前。① 有《覆瓿集》7卷传世,诗3卷,文4卷。其中诗多元末之作,而文章则以明初文为主,《全元文》似不应收录。根据《全元文凡例》第三条"以文从人"的原则,朱同《覆瓿集》既然不拟收录,则其散篇文章,无论是否作于元代,亦一律不收。然而《全元文》第五十九册,虽未收录《覆瓿集》,却从《新安文献志》《休宁县志》中辑录朱同散篇文章5篇,亦属于收录失当。

二、僧道文集作者

僧道文集作者的收录,也是《全元文》重视的一个方面。元代是一个多种宗教兼容并存的朝代,在汉文化中广为流传的佛、道二教尤为兴盛。一些有较高文化修养的僧人、道士,与文人士大夫多有诗文唱和;何况易代之际,又有一些遗民借宗教以遁世,用诗文寄寓自己的故国之思,

---

① 范准:《书云溪归隐图后》云,准洪武十四年(1381)自吴堡知县入京,曾见朱同,时朱同任礼部侍郎。洪武十七年,范准友人胡复官绥德,尚报告朱同近况。洪武十八年春,范准在陕西得知朱同死事。文见朱同:《覆瓿集》卷8附录,台北,台湾"商务印书馆"影印清乾隆文渊阁《四库全书》本,1986,第1227册,第727~728页。

故在佛道人士中，也往往有文集或诗文集传世。但是他们的诗文集，以往较少受到人们的关注，《四库全书》也极少收录。《全元文》在注重跨朝代作者的同时，也注意收录这些释道作者的文集。有时，还需要突破别集的局限，到道藏或佛藏中去搜寻。

《全元文》收录了姬志真、李道纯、朱思本和张雨四位道士的诗文集，他们的生平各具特色。姬志真(1193~1268)，本名翼，字辅之，泽州高平(山西高平)人。十三岁能诗赋，既长，天文、地理、阴阳、律历之学无不精究。金亡，流寓冀州，师从栖云真人王志谨为全真道士，号知常子。作为金元之际因避世而入道的士人，姬志真积极参与了全真道教在北方的传教活动。宪宗二年(1252)，掌教真人李志常在燕京长春宫设立玄学，姬志真参与讲学。中统四年(1263)还汴梁，嗣王志谨主朝元宫教事。至元五年卒。姬志真有诗文集《云山集》传世，集中文章，或为阐发全真道教教义的论说，或是各地修建道观的碑记，以及一些道教活动、道士生平的记述，是研究蒙古国时期北方全真教思想和历史的重要资料。因此，《全元文》根据元延祐六年(1319)李怀素刊本《知常先生云山集》5卷(存卷3~5)，补以道藏辑要本《云山集》2卷，收录文章47篇，又得集外文2篇，共收姬志真文49篇。①

李道纯是元初南方全真教道士，字元素，号清庵、莹蟾子，都梁人。得全真道南宗五祖之一白玉蟾弟子王金蟾授受。至元间，居金陵中和精舍，大德中卒。有诗文集6卷。《全元文》以台北新文丰出版公司《元人文集珍本丛刊》影印明覆刊元大德十年(1306)刊《清庵先生中和集》6卷为底本，收录文章18篇，补以集外文1篇。李道纯通习《周易》与《道德经》，在道教理论中引入程朱理学调合三教。他的文章基本上是对道教教义的论说与问答，集中反映了主张儒、释、道三教合一的南方全真道教的思想。②

不同于上述二者，朱思本是一位具有自然科学思想的道士。朱思本(1273~1336以后)，字本初，号贞一，抚州临川(江西临川)人。八岁师从玄教大宗师张留孙，入龙虎山为道士。大德中入京师，辅助吴全节处理玄教事务。至治二年(1322)，主持江西玉隆万寿宫。其后又曾两次入

---

① 姬志真：《知常先生云山集》，元延祐李怀素刊本，1319；今见李修生主编：《全元文》，南京，凤凰出版社，2004，第2册。
② 李道纯：《清庵先生中和集》，台北，新文丰出版公司《元人文集珍本丛刊》影印明覆刊元大德十年本，1985，第8册；今见李修生主编：《全元文》，南京，凤凰出版社，2004，第24册。

京。朱思本工诗文，留居京师二十年，与当世名士多有交往，有《贞一斋文稿》1卷、《诗稿》1卷，范梈、虞集、吴全节、柳贯等为之序。朱思本更精通舆地之学，幼读书，即知九州山川，慕司马迁为人，有四方之志。入京后，因奉诏代祀五岳四渎，得以周游天下，考察地理，积十年之功，以计里划方之法，绘成《舆地图》2卷，成为元至清绘制地图的范本。朱思本虽身为道士，却具有自然科学思想，较少迷信。他曾作《雷说》一文，论证雷霆只是天地阴阳二气的磅礴奋激，并非为惩罚人的恶行或轮回报应而作。又作《星命者说》，讥讽和质疑将人的命运与生辰星相等相联系的星命理论。然而，朱思本的诗文集，以往很少受到人们的注意，《四库全书》不予收录，仅有抄本和丛书本流传。《全元文》据民国二十四年（1935）上海商务印书馆《选印宛委别藏》影印传抄明丛书堂抄本，收录《贞一斋文稿》中文章31篇，有助于了解这位别具特色的道士的思想与生平。①

元末的张雨则是文士类型的道士。张雨（1283～1350），又名天雨，旧名泽之，道名嗣真，字伯雨，号贞居子、句曲外史，钱塘（浙江杭州）人。年二十，弃家遍游天台、括苍等名山，师从周大静，后入茅山开元宫为道士。曾从开元宫真人王寿衍入京师，与当世文人名士唱和，声名大起。赐号清容玄一丈度法师，先后主持西湖福真观、茅山崇寿观、元符宫、开元宫，并注释《道德经》。至正十年卒。张雨善诗书，一时名士如赵孟頫、范梈、杨载、袁桷、虞集、黄溍、揭傒斯等都与之游，晚年与倪瓒、顾瑛、杨维桢等深相投契，互有唱和，故其传世之作以诗为主，文章不多。且其文章亦不热衷阐发道教教义，主要是与时人名士交往的书札、序记、题跋、铭赞等，反映元末南方正一教士与世俗士大夫之间的广泛交往。《全元文》根据台湾"商务印书馆"影印清文渊阁《四库全书》本《句曲外史集》3卷《补遗》3卷、清光绪间《武林往哲遗著》刊本《贞居先生诗集补遗》3卷，及何良俊辑补明抄本《句曲外史贞居先生诗集》7卷，辑录张雨文28篇，增补集外文35篇，共收录其文章63篇。②

《全元文》收录的僧人文集作者有四人：释圆至、释大䜣、释惟则、释来复。释圆至（1256～1298），字符隐，号牧潜、筠溪老衲，俗姓姚氏，

---

① 朱思本：《贞一斋文稿》，上海，商务印书馆《选印宛委别藏》影印传抄明丛书堂抄本，1935；今见李修生主编：《全元文》，南京，凤凰出版社，2004，第31册。
② 张雨：《句曲外史集》《补遗》，台北，台湾"商务印书馆"影印清乾隆文渊阁《四库全书》本，1986；《贞居先生诗集补遗》，钱塘，清光绪丁氏嘉惠堂《武林往哲遗著》刊本；《句曲外史贞居先生诗集》，何良俊辑补明抄本；今见李修生主编：《全元文》，南京，凤凰出版社，2004，第34册。

瑞州高安（江西高安）人。年十九，依仰山慧朗大师落发为僧。至元、元贞间，住持建昌能仁寺。好云游，遍历荆襄吴越，广交友朋。大德二年卒于庐山。圆至出身于儒学世家，父文叔、叔勉、兄云皆为南宋进士。他少承父兄，为举子业，留意于儒家经典。出家后，始更为佛学。然圆至自幼慕圣贤经传与汉唐古文之高简雄浑，锐意追随以自新。所以，他称儒之文为"故学"，而以浮屠之文为"己学"，每"于己学之暇，复以余力治其故学"，① 出入儒释，而不屑为比丘长。在思想上，圆至力图融合三教，曾云："佛、儒、老氏，均以性为学，为教于天下。其导物之方、权巧之径不同，至于成性以通乎至神，则说之宗、学之序一也。"②因而被当世学者称为"儒而禅，释而文"的人物。③ 但是圆至毕竟是佛教徒，虽与当时名士有所来往，但其诗文集中绝大部分文章是与僧众往来的书信、赠序、题跋，以及修建寺院的碑记与募化疏文。因此，他有时不免站在佛教的立场对儒学有所批判。比如他说"伊洛学出，始窃吾意以饰尧、舜、孔子之言"，④ 敏锐地指出宋代理学援佛入儒的思想渊源。他还在文章中讥讽朱熹晚年对堪舆学的迷信。⑤《全元文》依据清光绪间《武林往哲遗著》刊本《牧潜集》7卷，收录圆至文88篇，为研究元初出入于儒释之间的佛教僧侣提供了宝贵资料。

释大䜣是元代佛僧中传世文章最多的，有《蒲室集》15卷附《书问》1卷、《疏》1卷、《笑隐和尚语录》不分卷。大䜣（1284～1344），字笑隐，俗姓陈，龙兴路南昌（江西南昌）人。九岁祝发，十七岁受戒，从释元熙学。他勤研佛典，旁及儒道百家之说，博学洽闻，辩论古今，与当世官员、名士、佛教僧徒有着广泛的交往，赵孟𫖯、虞集、黄溍、贡奎、萨都剌、张雨等文士名流都与其过从甚密。大䜣在佛教史上也有重要地位。他先后主持湖州乌回寺、杭州报国寺、中天竺寺。天历元年（1328），文宗诏以金陵潜邸为大龙翔集庆寺，特选大䜣为首任主持，赐号广智全悟

---

① 释圆至：《与某官书》，见《筠溪牧潜集》卷5《书》，北京，书目文献出版社《北京图书馆古籍珍本丛刊》影印元大德刊本，1990，第91册，第263页；今见李修生主编：《全元文》，南京，凤凰出版社，2004，第20册。
② 释圆至：《饶州梁山资福禅寺记》，见《筠溪牧潜集》卷3《碑记》，北京，书目文献出版社《北京图书馆古籍珍本丛刊》影印元大德刊本，1990，第91册，第247页。
③ 洪乔祖：《牧潜集跋》，见释圆至：《筠溪牧潜集》附录，北京，书目文献出版社《北京图书馆古籍珍本丛刊》影印元大德刊本，1990，第91册，第274页。
④ 释圆至：《建昌州福圣院方蚊蜂祠堂记》，见《筠溪牧潜集》卷3《碑记》，北京，书目文献出版社《北京图书馆古籍珍本丛刊》影印元大德刊本，1990，第91册，第254页。
⑤ 释圆至：《书朱晦与蔡季通手帖后》，见《筠溪牧潜集》卷6《杂著》，北京，书目文献出版社《北京图书馆古籍珍本丛刊》影印元大德刊本，1990，第91册，第266页。

大禅师，又加号释教宗主，兼领五山寺。他还承旨重新修订百丈禅师的《禅林清规》，分为九章，为四方佛寺所取法。《全元文》据国家图书馆藏元后至元刊本，收录大䜣《蒲室集》《书问》《疏》和《语录》，得文340篇，补集外文1篇，共得文341篇。①

此外，《全元文》又据涵芬楼影印《大日本续藏经》本，收录释惟则的《师子林天如和尚语录》8卷，得文142篇；据明正统五年（1440）孙以宁刊本，收录释来复《蒲庵集》6卷，得文94篇，集外文2篇，保存了元代佛教史的重要资料。

三、家族合集与别集附录中的元代作者

有些元人文集，或以家族合集的形式保存在总集之中，或附录在相关作者的别集之内，《全元文》亦注意到对这些元代作者的收录。如婺州浦江县（浙江浦江）的郑氏家族，从南宋建炎至明初，合族而居十三世，约二百九十余年，冠昏丧葬，必考朱子《家礼》而行，故称义门。元至大四年（1311）、后至元二年（1336），郑氏家族先后两次受到朝廷旌表，并得到免除赋税的恩典，部使者余阙特书"东浙第一家"以示褒扬，柳贯作文以记之。明初修《元史》，又收入《孝友传》。郑氏代有文人，各有诗文集藏于家。明永乐十六年（1418），裔孙郑昺辑先世之诗为3卷。清初，二十世孙郑尔垣又续编4卷，题为《义门郑氏奕叶吟集》7卷。尔垣又编次历代遗文，为《义门郑氏奕叶文集》10卷，其中元人文集有四种，分别是郑大和《贞和集》、郑钦《青桎居士集》、郑涛《药房集》和郑泳《半轩集》。郑大和，又名文融，字顺卿，郑氏六世孙。与柳贯友，累官建康龙湾务提领大使。中年弃官归，接替从兄文嗣主持家政，著《义门郑氏家规》3卷。又采辑宋以来诸家表扬义门郑氏之作，成《麟溪集》22卷。七世孙郑钦，字子敬，继大和作《续家规》。然郑大和《贞和集》仅存文2篇，郑钦《青桎居士集》存文1篇，已名存而实亡。八世孙郑涛（1315～?），字仲舒。从吴莱游，以文章名世。至正间以荐授经筵检讨，历翰林编修、应奉、国子助教。入明为太常博士，因论张士诚事忤时宰，退居乡里，教授子姓以终。有《药房集》1卷，存文31篇。涛弟郑泳，字仲潜，元末为相府掾，官至温州路总管府经历。入明，朝臣荐修大典，固辞。著《郑氏家仪》。有《半轩集》1卷，存文22篇。《全元文》据清康熙五十四年

---

① 释大䜣：《蒲室集》《书问》《疏》《笑隐和尚语录》，元后至元刊本；见李修生主编：《全元文》，南京，凤凰出版社，2004，第35册。

(1715)郑氏祠堂刻本《义门郑氏奕叶文集》,收录郑涛《药房集》和郑泳《半轩集》,以及郑大和、郑钦所存遗文,使这些保存在总集中的元人文集得以收录。①

此外,《奕叶文集》中还有郑渊《遂初斋集》1卷,存文 56 篇。郑渊(1326～1373),字仲涵,称贞孝先生。从学于宋濂,以古文名于时。再践场屋不利,即不复求仕。明洪武六年卒(1373)。《奕叶文集》著录渊为明人。实际上,郑渊与郑涛、郑泳同辈,在元朝生活了 42 年,入明仅 6 年,且其卒年尚早于郑涛(涛有洪武十一年文),应该是主要活动在元代的作者,属于《全元文》收录的范围。然而,《全元文》未收录郑渊的《遂初斋集》,反而在第五十八册收录其散见于《浦江县志》的文章 3 篇,也是不应出现的疏漏。

《全元文》还注意收录附存于相关作者别集中的元人文集。如宋元之际的方逢振,字君玉,号可斋,严州淳安(浙江淳安)人。南宋景定三年(1262)进士,历官太府寺簿。宋亡归家。元朝起为淮西宪佥,抗节不赴,在石峡书院聚徒讲学,学者称山房先生。其兄方逢辰(1221～1291),初名梦魁,中南宋淳祐十年(1250)进士第一,理宗赐名逢辰,故以君锡为字。官至吏部侍郎。宋亡,元世祖诏御史中丞崔彧起于家,以疾坚辞不出,学者称蛟峰先生。方氏兄弟的诗文集名《蛟峰文集》,是其五世从孙蒙城知县方渊所辑,散佚之余,搜录而成,已非完璧。全集 8 卷,前 7 卷收录方逢辰诗文,第 8 卷附存方逢振诗文《山房遗文》。方逢辰在南宋五十多年,入元仅十三年,《四库全书总目》著录为宋人。逢振生卒年不详,文集又附《蛟峰文集》以行,故《四库全书总目》亦归属宋人。然王德毅等编《元人传记资料索引》收录其为元人。所以,《全元文》据台北台湾"商务印书馆"影印清文渊阁《四库全书》本《蛟峰文集》,收录方逢振《山房遗文》中文章 8 篇。②

四、稀见文集作者

部分元代作者,其文集或散佚不全,或传本稀见,难以流传。《全元文》特别关注这些作者,使其文集借《全元文》得到保存和流传。如宋元之

---

① 郑涛《药房集》、郑泳《半轩集》,见郑尔垣:《义门郑氏奕叶文集》,清康熙郑氏祠堂刊本,1715;今见李修生主编:《全元文》,南京,凤凰出版社,2004,第 57 册。

② 方逢振:《山房遗文》,见方逢辰:《蛟峰文集》卷 8 附录,台北,台湾"商务印书馆"影印清乾隆文渊阁《四库全书》本,1986;今见李修生主编:《全元文》,南京,凤凰出版社,2004,第 8 册。

际的梅应发(1224～1301)，字定夫，号艮岩，广德军(安徽广德)人。南宋宝祐元年(1253)进士，历庆元府学教授、常州平籴仓副使，官至太府卿、直宝章阁。宋亡不仕，大德五年卒。梅氏有《艮岩遗稿》32卷，已佚，仅存《艮岩余稿》1卷。然梅氏文集《四库全书》未加收录，亦无丛书本传世，传本稀见。《全元文》据元刊本收录《艮岩余稿》，得文44篇，补集外文4篇，虽部分文章文字漫漶，难以卒读，仍有利于梅氏遗文的保存与流传。①

又如谭景星(1267～?)，字明望，号西翁，茶陵州(湖南茶陵)人。幼年丧父，庐墓十年，以孝行入《元史·孝友传》。曾任永明县儒学教谕。景星有《村西集》16卷、《西翁近稿》11卷，国内已无传本，仅日本宫内厅书陵部藏有元刊本，为海内孤本，其中《村西集》文集缺卷1、4和5，已有残佚。《全元文》即据日本所藏《村西集》和《西翁近稿》，收录文章158篇，使这位元代作者的两部文集，得以与国人见面。②

史伯璿(1299～1354)，字文玑，温州平阳(浙江平阳)人。笃志朱学，隐居不仕，著《四书管窥》8卷、《管窥外篇》2卷，凡三十年而后成。《四库全书总目》称"其于朱子之学，颇有所阐发"，"深得朱子之心"。③ 史氏有《青华集》4卷，诸家书目极少著录，且无丛书本传世。《全元文》据上海图书馆藏清嘉庆元年(1796)八月抄本，收录《青华集》文章41篇，补集外文2篇。翻阅《青华集》，可见集中多有关于赋役、盐法、水利和时事的上书，说明史伯璿不仅仅是一位皓首穷经的学者，还是讲求通经致用的实学家。④

蒋易，字师文，自号橘山真逸，建宁路建阳(福建建阳)人。励志笃学，师从杜本，以思勉扁其读书斋。又慕司马迁之为人，遍游长江、淮河以南，结交当世名士，并博萃群书，号万书楼。元末入福建行省左丞阮德柔幕府。蒋易工诗文，选编元人古体诗为《皇元风雅》30卷，行于世。又有《鹤田文集》14卷，大半残佚，仅国家图书馆藏京师图书馆旧抄本，残存序文二卷。《全元文》即据此收录蒋易文章71篇，补集外文5

---

① 梅应发：《艮岩余稿》，元刊本；今见李修生主编：《全元文》，南京，凤凰出版社，2004，第5册。
② 谭景星：《村西集》《西翁近稿》，元刊本；今见李修生主编：《全元文》，南京，凤凰出版社，2004，第31册。
③ 永瑢等：《四库全书总目》卷36《四书管窥提要》，北京，中华书局，1965，上册，第301页。
④ 史伯璿：《青华集》，清嘉庆抄本，1796；今见李修生主编：《全元文》，南京，凤凰出版社，2004，第46册。

篇，以保存蒋易文之残璧。①

元朝末年的姚琏(1301～1368)，一名廷用，字叔器，号云山一懒翁，徽州歙县(安徽歙县)人。师从胡炳文，为紫阳书院学官，历吴江州教授、浙东阃使、太平路教授、摄当涂县尹。元末红巾军起，随总兵董抟霄赴征，参理运谋，授昌化令。后屏居山谷。姚琏遗文罕有传本，仅周清澍先生家藏清乾隆刊本《云山一懒翁集》2卷，及南京图书馆藏清丁氏正修堂抄本《姚叔器先生集》1卷。《全元文》据周先生惠赠的乾隆刊本复印件，收录姚琏《上参政董孟起书》和《上参政董孟起十策》二篇文章，对于了解元末江南的形势有所帮助。②

五、高丽汉文文集作者

《全元文》还注意收录有汉文文集的元代高丽作者。元朝在高丽国设置征东行省，行省丞相由高丽国王兼任，得自辟官属，其原有的政治机构与制度不变，财赋亦不入都省。征东行省虽与元朝国内诸行省性质不同，但与中央朝廷之间仍有密切的政治文化联系。当时的高丽人，以到元朝设置的国子监学习和参加元朝的科举考试为荣。科举中第，"得于其国者，不若得诸朝廷者之为荣，故虽得末第冗官，亦甚荣于其国"。③ 他们考中进士后，或留在中央朝廷担任官职，或回高丽国任职，将元朝的制度与文化介绍回国。这些人往往有很高的汉文化修养，甚至有汉文的文集传世。然而，国内以往对元代高丽学者的汉文文集，只注意到李齐贤的《益斋乱稿》10卷，虽然《四库全书》未加著录，但是南京图书馆藏有抄明万历本，还有《粤雅堂丛书》本、《丛书集成初编》本及民国十三年(1924)南通翰墨书局重编本等多种版本传世。《全元文》则除李齐贤外，又新收录了李榖、李穑父子的两部文集。

李榖(1298～1351)，字中父，号稼亭，高丽宁海府人。至顺三年(1332)，征东行省乡试第一名。四年，赴大都参加会试中第，以殿试二甲赐进士出身，授承仕郎、翰林国史院检阅官。次年，奉勉励学校诏出使征东行省，京中名士如陈旅、宋本、欧阳玄、王沂、揭傒斯等都以诗文相送。次年还京。其后来往于大都与高丽之间，而以留居大都时日为

---

① 蒋易：《鹤田蒋先生文集》，京师图书馆抄本；今见李修生主编：《全元文》，南京，凤凰出版社，2004，第48册。
② 姚琏：《云山一懒翁集》，清乾隆刊本；今见李修生主编：《全元文》，南京，凤凰出版社，2004，第49册。
③ 陈旅：《送李中父使征东行省序》，见《陈众仲文集》卷4，元至正刊明修本，第13页。

多，与黄溍、贡师泰、余阙等人都有唱和往来。至正七年（1347），李穀主持高丽的科举考试，"所取士多闻人"。八年，任高丽国匡靖大夫、都佥议赞成事、右文馆大提学、监春秋馆事、上护军。十年，元朝授予奉议大夫、征东行省左右司郎中。次年卒。有《稼亭先生文集》20卷传世。

李穑（1328～1396），字颖叔，号牧隐，李穀之子。至正元年（1341）中高丽国成均试。八年，以朝官之子赴大都，补国子监生员。在京三年，"得受中国渊源之学，切磨涵渍，益大以进，尤邃于性理之书"。① 至正十一年，回国守父丧。十三年秋，中征东行省乡试第一名。十四年赴大都会试中第，以殿试第二甲第二名，授应奉翰林文字、承仕郎、同知制诰，兼国史院编修官。与其父不同的是，李穑中进士后，很快就返回高丽任职，官至壁上三韩三重大匡、门下侍中、判典理司事、领孝思馆书筵、艺文春秋馆事、上护军。李穑回国后，主要从事文化教育工作，曾长期担任成均大司成，并且五知贡举，所取多知名士。他以传播性理之学为己任，学者仰之如山斗，并对高丽国的科举制度和教育内容进行了积极而稳妥的改革，使之完成了由佛学向儒学、由诗赋向性理学的转变。② 李穑又以诗文妙绝一时，掌国辞命数十年，有《牧隐诗稿》35卷、《牧隐文稿》20卷传世。《全元文》以韩国成均馆大学校大东文化研究院影印本为底本，分别收录李穀《稼亭先生文集》20卷，文章105篇，③ 李穑《牧隐文稿》20卷，文章232篇，④ 第一次将李氏父子的文集融汇到元代文化之中，对于了解元朝与高丽的政治文化交流，高丽国的文化教育状况，以及程朱理学在高丽的传播，具有重要的价值。

当然，《全元文》在清理元代文集作者方面也出现过失误，如朱晞颜（1221～1279），字景渊，湖州长兴（浙江长兴）人。历官瑞州路在城务税课提领。笃志于学，与杨载、揭傒斯、鲜于枢等迭相唱和。朱晞颜生前曾编订过自己的作品集，至元二十年（1283），牟巘、郑僖为之作序。然其集藏书之家罕见著录，惟焦竑《国史经籍志》载《瓢泉集》4卷。清修《四库全书》，未见朱晞颜集，遂从《永乐大典》中辑录其遗作，编次为《瓢泉

---

① 权进：《朝鲜牧隐先生李文靖公行状》，见李穑：《牧隐文稿》卷首，韩国，成均馆大学校大东文化研究院影印本。
② 详见徐梓：《李穑的教育制度和教育思想》，载《北京师范大学学报》（哲学社会科学版），2003年中国古籍研究专刊，第123～128页。
③ 李穀：《稼亭先生文集》，韩国，成均馆大学校大东文化研究院影印本；今见李修生主编：《全元文》，南京，凤凰出版社，2004，第43册。
④ 李穑：《牧隐文稿》，韩国，成均馆大学校大东文化研究院影印本；今见李修生主编：《全元文》，南京，凤凰出版社，2004，第56册。

吟稿》5卷。或许因书名《吟稿》，使人误以为这是一部诗集，《全元文》对朱晞颜集未加收录，仅从残存的《永乐大典》卷7242中，收其记文1篇。其实，《瓢泉吟稿》是一部诗文合集，其中诗2卷、诗余1卷、文2卷，载有文章22篇。朱晞颜文集的失载，确实是《全元文》不应出现的错误。

第二节 代表性文集的选取

综合考察作者文集的多种情况，选取其最具代表性的文集作为《全元文》的收录对象，这是在元代文集作者确定之后的第二步工作。元朝距今已有六七百年，在漫长的流传过程中，很多作者的文集经过反复编订，从而留下多种文集传世。尤其是那些影响重大的历史人物，如许衡、刘因、吴澄等儒学大师，赵孟頫、虞集、黄溍、杨维桢等文章钜公，传世文集都有多种。这些文集不仅编订时间有先后，编卷形式有不同，而且收录的范围和内容也往往各有差异。还有一些作者的文集在流传中已有部分或全部散佚，经过后人的辑录、整理或重新编次，文集情况亦颇混乱。在纷繁复杂的多种文集中，选取作者的哪一部文集作为《全元文》的收录底本，是一个必须非常慎重的问题。

一、择取全本文集

根据力求其全的编纂原则，《全元文》首先选取那些刊载文章最多最全的文集进行收录，以保证将作者的传世文章尽可能完整地收入《全元文》。比如元前期名臣刘敏中（1243～1318），字端甫，号中庵，济南章丘（山东章丘）人。至元中，任监察御史，曾弹劾权臣桑哥。成宗、武宗朝，多次上书言事，官至翰林学士承旨。《元史·刘敏中传》载其著有《中庵集》25卷。清乾隆中修《四库全书》，未能征集到其书，四库馆臣根据《文渊阁书目》、梁维枢《内阁书目》、叶盛《箓竹堂书目》、黄虞稷《千顷堂书目》的著录情况，认为刘敏中集已经散佚，遂从《永乐大典》中辑录其诗文，以类编次为《中庵集》20卷，其中文章仅142篇。[①] 其实，刘敏中文集并未佚失，国家图书馆今存元元统二年刊本《中庵先生刘文简公文集》25卷的缩微胶卷，国家与上海图书馆还藏有清抄本各一部。因此，《全元文》选取元刊本《刘文简公文集》作为底本，收录刘敏中文章219篇，补

---

① 永瑢等：《四库全书总目》卷167《中庵集提要》，北京，中华书局，1965，下册，第1438～1439页。

以集外文 15 篇，而未采用四库馆臣辑录的 20 卷本《中庵集》，保证了刘敏中文集的完整收录。①

稍晚于刘敏中的名臣张养浩（1270～1329），字希孟，号云庄，济南历城（山东济南）人。至大间任监察御史，以反对立尚书省忤时相，又上万言书论时政，罢职。仁宗立，召为左司都事，累迁礼部尚书。英宗即位，改参议中书省事，曾谏止内廷灯山之供，后以父老辞官归养。文宗天历二年，关中大旱，特拜陕西行台中丞，以赈饥积劳卒。张养浩有诗文集《归田类稿》，自序云 40 卷，字术鲁翀序作 38 卷，元统中刊于龙兴路学宫，今未见传本。元季，危素选录其中有关治教大体者，重新编订为 28 卷，吴师道为之序，至正间刊行。清修《四库全书》，得明季刊本 27 卷，以其多漏略，遂以明季刊本为主，别辑《永乐大典》所载，重新编次为《归田类稿》24 卷。此外。另有《张文忠公云庄归田类稿》20 卷，是清乾隆五十五年（1790）周永年、毛堃据振绮堂抄本刊刻。事实上，张养浩文集，最完整的元统刊本虽已不存，但危素选编至正间刊刻的《张文忠公文集》28 卷今仍存世，藏于北京大学图书馆，较 24 卷本与 20 卷本内容皆丰富，武汉、上海、中山等图书馆亦藏有该文集的清抄本各一部。因此，《全元文》以至正刊 28 卷本《张文忠公文集》为底本，收录文章 95 篇，补集外文 6 篇，共得张养浩文 101 篇，尽可能全地保存了这位元代名臣的传世文章。②

二、综合多部文集

当作者文集的情况过于复杂，尚未有一种文集可以涵盖其存世文章的全部时，就需要综合考察作者文集的不同特点，选择两个甚至多个文集作为底本，以便相互补充。这其中又存在多种情况。

有些作者的文集，经过前后两次编订，二者之间存在初编与续编的关系。凡属此类情况，《全元文》同时收录两部文集，以便二者先后接续。如茶陵谭景星，有《村西集》与《村西近稿》两部诗文集，都是作者生前亲自编次。其中《村西集》16 卷，编订于皇庆元年（1312）秋，收录皇庆以前诗文，而《村西近稿》11 卷，纂修于延祐六年（1319）七月，辑录皇庆至延祐六年诗文，各作自序以记之。《全元文》据日本宫内厅所藏元刊本，收

---

① 刘敏中：《中庵先生刘文简公文集》，元元统刊本，1334；今见李修生主编：《全元文》，南京，凤凰出版社，2004，第 11 册。
② 张养浩：《张文忠公文集》，元至正刊本，1354；今见李修生主编：《全元文》，南京，凤凰出版社，2004，第 24 册。

录《村西集》中尚存的文章95篇(原本缺卷1，4，5)，《西翁近稿》中文章63篇，按文体分类相续，使谭景星的两部文集合而为一。

元后期书画家朱德润(1294~1365)，字泽民，平江路昆山州(江苏太仓)人。延祐六年，以赵孟頫荐授翰林应奉、同知制诰兼国史院编修。英宗即位，授征东行省儒学提举。次年，以献《雪猎赋》见知于英宗，主持金书佛经事。英宗崩，南归不复仕。至正十二年(1352)兵乱，辟浙江行省照磨，参议军事，后摄长兴守，使流民复业。至正二十五年卒。朱德润工书画，以诗文自喜，俞焯称其"绩学而为文，理到而词不凡"。① 其诗文集，有《存复斋文集》10卷，为朱氏生前所编，至正九年俞焯为之序，今存明成化十一年(1475)项璁刊本，另有多部清抄本传世。又有《存复斋续集》1卷，多至正九年以后文，编者与编订时间不详，无刊本流传，亦不见于诸家目录，仅缪荃孙藏有抄本一部。民国十四年(1925)，上海商务印书馆《涵芬楼秘籍》第七集，据缪氏所藏抄本，去其重复，将《存复斋续集》排印流传。《全元文》因此据《四部丛刊续编》影印明成化刊本《存复斋文集》，收录朱氏文172篇；又据《涵芬楼秘籍》本《存复斋续集》，收录文章72篇；增补集外文2篇；使朱德润文章246篇集为一编。②

有的作者，其诗文集不是前集与续集的关系，而是篇章大略相同而又互有出入，《全元文》亦同时采录两部文集之文，以便互相补充。比如元中期的文坛宗主虞集(1272~1348)，字伯生，号邵庵、道园，抚州崇仁(江西崇仁)人。早承家学，后师从吴澄，授受有源委。成宗大德六年(1302)，以荐授大都路儒学教授。文宗延祐初，任太常博士，累官至翰林直学士兼国子祭酒。文宗立，除奎章阁侍书学士，任《经世大典》总裁官。文宗崩，谢病归，至正八年卒。虞集为元代文坛领袖，既是元诗四大家与儒林四杰之一，又与姚燧并尊为元文两家。欧阳玄称，至治、天历间，"宗庙朝廷之典册，公卿大夫之碑板，咸出公手，粹然自成一家之言"。③ 据黄溍《道园遗稿序》，虞集生平为文万篇，集中所收仅十之三四。其诗文集经多次编纂，有十七八种之多，其中最具代表性的诗文全

---

① 俞焯：《存复斋文集序》，见朱德润：《存复斋文集》卷首，上海，商务印书馆《四部丛刊续编》影印明成化十一年项璁刊本，1934，第2页。
② 朱德润：《存复斋文集》，《四部丛刊续编》本；《存复斋续集》，上海，商务印书馆《涵芬楼秘籍》排印本，1925；今见李修生主编：《全元文》，南京，凤凰出版社，2004，第40册。
③ 欧阳玄：《雍虞公文集序》，见虞集：《雍虞先生道园类稿》卷首，台北，新文丰出版公司《元人文集珍本丛刊》影印明初覆元刊本，1985，第5册，第252页。

集,是《道园学古录》和《雍虞先生道园类稿》两种。《道园学古录》50卷,按作品的写作时期或收录范围编次,分为《在朝稿》20卷、《应制录》6卷、《归田稿》18卷、《方外稿》6卷,由其幼子翁归及门人李本纂辑,至正元年(1341)福建廉访副使斡玉伦徒刊板于建州。明景泰七年(1456)郑达翻刊,增补文章18篇。其后明清两代曾多次重刊,流传较广,《四库全书》亦据此收录。《道园类稿》亦50卷,按文体统一分类编卷,由门人江西肃政廉访使刘伯温编订,至正五年刊板于抚州路学,六年欧阳玄为之作序。其后除明初重刊外,仅有抄本流传。两部文集卷数相同,编纂时间相近,但编卷形式不同,所载篇章也大有区别。以文章数量计(不计子目),《道园学古录》刊载文章618篇(包括景泰本增补文),而《道园类稿》编刊稍晚,有裒辑遗文之功,收录文章达735篇,比前者多出117篇。就文章内容言,《道园类稿》收文虽多,却并不能完全涵盖《学古录》,两者相同的文章只有503篇,不同的文章,《学古录》有115篇,《类稿》有232篇。所以,两部文集可以相互补充。同时,虞集著述繁富,文集所收不过十之三四,集外辑佚还有较大余地。因此,《全元文》以篇章较多的台北新文丰出版公司《元人文集珍本丛刊》影印明初覆刊元至正五年本《道园类稿》为主要底本,收录集中全部文章735篇;又据《四部丛刊》影印明景泰翻刊元小字本《道园学古录》,补充《类稿》阙载的文章113篇(另有2文漏收);加以《全元文》辑录的集外文143篇,终于将虞集这位元代文坛宗主的近千篇传世文章汇集在《全元文》中。①

元后期的文学家许有壬(1287~1364),字可用,彰德路汤阴(河南汤阴)人。延祐二年(1315)进士,授辽州同知。历仕仁宗至顺帝七朝,凡四十多年,官至集贤大学士。许有壬于朝廷大事直言不阿,多有可纪。英宗至治中,为监察御史,疏劾帖木迭儿之子琐南等,并上《正始十事》以纠时弊。顺帝元统中,任中书参知政事,与平章政事彻里帖木儿争论罢科举事。后至元六年(1340),再任中书参知政事,极言罢徽政院、沙汰冗职、裁节钱粮诸事。许有壬著述颇丰,《四库全书总目》称其文章"雄浑闳肆,厌切事理,不为空言,称元代馆阁钜手"。② 其诗文集生前由门生集录缮写,成《至正集》100卷,欧阳玄为之作序。至正二十四年许有壬

---

① 虞集:《雍虞先生道园类稿》,台北,新文丰出版公司《元人文集珍本丛刊》影印明初覆刊本,1985,第5~6册;《道园学古录》,上海,商务印书馆《四部丛刊》影印明景泰翻刊元小字本,1929;今见李修生主编:《全元文》,南京,凤凰出版社,2004,第26、27册。

② 永瑢等:《四库全书总目》卷167《至正集提要》,北京,中华书局,1965,下册,第1444页。

卒，其子太常博士许桢忽遭起遣，仓皇南行，书籍家赀悉皆弃抛，《至正集》亦不知下落。有壬弟许有孚时为相州太守，尚存《圭塘小稿》一部，是有壬生前自辑其应酬诗文，至正二十年（1360）有孚录而存之。有孚于是据此重加辑录，编订为《圭塘小稿》13 卷、《别集》2 卷、《外集》1 卷，于洪武二年（1369）序而藏于家。明宣德中，《外集》佚失。成化六年（1470），五世孙许容校正刊行《圭塘小稿》与《别集》，又以墓志、祭文及有孚唱和之作编为《续集》1 卷。然而，《至正集》100 卷虽未能刊行，却并没有完全散佚，至清初尚有抄本 81 卷存世。清修《四库全书》，因《至正集》与《圭塘小稿》篇章虽大略相同，亦互有出入，将两集并存于《全书》之中。《全元文》亦以收录许有壬文章较全的清宣统三年（1911）聊城邹氏石印乾隆抄本《至正集》为底本，收录文章 379 篇；又据民国十二年（1923）河南官书局《三怡堂丛书》刊本《圭塘小稿》和《别集》《续集》，补充《至正集》缺载的文章 15 篇；加以《全元文》辑录的集外文 14 篇，共辑录许有壬文章 408 篇。①

有的作者文集编卷情况错综复杂，有多个不同类型的诗文集传世。如元初北方大儒刘因（1249～1293），字梦吉，号静修、雷溪真隐，保定容城（河北容城）人。天资绝人，才器超卓，经学贯通，文词浩瀚。然性不苟合，杜门教授，弟子皆有成就。至元十九年（1282），以荐征为右赞善大夫，教授近侍子弟，未几辞归。二十八年，复征为集贤学士，以疾固辞，三十年卒。刘因自律极严，生前仅亲自选定诗 5 卷，名《丁亥集》，而尽取他文焚之。故直到刘因卒后，门生故友始陆续裒辑遗文。元至顺元年（1330），门人集诗文数百首，编为《静修先生文集》22 卷，于宗文堂刊板行世，东平李谦作序，分为诗 14 卷、词 1 卷、文 7 卷。这是刘因诗文集的第一次编次，而且校订精良，但由于编刊时间较早，收录诗文尚不够完备。元至正九年（1349），朝廷为影响风化，选刊先儒文集，诏令江南浙西道肃政廉访司于嘉兴路刊刻刘因集。此次编刊的《静修集》为 28 卷，包括《丁亥集》5 卷、《樵庵词》1 卷、《遗文》6 卷、《遗诗》6 卷、《拾遗》7 卷、《续集》3 卷，其中除《丁亥集》是刘因自选外，《樵庵词》《遗文》以下都是门生故友陆续辑录的。另有《附录》2 卷，收集元人的祭文、挽诗、墓表、祠堂记等。元明嬗代后，永乐二十一年（1423），曾据至正本重新刊印。其后又有弘治十八年（1505）崔嵒重刊本、嘉靖十六年（1537）

---

① 许有壬：《至正集》，清宣统聊城邹氏石印乾隆抄本，1911；《圭塘小稿》《别集》《续集》，河南官书局《三怡堂丛书》刊本，1923；今见李修生主编：《全元文》，南京，凤凰出版社，2004，第 38 册。

汪坚据弘治刊板重修本,《四库全书》亦据此本收录。这是刘因集的第二次编订,由于编刊时间较晚,辑录诗文也较至顺本完备。只是至正本与永乐本今皆不存,仅有弘治本与嘉靖本传世。明成化十五年(1479),蜀藩府依据元至正本重新编刊,这是刘因集的第三次编次,没有保持至正本按辑录过程分别编卷的原貌,而是将《丁亥集》等拆散,统一按文体分类编卷,成诗15卷、词1卷、文10卷、附录2卷,名《刘文靖公文集》28卷。这是各种刘因集中,收录诗文最全者。明万历十六年(1588),进贤人方义壮任容城县令,购得刘因《丁亥集》及遗文数卷,集诸生校订,分文体改编成《静修先生文集》10卷,其中诗、文、词9卷,附录1卷。这是刘因集的第四次编修,由于流传过程中的散佚,收录诗文反不及至正本完全。其后又有明万历刊容城两贤集本《容城刘文靖先生文集》4卷,清光绪五年(1879)王灏谦德堂刊《畿辅丛书》本《静修先生文集》12卷,都对刘因集重新进行分类编卷。经过历史上的多次重编、改编,刘因共有六种不同的诗文集传世,它们不仅卷数不一,编卷形式不同,收录的范围与内容也各有差异。《全元文》综合考察了刘因集的各种情况,选取编刊最早且校订精良的元至顺宗文堂本《静修先生文集》为主要底本,收录文章91篇;又据刊刻较早、收录文章相对最多的明成化刊《刘文靖公文集》,补录至顺本阙载的文章29篇;并加集外文1篇,较为完整地展示了这位元代大儒的文章风貌。①

个别作者,历史上从未编订过全集。如元后期的"文章钜公"杨维桢(1296～1370),字廉夫,号铁崖、东维子等,绍兴路会稽(浙江绍兴)人。泰定四年(1327)进士,授天台县尹,历官至建德路总管府推官。元末战乱,浪迹浙西山水间,后居钱塘,又迁松江,教授门人。明洪武三年,奉召入朝考订礼乐,旋以疾请归,五月卒。杨维桢一生著述宏富,现今传世的各类别集有十七八种之多,或为赋集,或为乐府,或为诗文合集,却始终未曾编订过辑录众作的全集。《全元文》通过对这些别集的全面了解与清理,不得不选取其中的七种文集作为底本,计有明末常熟毛晋汲古阁刊本《丽则遗音》4卷,清仁和劳幹校抄本《铁崖赋稿》2卷,明正德、嘉靖刊本《东维子文集》30卷,明弘治十四年(1501)毗陵冯允中刊本《铁崖文集》5卷,清抄本《杨铁崖先生文集全录》4卷,清张月霄爱日精庐抄本《铁崖漫稿》5卷,明嘉靖十九年(1540)任辙刊本《史义拾遗》2卷。这是

---

① 刘因:《静修先生文集》,元至顺宗文堂刊本,1330;《刘文靖公文集》,明成化蜀藩府重刊本,1479;今见李修生主编:《全元文》,南京,凤凰出版社,2004,第13册。

历史上第一次将杨维桢分散在各种别集之中的 841 篇文章汇为一编，加以《全元文》辑录的集外文 83 篇，为读者提供了杨维桢传世文章的全貌。仅以杨氏的赋文为例，以往有两种文集传世：一是其门人陈存礼编辑、元至正间刊刻的《丽则遗音》4 卷，收录其应试科举时私拟程式而作的赋文 32 篇；二是明洪武三十一年（1398）海虞朱燧手录的《铁崖赋稿》2 卷，收录《丽则遗音》以外的赋文 50 篇。《全元文》不仅全部收录了这两种专载杨氏赋文的别集，还从《铁崖文集》卷 2 收录《莲花漏赋》《里鼓车赋》《土圭赋》3 篇，从《史义拾遗》中收录《忠乌赋》1 篇，首次将杨维桢的 86 篇存世文赋辑存于一书中。①

三、收存辑补文集

还有的作者虽有全集传世，但收录的文章不够完备，后人又曾作过辑补。《全元文》亦注意收录这些辑本，对全集进行补充。如元初作家戴表元（1244～1310），字帅初、曾伯，号剡源，庆元奉化（浙江奉化）人。南宋咸淳七年（1271）进士，授建康府学教授，后辞归。宋末避兵四明山中。元初居乡教授，大德六年（1302）拜信州儒学教授，十年以疾辞归。至大三年卒。戴表元为文清深雅洁，宋濂称之为"至元、大德间东南文章大家"。② 其诗文集最早有明洪武四年（1371）宋濂序刊本《剡源文集》28 卷，收录戴表元诗文最多，然今已失传。明嘉靖间，四明周仪得 28 卷本旧目，广为搜辑，重新厘定为《剡源戴先生文集》30 卷，万历九年（1581）由戴氏后裔戴洵刊行。戴洵本收录诗文虽不及 28 卷本完备，仍是传世诸本中较多者。清末，始有人辑录戴氏集外诗文。光绪二十一年（1895），奉化孙锵刊行《剡源佚文》2 卷、《佚诗》6 卷。民国江阴缪荃孙《艺风堂读书志》，亦刊行《剡源集逸文》1 卷。《全元文》除以清道光二十年（1840）郁松年《宜稼堂丛书》刊本《剡源戴先生文集》30 卷为主要底本，收录戴氏文 437 篇，及从国家图书馆藏明抄 6 卷本《剡源先生文集》中补文 3 篇外，又据缪氏《剡源集逸文》增补辑录文 13 篇，孙锵《剡源佚文》补文 1 篇，再加《全元文》辑佚文 1 篇，共收录戴表元文章 455 篇，使这位元初东南文章

---

① 杨维桢：《丽则遗音》，明末常熟毛晋汲古阁刊本；《铁崖赋稿》，清仁和劳幹校抄本；《东维子文集》，明正德、嘉靖刊本；《铁崖文集》，明弘治毗陵冯允中刊本，1501；《杨铁崖先生文集全录》，清抄本；《铁崖漫稿》，清张月霄爱日精庐抄本；《史义拾遗》，明嘉靖任辙刊本，1540；今见李修生主编：《全元文》，南京，凤凰出版社，2004，第 41、42 册。

② 宋濂：《戴剡源先生文集序》，见《戴表元集》附录，长春，吉林文史出版社，2008，第 543 页。

大家的存世之作成为完璧。①

总之，通过对元代作者文集情况的综合考察与慎重选择，《全元文》共收录了182位作者的203部文集，加以对这些作者集外文章的辑补，力求做到对元代文集作者传世文章的完整收录。当然，这方面工作也存在疏略。如元明之际的钱宰(1299～1394)，字子予、伯均，绍兴路会稽(浙江绍兴)人。至正进士，以亲老不仕，教授于乡。明洪武初征修礼乐。六年(1373)授国子助教，进博士。二十七年，参与编修《书传会选》，同年卒。钱宰学有本原，元末已称宿儒，著有《临安集》诗5卷文5卷，洪武二十七年亲自编订并作序。清修《四库全书》，未能征得钱宰集，又以焦竑《国史经籍志》与《明史·艺文志》皆不著录，乃自《永乐大典》采撷钱宰诗文，参以诗文选集中所存，编辑为《临安集》6卷。实际上，钱宰集的10卷足本仍有明、清抄本多部传世。其中国图有明祁氏澹生堂抄本和明抄本各一部，南京图书馆亦有明抄本一部，另有清抄本五部分藏北京、南京各图书馆。这些抄本的可贵之处，不仅在于明抄本在年代上早于《四库全书》，更重要的是其内容要比《四库》辑自《永乐大典》的6卷本要完整丰富。然而，《全元文》没有据明抄10卷本收录《临安集》，反而以《四库全书》的辑佚本为底本，只收得文章36篇，集外文2篇，未能做到对钱宰文集的完整收录。

第三节　文集版本的确定

文集版本的确定，是元人文集选择之后的第三步工作。《全元文》注意选取那些刊板流传较早，能够较完整地保存作者文章原貌的版本，同时也重视收存抄录、校勘精良的善本。当然，由于客观条件的限制，有时也不能尽如人意。

一、始刊本与早期刻本

《全元文》注重利用元人文集的早期刻本，在182位作者的203种文集中，《全元文》采录元刊本8种，元刊明修本2种，明刊本32种，明刊清修本2种，合计44种。这些版本对于《全元文》的意义，不在于其年代久远，有很高的文物价值，而在于其刊板时间与作者写作的时代较为接

---

① 戴表元：《剡源戴先生文集》，清道光郁松年《宜稼堂丛书》刊本，1840；《剡源集逸文》，民国江阴缪氏《艺风堂读书志》刊本；今见李修生主编：《全元文》，南京，凤凰出版社，2004，第12册。

近，能够较好地保存作品的原貌。其中国家图书馆藏元延祐六年（1319）李怀素刊本《知常先生云山集》，是《全元文》存录的刊板年代最早的元人文集，至今已有近七百年历史。原书5卷，诗3卷文2卷，今存本已残，仅存卷3至5，所幸残佚部分恰是诗集，文集部分尚保存完整，《全元文》即据之收录蒙古国时期全真道士姬志真的文章。

在《全元文》采录的元刊本中，大部分是作者文集的始刊本。如元前期名臣刘敏中，"以文学受简知，致身通显，朝廷典册，钜公铭诔，所著为多"。① 刘氏卒后，诗文集藏于家中，学者不可得见。元统二年（1334），其婿魏谊将刘敏中集刊板传世，嘱韩性为之序。此为敏中集的始刊本，上距延祐六年（1319）刘氏辞世，不过十五年。《全元文》即据国家图书馆藏来自台湾的元元统二年刊本《中庵先生刘文简公文集》25卷的缩微胶片，收录刘敏中的文章，避免了使用《四库全书》辑佚本或清抄本可能出现的传抄错误。又如元代名僧释大䜣，传世文章多至340余篇。其诗文集《蒲室集》15卷、附《书问》1卷、《疏》1卷、《笑隐和尚语录》1卷，为大䜣生前所编刊，后至元四年（1338）虞集作序。《全元文》收录释大䜣文集，也是以始刊的元后至元本为底本，很好地保存了大䜣作品的原貌。又如色目名臣马祖常（1279～1338），中延祐二年元朝首科进士，握手历清华，践任台阁，诗文温厚典则，有汉唐之风。祖常卒于后至元四年，门生苏天爵编其诗文为《石田先生文集》十五卷，后至元五年刊刻于扬州儒学。《全元文》即据此始刊本收录马祖常之文集。此外，《全元文》用为底本的元至顺元年（1330）宗文堂刊本《静修先生文集》，元刊本《村西集》与《西翁近稿》，也都是刘因、谭景星文集的始刊本。

《全元文》使用的其他元刊本或元刊明修本，即使不是作者文集的始刊本，也都是现今存世的最早版本。如陈旅（1288～1343），字众仲，兴化莆田（福建莆田）人。幼孤，笃志于学，师从乡先生傅古直，出为闽海儒学官。马祖常出使福建，勉其游京师。虞集见陈旅文章，赞赏有加，相与讲习。以荐授国子助教，元统二年（1334）出为江浙儒学副提举，又入朝任翰林应奉文字、国子监丞，至正三年卒。陈旅博学洽通，以文章名世，为文典雅峻洁，求合于先秦古作及唐宋大家。著作《安雅堂集》13卷，为其子陈吁编次，至正九年（1349）张翥、十一年林泉生作序，至正中刊行。元刊本今已不存，国家图书馆藏有元至正刊明修本《陈众仲文

---

① 韩性：《中庵先生刘文简公文集序》，见刘敏中：《中庵先生刘文简公文集》卷首；今见《刘敏中集》，长春，吉林文史出版社，2008，第469页。

集》13卷(卷8至卷13配清抄本),且有黄丕烈等名家跋语,黄丕烈、钱大昕、瞿熙邦填补缺字,是今存陈旅文集的最早版本。①《全元文》即据此版本,收录陈旅集中文章184篇,补集外文6篇。同样,《全元文》收录元刊本《艮岩余稿》,元至正十四年(1354)刊本《张文忠公文集》,元刊明宣德七年(1432)修版重印本《养蒙先生文集》(存卷1至卷5),也分别是梅应发、张养浩与张伯淳文集的传世诸本中刊刻年代最早的。

  《全元文》使用的明刊本亦有部分是元人文集的始刊本。如李存(1281~1354),字明远、仲公,称俟庵先生,饶州安仁(江西余江)人。应科举不利,居家教授,与祝蕃、舒衍、吴谦合称江东四先生。至正十四年卒。李存博学工古文,殁后,子李卓编订其诗文为《番阳仲公李先生文集》31卷,明洪武、永乐间涂几、邹浚先后作序,永乐三年(1405)由重孙李光刊行。《全元文》收录李存文章353篇,依据的就是其文集的始刊本——国家图书馆藏明永乐三年李光刊本。② 同此,《全元文》收录的明洪武十一年(1378)黄钧刊本《秋声集》9卷,明初刊本《白云稿》11卷,也都是黄镇成、朱右文集的始刊本,弥足珍贵。

  当然,《全元文》采纳的明刊本,绝大部分还是元人文集传世版本中的最早本。比如元代儒学大师吴澄(1249~1333),字幼清、伯清,称草庐先生,抚州崇仁(江西崇仁)人。宋咸淳举人,试进士不利,构草庐讲学著述。至元二十三年(1286)程钜夫访贤江西,挽之入京,不受荐,以母老辞归。吴澄不乐仕进,大德末任江西儒学副提举,至大间为国子监丞、升司业、拜集贤直学士,至治、泰定间超拜翰林学士,为经筵讲官,主持编修《英宗实录》,其后皆以疾辞归。元统元年卒。吴澄是元代最重要的儒学大师,以道统自任,《易》《书》《礼》《春秋》皆有著作,与许衡并称南北大儒。其文章亦词华典雅,斐然可观。有《支言集》100卷、《私录》2卷,凡文90卷、诗10卷,澄孙吴当所编,元代刊行。不幸元末刻板毁于兵火,刊本亦有散佚。明永乐四年(1406),五世孙吴燿取家藏元刊本重新刻梓,篇类卷次悉存其旧,不加更改,惟散佚篇章,则列篇题于各卷之末。其后又有宣德十年(1435)五世孙吴炬刊本《临川吴文正公集》100卷,多《外集》5卷。清修《四库全书》,即据明永乐本收录《吴文正集》100卷。明成化二十年(1484),江西抚州方中、陈辉将100卷本重新

---

① 陈旅:《陈众仲文集》,元至正刊明修本;今见李修生主编:《全元文》,南京,凤凰出版社,2004,第37册。
② 李存:《番阳仲公李先生文集》,明永乐李光刊本,1405;今见李修生主编:《全元文》,南京,凤凰出版社,2004,第33册。

编卷刊刻，成《临川吴文正公集》49卷、《道学基统》1卷、《外集》3卷、《年谱》1卷。其后又有明万历四十年(1612)刊本、清康熙六年(1667)活字印本、雍正活字印本、乾隆五十一年(1786)万氏刊本等版本，皆据改编后的49卷本刊印或排印。百卷本是吴澄文集的第一次编订，但元刊本、明永乐刊本今皆不存，宣德刊本仅国家图书馆藏有残本一部，存28卷，残佚泰半，无法使用。《四库全书》本年代偏晚，且有抄录之误与删改之嫌，不宜采用。49卷本虽是百卷本吴澄集的改编本，但成化二十年刊本仍存世，是传世各版本中年代最早的。所以，《全元文》以明成化刊本《临川吴文正公集》49卷为底本，收录吴澄文集1422篇，而以《四库全书》本《吴文正集》100卷为校本，另补集外文38篇，既采用了年代较早的刊本，又参考到不同流传系统的版本，在版本的选用上还是恰当的。①

此外，如王祎《王文忠公文集》、释来复《蒲庵集》的正统刊本，林景熙《霁山先生文集》的天顺刊本，刘因《刘文靖公文集》、欧阳玄《圭斋文集》、朱善《朱一斋先生文集》的成化刊本，郑元祐《侨吴集》、杨维桢《铁崖文集》、陈基《夷白斋稿补遗》的弘治刊本，郝经《郝文忠公陵川文集》、唐元《筠轩集》的正德刊本，杨奂《还山遗稿》、杨维桢《史义拾遗》、黄枢《后圃黄先生存集》、刘楚《槎翁文集》的嘉靖刊本，倪瓒《清闷阁遗稿》、卢琦《圭峰卢先生集》的万历刊本，以及乌斯道《春草斋集》的崇祯刊本，这些《全元文》收录的明刊本，都是作者文集传世本中年代最早的版本。

即便是《全元文》采录的清刊本，也不乏元人文集的始刊本或最早传世本。如陈栎(1252～1334)，字寿翁，号定宇，徽州休宁(安徽休宁)人。延祐元年(1314)乡试中举，不赴春闱，教授于家，元统二年卒。陈栎学宗朱子，著《尚书蔡氏集传纂疏》等。其文集元明未见流传，今存《陈定宇先生文集》16卷、《别集》1卷，凡文15卷，诗及诗余1卷，为其族孙陈嘉基辑录，始刊于清康熙三十五年(1696)，戴有祺序，叶仪跋。《四库全书》据此本收录陈栎集。《全元文》亦据这部陈栎文集的始刊本，收录文章281篇，集外文2篇。② 又如清康熙十八年(1679)《汪氏三先生集》刊本汪克宽《环谷集》8卷、康熙五十四年(1715)郑氏祠堂刊本《义门郑氏奕叶文集》中的郑涛《药房集》和郑泳《半轩集》，也都与陈栎文集相类，是清初由作者的裔孙辑录始刊的元人文集。此外，《全元文》收录的清乾隆三年

---

① 吴澄：《临川吴文正公集》，江西抚州，明成化方中、陈辉刊本，1484；今见李修生主编：《全元文》，南京，凤凰出版社，2004，第14、15册。

② 陈栎：《陈定宇先生文集》，清康熙陈嘉基辑刊本，1696；今见李修生主编：《全元文》，南京，凤凰出版社，2004，第18册。

(1738)俊逸亭刊本沈贞《茶山老人遗集》2卷,乾隆刊本姚琏《云山一懒翁集》2卷,嘉庆十一年(1806)衍庆堂刊本周闻孙《鳌溪周先生文集》4卷,也都是作者文集的最早传世本。

二、影印元明善本

《全元文》还注意利用丛书中影印的元明善本。影印本相对于原本而言,并没有文物价值,还可能出现个别的描摹错误,但它可以基本如实地反映原本的面貌,有利于善本的流传与使用,又较重刊本、改编本、传抄本等为优。《全元文》有效地利用了《四部丛刊》《选印宛委别藏》《元人文集珍本丛刊》和《四库全书存目丛书》等影印丛书,从中选录了23种元人文集的影印本,包括影印元刊本6种,明刊本9种,清抄本7种,武英殿聚珍本1种。

《全元文》选录的6种影印元刊本,无一不是作者文集的始刊本。如袁桷(1266~1327),字伯长,号清容居士,庆元鄞县(浙江鄞县)人。至元中,为丽泽书院山长。大德间,以阎复、程钜夫等荐,授翰林检阅,历翰林应奉、修撰、待制、集贤直学士、翰林直学士,官至翰林侍讲。泰定初辞归,四年卒。袁桷受业于戴表元、王应麟,家富藏书,博学通典故。《四库全书总目》称其文章"博硕伟丽,有盛世之音",在朝践历清华,八登翰苑,朝廷制册,勋臣碑铭,多出其手。著作宏富,文采风流,承前启后,称一代文章之钜公。① 袁桷《清容居士集》50卷,初刻于元,后有明宁波府刊本。但刊本稀见,今仅国家图书馆藏有元刊本一部(配清抄),此外只有清抄本数部,分藏国家、上海、重庆图书馆。《全元文》据民国十八年(1929)上海商务印书馆《四部丛刊》影印元刊本,收录《清容居士集》中文章790篇,补集外文21篇。这是通过影印本来收录元人文集初刊本的范例。②

又如柳贯(1270~1342),字传道,号乌蜀山人,婺州浦江(浙江浦江)人。大德四年(1300)任江山县学教谕,历昌国州学正、国子助教、博士、太常博士、江西儒学提举,至正元年(1341)为翰林待制,二年卒。柳贯受经于金履祥,学文于方凤。《四库全书总目》称其文章原本经术,精湛闳肆,与金华黄溍相上下。其诗文早年多不存,四十余游燕京,始

---

① 永瑢等:《四库全书总目》卷167《清容居士集提要》,北京,中华书局,1965,下册,第1435~1436页。
② 袁桷:《清容居士集》,上海,商务印书馆《四部丛刊》影印元刊本,1929;今见李修生主编:《全元文》,南京,凤凰出版社,2004,第23册。

陆续集为《游稿》《西邕稿》《容台稿》《钟陵稿》《静俭斋稿》《西游稿》《蜀山稿》七稿。至正十年(1350)，余阙得柳贯文于其子柳卣，使柳氏门生宋濂、戴良选择精萃，编次为《柳待制文集》20卷，余阙、危素、苏天爵为之序，宋濂跋，刊刻于浦江学官。其余则分类誊抄为《别录》20卷，藏于家，后世不传。与袁桷集不同，《柳待制文集》刊本众多，除元至正浦江刻本外，又有明永乐四年(1406)柳贡补刊本22卷，明天顺七年(1463)张和、欧阳溥刊本，清顺治十年(1653)冯如京刊本，顺治十一年范养民、张以迈刊本，顺治十一年刊康熙五十年(1711)、六十一年傅旭元、曾安世重修本，嘉庆十九年(1814)爱竹居聚珍本，道光二十一年(1841)重刊本等多种。其中元至正浦江本惟存一部，藏于上海图书馆，不便于使用。国家图书馆仅有元刊递修本的残本，存卷10至卷15，残佚泰半，亦无法利用。《全元文》据《四部丛刊》影印元至正浦江刊本，收录《柳待制文集》的文章268篇，集外文31篇，也是借影印本的便利收录元人文集的初刊本。①

　　元代著名书画家赵孟頫《松雪斋文集》，更值得一提。孟頫(1254～1322)，字子昂，号松雪道人，湖州(江苏湖州)人，宋宗室。至元二十三年(1286)奉召入朝，授兵部郎中。成宗初，参与修撰《世祖实录》与金书藏经，历集贤直学士、江浙儒学提举、翰林侍读学士。仁宗时，官至翰林学士承旨。赵孟頫博学多才，深研律吕，善鉴古器，尤精书画，亦著文名。所著诗文，亲自编订为《松雪斋集》，大德二年(1298)戴表元作序，然未曾刊刻。孟頫卒后，次子赵雍托乡人沈璜补充校正，成《松雪斋文集》10卷、《外集》1卷，后至元五年(1339)由花溪沈伯玉家塾刊行，是为赵氏文集的始刊本。其后翻刊传抄不断，有明初刊本、天顺六年(1462)岳璿刊本、万历崔邦亮刊本、清康熙清德堂刊本、康熙曹培廉城书室刊本、道光翻刻城书室本、光绪八年(1882)杨氏重修城书室刊本，及清抄本多种。后至元沈氏刊本今惟存残本一部，藏于国家图书馆，卷6至卷10已经缺失，只有卷1至卷5与《外集》共6卷尚存。幸而《四部丛刊》有影印后至元刊本的全本。《全元文》即据这部影印的赵氏文集始刊本，收录《松雪斋文集》与《外集》中的文章110篇，避免了重刊本或抄本在翻刊传抄中可能出现的失误，保存了赵孟頫作品的原貌。②

---

①　柳贯：《柳待制文集》，上海，商务印书馆《四部丛刊》影印元至正浦江刊本，1929；今见李修生主编：《全元文》，南京，凤凰出版社，2004，第25册。

②　赵孟頫：《松雪斋文集》《外集》，上海，商务印书馆《四部丛刊》影印后至元五年沈伯玉家塾刊本，1929；今见李修生主编：《全元文》，南京，凤凰出版社，2004，第19册。

第十章　元人文集的整理与总结——《全元文》编纂特点及得失　259

　　与此相同，《全元文》用作底本或部分底本的民国十八年(1929)《四部丛刊》二次印本影印的元刊本《金华黄先生文集》43卷(黄溍)、元至正十二年(1352)宋璲写刊本《渊颖吴先生集》12卷(吴莱)，1997年齐鲁书社《四库全书存目丛书》影印元刊本《太平金镜策》8卷(存卷3至卷8，赵天麟)，以及《四部丛刊》影印明洪武刊本《清江贝先生文集》30卷(贝琼)，也都是利用影印本收录元人文集的始刊本。

　　《全元文》从丛书中收录的影印明刊本，多数是元人文集传世本中时间最早的版本，如《四部丛刊》影印的明弘治十一年(1498)李瀚刊本《遗山先生文集》40卷(元好问)、明景泰翻刊元小字本《道园学古录》50卷(虞集)、明正统十一年(1446)戴统刊本《九灵山房集》30卷(戴良)，《四部丛刊续编》影印的明成化十一年(1475)项璁刊本《存复斋文集》10卷(朱德润)，《四部丛刊三编》影印的明嘉靖二十一年(1542)黄文炳刊本《有宋福建莆阳黄仲元四如先生文稿》5卷，《四库全书存目丛书》影印的明嘉靖二十二年赵文华刊本《赵宝峰先生文集》2卷(赵偕)等，都是如此。

　　《全元文》还利用到丛书影印的一些精良抄本。如蒙古国时期的重臣耶律楚材(1190～1244)，字晋卿，号湛然居士，燕京(北京)人。契丹贵族后裔，仕金为尚书左右司员外郎。蒙古军攻占燕京，拜万松老人学佛，释名从源。1218年，应成吉思汗召至漠北，后随之西征，备咨询。太宗即位，渐受重用，1231年任掌管汉文书的必阇赤长，汉人称中书令，兴立文治，改定制度，推行了一系列有利于恢复发展中原经济文化的措施。太宗晚年楚材渐受排挤，乃马真后称制四年卒。耶律楚材诗文集名《湛然居士集》，为其生前编刊，万松行秀、王邻、孟攀麟、李微等为之序，太宗窝阔台六年(1234)胡氏刊行于世。其后刊本绝少，皆以抄本传世。直至清光绪二十一年(1895)，始有袁昶《渐西村舍汇刊》本。楚材集的元刊本不传，国内今存明清抄本约二十部。其中南京图书馆有影元抄本一部，不便于使用，好在《四部丛刊》以无锡孙氏小渌天藏影元抄本影印行世，较为方便。影元抄本据元刊本影抄，版式行款与元本同，虽也不免有抄录失误，但在元刊本失传的情况下，较之其他的明清抄本明显为佳。因此，《全元文》据《四部丛刊》影印影元抄本《湛然居士集》14卷，收录耶律楚材文97篇，补集外文1篇，版本的选取也很得宜。[①]

[①]　耶律楚材：《湛然居士集》，上海，商务印书馆《四部丛刊》影印无锡孙氏小渌天藏影元抄本，1929；今见李修生主编：《全元文》，南京，凤凰出版社，2004，第1册。

三、抄本的选用

除刊本和影印本外,《全元文》也重视对有文献价值的抄本的利用。因为有的元人文集从未刊刻,一直以抄本的形式流传,有的虽早期有刊本,但刊本今已不传或不便利用,因此,对抄本的检择利用,也是势所必然。更何况一些好的抄本还往往有名家校跋,有利于校订原本的错误,了解版本的流传。《全元文》选录明抄本 5 种,清抄本 19 种,民国抄本 2 种,加上丛书中影印的 7 种清抄本,共利用抄本或影印抄本 33 种,约占全书文集版本的 1/6。

《全元文》采录的明抄本各有特色。如元末文士陈基(1314～1370),字敬初,号夷白子,台州临海(浙江临海)人。从学于黄溍,随至京师,授经筵检讨。为人草谏章获罪,避归寓吴,教授诸生。元末仕于张士诚,累升学士,书檄多出其手。入明,预修《元史》,洪武三年卒。陈基有《夷白斋稿》35 卷,凡诗 11 卷文 24 卷,至正二十四年(1364)戴良编次并序。明人朱存理等又辑录《外集》1 卷,诗文合卷。明弘治八年(1495),吴人张习得《夷白斋稿》半部,又从友人处裒辑陈基诗文,重编为《夷白集》12 卷,附录明尤义撰《陈基传》一篇,刊板行世,诗文与 35 卷本互有出入。《夷白斋稿》35 卷,是陈基集的第一次编订本,但从未刊行,一直以抄本流传。今存最早传本,为国家图书馆所藏明抄本,曾据弘治本有所校订。此本又是《四部丛刊三编》影印本的底本,影印时,胡文楷曾作《补遗》1 卷,补充弘治本多于 35 卷本的诗文。而明弘治张习本《夷白集》12 卷,虽是刊本,且是传世本中时间最早者,却是陈基集的重编本。而且张习编刊元人文集,力求以篇目多出前人取胜,所辑作者诗文并不完全可靠。① 因此,《全元文》据国家图书馆所藏明抄本收录《夷白斋集》《外集》,得文章 188 篇,而仅以明弘治刊本为校本,并据之补充《补遗》文章 23 篇,加集外文 3 篇,版本的选取是慎重的。②

赵汸文集的情况,与陈基有所不同。赵汸(1319～1369),字子常,号东山,徽州休宁(安徽休宁)人。先后从学黄泽、虞集,通诸经,尤邃于《春秋》。乃筑东山精舍,读书著述于中,《易》《春秋》皆有著作。明初预修《元史》,洪武二年卒。赵汸死后,门人汪荫裒辑诗文为一编,门人范准又加搜罗补缀,洪武初汪仲鲁为之序。嘉靖中,鲍志定之父棠野公

---

① 此承中国社会科学院文学研究所杨镰先生研究指出,谨致谢忱。
② 陈基:《夷白斋稿》《拾遗》《外集》,明抄本;《夷白集》,明弘治张习刊本,1495;今见李修生主编:《全元文》,南京,凤凰出版社,2004,第 50 册。

据汪、范辑本,收撷遗文,总汇成集,为《东山赵先生文集》12卷,于嘉靖三十七年(1558)由汪豫庵刊板行世,有鲍志定序。嘉靖刊本今已不存,惟国家图书馆藏有明抄本一部,另有《诗补》《文补》《附录》各1卷。其后又有清康熙二十年(1681)赵吉士刊《赵征君东山先生存稿》7卷、《附录》1卷,有赵吉士重刊跋。《四库全书》亦据康熙本收录。《全元文》据明抄本《东山赵先生文集》《文补》收录赵汸文章127篇,校以《四库》本《东山存稿》,补文1篇,又补集外文4篇,这是以传世本中时代最早的明抄本收录作者文集。①

其实,《全元文》收录的清抄本也有很大部分属于这种情况。如李继本《一山文集》9卷,原有明景泰李伸刊本,今不传。传世本有清抄本三部、《四库全书》本及《湖北先正遗书》本,《全元文》选用年代最早的清康熙金侃抄本(国家图书馆藏),收录李继本文章99篇,集外文1篇。② 又如安熙《默庵安先生文集》5卷,原无刊本,仅以抄本传世。今存清抄本十余部,以及《四库全书》本、《畿辅丛书》本、《丛书集成初编》本,《全元文》亦以早于《四库全书》的清康熙金侃抄本收录安熙文25篇。③ 与此相同,《全元文》收录的缪荃孙校清抄本《寓庵集》7卷(李庭),清初抄本《石初集》10卷(周霆震),宋宾王校跋清抄本《燕石集》15卷(宋褧),清张月霄爱日精庐抄本《铁崖漫稿》5卷(杨维桢),也都是传世本中年代最早的清抄本。

吴海文集使用明抄本,则是不得已之举。吴海(?~1387),字朝宗,号鲁客,福州闽县(福建福州)人。元末以学行称,为贡师泰、林泉生所推重,绝意仕进。明初以史局征,力辞。有《闻过斋集》8卷,明建文三年(1401)门生王偁所编,徐宗起等作序,于建宁刊行,其后有明成化邵铜刊本。《四库全书》与《嘉业堂丛书》亦据8卷本收录。此外,另有明祁氏淡生堂抄本《闻过斋集》4卷,为清康熙四十七年(1708)张氏正谊堂刊本、同治《正谊堂全书》本与《丛书集成初编》本之祖本。明建文刊8卷本今已不存,传世版本中最早的是成化邵铜刊本,但仅存两部,分藏于南京和福建图书馆,不便利用。国家图书馆藏有明抄本《闻过斋集》8卷(卷1至卷3配清抄本)一部,是8卷本中时间较早的传本,《全元文》即据此

---

① 赵汸:《东山赵先生文集》《文补》,明抄本;今见李修生主编:《全元文》,南京,凤凰出版社,2004,第54册。
② 李继本:《一山文集》,清康熙金侃抄本,1689;今见李修生主编:《全元文》,南京,凤凰出版社,2004,第60册。
③ 安熙:《默庵安先生文集》,清康熙金侃抄本,1693;今见李修生主编:《全元文》,南京,凤凰出版社,2004,第24册。

明抄本，收录吴海文章154篇，集外文2篇。①

《全元文》使用的清抄本也有一部分与吴海文集情况类似。如李士瞻（1313~1367），字彦闻，荆门州（湖北荆门）人，寓居大都。至正十年（1350）领乡荐，历中书右司掾、刑部主事、枢密院经历等，累升户部尚书，出督福建海漕。以功入朝为中书参议，仕至翰林学士承旨，至正二十七年卒。李士瞻有《经济文集》6卷，为其曾孙李伸编次，今存明正统九年（1444）刊本一部，藏于南京图书馆。又有天顺三年（1459）刊本一部，藏于吉林大学图书馆，均不便利用。国家图书馆藏有清抄本三部，其一为清修《四库全书》之底本，时间在诸清抄本中最早。《全元文》即据此清抄本收录《经济文集》文章92篇，亦属不得已而为之。② 与此相似的还有唐肃《丹崖集》8卷，《吴兴沈梦麟先生花溪集》3卷，陈高《不系舟渔集》15卷，都是由于时间较早的明抄本或清抄本馆藏外地，使用不便，不得已而采用较好的清抄本。

《全元文》选用的清抄本中也有较为精良的影元抄本。如蒲道源（1260~1336），字得之，号顺斋，兴元南郑（陕西汉中）人。初为郡学正，后归乡教授。皇庆二年（1313）征为翰林编修，进国学博士。延祐七年（1320）辞归，后至元二年卒。道源恬于仕进，以濂洛诸儒之说倡于汉中。黄溍称其"以性理之学施于台阁之文"，③ 为文平实显易，不尚华藻。道源死后，其子蒲机哀辑遗文为《顺斋先生闲居丛稿》26卷，于至正十年（1350）刊板行世，黄溍作序，是为道源集之始刊本。其后未曾重刊，多以抄本传世。上海图书馆藏有元至正十年始刊本的全本一部，不便使用。国家图书馆则仅存残本卷14至卷26，前半部已残佚。幸而北大图书馆李盛铎藏书中有清张月霄爱日精庐旧藏影元蓝格抄本一部，版式行款与元至正刊本完全相同。《全元文》遂用为底本，收录蒲道源文章285篇，并据元刊残本校正错误，尽可能地保存了道源作品的原始风貌。④

《全元文》采纳的清抄本还有一些是作者文集的惟一传本，如上海图

---

① 吴海：《闻过斋集》，明抄本；今见李修生主编：《全元文》，南京，凤凰出版社，2004，第54册。

② 李士瞻：《经济文集》，清抄本；今见李修生主编：《全元文》，南京，凤凰出版社，2004，第50册。

③ 黄溍：《顺斋文集序》，见《金华黄先生文集》卷18，上海，商务印书馆《四部丛刊》影印元刊本，1929，第5页；今见李修生主编：《全元文》，南京，凤凰出版社，2004，第29册，第93页。

④ 蒲道源：《顺斋先生闲居丛稿》，清爱日精庐藏影元抄本；今见李修生主编：《全元文》，南京，凤凰出版社，2004，第21册。

书馆藏清劳权校抄本杨维桢《铁崖赋稿》2卷，国家图书馆藏清嘉庆元年(1796)抄本史伯璿《青华集》4卷、京师图书馆抄本蒋易《鹤田蒋先生文集》2卷、清抄本吕不用《得月稿》7卷。这些抄本虽抄写时间较晚，在文献流传史上却是弥足珍贵的。

四、精校本

《全元文》在选择元人文集的版本时，不仅重视版本时间的早晚，也善于利用校勘精良的善本。有的文集，时间最早的版本并不是最好的传本，而一些时间较晚的版本，由于经过后人的校勘，反而成为校订精良的善本。如戴表元《剡源戴先生文集》30卷，传世的最早版本是明万历九年(1581)戴洵刊本，分藏于上海和杭州大学图书馆，另有《四部丛刊》影印明万历刊本，可资以利用。然而万历本虽刊板较早，却错误颇多，并非善本。而清道光二十年(1840)郁松年刊刻的《宜稼堂丛书》本，经过郁松年校勘，附有《札记》1卷，可以订正戴表元集的错误。且国家图书馆收藏的一部《宜稼堂丛书》本，还附有清沈炳垣校跋，并抄录清何焯的批校及跋。所以，《全元文》选用此本作为戴表元文集的收录底本，仅以《四部丛刊》影印明万历本作为参校本。

《全元文》还注意选用有名家校跋的版本，以订正元人文集中的错误。如宋褧(1294～1346)，字显夫，宋本弟，大都(北京)人。泰定元年(1324)进士，授秘书监校书郎。历官至翰林直学士，曾预修宋、辽、金三史，至正六年卒。宋褧有《燕石集》15卷，诗10卷文5卷，其侄宋㢸编次，欧阳玄、苏天爵、许有壬等序，至正八年(1348)诏江浙行省刊于学官。然《燕石集》刊本久佚，今传本除《四库全书》本外，另有清抄本6部，分藏于各地图书馆。其中国家图书馆藏有清抄本两种，其一有清宋宾王校跋。《全元文》即据宋校本收录宋褧文章84篇，集外文1篇。①

又如《全元文》采纳的明洪武十一年(1378)黄钧刊本黄镇成《秋声集》9卷，有清张蓉镜抄补并跋，及清方若衡、钱天树、李兆洛、祝麟跋；元至正刊明修本陈旅《陈众仲文集》13卷，有清黄丕烈、钱大昕及瞿熙邦填补缺字，清黄丕烈、钱天树、李兆洛、程思泽、季锡畴、王振声跋；明弘治九年(1496)张习刊本郑元祐《侨吴集》12卷，有清黄丕烈、顾广圻抄补并跋，清潘祖荫、费念慈及叶昌炽跋。此外还有缪荃孙校正的清抄本

---

① 宋褧：《燕石集》，清抄本；今见李修生主编：《全元文》，南京，凤凰出版社，2004，第39册。

李庭《寓庵集》，傅增湘校跋的清道光二十年（1840）伍元薇诗雪轩刊本赵必瓛《秋晓先生覆瓿集》，清劳权、劳格校跋的清抄本杨维桢《铁崖赋稿》，以及清黄丕烈校跋的清抄本唐肃《丹崖集》。借助众多名家的抄补校跋，《全元文》得以订正元人文集中的若干错误。

五、四库本的使用与失当

台湾"商务印书馆"影印文渊阁《四库全书》本的使用，是《全元文》中必须说明的重要问题。《四库全书》是清乾隆时编纂的一部大型丛书。作为历史上一项重要的文化工程，本来应该有利于历史文献的整理、保存和流传，它也确实部分起到了这些作用。但是由于清廷寓禁于修的编纂宗旨，在修纂过程中，除对许多书籍禁毁或放入存目不予收录外，即使收入《全书》的文献，也一律经过四库馆臣的审核、删削与修改。对于元代文献而言，比其他朝代还增加了对少数族人物姓名、地名等的有意更改，因而导致了这些历史人物、历史地名的歧异与辨识的困难。再加上《四库全书》以抄本存世，尽管每一部典籍都有校对、总校等多名官员校订、覆勘，还是难以避免誊录过程中衍夺脱略等失误。所以，在有其他较好的版本可资利用的情况下，一般不应轻易使用《四库全书》本作为收录底本。然而，《全元文》确实较多地采用了《四库全书》。在收录的203部元人文集中，共有61种使用了《四库全书》本作为底本，几占全部的30%。这其中又存在五种情况：

其一，《永乐大典》辑佚的元人文集。在漫长的流传过程中，文献的逐渐散佚不可避免，但是在《太平御览》《册府元龟》《永乐大典》等大型类书中，往往分类保存着散佚文献的众多资料。《四库全书》编纂过程中，馆臣们曾从这些类书中辑录了500多种已经散佚的书籍，使这些文献借《四库全书》得以部分恢复、保存和流传。这是文献学史上的大功绩。元代的失传文献，主要辑录自明初修纂的《永乐大典》，在《永乐大典》损毁之后，这些《永乐大典》的辑佚文献更显得宝贵。《全元文》收录的元人文集，也有25种是出自《永乐大典》的辑佚本，其中22种使用了台湾"商务印书馆"影印文渊阁《四库全书》本作为底本，只有舒岳祥《阆风集》12卷、刘辰翁《须溪集》7卷和姚燧《牧庵文集》36卷，分别使用了《嘉业堂丛书》《豫章丛书》和《四部丛刊》影印武英殿聚珍本。这些元人文集原已散佚，通过辑录重新编订成集，收入《四库全书》。因此，凡是原集已经散佚，又从《永乐大典》中重新辑录的元人文集，《四库全书》本就是时间最早和校订较精的版本，其他版本则源出于《四库》本。如《大典》辑本中卷帙较多的胡祗遹《紫山大全集》26卷，除《四库》本外，只有清乾隆翰林院抄本和民国十二年（1923）河南官书局《三怡堂丛书》刊本两种版本。刘将孙《养吾斋集》32卷，另有乾隆翰林院抄本、浙江图书馆藏清孔氏寿云簃抄本、北大藏清抄本和民国二十三年（1934）上海商务印书馆《四库全书珍本初集》影印文渊阁本四种版本。王沂《伊滨集》24卷，另有乾隆翰林院抄本、清八千卷楼抄本和《四库全书珍本初集》三种版本。所有上述抄本、影印本、刊本，无不源出于《四库全书》本。在这种情况下，《全元文》选用《四库》本作为收录底本是完全应当的。更何况，《全元文》使用的是文渊阁《四库全书》这部紫禁城藏本的影印本，相对于原藏于沈阳故宫的文溯阁、承德避暑山庄的文津阁和杭州的文澜阁另外三部存世的《四库全书》，文渊阁本的抄录质量应该是最好的。

其二，以《四库全书》本补充善本之不足。如张伯淳（1243～1303），字师道，嘉兴崇德（浙江桐乡）人。宋末举进士，官至太学录。元至元二十三年（1286），起为杭州路学教授。二十九年奉诏入京，奏陈政事数十事，受到世祖重视，授翰林直学士。大德四年（1300）任翰林侍讲，七年卒。张伯淳不喜以藻翰自名，故殁后无成稿。其子河东宣慰副使张采、孙武康县尹张炯访求遗逸，辑为《养蒙先生文集》10卷，凡文6卷、诗3卷、词1卷，泰定、至顺间，邓文原、虞集先后作序，至正六年（1346）刊于家塾。明宣德七年（1432），又曾据元刊修板重印。清修《四库全书》，未见张伯淳集的刊本，云"其集刊板久佚，辗转传抄，残阙颇甚"，[1]遂据清厉鹗校抄绣谷吴氏本收录《养蒙集》。然而，至正本今虽不存，国家图书馆尚藏有元刊明宣德修板重印本的残本一部。此外，上海图书馆有明祁氏澹生堂抄本，国家、北京大学、上海、暨南大学图书馆亦各有清抄本一部。《全元文》选用今存最早亦最好的元刊明印本为底本，收录张伯淳文。但是此本已经残佚，仅存文集卷1至卷5，有文章87篇，尚缺卷6。故又取《四库全书》本补充卷6文章12篇，再加集外文4篇，不仅最大限度地利用了原刊善本，避免了抄本在辗转传抄过程中难免出现的失误，而且保证了张伯淳文章的完整收录。[2]

其三，元人文集的传世诸本中，无优于《四库全书》的版本可资利用，

---

[1] 永瑢等：《四库全书总目》卷166《养蒙集提要》，北京，中华书局，1965，下册，第1425页。

[2] 张伯淳：《养蒙先生文集》，元刊明宣德修板重印本，1432；《养蒙集》，台北，台湾"商务印书馆"影印清乾隆文渊阁《四库全书》本，1986；今见李修生主编：《全元文》，南京，凤凰出版社，2004，第11册。

只能使用《四库》本。比如宋元之际的方回（1227～1307），字万里，号虚谷、紫阳山人，徽州歙县（安徽歙县）人。宋景定三年（1262）进士，历官中外，皆有声誉。德祐元年（1275），宋丞相贾似道丧师鲁港，方回首上书论其罪当斩，时人壮之。后任建德知府。至元十三年（1276）元兵破临安，方回以城降，官建德路总管。至元十八年得代，不复仕。晚年寓居钱塘，卖文维生，后学尊师之。方回学宗朱子，著述甚多，有《桐江集》8卷（或作4卷）和《桐江续集》48卷两部文集，今已无刊本存世，都以抄本流传。《全元文》据民国二十四年（1935）上海商务印书馆《选印宛委别藏》影印清抄本，收录《桐江集》8卷，文章195篇；而对《桐江续集》中的133篇文章，则使用了《四库全书》本。据《四库全书总目》，《四库》收录《桐江续集》，依据的是文征明、季振宜先后收藏过的元刊本，底本较为可靠。但是该书诗集部分残佚13卷，仅余29卷，文集部分虽有阙页，而卷帙差完。因此，四库馆臣删去原缺各卷，将存余各卷合编为《桐江续集》37卷，收入《四库全书》。① 据《全国古籍善本书目》，国内现存《桐江续集》48卷的五种清抄本，分藏于国家、北京大学、南京和南京大学四个图书馆，均为36卷或32卷的残本，残佚情况与《四库》本相近。故《全元文》据《四库全书》本收录《桐江续集》，再校以国家图书馆所藏清抄本，似无不当之处。②

又如元明之际的鲁贞，字起元，号桐山老农，衢州开化（浙江开化）人。元统三年（1335）中乡试，隐居不仕，以学行著名，有《桐山老农集》4卷，凡文3卷、诗1卷。清修《四库全书》，据抄本收录鲁贞集。今传世版本，仅《四库》本、《四库全书珍本初集》影印文渊阁《四库》本及南京图书馆藏清抄本三种，以《四库》本为最早。故《全元文》据《四库全书》本《桐山老农集》，收录文章32篇，补集外文5篇，共得文37篇。③

再如同时的文章家王礼（1314～1386），字子尚、子让，称麟原先生，吉安庐陵（江西庐陵）人。至正十年（1350）江西乡试第一，授安远县儒学教谕。历兴国县主簿、广东都元帅府照磨，至元十八年江西行省参政辟参谋幕府。元末明初居家教授，辞疾不仕。王礼工于古文，著述甚富，

---

① 永瑢等：《四库全书总目》卷166《桐江续集提要》，北京，中华书局，1965，下册，第1423～1424页。

② 方回：《桐江集》，上海，商务印书馆《选印宛委别藏》影印清抄本，1935；《桐江续集》，台北，台湾"商务印书馆"影印清乾隆文渊阁《四库全书》本，1986；今见李修生主编：《全元文》，南京，凤凰出版社，2004，第7册。

③ 鲁贞：《桐山老农集》，台北，台湾"商务印书馆"影印清乾隆文渊阁《四库全书》本，1986；今见李修生主编：《全元文》，南京，凤凰出版社，2004，第49册。

受到宋濂等名家推崇，有《麟原文集》24卷，分前集、后集各12卷，李祁、刘定之先后作序，明洪武间刊行。《麟原文集》传本稀见，明洪武刊本今已不存，除《四库全书》及《四库全书珍本初集》影印本外，仅国家和南京图书馆各有清抄本一部。《全元文》据《四库全书》本，收录《麟原文集》文章302篇，校以国家图书馆藏清抄本，亦无不当。①

其四，元人文集虽有善本传世，但由于馆藏等客观条件限制，不便利用，不得不使用《四库全书》本。如宋元之际的胡次焱（1229～1306），字济鼎，号梅岩、余学，徽州婺源（江西婺源）人。南宋咸淳四年（1268）进士，授贵池县尉。入元不仕，以《易》教授乡里，大德十年卒。胡次焱遗作原未编集，明嘉靖中，其族孙胡璡始辑成《梅岩文集》10卷，凡诗文8卷附录2卷，璡外甥潘滋校订并作序，嘉靖十八年（1539）刊行。其后又有嘉靖二十二年胡升刊本。清修《四库全书》，据嘉靖十八年胡璡刊本收录《梅岩文集》。胡璡、胡升两部明嘉靖刊本今均存世，又有丁丙跋清抄本一部。然而，上述三个版本均藏于南京图书馆，不便利用。《全元文》据《四库全书》本为底本，收录《梅岩文集》文章39篇，实属不得已而为之。②

又如元末明初的杨翮，字文举，集庆路上元（江苏南京）人。至正六年（1346）任休宁县主簿，历江浙儒学提举，迁太常博士，卒于洪武初年。翮为大德中翰林待制杨刚中子，幼承家训，刻励为古文词，著《佩玉斋类稿》。后至元二年（1336）陈旅、至正八年虞集、杨维桢先后为之作序，至正末刊行。至正本原不分卷，清修《四库全书》，收录《佩玉斋类稿》10卷，应是后人为之分卷。至正刊本今已不存，传世本除《四库全书》本和《四库全书珍本初集》本外，尚存四种清抄本，分别是上海图书馆藏康熙抄本13卷，南京图书馆藏劳权抄本10卷、丁丙跋抄本13卷，以及复旦大学图书馆藏道光抄本12卷。其中清康熙抄本年代早于《四库全书》本，且无删改之嫌，但由于馆藏不便，《全元文》不得不据《四库全书》本，收录杨翮《佩玉斋类稿》文章97篇，补集外文5篇。③

再如殷奎（1331～1376），字孝章、孝伯，号强斋，平江路昆山州（江苏太仓）人。少有才名，从杨维桢学《春秋》，明经洁行。应乡试不利，即

---

① 王礼：《麟原文集》，台北，台湾"商务印书馆"影印清乾隆文渊阁《四库全书》本，1986；今见李修生主编：《全元文》，南京，凤凰出版社，2004，第60册。

② 胡次焱：《梅岩文集》，台北，台湾"商务印书馆"影印清乾隆文渊阁《四库全书》本，1986；今见李修生主编：《全元文》，南京，凤凰出版社，2004，第8册。

③ 杨翮：《佩玉斋类稿》，台北，台湾"商务印书馆"影印清乾隆文渊阁《四库全书》本，1986；今见李修生主编：《全元文》，南京，凤凰出版社，2004，第60册。

谢去,不受荐举。明洪武四年(1371)应试高第,授咸阳儒学教谕,尽心教事。因念母致疾,洪武九年卒。门人余燩编辑遗文为《强斋集》10卷,陈振祖作序,于洪武十五年(1382)刊行。《强斋集》传本稀见,洪武刊本今虽不存,南京图书馆尚藏有明正统十三年(1448)王叔政刊本《殷强斋先生文集》10卷,早于《四库全书》300多年,且无传抄删削之嫌。因为馆藏不便利用,《全元文》只得据《四库全书》本收录《强斋集》文章135篇,补集外文3篇,亦为不得已之举。①

其五,有较好的版本可以选择,却不恰当地使用《四库全书》本,这种情况则属于版本选择的失当。比如由金入元的北方学者李俊民(1176~1260),字用章,号鹤鸣,泽州晋城(山西晋城)人。金承安五年(1200)进士第一,授翰林应奉文字,旋弃官教授乡里。金末南迁,先后隐居嵩山、鸣皋山、覃怀、西山。世祖在潜邸,安车召问,后仍还山。中统元年卒。李俊民著有《庄靖集》10卷,凡诗7卷、文3卷。乃马真后三年(1243)年泽州守段正卿刊行,李仲绅、王特升、刘瀛、史秉直为之序。明正德三年(1508),泽州李瀚又曾重刊。清修《四库全书》,未曾征集到元、明刊本,据抄本收录《庄靖集》。实际上,李俊民集的元刊本今虽不存,仍有明正德李瀚重刊本藏于国家图书馆,较之《四库》本,不仅年代要早250多年,而且可以免去辗转传抄之误与删削修改之嫌。正德本的确有部分文字漫漶,只要以《四库》本相较,完全可以弥补正德本之失。但是点校者为方便,以《四库全书》本为底本收录《庄靖集》中文章,应该属于版本选择的失当。②

又如元初名臣程钜夫(1249~1318),名文海,因避武宗讳,以字行,号雪楼、远斋,建昌南城(江西南城)人。南宋亡,随叔父飞卿入燕京为质子,留宿卫。至元十三年(1276),授翰林应奉,历修撰、秘书少监、集贤学士。二十三年拜南台侍御史,奉诏访求江南遗逸,举荐赵孟頫、张养浩等二十余人。后历仕成宗、武宗、仁宗各朝,官至翰林学士承旨。主持修撰《成宗实录》《武宗实录》。延祐三年(1316)致仕,五年卒。程钜夫少与吴澄同学,宏才博学,文章春容大雅,有北宋馆阁余风。遗作由其子程大本编订为45卷,凡《玉堂类稿》9卷、奏议1卷、诗文35卷,门人揭傒斯校订,熊钊、欧阳玄、彭从吉、李好文作序,至正十八年

---

① 殷奎:《强斋集》,台北,台湾"商务印书馆"影印清乾隆文渊阁《四库全书》本,1986;今见李修生主编:《全元文》,南京,凤凰出版社,2004,第57册。
② 李俊民:《庄靖集》,台北,台湾"商务印书馆"影印清乾隆文渊阁《四库全书》本,1986;今见李修生主编:《全元文》,南京,凤凰出版社,2004,第1册。

(1358)由其孙程世京刊于福建。至正二十三年,又有10卷刊本,多附录1卷。明洪武二十七年(1394),诏取程钜夫集入秘阁,重孙程缙重新编订为《楚国文宪公雪楼程先生文集》30卷,附《年谱》《附录》各1卷,洪武二十八年刊行于与耕书堂。清修《四库全书》,亦据洪武本收录《雪楼集》30卷。元刊本今皆不存,而洪武刊本则国家、上海、山东图书馆与北京文物局各有藏本。《全元文》收录《雪楼集》中文章575篇,集外文7篇,没有以祖本明洪武本为底本,却反而以抄录洪武本的《四库全书》本为底本,洪武本为校本,版本选择亦不恰当。①

《全元文》的编纂,是对元人文集的一次全面清理与总结。通过对文集作者的鉴别、代表性文集的选择和文集版本的确定三个互相关联的工作环节,《全元文》共收录元代文集作者182人,文集203部,集内文章近25300篇,在全书32652篇文章中,占到将近77.5%,成为这部元代文章总集的主要内容。遗憾的是,与其他大型的文献编纂工作一样,由于经费不足、文献利用不尽如人意、出版困难等客观条件的限制,以及学术水平的局限和工作的疏漏,《全元文》对元人文集的整理难免会存在问题,有待于在今后的补编修订工作中逐步更正完善。值得欣慰的是,《全元文》作为一项真正有价值的学术工作,得到众多专家学者的肯定。它将为元人文章的保存和流传提供极大的便利,从而推动元代学术文化及各方面问题的研究。我们可以满怀信心地说,《全元文》将融入祖国传统文化的宝库并传之久远,为中华民族文化的传承和发扬做出有意义的贡献。②

---

① 程钜夫:《雪楼集》,台北,台湾"商务印书馆"影印清乾隆文渊阁《四库全书》本,1986;今见李修生主编:《全元文》,南京,凤凰出版社,2004,第16册。
② 本章原刊《中国传统文化与元代文献国际学术研讨会会议论文集》,北京,中华书局,2009,第83~121页,本书收录时有修改。

附　录

一、赵复著述表

	题　目	写作时间	出　处
散佚著述	传道图		明宋濂等《元史》卷189《赵复传》
	伊洛发挥		明宋濂等《元史》卷189《赵复传》
	师友图		明宋濂等《元史》卷189《赵复传》
	希贤录		明宋濂等《元史》卷189《赵复传》
	文集		元熊梦祥《析津志辑佚·名宦》
传世文	杨紫阳文集序	丙午1246	元苏天爵《国朝文类》卷32 元杨奂《还山遗稿》附录
	程夫人墓碑	辛亥1251	元杨奂《还山遗稿》附录
	燕京创建玉清观碑		元李道谦《甘水仙源录》卷9
传世诗	寄皇甫庭	乙未1235	元鲜于枢《困学斋杂录》
	自遣		元鲜于枢《困学斋杂录》
	锦瑟词	乙未1235	清顾嗣立、席世臣《元诗选·癸集甲》
	赋关尹篇献清和大宗师言归楼观	庚子1240	元朱象先《古楼观紫云衍庆集》卷中
	再渡白沟	丁未1247	清顾嗣立、席世臣《元诗选·癸集甲》
	覃怀春日	戊申1248	元苏天爵《国朝文类》卷8 清顾嗣立、席世臣《元诗选·癸集甲》
	蓟门杂兴		清顾嗣立、席世臣《元诗选·癸集甲》
	蓟门闻笛		清顾嗣立、席世臣《元诗选·癸集甲》
	山峡图		清顾嗣立、席世臣《元诗选·癸集甲》
	题宋马和之袁安卧雪图		清弘历《石渠宝笈》卷32
	追悼无欲真人①	甲寅1254	何道宁《终南山重阳万寿宫无欲观妙真人李先生碑》碑阴,《北京图书馆藏中国历代石刻拓本汇编》第48册

---

①　此诗据魏崇武:《赵复事迹编年》补录,载《北京师范大学学报》(哲学社会科学版),1995年文史论考专刊,第91页。

二、郝经《续后汉书》体裁类目表

体裁	卷数	类 目			
年表	1				
本纪	2	昭烈皇帝、末帝			
列传	79	人物列传	61	汉列传	21	后妃太子诸王、宗室诸刘、汉臣
				魏列传	24	魏帝、魏家人诸子、诸夏侯诸曹、魏臣
				吴列传	16	吴帝、吴家人诸子、吴诸孙、吴臣
		人物类传	14	儒学、文艺、行人、义士、高士、死国、死虐、技术、狂士、叛臣、篡臣、取汉、平吴、列女		
		四夷列传	4	总序、北狄、乌桓、鲜卑；羌、西域；东夷；南蛮、西南夷		
录	8	道术、历象、疆理、职官、礼乐、刑法、食货、兵			

三、元代策问及策试类别表

作者	御试	会试	乡试	高丽科举	国子学	地方学校	其他
胡祗遹							2
刘壎							4
刘敏中							3
吴澄			3		12		
姚登孙					3		
陆文圭							10
赵孟頫	1						
同恕							4
刘岳申							1
蒲道源			3		5		
元明善	1						
曹元用		1					
袁桷	2	1	2				
柳贯	1				11		
虞集	2	2				1	

续表

作者	御试	会试	乡试	高丽科举	国子学	地方学校	其他
马祖常	2	1					
王士熙	1						
字术鲁翀			1				
宋本			1				
欧阳玄		1	1				
黄溍			蒙古色目 2 / 汉人南人 1	南人 2	蒙古色目 18 / 汉人 25	蒙古色目 1 / 汉人南人 3	
吴师道			4		40	1	2
李齐贤				4			
李穀				2			
陈旅			1				
苏天爵	蒙古色目 1 / 汉人南人 1		1		1		2
赵汸					1		
作者不详	蒙古色目 1 / 汉人南人 2	汉人南人 1	汉人南人 2	1			4
总计 207	15	8	23	7	116	6	32

四、元代对策及策试情况表

作者	人等	籍贯	策试时间	科目	作者	人等	籍贯	策试时间	科目
陈栎	南人	江浙	延祐元年	乡试	李齐	汉人	燕南	至顺四年	廷试
欧阳玄	南人	湖广	延祐二年	会试	李祁	南人	湖广	至顺四年	廷试
			延祐二年	廷试	罗谦	汉人	河南	至顺四年	廷试

续表

作者	人等	籍贯	策试时间	科目	作者	人等	籍贯	策试时间	科目
陆文圭	南人	江浙	不详	不详	宋梦鼎	南人	江浙	至顺四年	廷试
			不详	不详	朱文霆	南人	江浙	至顺四年	廷试
			不详	不详	张兑	南人	湖广	至顺四年	廷试
			不详	不详	李毅	南人	江西	至顺四年	廷试
			不详	不详	宇文公谅	南人	江浙	至顺四年	廷试
李毅	汉人	征东	延祐七年	高丽国举试	陈植	南人	江西	至顺四年	廷试
					艾云中	南人	江西	至顺四年	廷试
			至顺三年	乡试	作者不详	汉、南		至顺四年	廷试
			至顺四年	廷试	作者不详	汉、南		至顺四年	廷试
汪克宽	南人	江浙	泰定三年	乡试	王寔	南人	江浙	至正元年	乡试
冯勉	南人	江浙	天历二年	乡试	赵汸	南人	江浙	至正五年	宪试
同同	蒙古	大都	至顺四年	廷试	朱德润	南人	江浙	至正九年	路策
余阙	色目	河南	至顺四年	廷试	吴裕	南人	江浙	至正十一年	廷试
寿同海牙	色目	江浙	至顺四年	廷试					

五、元代乡试考区与贡士员额表

	大都	上都	真定	东平	河东	山东	河南	陕西	辽阳	四川	甘肃	云南	岭北	征东	江浙	江西	湖广	合计
蒙古	15	6	5	5	5	4	5	5	5	1	3	1	3	1	5	3	3	75
色目	10	4	5	4	4	5	3	2	3	2	2	2	2	1	10	6	7	75
汉人	10	4	11	9	7	7	9	5	2	2	5	2	2	1	1			75
南人							7								28	22	18	75
合计	35	14	21	18	16	16	26	13	9	7	5	7	6	3	43	31	28	300

六、乡试策问及对策表

策问			对策			时间		地点
作者	人等	篇数蒙古色目 / 汉人南人	作者	人等	篇数			
作者不详		1	陈栎	南人	1	延祐元年	1314	江浙行省
吴澄	南人	3				延祐四年	1317	江西行省

续表

| 策问 |||| 对策 ||| 时间 | 地点 |
作者	人等	篇数 蒙古色目	篇数 汉人南人	作者	人等	篇数		
袁桷	南人	1					延祐四年	1317 大都路
		1					泰定三年	1326 江浙行省
				汪克宽	南人	1	泰定三年	1326 江浙行省
宋本	汉人	1					泰定三年	1326 大都路
欧阳玄	南人	1					天历二年	1329 大都路
吴师道	南人	1	1				天历二年	1329 江西行省
		2					天历二年	1329 江西行省
				冯勉	南人	1	天历二年	1329 江浙行省
苏天爵	汉人	1					天历至顺	大都路
蒲道源	汉人	3					至顺三年	1332 陕西行省
作者不详			1	李榖	汉人	1	至顺三年	1332 征东行省
孛术鲁翀	汉人	1					后至元前	大都路
黄溍	南人	1					不详	上都路
			1				不详	江西行省
		1	1				不详	江浙行省
陈旅	南人	1					至正元年	1341 大都路
				王寔	南人	1	至正元年	1341 江浙行省
合计		23				5		

七、乡试策问及对策分析表

| | 作者 ||| 乡试时间 ||| 乡试地点 |||||
	汉人	南人	不详	前期	后期	不详	大都	上都	陕西	征东	江浙	江西
策问	4	6	2	18	1	4	6	1	3	1	4	8
对策	1	4		4	1					1	4	

八、吴师道《国学策问》主题表

顺序	主　题	顺序	主　题	顺序	主　题
1	日讲官员选任	15	狱囚审决	29	三皇与三皇庙
2	律学设置	16	地方守令铨选荐举	30	考较时人著述
3	江浙盐法	17	郊祭制度	31	古代射礼
4	舆服禁制	18	榷酤制度	32	古代朝仪
5	古代藏冰出冰制度	19	国家人才储养	33	古代社制
6	盗贼禁治	20	南北役法差异	34	疑经与辨惑
7	经史策与时务策	21	郊庙乐器	35	民间礼仪规范
8	古代选举与科举	22	科举与荐举	36	古今郊祭礼
9	荐举制度	23	礼学与科举	37	江浙财赋
10	巡检县尉委任	24	先秦诸子异端	38	古代乡饮酒礼
11	禁治京师游民	25	理学社会功用	39	古今刑法制度
12	蒙古色目生员冗滥	26	古代巡狩朝会制度	40	大都古今风俗
13	京师和籴	27	经学风尚		
14	蒙古色目姓氏制度	28	庙学释奠礼		

九、贡奎《云林集》各版本分卷表

诗　体	范吉本、四库本	万历本、南湖本
五言古风	卷1	卷1
		卷2
	卷2	卷3
		卷4
七言古风	卷3	卷5
		卷6
五言律诗	卷4	卷7
		卷8
七言律诗、五言排律	卷5	卷9
七言绝句	卷6	卷10

十、贡性之《南湖集》各版本分卷表

诗　体	弘治本、万历本南湖本、四库本	清抄本	潘是仁本
七言古诗	卷　上	卷　2	第 2 卷
五言古诗		卷　1	第 1 卷
五言律诗		卷　3	第 3 卷
五言排律		卷　4	第 5 卷
七言律诗		卷　3	第 4 卷
七言排律			未　收
五言绝句	卷　下	卷　4	第 6 卷
六言绝句			
七言绝句		卷　5	第 7 卷
		卷　6	

十一、《全元文》收录元人文集表

册数	序号	作　者	集名卷数	全元文底本	备　注
1	1	李俊民 1176～1260	《庄靖集》10 卷	台湾"商务印书馆"影印清乾隆文渊阁《四库全书》本	四库入金
	2	杨　奂 1186～1255	《还山遗稿》2 卷	明嘉靖元年宋廷佐刊本	
	3	杨弘道	《小亨集》2 卷	影印《四库全书》本 （辑自《永乐大典》）	
	4	耶律楚材 1190～1244	《湛然居士文集》14 卷	民国十八年上海商务印书馆《四部丛刊》影印无锡孙氏小渌天藏影元抄本	
	5	元好问 1190～1257	《遗山先生文集》40 卷	《四部丛刊》影印明弘治十一年李瀚刊本	四库入金
2	6	姬志真 1193～1268	《知常先生云山集》5 卷	元延祐六年李怀素刊本（存卷 3 至 5）	
	7	李　庭 1194～1277	《寓庵集》7 卷	清抄本　缪荃孙校（国家图书馆藏）	

续表

册数	序号	作者	集名卷数	全元文底本	备注
3	8	许衡 1209~1281	《鲁斋遗书》14卷	明万历二十四年枣强怡愉、江学诗刊本	
	9	王义山 1214~1287	《稼村类稿》30卷	影印《四库全书》本	
	10	舒岳祥 1219~1298	《阆风集》12卷	民国四年吴兴刘承幹《嘉业堂丛书》刊本(辑自《永乐大典》)	四库入宋
4	11	耶律铸 1221~1285	《双溪醉隐集》6卷	影印《四库全书》本(辑自《永乐大典》)	
	12	郝经 1223~1275	《郝文忠公陵川文集》39卷	明正德二年沁水李瀚重刊本	
5	13	龚开 1222~1304	《龟城叟集辑》1卷	民国十年如皋冒氏《楚州丛书》刊本	丛书综录入宋
	14	梅应发 1224~1301	《艮岩余稿》1卷	元刊本	四库入宋
	15	荣肇 1226~1307	《荣祭酒遗文》1卷	清嘉庆十七年陈鳣家抄本(国图藏)	
	16	胡祗遹 1227~1295	《紫山大全集》26卷	影印《四库全书》本(辑自《永乐大典》)	
6	17	王恽 1227~1304	《秋涧先生大全文集》100卷	明弘治十一年河南马龙等翻刊元至治本	
7	18	方回 1227~1307	《桐江集》8卷	民国二十四年上海商务印书馆《选印宛委别藏》影印清抄本	
			《桐江续集》37卷	影印《四库全书》本	
	19	牟巘 1227~1311	《陵阳先生集》24卷	民国十年刘承幹《吴兴丛书》刊本	四库入宋
8	20	何梦桂 1228~?	《潜斋先生文集》11卷	明刊清顺治十六年何令范修版重印本	四库入宋
	21	胡次焱 1229~1306	《梅岩文集》10卷	影印《四库全书》本	四库入宋
	22	方逢振	《山房遗文》1卷	影印《四库全书》本(附方逢辰《蛟峰文集》卷8)	四库入宋

续表

册数	序号	作者	集名卷数	全元文底本	备注
	23	黄仲元 1231~1312	《有宋福建莆阳黄仲元四如先生文稿》5卷	《四部丛刊三编》影印明嘉靖二十一年黄文炳刊本	四库入宋
	24	魏 初 1232~1292	《青崖集》5卷	影印《四库全书》本(辑自《永乐大典》)	
	25	刘辰翁 1232~1297	《须溪集》7卷	民国六年南昌胡思敬《豫章丛书》刊本(辑自《永乐大典》)	四库入宋
	26	金履祥 1232~1303	《仁山金先生文集》4卷	清雍正三年春晖堂刊本	四库入宋
9	27	阎 复 1236~1312	《静轩集》5卷	清光绪二十一年缪荃孙《藕香零拾》刊本	
	28	连文凤	《百正集》3卷	影印《四库全书》本(辑自《永乐大典》)	四库入宋
	29	姚 燧 1238~1313	《牧庵文集》36卷	《四部丛刊》影印武英殿聚珍本(辑自《永乐大典》)	
10	30	赵 文 1238~1314	《青山集》8卷	影印《四库全书》本(辑自《永乐大典》)	
	31	刘 壎 1240~1319	《水云村泯稿》20卷	清道光十七年爱余堂刊本	
	32	王 奕	《玉斗山人集》3卷	影印《四库全书》本	
	33	方 凤 1240~1321	《存雅堂遗稿》5卷	影印《四库全书》本	四库入宋
	34	郑思肖 1241~1318	《郑所南先生文集》1卷	民国十年上海古书流通处影印清鲍廷博《知不足斋丛书》本	丛书综录入宋
	35	萧 㪺 1241~1318	《勤斋集》8卷	影印《四库全书》本(辑自《永乐大典》)	
11	36	林景熙 1242~1310	《霁山先生文集》5卷	明天顺七年吕洪刊本	四库入宋
	37	张伯淳 1243~1303	《养蒙先生文集》卷1至5	元刊明宣德七年修板重印本	
			《养蒙集》卷6	影印《四库全书》本	
	38	张之翰 1243~1296	《西岩集》20卷	影印《四库全书》本(辑自《永乐大典》)	

续表

册数	序号	作者	集名卷数	全元文底本	备注
	39	刘敏中 1243～1318	《中庵先生刘文简公文集》25卷	元元统二年刊本	
	40	家铉翁	《则堂集》6卷	影印《四库全书》本（辑自《永乐大典》）	四库入宋
12	41	戴表元 1244～1310	《剡源戴先生文集》30卷	清道光二十年郁松年《宜稼堂丛书》刊本	
			《剡源集逸文》1卷	民国江阴缪荃孙《艺风堂读书志》刊本	
	42	陈普 1244～1315	《石堂先生遗集》22卷	明万历三年薛孔洵刊本	四库入宋
13	43	黄公绍	《在轩集》1卷	影印《四库全书》本	四库入宋
	44	赵必𤩪 1245～1294	《秋晓先生覆瓿集》4卷	清道光二十年伍元薇诗雪轩刊本	四库入宋
	45	邓牧 1247～1306	《伯牙琴》1卷《续补》1卷	清乾隆五十一年鲍廷博《知不足斋丛书》刊本	四库入宋
	46	白珽 1248～1328	《湛渊集》1卷	影印《四库全书》本	
	47	刘因 1249～1293	《静修先生文集》22卷	元至顺元年宗文堂刊本	
			《刘文靖公文集》28卷	明成化十五年蜀藩府重刊本	
	48	谢翱 1249～1295	《晞发集》6卷	明嘉靖三十四年程煦刊本	四库入宋
14～15	49	吴澄 1249～1333	《临川吴文正公集》49卷	明成化二十年江西抚州方中、陈辉刊本	
16	50	程钜夫 1249～1318	《雪楼集》30卷	影印《四库全书》本	
17	51	胡炳文 1250～1333	《云峰集》10卷	影印《四库全书》本	
	52	徐明善 1250～?	《芳谷集》3卷	民国九年南昌胡思敬《豫章丛书》刊本	
	53	王炎午 1252～1324	《吾汶稿》10卷	影印《四库全书》本	四库入宋

续表

册数	序号	作者	集名卷数	全元文底本	备注
	54	张仲寿 1252～1324	《畴斋文稿》1卷	原稿本(国图藏)	
	55	韩信同 1252～1332	《韩氏遗书》2卷	旧抄明万历间韩士元刊本	
	56	陆文圭 1252～1336	《墙东类稿》20卷	影印《四库全书》本(辑自《永乐大典》)	
18	57	陈栎 1252～1334	《陈定宇先生文集》16卷	清康熙三十五年陈嘉基辑刊本	
	58	任士林 1253～1309	《元松乡先生文集》10卷	明初刊本	
	59	熊禾 1253～1312	《熊勿轩先生文集》8卷	清抄本(国图藏)	四库入宋
19	60	赵孟頫 1254～1322	《松雪斋文集》10卷《外集》1卷	《四部丛刊》影印元后至元五年沈伯玉家塾刊本	
	61	同恕 1254～1331	《榘庵集》15卷	影印《四库全书》本(辑自《永乐大典》)	
	62	王旭	《兰轩集》16卷	影印《四库全书》本(辑自《永乐大典》)	
	63	仇远 1247～?	《山村遗集》1卷	影印《四库全书》本	
	64	汪梦斗	《北游集》2卷	影印《四库全书》本	四库入宋
20	65	释圆至 1256～1298	《牧潜集》7卷	清光绪二十五年钱唐丁丙《武林往哲遗著》刊本	
	66	刘将孙 1257～?	《养吾斋集》32卷	影印《四库全书》本(辑自《永乐大典》)	
21	67	邓文原 1259～1328	《巴西文集》1卷	清抄本 傅增湘校跋(国图藏)	
	68	蒲道源 1260～1344	《顺斋先生闲居丛稿》26卷	清爱日精庐藏影元抄本(北京大学藏)	
	69	陈深 1260～1344	《宁极斋稿》1卷	清乾隆三十年鲍廷博家抄本(国图藏)	四库入宋
	70	刘岳申 1260～?	《申斋集》15卷	影印《四库全书》本	

续表

册数	序号	作者	集名卷数	全元文底本	备注
	71	汪炎昶 1261~1338	《古逸民先生集》2卷	《选印宛委别藏》影印清抄本	四库入宋
22	72	刘诜 1268~1350	《桂隐文集》4卷	影印《四库全书》本	
	73	何中 1265~1332	《知非堂外稿》4卷	清康熙五十八年何氏重刊本	
23	74	袁桷 1266~1327	《清容居士集》50卷	《四部丛刊》影印元刊本	
24	75	李道纯	《清庵先生中和集》6卷	台北《元人文集珍本丛刊》影印明覆刊元大德十年本	四库入宋
	76	元明善 1269~1322	《清河集》7卷	清光绪二十一年缪荃孙《藕香零拾》刊本	
	77	唐元 1269~1349	《筠轩集》13卷	明正德十三年张芹《唐氏三先生集》刊本	
	78	安熙 1270~1311	《默庵安先生文集》5卷	清康熙三十二年金侃抄本（国图藏）	
	79	张养浩 1270~1329	《张文忠公文集》28卷	元至正十四年刊本	
25	80	许谦 1270~1337	《许白云先生文集》4卷	明正德十三年陈纲刊本	
	81	柳贯 1270~1342	《柳待制文集》20卷	《四部丛刊》影印元至正十年浦江刊本	
	82	程端礼 1271~1345	《畏斋集》6卷	影印《四库全书》本（辑自《永乐大典》）	
26~27	83	虞集 1272~1348	《雍虞先生道园类稿》50卷	台北《元人文集珍本丛刊》影印明初覆刊元至正五年本	
			《道园学古录》50卷	《四部丛刊》影印明景泰七年郑达、黄仕达翻刊元小字本	
28	84	赵天麟	《太平金镜策》8卷	1997年齐鲁书社《四库全书存目丛书》影印元刊本（存卷3至8）	

续表

册数	序号	作者	集名卷数	全元文底本	备注
	85	萨都剌 ？～1355	《雁门集编注增补》20卷	民国二十五年萨君陆增补稿本（国图藏）	
	86	揭傒斯 1274～1344	《揭文安公文集》9卷	民国九年南昌胡思敬《豫章丛书》刊本	
29～30	87	黄溍 1277～1357	《黄文献集》10卷	影印《四库全书》本	
			《金华黄先生文集》43卷	《四部丛刊》影印元刊本	
			《黄文献公集》10卷	《丛书集成初编》排印本	
31	88	谭景星 1267～？	《村西集》16卷	元刊本（日本宫内厅书陵部藏　缺卷1、4、5）	
			《西翁近稿》11卷	元刊本（日本宫内厅书陵部藏）	
	89	王结 1275～1336	《文忠集》6卷	影印《四库全书》本（辑自《永乐大典》）	
	90	朱思本 1273～？	《贞一斋文稿》1卷	《选印宛委别藏》影印传抄明丛书堂抄本	
	91	胡助	《纯白斋类稿》20卷	影印《四库全书》本	
32	92	程端学 1278～1334	《积斋集》5卷	影印《四库全书》本（辑自《永乐大典》）	
	93	陈樵 1278～1365	《鹿皮子集》4卷	影印《四库全书》本	
	94	马祖常 1279～1338	《石田先生文集》15卷	元五年扬州路儒学刊本	
33	95	郭畀 1280～1335	《快雪斋集》1卷 《补》1卷	民国三年丹徒陈庆年《横山草堂丛书》刊本	
	96	吴镇 1280～1354	《梅花道人遗墨》2卷	影印《四库全书》本	
	97	李存 1281～1354	《番阳仲公李先生文集》31卷	明永乐三年李光刊本	
34	98	吴师道 1283～1344	《礼部集》20卷	影印《四库全书》本	

续表

册数	序号	作者	集名卷数	全元文底本	备注
	99	张 雨 1283～1350	《句曲外史集》3卷《补遗》3卷	影印《四库全书》本	
			《贞居先生诗集补遗》2卷	清光绪二十三年钱唐丁丙《武林往哲遗著》本	
			《句曲外史贞居先生诗集》7卷《词》1卷《杂文》1卷	明抄本 何良俊辑补黄丕烈校跋（国图藏）	
	100	欧阳玄 1283～1357	《圭斋文集》16卷	明成化七年刘釪刊本	
35	101	洪希文 1282～1366	《续轩渠集》10卷	影印《四库全书》本	
	102	释大䜣 1284～1344	《蒲室集》15卷《书问》1卷《疏》1卷《笑隐和尚语录》1卷	元后至元刊本	
36	103	李孝光	《五峰集》6卷	影印《四库全书》本	
	104	李齐贤 1287～1367	《益斋乱稿》10卷	清同治元年南海伍崇曜《粤雅堂丛书》刊本	
	105	黄镇成 ?～1357	《秋声集》9卷	明洪武十一年黄钧刊本	
37	106	陈 旅 1288～1343	《陈众仲文集》13卷	元至正刊明修本（卷8至卷13配清抄本）	
38	107	许有壬 1287～1364	《至正集》81卷	清宣统聊城邹氏石印乾隆抄本	
			《圭塘小稿》13卷《别集》2卷《续集》1卷	民国十二年河南官书局《三怡堂丛书》刊本	
	108	刘 鹗 1290～1364	《吉永丰鹭溪刘楚奇先生惟实本集》4卷	清咸丰五年江西刘氏宸章楼刊本	
	109	郑元祐 1292～1364	《侨吴集》12卷	明弘治九年张习刊本	
39	110	周霆震 1292～1379	《石初集》10卷	清抄本 王士禛跋彭元端校跋（国图藏）	

续表

册数	序号	作者	集名卷数	全元文底本	备注
	111	宋　褧 1294~1346	《燕石集》15卷	清抄本　宋宾王校跋（国图藏）	
40	112	苏天爵 1294~1352	《滋溪文稿》30卷	民国二十年天津徐世昌退耕堂刊本	
	113	朱德润 1294~1365	《存复斋文集》10卷	《四部丛刊续编》影印明成化十一年项璁刊本	
			《存复斋续集》1卷	民国十四年上海孙毓修《涵芬楼秘笈》排印本	
41~42	114	杨维桢 1296~1370	《丽则遗音》4卷	明末常熟毛晋汲古阁刊本	
			《铁崖赋稿》2卷	清仁和劳氏校抄本（上海图书馆藏）	
			《东维子文集》30卷	明正德、嘉靖间刊本	
			《铁崖文集》5卷	明弘治十四年毗陵冯允中刊本	
			《杨铁崖先生文集全录》4卷	清抄本（国图藏）	
			《铁崖漫稿》5卷	清张月霄爱日精庐抄本（南京图书馆藏）	
			《史义拾遗》2卷	明嘉靖十九年任辙刊本	
43	115	谢应芳 1296~1392	《龟巢稿》20卷	《四部丛刊三编》影印双鉴楼藏抄本	
	116	李　榖 1298~1351	《稼亭先生文集》20卷	韩国成均馆大学大东文化研究院影印本	
44	117	吴　莱 1297~1340	《渊颖吴先生集》12卷	《四部丛刊》影印元至正十二年宋璲写刊本	
	118	贝　琼 ?~1379	《清江贝先生文集》30卷	《四部丛刊》影印明洪武刊本	四库入明
45	119	贡师泰 1298~1362	《贡礼部玩斋集》10卷《拾遗》1卷	明天顺沈性刊嘉靖十四年徐万璧重修本	
	120	李　祁 1299~	《云阳集》10卷	影印《四库全书》本	
46	121	郑　玉 1298~1358	《师山先生文集》8卷《遗文》5卷	明嘉靖十四年郑氏家塾刊清代递修本	

续表

册数	序号	作者	集名卷数	全元文底本	备注
	122	史伯璿 1299~1354	《青华集》4卷	清嘉庆元年抄本(上海图书馆藏)	
	123	倪瓒 1301~1374	《清闷阁遗稿》15卷	明万历二十八年倪珵编刊倪卓增修本	
47	124	陈谟 1306~1401	《海桑集》10卷	影印《四库全书》本	四库入明
	125	张以宁 1301~1370	《翠屏集》4卷	明成化十六年张淮刊本	四库入明
48	126	蒋易	《鹤田蒋先生文集》2卷	京师图书馆抄本(国图藏)	
	127	危素 1303~1372	《危太朴文集》10卷《文续集》10卷	民国二年吴兴刘氏嘉业堂刊本	四库入明
	128	钱宰 1299~1394	《临安集》6卷	影印《四库全书》本(辑自《永乐大典》)	四库入明
49	129	姚琏 1301~1368	《云山一懒翁集》2卷	清乾隆刊本	
	130	王寔	《东吴小稿》1卷	民国三十四年上海《合众图书馆丛书》石印本	
	131	余阙 1303~1358	《青阳先生文集》5卷	清道光二十八年泾县潘锡恩《乾坤正气集》刊本	
	132	王毅 1303~1354	《木讷斋文集》5卷	清乾隆二十九年关中苏遇龙刊本	
	133	傅若金 1303~1342	《傅与砺文集》11卷	民国三年吴兴刘承幹《嘉业堂丛书》刊本	
	134	鲁贞	《桐山老农集》4卷	影印《四库全书》本	
	135	梁寅 1303~1389	《新喻梁石门先生集》10卷	清光绪十五年新喻钟体志重刊本	
50	136	宋讷 1311~1390	《西隐集》10卷	影印《四库全书》本	四库入明
	137	李士瞻 1313~1367	《经济文集》6卷	清抄本(《四库全书》底本国图藏)	
	138	陈基 1314~1370	《夷白斋稿》35卷《拾遗》1卷《外集》1卷	明抄本(国图藏)	
			《补遗》1卷	明弘治八年张习刊本	

续表

册数	序号	作 者	集名卷数	全元文底本	备 注
	139	朱 右 1314~1376	《白云稿》11卷	明初刊本(卷8至卷11配抄本)	四库入明
51	140	周闻孙 1307~1360	《鳌溪周先生文集》4卷	清嘉庆十一年衍庆堂重刊本	
	141	胡 翰 1307~1381	《胡仲子集》10卷	明抄本(国图藏)	四库入明
	142	柯九思 1312~1365	《丹邱生集》5卷《补遗》1卷	清光绪三十四年武昌柯氏息园刊本	
	143	沈梦麟 1297~?	《吴兴沈梦麟先生花溪集》3卷	清抄明弘治刊本(北大藏)	
	144	宋 禧	《庸庵集》14卷	影印《四库全书》本(辑自《永乐大典》)	
	145	释惟则	《师子林天如和尚语录》8卷	涵芬楼影印《大日本续藏经》本	
	146	唐桂芳 1308~1381	《白云集》7卷	影印《四库全书》本	四库入明
52	147	汪克宽 1304~1372	《环谷集》8卷	清康熙十八年汪懋麟《汪氏三先生集》刊本	
	148	舒 頔 1304~1377	《贞素斋文集》8卷	清道光十八年舒启恭校刊本	
			《贞素斋家藏集》4卷	清道光二十九年舒正仪等校刊本	
	149	卢 琦 ?~1362	《圭峰卢先生集》2卷	明万历三十七年庄毓庆等刊本	
	150	顾 瑛 1310~1369	《玉山璞稿》1卷	影印《四库全书》本	
			《玉山逸稿》4卷	民国上海商务印书馆《丛书集成初编》排印本	
53	151	朱 善 1314~1385	《朱一斋先生文集》10卷《后集》5卷《广游文集》1卷	明成化二十二年朱维鉴家刊本	四库入明
	152	戴 良 1317~1383	《九灵山房集》30卷	《四部丛刊》影印明正统十年戴统刊本	
54	153	吴 海 ?~1386	《闻过斋集》8卷	明抄本(国图藏)	

续表

册数	序号	作者	集名卷数	全元文底本	备注
	154	赵汸 1319~1369	《东山赵先生文集》12卷 《文补》1卷	明抄本（国图藏）（缺卷9、10、12）	
55	155	王袆 1322~1373	《王忠文公文集》24卷	明正统七年鄱阳刘杰刊本	四库入明
56	156	胡行简	《樗隐集》6卷	影印《四库全书》本（辑自《永乐大典》）	
	157	沈贞	《茶山老人遗集》2卷	清乾隆三年俊逸亭刊本	
	158	李穑 1328~1396	《牧隐文稿》20卷	韩国成均馆大学校大东文化研究院影印本	
57	159	李昱 1314~1381	《草阁文集》1卷	影印《四库全书》本	四库入明
	160	黄枢 ?~1377	《后圃黄先生存集》4卷	明嘉靖二十九年休宁古林山房黄遥重刊本	
	161	乌斯道 1314~1390	《春草斋集》12卷	明崇祯二年浙江萧基刊本	四库入明
	162	释来复 1319~1391	《蒲庵集》6卷	明正统五年孙以宁刊本	全国古籍善本书目入明
	163	刘楚 1321~1381	《槎翁文集》18卷	明嘉靖元年徐冠刊本	四库入明
	164	殷奎 1331~1376	《强斋集》10卷	影印《四库全书》本	四库入明
	165	刘昺	《刘彦昺集》9卷	影印《四库全书》本	四库入明
	166	吕不用 1341~?	《得月稿》7卷	清抄本（国图藏）	
	167	郑涛 1315~?	《药房集》1卷	清康熙五十四年郑氏祠堂《义门郑氏奕叶文集》刊本	
	168	郑泳	《半轩集》1卷	同上	
58	169	张孟兼	《白石山房逸稿》2卷	影印《四库全书》本	四库入明
	170	唐肃 1331~1374	《丹崖集》8卷	清抄本（国图藏）	丛书综录入明

续表

册数	序号	作 者	集名卷数	全元文底本	备 注
60	171	赵 偕 ？～1366	《赵宝峰先生文集》2卷	《四库全书存目丛书》影印明嘉靖二十二年赵文华刊本	四库入宋
	172	王 沂	《伊滨集》24卷	影印《四库全书》本（辑自《永乐大典》）	
	173	吕 溥	《竹溪稿》2卷	民国十三年永康胡宗楙《续金华丛书》刊本	
	174	吴 倧	《渔矶脞语辑本》2卷	民国十九年吴保琳排印本	
	175	吴 皋	《吾吾类稿》3卷	影印《四库全书》本（辑自《永乐大典》）	
	176	甘 复	《山窗余稿》1卷	影印《四库全书》本	
	177	刘仁本 1308～1367	《羽庭集》6卷	影印《四库全书》本（辑自《永乐大典》）	
	178	杨 翮	《佩玉斋类稿》10卷	影印《四库全书》本	
	179	邵亨贞 1309～1401	《野处集》4卷	影印《四库全书》本	
	180	王 礼 1314～1386	《麟原文集》24卷	影印《四库全书》本	
	181	陈 高 1315～1367	《不系舟渔集》15卷	清抄本（国图藏）	
	182	李继本	《一山文集》9卷	清康熙二十八年金侃抄本（国图藏）	

主要参考文献

（宋）朱　熹：《四书章句集注》，北京，中华书局，1983。

（汉）司马迁：《史记》，北京，中华书局，1959。

（汉）班　固：《汉书》，北京，中华书局，1962。

（刘宋、晋）范晔、司马彪：《后汉书》，北京，中华书局，1965。

（晋）陈　寿：《三国志》，北京，中华书局，1982。

（唐）房玄龄等：《晋书》，北京，中华书局，1974。

（梁）沈　约：《宋书》，北京，中华书局，1974。

（唐）魏征等：《隋书》，北京，中华书局，1973。

（后晋）刘昫等：《旧唐书》，北京，中华书局，1975。

（宋）欧阳修等：《新唐书》，北京，中华书局，1975。

（宋）薛居正等：《旧五代史》，北京，中华书局，1976。

（宋）欧阳修：《新五代史》，北京，中华书局，1974。

（元）脱脱等：《宋史》，北京，中华书局，1977。

（元）脱脱等：《金史》，北京，中华书局，1975。

（明）宋濂等：《元史》，北京，中华书局，1976。

　　柯劭忞：《新元史》，上海，上海古籍出版社影印本，1989。

（清）张廷玉等：《明史》，北京，中华书局，1974。

　　赵尔巽等：《清史稿》，北京，中华书局，1976。

（宋）司马光：《资治通鉴》，北京，中华书局，1956。

（宋）朱　熹：《资治通鉴纲目》，台北，台湾"商务印书馆"影印清乾隆文渊阁《四库全书》本，1986。

（清）徐乾学等：《资治通鉴后编》，台北，台湾"商务印书馆"影印清乾隆文渊阁《四库全书》本，1986。

（明）谈　迁：《国榷》，北京，中华书局，1958。

（宋）萧　常：《续后汉书》，台北，台湾"商务印书馆"影印清乾隆文渊阁《四库全书》本，1986。

（元）郝　经：《续后汉书》，台北，台湾"商务印书馆"影印清乾隆文渊阁《四库全书》本，1986。

（宋）朱　熹：《宋名臣言行录》，台北，台湾"商务印书馆"影印清乾隆文渊阁《四库全书》本，1986。

（元）苏天爵：《元朝名臣事略》，北京，中华书局，1996。

（元）　　《元统元年进士提名录》，北京，书目文献出版社《北京图书馆古籍珍本丛刊》影印清影元抄本，1990。

（清）黄宗羲、全祖望：《宋元学案》，北京，中华书局，1986。

（清）王梓材、冯云濠：《宋元学案补遗》，台北，新文丰出版公司《丛书集成续编》影印清张氏约园《四明丛书》刊本，1989。

（清）陈廷钧：《先儒赵子言行录》，清同治楚北崇文书局增刊本，1870。

（元）熊梦祥：《析津志辑佚》，北京，北京古籍出版社，1983。

（明）李贤等：《明一统志》，台北，台湾"商务印书馆"影印清乾隆文渊阁《四库全书》本，1986。

（明）黎　晨：嘉靖《宁国府志》，上海，上海古籍出版社《天一阁藏明代方志选刊》影印明嘉靖十五年刊本，1962。

（明）王　崇：嘉靖《池州府志》，上海，上海古籍出版社《天一阁藏明代方志选刊》影印明嘉靖刊本，1962。

（清）田易等：《畿辅通志》，台北，台湾"商务印书馆"影印清乾隆文渊阁《四库全书》本，1986。

（清）夏力恕等：《湖广通志》，台北，台湾"商务印书馆"影印清乾隆文渊阁《四库全书》本，1986。

（清）沈会霖：《德安安陆郡县志》，清康熙刊本，1666。

（清）陈受培：《宣城县志》，清嘉庆刊本，1808。

（清）管　森：《建德县志》，清道光刊本，1825。

（清）陈廷钧：《安陆县志补正》，清同治刊本，1872。

（明）田汝成：《西湖游览志》，台北，台湾"商务印书馆"影印清乾隆文渊阁《四库全书》本，1986。

　　　方龄贵：《通制条格校注》，北京，中华书局，2001。

（元）　　《大元圣政国朝典章》，北京，中国广播电视出版社影印本，1987。

（元）　　《庙学典礼》，杭州，浙江古籍出版社《元代史料丛刊》本，1992。

（清）孙承泽：《元朝典故编年考》，台北，台湾"商务印书馆"影印清乾隆文渊阁《四库全书》本，1986。

北京图书馆编：《北京图书馆藏中国历代石刻拓本汇编》，郑州，中州古籍出版社影印本，1990。

（清）章学诚著、叶瑛校注：《文史通义校注》，北京，中华书局，1985。

（宋）黎靖德：《朱子语类》，北京，中华书局，1988。

（清）弘　历：《石渠宝笈》，台北，台湾"商务印书馆"影印清乾隆文渊阁《四库全书》本，1986。

（元）王　恽：《玉堂嘉话》，北京，中华书局，2006。

（元）鲜于枢：《困学斋杂录》，清道光长塘鲍氏《知不足斋丛书》刊本，1823。

（元）黄　溍：《日损斋笔记》，台北，台湾"商务印书馆"影印清乾隆文渊阁《四库全书》本，1986。

（明）叶　盛：《水东日记》，北京，中华书局《元明史料笔记丛刊》本，1980。

（清）王士禛：《居易录》，台北，台湾"商务印书馆"影印清乾隆文渊阁《四库全书》本，1986。

（明）凌迪知：《万姓通谱》，台北，台湾"商务印书馆"影印清乾隆文渊阁《四库全书》本，1986。

（元）尹志平：《清和真人北游语录》，台北，新文丰出版公司影印明正统《道藏》本，1995。

（元）李道谦：《甘水仙源录》，台北，新文丰出版公司影印明正统《道藏》本，1995。

（元）朱象先：《古楼观紫云衍庆集》，台北，新文丰出版公司影印明正统《道藏》本，1995。

（宋）朱　熹：《朱文公校昌黎先生集》，上海，商务印书馆《四部丛刊》影印元刊本，1929。

（宋）程　颢、程　颐：《二程文集》，台北，台湾"商务印书馆"影印清乾隆文渊阁《四库全书》本，1986。

（宋）朱　熹：《晦庵先生朱文公文集》，上海，商务印书馆《四部丛刊》影印明刊本，1929。

（宋）黄　榦：《勉斋集》，台北，台湾"商务印书馆"影印清乾隆文渊阁《四库全书》本，1986。

（金）丘处机：《磻溪集》，北京，书目文献出版社《北京图书馆古籍珍本丛刊》影印金刊本，1990。

（元）李俊民：《庄靖集》，台北，台湾"商务印书馆"影印清乾隆文渊阁《四库全书》本，1986。

（元）杨　奂：《还山遗稿》，明嘉靖宋廷佐刊本，1522。

（元）杨弘道：《小亨集》，台北，台湾"商务印书馆"影印清乾隆文渊阁《四库全书》本，1986。

（元）耶律楚材：《湛然居士集》，上海，商务印书馆《四部丛刊》影印无锡孙氏小渌天藏影元抄本，1929。

（元）元好问：《元好问全集》，太原，山西古籍出版社增订本，2004。

（元）姬志真：《知常先生云山集》，元延祐李怀素刊本，1319。

（元）许　衡：《鲁斋遗书》，明万历怡愉江学诗刊本，1596。

（元）许　衡：《许衡集》，长春，吉林文史出版社校点本，2010。

（元）舒岳祥：《阆风集》，台北，台湾"商务印书馆"影印清乾隆文渊阁《四库全书》本，1986。

（元）郝　经：《郝文忠公陵川文集》，明正德李瀚刊本，1507。

（元）梅应发：《艮岩余稿》，元刊本。

（元）胡祗遹：《紫山大全集》，台北，台湾"商务印书馆"影印清乾隆文渊阁《四库全书》本，1986。

（元）王　恽：《秋涧先生大全集》，上海，商务印书馆《四部丛刊》影印明弘治十年马龙刊本，1929。

（元）方　回：《桐江集》，上海，商务印书馆《选印宛委别藏》影印清抄本，1935。

（元）方　回：《桐江续集》，台北，台湾"商务印书馆"影印清乾隆文渊阁《四库全书》本，1986。

（元）牟　巘：《陵阳先生集》，吴兴，刘氏嘉业堂《吴兴丛书》刊本，1921。

（元）胡次焱：《梅岩文集》，台北，台湾"商务印书馆"影印清乾隆文渊阁《四库全书》本，1986。

（元）方逢振：《山房遗文》，附方逢辰：《蛟峰文集》卷八，台北，台湾"商务印书馆"影印清乾隆文渊阁《四库全书》本，1986。

（元）姚　燧：《牧庵集》，上海，商务印书馆《四部丛刊》影印清武英殿聚珍本，1929。

（元）姚　燧：《姚燧集》，北京，中华书局，2011。

（元）刘　壎：《水云村泯稿》，清道光爱余堂刊本，1837。

（元）张伯淳：《养蒙先生文集》，元刊明宣德修板重印本，1432。

（元）张伯淳：《养蒙集》，台北，台湾"商务印书馆"影印清乾隆文渊阁《四库全书》本，1986。

（元）刘敏中：《中庵先生刘文简公文集》，元元统刊本，1334。

（元）刘敏中：《刘敏中集》，长春，吉林文史出版社，2008。

（元）戴表元：《剡源戴先生文集》，清道光上海郁氏《宜稼堂丛书》刊本，1840。

（元）戴表元：《剡源集逸文》，民国江阴缪氏《艺风堂读书志》刊本。

（元）戴表元：《戴表元集》，长春，吉林文史出版社，2008。

（元）刘　因：《静修先生文集》，元至顺宗文堂刊本，1330。

（元）刘　因：《刘文靖公文集》，明成化蜀藩府重刊本，1479。

（元）谢　翱：《晞发集》，明嘉靖程煦刊本，1555。

（元）程钜夫：《雪楼集》，台北，台湾"商务印书馆"影印清乾隆文渊阁《四库全书》本，1986。

（元）吴　澄：《临川吴文正公集》，江西抚州，明成化方中、陈辉刊本，1484。

（元）吴　澄：《吴文正集》，台北，台湾"商务印书馆"影印清乾隆文渊阁《四库全书》本，1986。

（元）陈　栎：《陈定宇先生文集》，清康熙陈嘉基刊本，1696。

（元）陆文圭：《墙东类稿》，台北，台湾"商务印书馆"影印清乾隆文渊阁《四库全书》本，1986。

（元）赵孟𫖯：《松雪斋文集》《外集》，上海，商务印书馆《四部丛刊》影印后至元五年沈伯玉家塾刊本，1929。

（元）释圆至：《筠溪牧潜集》，北京，书目文献出版社《北京图书馆古籍珍本丛刊》影印元大德刊本，1990。

（元）蒲道源：《顺斋先生闲居丛稿》，清爱日精庐藏影元抄本。

（元）袁　桷：《清容居士集》，上海，商务印书馆《四部丛刊》影印元刊本，1929。

（元）谭景星：《村西集》《西翁近稿》，元刊本。

（元）李道纯：《清庵先生中和集》，台北，新文丰出版公司《元人文集珍本丛刊》影印明覆刊元大德十年本，1985。

（元）贡　奎：《云林集》，明弘治范吉初刊本，1490。

（元）贡　奎：《贡氏三家集·贡奎集》，长春，吉林文史出版社，2010。

（元）安　熙：《默庵安先生文集》，清康熙金侃抄本，1693。

（元）张养浩：《张文忠公文集》，元至正刊本，1354。

(元)许　谦：《许白云先生文集》，上海，商务印书馆《四部丛刊》影印明正统刊本，1929。

(元)柳　贯：《柳待制文集》，上海，商务印书馆《四部丛刊》影印元至正浦江刊本，1929。

(元)程端礼：《畏斋集》，台北，台湾"商务印书馆"影印清乾隆文渊阁《四库全书》本，1986。

(元)虞　集：《雍虞先生道园类稿》，台北，新文丰出版公司《元人文集珍本丛刊》影印明初覆元刊本，1985。

(元)虞　集：《道园学古录》，上海，商务印书馆《四部丛刊》影印明景泰翻刊元小字本，1929。

(元)朱思本：《贞一斋文稿》，上海，商务印书馆《选印宛委别藏》影印传抄明丛书堂抄本，1935。

(元)揭傒斯：《揭文安公文集》，南昌，《豫章丛书》编刻局刊本，1920。

(元)黄　溍：《金华黄先生文集》，上海，商务印书馆《四部丛刊》影印元刊本，1929。

(元)马祖常：《石田先生文集》，元后至元扬州路儒学刊本，1339。

(元)李　存：《番阳仲公李先生文集》，明永乐李光刊本，1405。

(元)吴师道：《吴正传先生文集》，台北，"中央图书馆"《元代珍本文集汇刊》影印明抄本，1970。

(元)吴师道：《吴师道集》，长春，吉林文史出版社，2008。

(元)张　雨：《句曲外史集》《补遗》，台北，台湾"商务印书馆"影印清乾隆文渊阁《四库全书》本，1986。

(元)张　雨：《贞居先生诗集补遗》，钱塘，清光绪丁氏嘉惠堂《武林往哲遗著》刊本。

(元)张　雨：《句曲外史贞居先生诗集》，何良俊辑补明抄本。

(元)释大䜣：《蒲室集》《书问》《疏》《笑隐和尚语录》，元后至元刊本。

(元)许有壬：《至正集》，清宣统聊城邹氏石印乾隆抄本，1911。

(元)许有壬：《圭塘小稿》《别集》《续集》，河南官书局《三怡堂丛书》刊本，1923。

(元)陈　旅：《陈众仲文集》，元至正刊明修本。

(元)宋　褧：《燕石集》，国家图书馆藏清抄本。

(元)苏天爵：《滋溪文稿》，北京，中华书局，1997。

(元)朱德润：《存复斋文集》，上海，商务印书馆《四部丛刊续编》影印明成化十一年项璁刊本，1934。

（元）朱德润：《存复斋续集》，上海，商务印书馆《涵芬楼秘籍》排印本，1925。

（元）杨维桢：《丽则遗音》，明末常熟毛晋汲古阁刊本。

（元）杨维桢：《铁崖赋稿》，清仁和劳幹校抄本。

（元）杨维桢：《东维子文集》，明正德、嘉靖刊本。

（元）杨维桢：《东维子文集》，上海，商务印书馆《四部丛刊》影印鸣野山房抄本，1929。

（元）杨维桢：《铁崖文集》，明弘治毗陵冯允中刊本，1501。

（元）杨维桢：《杨铁崖先生文集全录》，清抄本。

（元）杨维桢：《铁崖漫稿》，清张月霄爱日精庐抄本。

（元）杨维桢：《史义拾遗》，明嘉靖任辙刊本，1540。

（元）谢应芳：《龟巢稿》，上海，商务印书馆《四部丛刊三编》影印双鉴楼藏抄本，1935。

（元）吴　莱：《渊颖吴先生集》，上海，商务印书馆《四部丛刊》影印元至正十二年刊本，1929。

（元）李　穀：《稼亭先生文集》，韩国，成均馆大学校大东文化研究院影印本。

（元）贡师泰：《贡礼部玩斋集》《拾遗》，明天顺沈性刊嘉靖徐万璧重修本，1535。

（元）贡师泰：《贡氏三家集·贡师泰集》，长春，吉林文史出版社，2010。

（元）史伯璿：《青华集》，清嘉庆抄本，1796。

（元）蒋　易：《鹤田蒋先生文集》，京师图书馆抄本。

（元）姚　琏：《云山一懒翁集》，清乾隆刊本。

（元）余　阙：《青阳先生文集》，上海，商务印书馆《四部丛刊续编》影印鸣野山房抄本，1934。

（元）危　素：《危太朴文集》《危太朴文续集》，吴兴，刘氏嘉业堂刊本，1913。

（元）汪克宽：《环谷集》，清康熙《汪氏三先生集》刊本，1679。

（元）鲁　贞：《桐山老农集》，台北，台湾"商务印书馆"影印清乾隆文渊阁《四库全书》本，1986。

（元）李士瞻：《经济文集》，国家图书馆藏清抄本。

（元）陈　基：《夷白斋稿》《拾遗》《外集》，上海，商务印书馆《四部丛刊三编》影印明抄本，1935。

（元）陈　基：《夷白集》，明弘治张习刊本，1495。

（元）陈　基：《陈基集》，长春，吉林文史出版社，2009。

（元）王　礼：《麟原文集》，台北，台湾"商务印书馆"影印清乾隆文渊阁《四库全书》本，1986。

（元）戴　良：《九灵山房集》，上海，商务印书馆《四部丛刊》影印明正统刊本，1929。

（元）吴　海：《闻过斋集》，国家图书馆藏明抄本。

（元）赵　汸：《东山赵先生文集》《文补》，国家图书馆藏明抄本。

（元）王　逢：《梧溪集》，台北，台湾"商务印书馆"影印清乾隆文渊阁《四库全书》本，1986。

（元）王　祎：《王忠文公文集》，明嘉靖张斋刊本，1522。

（元）李　穑：《牧隐文稿》，韩国，成均馆大学校大东文化研究院影印本。

（元）殷　奎：《强斋集》，台北，台湾"商务印书馆"影印清乾隆文渊阁《四库全书》本，1986。

（元）杨　翮：《佩玉斋类稿》，台北，台湾"商务印书馆"影印清乾隆文渊阁《四库全书》本，1986。

（元）李继本：《一山文集》，清康熙金侃抄本，1689。

（元）贡性之：《南湖集》，清乾隆南湖书塾刊本，1776。

（元）贡性之：《贡氏三家集·贡性之集》，长春，吉林文史出版社，2010。

（元）叶　兰：《寓庵诗集》，南昌，江西教育出版社《豫章丛书·鄱阳五家集》，2007。

（明）宋　濂：《文宪集》，台北，台湾"商务印书馆"影印清乾隆文渊阁《四库全书》本，1986。

（明）朱　同：《覆瓿集》，台北，台湾"商务印书馆"影印清乾隆文渊阁《四库全书》本，1986。

（明）谢　肃：《密庵文稿》，上海，商务印书馆《四部丛刊三编》影印明洪武刊本，1935。

（明）徐一夔：《始丰稿》，台北，台湾"商务印书馆"影印清乾隆文渊阁《四库全书》本，1986。

（明）朱存理：《楼居杂著》，台北，台湾"商务印书馆"影印清乾隆文渊阁《四库全书》本，1986。

（清）朱彝尊：《曝书亭集》，上海，商务印书馆《四部丛刊》影印清康熙五十三年本，1929。

（梁）萧　统：《文选》，上海，上海古籍出版社，1986。

（元）元好问：《中州集》，上海，商务印书馆《四部丛刊》影印武进董氏诵芬室影元刊本，1929。

（元）苏天爵：《国朝文类》，上海，商务印书馆《四部丛刊》影印元至正西湖书院刊本，1929。

（元）顾　瑛：《草堂雅集》，台北，台湾"商务印书馆"影印清乾隆文渊阁《四库全书》本，1986。

（明）程敏政：《新安文献志》，明弘治刊本，1497。

（明）钱　榖：《吴都文粹续集》，台北，台湾"商务印书馆"影印清乾隆文渊阁《四库全书》本，1986。

（清）陈　焯：《宋元诗会》，台北，台湾"商务印书馆"影印清乾隆文渊阁《四库全书》本，1986。

（清）郑尔垣：《义门郑氏奕叶文集》，清康熙郑氏祠堂刻本，1715。

（清）顾嗣立：《元诗选》，清康熙长洲顾氏秀野草堂刊本。

（清）顾嗣立、席世臣：《元诗选·癸集》，北京，中华书局，2001。

　　李修生主编：《全元文》，南京，凤凰出版社，2004。

（明）瞿　佑：《归田诗话》，上海，上海古籍出版社《续修四库全书》影印明刊本，2003。

（清）朱彝尊：《静志居诗话》，清嘉庆扶荔山房刻本，1819。

（清）永瑢等：《四库全书总目》，北京，中华书局影印本，1965。

（清）黄虞稷：《千顷堂书目》，台北，台湾"商务印书馆"影印清乾隆文渊阁《四库全书》本，1986。

（清）徐秉义：《培林堂书目》，《二徐书目合刻》排印本，1915。

（清）钱大昕：《补元史艺文志》，北京，中华书局《二十五史补编》影印本，1956。

（清）黄丕烈：《荛圃藏书题识》，北京，中华书局《清人书目题跋丛刊》影印本，1993。

（清）陆心源：《皕宋楼藏书志》，上海，上海古籍出版社《续修四库全书》影印本，2003。

（清）陆心源：《仪顾堂续跋》，上海，上海古籍出版社《续修四库全书》影印本，2003。

（清）丁　丙：《善本书室藏书志》，钱塘，清光绪丁氏刊本，1901。

（清）瞿　镛：《铁琴铜剑楼藏书目录》，上海，上海古籍出版社《续修四库全书》影印本，2003。

傅增湘：《藏园群书经眼录》，北京，中华书局，1983。

傅增湘：《藏园群书题记》，上海，上海古籍出版社校点本，1989。

傅增湘：《藏园订补郘亭知见传本书目》，北京，中华书局影印本，1993。

陆峻岭编：《元人文集分类篇目索引》，北京，中华书局，1979。

周清澍编：《元人文集版本目录》，南京，《南京大学学报丛刊》，1983。

王德毅编：《元人传记资料索引》，北京，中华书局，1987。

韩儒林：《元朝史》，北京，人民出版社修订本，2008。

周良霄等：《元代史》，上海，上海人民出版社，1993。

邓绍基：《元代文学史》，北京，人民文学出版社，1991。

陈高华等：《元代文化史》，广州，广东教育出版社，2009。

萧启庆：《蒙元史新研》，台北，允晨文化实业股份有限公司，1994。

萧启庆：《内北国而外中国：蒙元史研究》，北京，中华书局，2007。

王建军：《元代国子监研究》，澳门，澳亚周刊出版有限公司，2003。

侯外庐等：《宋明理学史》，北京，人民出版社，1984。

余英时：《朱熹的历史世界》，北京，生活·读书·新知三联书店，2004。

中国元史研究会：《元史论丛》第五辑，北京，中国社会科学出版社，1993。

北京师范大学古籍与传统文化研究院：《中国传统文化与元代文献国际学术研讨会会议论文集》，北京，中华书局，2009。

索 引

A

安熙 261

B

孛术鲁翀 106,145,247

C

策试 104—106,108—115,119,121,122,125—127,134—136,140,141,145,147,149,151,153—155,165

策问 104—147,149—151,153—162,164,165,167,170,172,173,175,181,182,192

陈基 204,208,212,213,221—231,256,260

陈栎 119,122,134,192,256

陈旅 128,129,183,222,228,229,254,255,263,267

陈寿 62,64—69,72—81,83,87—89,95—102,117

程钜夫 255,257,268,269

《陈定宇先生文集》118,119,134,192,256

《陈众仲文集》222,244,254,255,263

《村西集》243,247,248,254

《存复斋文集》141,248,259

《存复斋续集》248

D

戴表元 234,252,257,258,263

道学 14,15,25,28—30,37,40,41,44—48,91,181,182,256

东莱婺学 176,177,181

对策 104—107,110,111,113,117,119,122,123,126,127,129,130,132,134,143,145,147—150,159,168

《道园学古录》193,249,259

《东山赵先生文集》261

《东维子文集》200,251,252

F

方回 266

冯勉 129,130

《番阳仲公李先生文集》255

《枫林集》237

G

公试 21,109,111,153,154,166,202

贡奎 166,188—199,203,213,217,218,240

贡师泰 166,188,190,192,194—214,219,245,261

贡性之 188,195—197,213—220

苟宗道 8,32—36,39,44,62,63,65—68,70,71,85,86,93—99,102

国学生员 108,109,152,154,166,173

国子监 7,106,109,111,129,134,137,145,151,166,179,194,222,236,244,245,254,255

国子学 105—113,115,122,151—154,158,161,164—167,175—177,190,197,198,202,203,221

国子学贡试法 111,154,166

《艮岩余稿》243,255

《圭塘小稿》250

《国朝文类》2,3,5,7,12,13,18,21,22,25,104,109,114,115,133,136,145,146

《国学策问》107,115,121,123,125,151,154,156—164,167—170,173—175

H

郝经 1—3,5,7—11,14—18,20,23,24,26,28,29,31—103,256

胡次焱 267

黄溍 106,107,113,115—117,120,121,131,132,142,144,145,147,149,151,155,183—186,203,204,208,210,212,213,221—224,227—229,236,239,240,245,246,248,257,259,260,262

会试 10,105,106,111—114,122,125—127,135—137,145,149,150,153,163,165,166,192,198,202,221,244,245

《还山遗稿》3,7,9,22,23,256

J

姬志真 238,254

金华朱学 177—180

经史时务策 110—113,115,116,118,119,125,134,135,192

《稼亭先生文集》145,245

《经济文集》262

《敬乡录》177,182,183

《静修先生文集》39,40,250,251,254

《句曲外史集》239

K

科举 28,31,33,34,41,43,104—115,118,120,122—124,126,127,131—135,140—149,151—155,163—168,170—174,176,177,188,190—192,202,221—223,244,245,249,252,255

科举程式 48,105,107,110—113,118,120,122,125,126,131,132,134,143,144,147,152—154,163—165,170,180,192,221

L

李存 255

李道纯 238

李继本 261

李俊民 233,234,268

李穑 244,245

李士瞻 262

李修生 129,140,141,143,145,147,149,234—236,238—245,247—252,255—263,265—269

理学 1—6,10,12—15,18—21,24,27—32,36—42,44—51,53—56,58—61,91—93,104,115,119,125,143,149,160,161,163—165,170,173,177—180,238,240,245

刘敏中 1,105,107—109,246,247,254

刘因 1,3,21,30,31,39,40,167,246,250,251,254,256

鲁贞 266

《阆风集》234,235,264

《礼部集》183—185,187,210,211

《丽则遗音》251,252

《临安集》253

《临川吴文正公集》86,109,145,146,194,255,256

《麟原文集》267

《陵川文集》8,16,32,36—39,48,59,60,63,64,66—70,86,94

《陵阳集》235

《刘文靖公文集》251,256

M

马祖常 105,106,113—115,129,188—193,195,203,221,254

梅应发 234,243,255

牟巘 233—235,245

《梅岩文集》267

《默庵安先生文集》261

《牧潜集》240

《牧隐文稿》245

N

南游讲学 4,5,10,17,18,20

《南湖集》188,195,213,217—220

O

欧阳玄 3,106,133,134,198,203,244,248,249,256,263,268

P

裴松之 62,64,87,94—99,101

蒲道源 37,38,68,69,106,140—142,145,262

《佩玉斋类稿》267

《瓢泉吟稿》246

《蒲室集》240,241,254

Q

钱宰 235,253

《强斋集》268

《清庵先生中和集》238

《清容居士集》86,128,136,147,194,257

《全元文》3,104,129,140,141,143,145,147,149,232—269

S

时务策 108—116,119—123,125,165

释大䜣 239—241,254

释圆至 239,240

舒岳祥 234,235,264

司马光 64—66,74,75,93,110,117,158,162

私试 109,111,113,115,153,154,166

四等人制 112,165,167

宋本 106,136,137,244,263

宋褧 261,263

苏天爵 2,3,5—8,12,13,19,21,22,24,25,105,109,113—115,119,120,133,136,144—146,166,254,258,263

《三国志》37,62,64—69,72—79,81,83,84,87—89,94—97,99—103,117

《三国志注》62,87,96,97,99

《剡源戴先生文集》252,263

《顺斋先生闲居丛稿》140,141,145,262

《私试策问》107,109

《四部丛刊》2,4,5,7,9,12,13,15,21,
22,24,25,41,45,86,91,109,113,
115—117,120,121,128,131,133,
136,142,144—147,149,178,180,
193,194,200,225,228,229,234,249,
257—259,262—264

《四库全书》1,8,11,14—17,21,37,45,
62,63,65,66,68—70,72—79,81—
102,108,120,135,184,185,187,188,
191—194,196,197,210,212,214,
216,217,219—225,227—232,234,
235,237—239,242—247,249—251,
253—256,261—269

《四库全书总目》70,72,99,100,102,
103,182—184,194,203,216,219,
230,232—237,242,243,246,249,
257,265,266

《四书》6,30,31,41,104,107,112,115,
121,122,144,152—154,163—165,
179,180

《松雪斋文集》258

《宋元学案》1,3,31,38,39,60,131,
180,181,184,198

T

太极书院 3—6,8,10,14—16,18,20,
27—29,38,44,45,47,48

谭景星 243,247,248,254

廷试 11,33,40,104—107,111,113—
115,119,120,126,127,135,145,149,
150,166,192

《铁崖赋稿》251,252,263,264

《桐江集》266

《桐江续集》266

《桐山老农集》266

W

汪克宽 147—149,256

王粹 7,8,14,15,27,28,39,41,44,45

王祎 155,199,203,204,208,210,213,
223,224,228,235,236,256

王礼 42,231,266,267

王寔 143

危素 134,204,208,224,226,228,229,
235,236,247,258

吴澄 31,86,106,107,109,145,146,
151,166,167,194,195,197,198,203,
236,246,248,255,256,268

吴海 261,262

吴师道 106,115,121—125,137—140,
144,145,149,151,154—165,167—
187,191,210,211,247

《玩斋集》188,195—197,201,203,204,
206—213

《王忠文公文集》155,199,203,204,
223,224,236

《危太朴文集》236

《危太朴文续集》134,236

《闻过斋集》261

《吴文正集》255,256

《五经》31,104,107,112,115,122,123,
143,144,152—154,162,163,165,
173,180

X

西湖书院 5,7,12,13,21,22,25,109,
115,133,136,145,146,221,226,227

乡试 105,106,111—114,118,119,122,

125—141,143—147,149,150,153,163,165,188,192,198,202,221,244,245,256,266,267

萧常 68,73,99—103

谢翱 235

许衡 1,5,10,18,21,30,31,39,61,124,146,157,158,167,177,246,255

许有壬 3,114,141,144,171,172,222,249,250,263

学校 20,47,104—113,115,122,145—149,151—154,157,158,166,167,172,190,244,245

《西翁近稿》243,248,254

《晞发集》235

《序江汉先生死生》4—6,11—13,20,21

《续后汉书》32,36,37,62—94,96—103

《续后汉书新注》62,63,93,94

《雪楼集》269

Y

杨翮 267

杨弘道 3,7,8,17,19,20,45

杨奂 3—5,7—9,18,21—24,39,256

杨惟中 6—8,10,12,13,15,16,18,27,31,44,45,47,48

杨维桢 134,180,200,203,206,208,210,213,239,246,251,252,256,261,263,264,267

姚枢 1—8,11—13,16,18—20,30,31,44,45,47

姚燧 3—6,10—13,15,16,19—21,30,47,248,264

耶律楚材 16,22,33,34,259

殷奎 235,236,267,268

虞集 3,31,105,106,114,115,129,136,144,166,193,195,198,203,236,239,240,246,248,249,254,259,260,265,267

元好问 3,5,7,8,15,21,23,24,28,33,39,43—45,183,233,234,259

袁桷 3,86,105,106,128,136,137,147,193,194,198,203,239,257,258

《燕石集》261,263

《杨紫阳文集序》3,4,7,11,22,23

《养蒙先生文集》255,265

《一山文集》261

《伊洛发挥》1,2,15,19,20,29,30,46

《夷白集》221,229—231,260

《夷白斋稿》208,212,221,228—231,260

《遗山先生文集》234,259

《雍虞先生道园类稿》31,115,136,166,248,249

《永乐大典》37,62,63,70,213,232,235,245—247,253,264

《元人文集珍本丛刊》31,115,136,166,238,248,249,257

《元统元年进士题名录》104

《云林集》188,189,194—197,217,218

Z

张伯淳 255,265

张养浩 247,255,268

张雨 238—240

赵复 1—27,29—31,39,44—48,60

赵孟頫 239,240,246,248,258,268

赵汸 106,260,261

赵卿月 6,21

朱德润 106,141,248,259

朱升 237

朱思本 238,239

朱晞颜 245,246

朱熹 2,29,30,41,47—49,59,60,62,65,66,75,91—93,98,99,117,120,143,156,158,160,163—165,173,174,176—178,180,199,240

《战国策校注》177,181,182

《湛然居士集》259

《张文忠公文集》247,255

《贞一斋文稿》239

《知常先生云山集》238,254

《至正集》114,141,144,222,249,250

《中庵先生刘文简公文集》246,247,254

《庄靖集》268

《资治通鉴》64,74,75,102,110,117

《资治通鉴纲目》62,75,98,99,117